Sabine Hark (Hrsg.)

Dis/Kontinuitäten: Feministische Theorie

Sabine Hark (Hrsg.)

Dis/Kontinuitäten: Feministische Theorie

2., aktualisierte
und erweiterte Auflage

VS VERLAG FÜR SOZIALWISSENSCHAFTEN

Bibliografische Information Der Deutschen Nationalbibliothek
Die Deutsche Nationalbibliothek verzeichnet diese Publikation in der
Deutschen Nationalbibliografie; detaillierte bibliografische Daten sind im Internet über
<http://dnb.d-nb.de> abrufbar.

1. Auflage 2001
2., aktualisierte und erweiterte Auflage Mai 2007

Alle Rechte vorbehalten
© VS Verlag für Sozialwissenschaften | GWV Fachverlage GmbH, Wiesbaden 2007

Lektorat: Frank Engelhardt

Der VS Verlag für Sozialwissenschaften ist ein Unternehmen von Springer Science+Business Media.
www.vs-verlag.de

Umschlaggestaltung: KünkelLopka Medienentwicklung, Heidelberg
Druck und buchbinderische Verarbeitung: Krips b.v., Meppel
Gedruckt auf säurefreiem und chlorfrei gebleichtem Papier
Printed in the Netherlands

ISBN 978-3-531-15217-2

Inhalt

Editorial
Einführung in die sozialwissenschaftliche Frauen- und Geschlechterforschung

Diese Einführung in die Frauen- und Geschlechterforschung ist für Studierende an Universitäten und Fachhochschulen konzipiert. Sie umfaßt bisher drei Bände:

I. Arbeit, Sozialisation, Sexualität: Zentrale Felder der Frauen- und Geschlechterforschung
II. Methodologische Erörterungen. Feministische Traditionen, Konzepte, Dispute
III. Dis/Kontinuitäten: Feministische Theorie

Unsere Erfahrungen in der Lehre haben uns gezeigt, dass zwar viele Studierende das Lehrangebot Frauen- und Geschlechterforschung selbstverständlich wahrnehmen. Aber die Geschichte der Frauen- und Geschlechterforschung sowie ihr wissenschaftskritischer Impuls werden kaum mehr nachvollzogen und oft werden ausschließlich Sekundärtexte gelesen. Daher stammt die Idee, Studierende mit kommentierten Auszügen aus zentralen Quellentexten zu einer kritischen Reflexion zu ermutigen. Während die Bände I und II Textauszüge enthalten, die sich auf die wichtigsten Aussagen zu bestimmten Positionen konzentrieren, sind im Band III vollständige beziehungsweise leicht gekürzte Texte abgedruckt, um Studierenden auch den Aufbau von Argumentationen nachvollziehbar zu machen.

Band I soll anhand zentraler Forschungsfelder vor allem Studienanfängerinnen und Studienanfängern an Universitäten und Fachhochschulen den Einstieg in die Frauen- und Geschlechterforschung erleichtern. Band II wendet sich an Studierende, die sich für Methodologie und empirische Methoden der Frauen- und Geschlechterforschung interessieren. Band III ist für Studierende gedacht, die sich vertieft und intensiv mit komplexen theoretischen Fragen auseinandersetzen wollen.

Bei der Textauswahl haben sich die Herausgeberinnen von verschiedenen Überlegungen leiten lassen. Es wurden Texte ausgewählt,

- die wichtige Positionen und Perspektiven beziehungsweise zentrale Aspekte im Rahmen der sozialwissenschaftlichen Frauen- und Geschlechterforschung thematisieren,
- Diskussionen entzündeten und nachhaltig beeinflussten,
- die verständlich sind,
- die in deutscher Sprache (z. T. in Übersetzungen) verfügbar sind.

Wir hoffen mit der Lehrbuchreihe einen angemessenen Weg gefunden zu haben, um in zentrale Themenkomplexe, Methoden und Theorien der sozialwissenschaftlichen Frauen- und Geschlechterforschung einzuführen. Den Lernenden und Lehrenden bleibt die Möglichkeit und Aufgabe, aus den unterschiedlichen Konzepten, Ansätzen und Diskussionen eigene Positionen zu formulieren.

Danksagung

Wir möchten uns bei der Sektion Frauen- und Geschlechterforschung in der Deutschen Gesellschaft für Soziologie für die ideelle und finanzielle Unterstützung bei der Erstellung der Lehrbuchreihe bedanken. Diese Lehrbuchreihe ist in engem Kontakt mit unserer Lehrtätigkeit entstanden. Die Zustimmung, Kritik und Anregungen der Studierenden haben die Auswahl der Texte sowie die didaktische Präsentation immer wieder verändert.

Die Herausgeberinnen der Reihe:

Andrea Bührmann – Angelika Diezinger – Sigrid Metz-Göckel
Martina Althoff – Mechthild Bereswill – Birgit Riegraf
Sabine Hark

Dis/Kontinuitäten: Feministische Theorie
Einleitung

Mit der Feststellung, dass wir uns über „feministische Wissenschafts- und Rationalitätskritik", insbesondere aber „über die bloße Tatsache, daß es sie gibt", gar nicht genug wundern können, leitete vor mehr als fünfzehn Jahren die Philosophin Cornelia Klinger ihren Text „Bis hierher und wie weiter? Überlegungen zur feministischen Wissenschafts- und Rationalitätskritik" ein. Schließlich, so fährt Klinger fort, sei es der feministischen Bewegung nicht an der Wiege gesungen worden, „dass sie eines Tages eine radikale Kritik des modernen wissenschaftlichen Weltbildes formulieren und eigene Konzepte von Denken, Erkennen und Wissen entwickeln würde" (Klinger 1990, S. 21).

In der Tat ist die Existenz einer feministischen Kritik an der Wissenschaft, „eigene Konzepte von Denken, Erkennen und Wissen", *feministische Theorie* also, bis heute etwas, worüber es sich zu wundern gilt. Denn noch an der Wende vom 19. zum 20. Jahrhundert war unter deutschen Akademikern die klare Vorstellung von „der faktischen und häufig auch für notwendig gehaltenen Männlichkeit der Wissenschaft", die die soziale Schließung und Monopolisierung der akademischen Ausbildung und Lehre legitimierte, Konsens (Hausen 1986, S. 38). Doch hundert Jahre nach dem wissenschaftlichen Aufbruch der Frauen ist Bewegung ins beharrliche Spiel der Männer gekommen. Zu Beginn des 21. Jahrhundert sind Frauen nicht nur Subjekt der Erkenntnis; feministische Wissenschaftlerinnen haben auch die vergeschlechtlichten Grundierung von Erkenntnisstrukturen in der modernen Wissensproduktion aufgedeckt und in nahezu allen wissenschaftlichen Disziplinen und Theorieprojekten oftmals entscheidende „Kurskorrekturen" initiiert (Gudrun-Axeli Knapp 1998).

Wundern sollten wir uns aber noch aus einem ganz anderen Grund. Denn was genau bedeutet es, von „eigenen Konzepten von Denken, Erkennen und Wissen" zu sprechen? Haben Frauen sich nicht nur den Zutritt zu Universität und Wissenschaft erstritten, sondern auch Denken, Erkennen und Wissen neu erfunden? Sicher nicht. Zwar trat die aus der Zweiten Frauenbewegung hervorgegangene feministische Wissenschaft in den 1970er Jahren mit dem Anspruch an, die persönliche Erfahrung von Frauen als Ausgangspunkt für

eigene „Forschungskonzepte, Methoden und wissenschaftstheoretische Grundlagen" zu nehmen (beiträge zur feministischen theorie und praxis 1/1978,
S. 10) – und das bedeutete in der Tat nicht nur Kritik an den herrschenden
Traditionen der jeweiligen Disziplinen, sondern auch die Generierung eigener
Forschungsfragen, einer eigenen Empirie und die Suche nach geeigneten
wissenschaftlichen Methoden. Allerdings ging feministische Wissenschaft in
ihrer Geschichte auch immer wieder wechselnde Bündnisse mit anderen
kritischen Theorieprojekten ein, so zum Beispiel mit der Kritischen Theorie der
Frankfurter Schule, dem dekonstruktivistischen Denken, der Marxschen Theorie,
der Diskurstheorie, mit dem machtkritischen, genealogischen Projekt Michel
Foucaults, der Psychoanalyse sowie besonders mit postkolonialen[1] und (hete-
ro-)sexualitätskritischen, queeren[2] Theorieansätzen. Das feministische Theorieprojekt entfaltete sich also eher im kritischen Austausch mit anderen Theorien
als im radikalen Neuentwurf gegen anderes Wissen.

Von dem Vorhaben, genuin eigene *Methoden* zu entwickeln, verabschie-
deten sich feministische Wissenschaftlerinnen indes bereits Mitte der 1980er
Jahre[3]; das Vorhaben, feministische *Theorie* zu produzieren, existiert dagegen bis heute. Feministische Theorie bezeichnet daher nicht einen bestimmten methodischen Ansatz; allerdings ist sie ebensowenig eine Theorie
der Frau wie eine Theorie des Geschlechts. Feministische Theorie kann „nicht
über ihren Gegenstandsbereich definiert werden, sondern eher über ein gemeinsames Erkenntnisinteresse, das heißt, die Produktion von Wissen zur
Aufdeckung und Transformation von epistemischen und sozialen Geschlechterhierarchien" (Ernst 1999, S. 32). Feministische Theorie zeichnet sich also
durch eine spezifische Erkenntnisperspektive aus: Sie fokussiert in herr-
schaftskritischer Absicht auf die Verfasstheit von Geschlechterverhältnissen.

In den 1970er und 1980er Jahren konzentrierten sich feministische Wissenschaftlerinnen in den Sozialwissenschaften daher besonders auf die
Analyse derjenigen Verhältnisse und Strukturen, Institutionen und Denkmuster, die Geschlechterhierarchie und die Deprivilegierung von Frauen
hervorbringen beziehungsweise durch die diese abgesichert wird. In den
1990er Jahren gewann dann eine bis dahin nicht systematisch integrierte
Perspektive an Bedeutung, die *Vergeschlechtlichungsprozesse* in jeweils
unterschiedlichen Kontexten und in Verschränkung mit anderen, hierarchische
Differenzen produzierenden gesellschaftlichen, diskursiven und kulturellen
Praxen entlang der Dimensionen Sexualität, Klasse, „Rasse", Alter oder

---

1 Zu postkolonialen Perspektiven vgl. Küster 1998, Gutiérrez Rodríguez 1999 sowie
   verschiedene Texte in Gutiérrez Rodríguez/Steyerl 2003, Castro Varela/Dhawan,
   2005.

2 Für das Projekt der (hetero-)sexualitätskritischen *queer theory* vgl. Hark 1993, 2005,
   Genschel 1997, Jagose 2001, Quaestio 2000, Engel/Schuster/Wedl 2005 und verschiedene Beiträge in Kraß 2003. Zu transgender und queer siehe Franzen/Beger
   2002.

3 Für die Entwicklung der Diskussion um Methodologie und Methoden in der Frauen-
   und Geschlechterforschung vgl. Band 2 dieser Lehrbuchreihe.

geopolitischer Positionierung untersucht. Das bedeutet keinesfalls die Aufgabe von Forschungen zum Geschlechterverhältnis, in der die gesellschaftliche Konstellation der Genus-Gruppen im Zentrum steht; der Perspektivwechsel macht allerdings deutlich, dass feministische Theorie – im Sinne einer *erweiterten Denkungsart* (Hannah Arendt 1958) – das Bündnis mit anderen macht- und herrschaftskritischen Erkenntnisperspektiven suchen muss/te, um soziale Verhältnisse, Institutionen und Diskurse in all ihrer widersprüchlichen Komplexität verstehen zu können.

Sprechen wir heute folglich von feministischer Theorie, so haben wir es mit einem international höchst vielstimmigen und heterogenen Diskurs zu tun. Dennoch tritt sie in diesem Band im *Singular* auf. Und dies nicht, um zugunsten einer Darstellung von Einstimmigkeit die komplexe Vielstimmigkeit feministischer Perspektiven und Positionen unkenntlich zu machen. Der Singular soll vielmehr verdeutlichen, dass feministische Theorie zwar ein heterogenes, von Widersprüchen und Ungleichzeitigkeiten, Diskontinuitäten und Divergenzen bestimmtes Projekt ist; die „innerhalb" von Feminismus an diesem geäußerte Kritik zum Beispiel von lesbischen Frauen, von Migrantinnen oder von Frauen aus Ostdeutschland war und ist jedoch immer mit dem Anspruch verbunden, Feminismus *insgesamt* komplexer zu reformulieren, und nicht, sich *per se* in so genannte Bindestrich-Feminismen zu separieren. Feminismus stellt sich in einer solchen Perspektive mithin dar als Feld und Resultat von Kämpfen und Auseinandersetzungen um Bedeutungen, als „produktives Spannungsfeld verschiedener konzeptioneller Denkbewegungen" (Genschel 2002, S. 166); Kämpfe, in denen es auch darum geht, wer legitim „im Namen" von Feminismus sprechen kann. So haben Schwarze ebenso wie lesbische Feministinnen wiederholt darauf hingewiesen, dass es in der Regel die Feminismen der so genannten Minderheiten sind, die als „andere", „besondere" markiert werden, während der weiße, westliche und an der Norm der Heterosexualität orientierte „Mittelschichtsfeminismus" (Christina Thürmer-Rohr 1995) in der Regel das Privileg genießt, als der allgemeine Feminismus zu gelten.

Die additive Vervielfältigung feministischer Theorien birgt daher immer die Gefahr, dass die so entstehenden verschiedenen Feminismen entlang hegemonialer Machtrelationen (zum Beispiel westlich/nicht-westlich) geordnet und diese damit implizit bestätigt werden. Denn was jeweils im Zentrum steht, wird auch über die Bestimmung von Peripherien und aus diesen heraus bestimmt. Mit dem *Plural* ist es daher nicht getan, wenn es gilt, sowohl das an Widersprüchen und Paradoxien geschulte feministische Denken deutlich zu machen, als auch die „außerhalb" des Feminismus im Sozialen existierenden Relationen von Zentrum und Peripherie „innerhalb" von Feminismus nicht zu wiederholen.[4] Der Titel des Bandes *Dis/Kontinuitäten* sucht hier in dieser doppelten Hinsicht Brücke zu sein.

Feministische Theorie entwickelte sich folglich nicht nur aus einer Reihe von kritischen Analysen gegenüber geschlechtlich organisierten sozialen Ungleichheiten und Ausschlüssen, dominanten Diskursen und Repräsentationen, sondern notwendigerweise auch in ständiger selbstkritischer Reflexion des eigenen Standorts und des selbst produzierten Wissens. Nicht nur die sachlichen Befunde, auch die theoretischen und methodischen Zugriffe wurden und werden beständig der Kritik, Präzisierung und Reformulierung ausgesetzt. Dies betrifft die Kohärenz von „Frau", „Geschlecht" oder *gender* als intellektuell tragfähigen Analysekategorien, aber auch die die Theoriebildung fundierenden Prämissen und Präsuppositionen.[5] So stützt zum Beispiel die Nichtberücksichtigung von Heterosexualität als einem von Macht durchzogenem gesellschaftlichem Ordnungsprinzip die Vorstellung einer quasi naturhaft gegebenen wechselseitigen Ergänzung der beiden Geschlechter; eine Vorstellung, deren Geschichte gerade Gegenstand feministischer Untersuchung sein müsste (vgl. Ott 1998; Hänsch 2003).

Die stetige Problematisierung der Fundierungen des Feminismus erwies sich theoretisch als folgenreich: Hatten sich Frauenforschung und feministische Theorie zunächst formiert als Reaktion auf die Marginalisierung von Fragen des Geschlechterverhältnisses und die Ausblendung von Gewalt und Hierarchien zwischen den Geschlechtern, so wurde sie zunehmend mit der Kritik konfrontiert, selbst ausschließend zu wirken. Die Kritik speiste sich im wesentlichen aus zwei Quellen: Wurde etwa aus postkolonialen und queeren Perspektiven kritisiert, dass die Konzentration auf „Geschlecht" es erschwert, wenn nicht gar verunmöglicht, die Komplexität und Modi von *sui generis* verschiedenen Machtverhältnissen (etwa „Rasse", Klasse, Sexualität, Nation) zu denken, so konzentrierte sich eine zweite Linie der Kritik auf den ontologischen und epistemischen Status von „Geschlecht" selbst: Ist „Geschlecht" eine Kategorie der ,Natur' oder ,Kultur'? Wenn „Geschlecht" gänzlich kulturell sein sollte, eine soziale Konstruktion, wie können wir dann im Namen von „Geschlecht", das heißt im Namen von Frauen (politisch) sprechen und handeln? Mehr noch: Wenn Judith Butlers (1990) These zutrifft, dass „Frau" eine regulatorische Phantasie ist, durch deren Gebrauch unweigerlich die normativen Beziehungen zwischen *sex, gender* und Begehren reproduziert werden, wie kann „Frau" dann als begründende Kategorie feministischer Theorie dienen? Sollten also weder *gender* noch „Frau" als privilegierte Kategorien taugen, auf welcher Grundlage könnte feministische Theorie dann weiterhin auf ihrem Existenzrecht und ihren politischen Zielsetzungen insistieren? Mehr noch: Wenn auch „widerständige" Repräsentationen noch ausgrenzende,

---

4 Die Anführungszeichen um „innerhalb" und „außerhalb" sollen andeuten, dass wir es nicht mit einer festen Grenze zwischen Feminismus und dem Sozialen zu tun haben. Feminismus ist Teil des Sozialen und insofern mit denselben sozialen Relationen und Hierarchien konfrontiert.

5 Zu *gender* als Analysekategorie siehe Dietze/Hark 2006.

hegemoniale Instrumente sein können" (Kirsch-Auwärter 1996, S. 34), wie begegnet man dann der Gefahr, in der Rekonstruktion der Erfahrungen von Frauen – aber auch von Männern – in den eigenen Begrifflichkeiten möglicherweise die hierarchischen Dichotomien zu wiederholen, die es zu verändern gilt?

Feministische Theorie als Projekt hat diese Herausforderung, sich in Frage stellen zu lassen, immer wieder angenommen. Die Fähigkeit zur Reflexion und Revision auch grundlegender Annahmen und Perspektiven verdankt sie dabei vor allem den widersprüchlich organisierten gesellschaftlichen Erfahrungen von Frauen und dem – oft konflikthaften – Dialog mit den „Anderen" des feministischen Diskurses. Es ist insbesondere diese konflikthafte Dialogizität, aufgrund derer international der feministische Diskurs sich durch ein „vergleichsweise hohes Maß an theoretischer Sensibilisierung gegenüber Generalisierungen als auch durch Reflexivität in Bezug auf die eigenen Aussagebedingungen auszeichnet" (Knapp 1998, S. 10).

Die Erwartungen jeder Leserin und jedes Lesers, welche Texte sie in einem Reader zu feministischer Theorie vorfinden wird, sind sicher so unterschiedlich wie die Erfahrungs- und Wissenskontexte es sind, aus denen heraus eine oder einer einen solchen Reader überhaupt zur Hand nimmt. Die einen mögen etwa feministische Klassiker erwarten, anderen wird dieser oder jener Theorieansatz fehlen und wieder andere hätten die thematischen Schwerpunkte anders gesetzt. Auch die hier vorgelegte Auswahl ist das Ergebnis solcher Erfahrungs- und Wissenskontexte, wie jede mögliche Auswahl ist sie demzufolge eine kontingente Auswahl. Es sei daher auf (einige) Begrenzungen, Ausschlüsse und Auswahlkriterien hingewiesen. Es finden sich in der Tat keine feministischen Klassiker, die entweder außerhalb der universitären Wissenschaft beziehungsweise lange vor der Existenz akademischer feministischer Theorie geschrieben wurden, wie etwa Simone de Beauvoirs *Le deuxieme sexe* (1949) oder Kate Millets *Sexual Politics* (1969). Alle hier versammelten Texte wurden dagegen explizit als akademisch-wissenschaftliche Texte verfasst. Da im Rahmen dieser Lehrbuchreihe die Geschichte der bundesdeutschen sozialwissenschaftlichen Frauen- und Geschlechterforschung kritisch dokumentiert werden sollte, konzentriert sich die Auswahl auf deutschsprachige Texte und einige wenige nicht-deutsche AutorInnen, die im bundesdeutschen Kontext intensiv diskutiert wurden. ‚Bundesdeutsch' bedeutet in diesem Zusammenhang einmal mehr ‚westdeutsch'. Auch in der vereinigten BRD ist der deutschsprachige feministische Diskurs ein westlich zentrierter geblieben. Diese Zentrierung sollte hier zwar nicht einfach reproduziert werden, es erschien dennoch sinnvoll, den Diskurs als einen westlich zentrierten zu rekonstruieren und zugleich auf diese Begrenzung aufmerksam zu machen.[6] Auch konnten längst nicht alle Theorieansätze berücksichtigt werden, hier verfährt der Band arbeitsteilig mit den anderen beiden Bänden

---

6 Darüber hinaus ist es strittig, ob es in der DDR eine herrschaftskritische Frauenforschung gegeben hat. Vgl. hierzu Dölling 1993, 1999 sowie Nickel 1997.

dieser Reihe. Den Nutzerinnen und Nutzern dieses Readers sei daher das *Querlesen* aller drei Bände anempfohlen. Schließlich war es kein Kriterium, ob die AutorInnen selbst ihre Positionen beziehungsweise Texte als feministische deklarierten. Es werden vielmehr (zum Teil) Texte für ein Projekt „feministische Theorie" reklamiert, ohne dass deren AutorInnen ein solches Theorieprojekt unbedingt selbst avisiert hatten und haben.

Insgesamt war die Auswahl bestimmt von dem Bemühen, Texte zu versammeln, die zwei Kriterien feministischen Denkens gerecht werden: dem Anspruch der „Herrschaftsabsage" (Christina Thürmer-Rohr 1995) und der selbstkritischen Reflexion auf das eigene Denken und dessen Bedingungen. Die diese Auswahl organisierenden Perspektiven waren folgende: In einer *diachronen* Perspektive wurden Texte ausgewählt, die Diskussionen innerhalb der (sozialwissenschaftlichen) feministischen Theorie initiiert oder jene nachhaltig beeinflusst haben, beziehungsweise die bis heute Referenzpunkt geblieben sind, sowie solche, die im Feld feministischer Theorie hegemonial gewordene Perspektiven und Positionen herausforderten. In einer *synchronen* Perspektive wurden durch das unabgeschlossene und unabschließbare Wissenskorpus „feministische Theorie" vier thematische Pfade angelegt. Zunächst wurden drei inhaltlich bestimmte Komplexe definiert: 1. *Soziale Konstruktion: Wie Geschlecht gemacht wird*, das heißt mikrosoziologisch rekonstruierbare Prozesse der Herstellung von Zweigeschlechtlichkeit; 2. *Komplexe soziale Ungleichheiten: Geschlecht in Verhältnissen*, das heißt Analysen von Geschlecht als System beziehungsweise Struktur und schließlich 3. *Symbolisch-diskursive Ordnungen: Geschlecht und Repräsentation*, das heißt Rekonstruktionen der symbolisch-kulturellen Dimensionen der Geschlechterordnung. Im vierten Komplex, *Kritisches Bündnis: Feminismus und Wissenschaft*, finden sich Texte, die die so genannt herrschende, aber auch die feministische Wissensproduktion kritisch reflektieren. Diese vier Komplexe bieten Pfade an, die jede und jeder durch das Feld feministischer Theorie nehmen kann, aber nicht muss. Sie verstehen sich als Einladung zum Wandern und Verweilen im Terrain feministischer Theorie; sie sollen die erste Orientierung erleichtern. Um über dieses Kompendium hinaus weiter lesen und wandern zu können, finden sich in jedem Komplex zusätzliche Literaturhinweise.

Dis/Kontinuitäten: Feministische Theorie ist der Vorschlag (m)einer Lesart, die auch mit Hilfe der Kommentare als eine solche kenntlich werden soll. In jedem Komplex sind exemplarisch zu verstehende, chronologisch angeordnete Positionen vertreten, die je verschiedene und zum Teil theoretisch sehr divergente Zugriffsweisen darstellen. Dadurch soll deutlich werden, dass die Wahl des theoretischen Zugriffs Auswirkungen darauf hat, wie der jeweilige Gegenstand gefasst wird, und was mit diesem gesehen werden kann.

Deutlich werden sollte aber auch, dass die Geschichte (nicht nur) des (feministischen) Wissens nicht vom „Standpunkt der Sieger", wie der Wissenschaftshistoriker Hubert Laitko (1999) schreibt, erzählt werden kann. Denn jedes Wissen entwickelt sich aus einer Vielzahl von Irr-, Neben- und Seitenwegen; welcher Weg sich letztlich durchsetzt, ist nicht allein in einem „Mehr" an Erkenntnis dieses Weges begründet, sondern abhängig von einer Vielzahl inner- wie außerwissenschaftlicher Faktoren und Kontexte. Was tradiert wird, und in welche Zusammenhänge und historischen Linien das Wissen eingetragen wird, war daher eine Frage, die auch meinen Prozess der Textauswahl bis zuletzt begleitete und zu dem ein und anderen Umweg führte.

Dis/Kontinuitäten: Feministische Theorie verfolgt daher eine doppelte Zielsetzung: Die vertiefende Einführung in feministische Theorieentwicklung soll zugleich eine (erste) Einübung in eine kritische wissenschaftliche Praxis der Historisierung von Problemen, Objekten und Denkwerkzeugen (in) der Frauen- und Geschlechterforschung sein.

Editorische Anmerkung und Danksagung

Im Unterschied zu den beiden ersten Bänden der Lehrbuchreihe sind in diesem Band vollständige beziehungsweise nur leicht gekürzte Texte enthalten. Auslassungen sind unterschiedlich gekennzeichnet: Ausgelassene Worte oder Satzteile sind mit ... gekennzeichnet, Auslassungen von Sätzen, Abschnitten oder Seiten mit (...). Die Texte wurden durchgesehen und um eventuell fehlende beziehungsweise unvollständige Literaturangaben ergänzt, die Zitierweise sowie der wissenschaftliche Apparat der Aufsätze vereinheitlicht. In den die vier Komplexe einleitenden Kommentaren wird die gewählte Perspektive skizziert, deren theoriepolitische Geschichte erläutert und deutlich gemacht, welche Erkenntnisse dadurch ermöglicht werden. Das heißt, welche Fragen werden in dem jeweiligen Text gestellt, was kann mit verschiedenen theoretischen Perspektiven gesehen werden, wo liegen die Grenzen der jeweiligen Perspektive. Die Kommentare enthalten darüber hinaus jeweils eine weiterführende Auswahlbibliografie. Für die Neuausgabe wurden die Kommentare durchgesehen und überarbeitet; die Textauswahl ist weitgehend unverändert.

Wie jedes Buch hat auch dieses eine lange und verwickelte Geschichte der Entstehung und Herstellung. Es verdankt sein Erscheinen nicht unwesentlich dem Einsatz von Personen und Institutionen, die im Produkt selbst nur schwer wieder zu erkennen sind, die aber dennoch zu seinem Gelingen beigetragen haben. Ich möchte mich besonders bedanken bei Paula-Irene Villa für die Kommentierung des Komplexes *Soziale Konstruktion: Wie Geschlecht gemacht wird* und bei Tino Plümecke, der für die Neuauflage die Orthografie und die Bibliografien auf den letzten Stand gebracht, die Textauswahl kritisch gegen gelesen und darüber hinaus dem Band in Teilen ein neues Gesicht gegeben hat.

Während der Überarbeitung der Neuausgabe verstarb die feministische Theoretikerin, Soziologin und Kulturwissenschaftlerin Gerburg Treusch-Dieter. In *Dis/Kontinuitäten* zu denken habe ich, neben vielem anderen, von ihr gelernt. Ihrem Andenken ist dieses Buch gewidmet.

Berlin im Februar 2007   Sabine Hark

Literatur

Arendt, Hannah: Freiheit und Politik. In: Zwischen Vergangenheit und Zukunft. Übungen im politischen Denken I, Dies., München: Piper Verlag 1994 [1958], S. 201-226

Aulenbacher, Brigitte: Rationalisierung und Geschlecht in soziologischen Gegenwartsanalysen. Wiesbaden: VS Verlag 2005

Beauvoir, Simone de: Das andere Geschlecht. Sitte und Sexus der Frau. Reinbek: Rowohlt 1992

Benhabib, Seyla/Butler, Judith/Fraser, Nancy: Der Streit um Differenz, Frankfurt a. Main: Fischer 1993

— Bronfen, Elisabeth/Kavka, Misha (Hg.): Feminist Consequences. *Theory for the New Century*, New York: Columbia UP 2001

Butler, Judith: Das Unbehagen der Geschlechter. Frankfurt a. Main: Suhrkamp 1991

— Castro Varela, Maria del Mar/Dhawan, Nikita: Postkoloniale Theorie: eine kritische Einführung. Bielefeld: transcript 2005

— Dietze, Gabriele/Hark, Sabine: Gender kontrovers. Genealogien und Grenzen einer Kategorie. Königstein: Ulrike Helmer 2006

Dölling, Irene: Aufschwung nach der Wende – Frauenforschung in der DDR und in den neuen Bundesländern. In: Frauen in Deutschland, 1945-1992, hrsg. von Gisela Helwig und Hildegard-Maria Nickel, Bonn: Bundeszentrale für politische Bildung 1993, S. 397-407

Dölling, Irene: Zehn Jahre Zentrum interdisziplinäre Frauenforschung an der Humboldt-Universität – eine persönliche Rückerinnerung an die Anfänge. In: ZiF-Bulletin 19/1999, S. 13-27

Dölling, Irene/Dornhof, Dorothea/Esders, Karin/Genschel, Corinna/Hark Sabine (Hg.): Transformationen von Wissen, Mensch und Geschlecht. Transdisziplinäre Interventionen. Königstein: Ulrike Helmer Verlag 2007

— Engel, Antke/Schuster, Nina/Wedl, Juliette: Queere Politik: Analysen, Kritik, Perspektiven. In: femina politica, 1/2005, S. 9-23

— Ernst, Waltraud: Diskurspiratinnen. Wie feministische Erkenntnisprozesse die Wirklichkeit verändern. Wien: Milena Verlag 1999

Franzen, Jannik/Beger, Nico: „Zwischen die Stühle gefallen." Ein Gespräch über queere Kritik und gelebte Geschlechtsentwürfe. In: (K)ein Geschlecht oder viele? Transgender in politischer Perspektive, hrsg. von polymorph, Berlin: Querverlag 2002, S. 53-68

Genschel, Corinna: Umkämpfte sexualpolitische Räume. Queer als Symptom. In: Freundschaft unter Vorbehalt. Chancen und Grenzen lesbisch-schwuler Bündnisse, hrsg. von Stefan Etgeton und Sabine Hark, Berlin: Querverlag 1997, S. 77-98

Genschel, Corinna: Queer Meets Trans Studies: Über den problematischen Stellenwert geschlechtlicher Transgressionen in Queer Theorie, in: Freiburger Frauenstudien 12/2002, S. 163-186

Gildemeister, Regine/Wetterer, Angelika: Wie Geschlechter gemacht werden. Die soziale Konstruktion der Zweigeschlechtlichkeit und ihre Reifizierung in der Frauenforschung, in: TraditionenBrüche. Entwicklungen feministischer Theorie, hrsg. von Gudrun-Axeli Knapp und Angelika Wetterer, Freiburg: Kore Verlag 2001, S. 201-254

Gutiérrez Rodríguez, Encarnacion: Intellektuelle Migrantinnen – Subjektivitäten im Zeitalter von Globalisierung. Eine postkoloniale dekonstruktive Analyse von Biographien im Spannungsverhältnis von Ethnisierung und Vergeschlechtlichung. Opladen: Leske + Budrich 1999

Gutiérrez Rodriguez, Encarnacion/Steyerl, Hito (Hg.): Spricht die Subalterne deutsch? Migration und postkoloniale Kritik. Münster: Unrast 2003

Hänsch, Ulrike: Individuelle Freiheiten – heterosexuelle Normen in Lebensgeschichten lesbischer Frauen. Opladen: Leske + Budrich 2003

Harding, Sandra: Feministische Wissenschaftstheorie. Zum Verhältnis von Wissenschaft und sozialem Geschlecht, Hamburg: Argument 1990

Harding, Sandra: Das Geschlecht des Wissens. Frauen denken die Wissenschaft neu, Frankfurt a. Main/New York: Campus 1994

Hark, Sabine: Queer Interventionen. In: Feministische Studien 11/2, 1993, S. 103-109

Hark, Sabine: Queer Studies. In: Gender@Wissen. Ein Handbuch der Gender-Theorien, hrsg. von Christina von Braun und Inge Stephan, Köln: Böhlau 2005, S. 285-303

Hausen, Karin: Warum Männer Frauen zur Wissenschaft nicht zulassen wollten. In: Wie männlich ist die Wissenschaft? hrsg. von dies. und Helga Nowotny, Frankfurt a. Main: Suhrkamp 1986, S. 31-42

Helduser, Urte/Marx, Daniela/Paulitz, Tanja (Hg.): under construction? Feministische Perspektiven in feministischer Theorie und Forschungspraxis. Frankfurt a. Main/New York: Campus 2004

Holland-Cunz, Barbara 2003: Die alte neue Frauenfrage. Frankfurt a. Main: Suhrkamp

Jagose, Annamarie: Queer Theory. Eine Einführung. Berlin: Querverlag 2001

Kirsch-Auwärter, Edit: Anerkennung durch Dissidenz. Anmerkungen zur Kultur der Marginalität. In: Kultur in Bewegung. Beharrliche Ermächtigungen, hrsg. von Ilse Modelmog und Edit Kirsch-Auwärter, Freiburg: Kore Verlag 1996, S. 25-48

Klinger, Cornelia: Bis hierher und wie weiter? Überlegungen zur feministischen Wissenschafts- und Rationalitätskritik. In: Wege aus der männlichen Wissenschaft, hrsg. von Marianne Krüll, Pfaffenweiler: Centaurus 1990, S. 21-56

Knapp, Gudrun-Axeli: Einleitung. In: Kurskorrekturen. Feminismus zwischen Kritischer Theorie und Postmoderne, hrsg. von dies., Frankfurt a. Main/New York: Campus 1998, S. 7-24

Kraß, Andreas (Hg.): Queer denken. Frankfurt a. Main: Suhrkamp 2003

Küster, Sybille: Wessen Postmoderne? Facetten postkolonialer Kritik. In: Kurskorrekturen. Feminismus zwischen Kritischer Theorie und Postmoderne, hrsg. von Gudrun-Axeli Knapp, Frankfurt a. Main/New York: Campus 1998, S. 178-215

Laitko, Hubert: Disziplingeschichte und Disziplinverständnis. In: Disziplinen im Kontext, hrsg. von Volker Peckhaus und Christian Thiel, München: Fink Verlag 1999, S. 21-60

Nickel, Hildegard-Maria: Bittersüße Früchte. Frauen- und Geschlechterforschung an der Humboldt-Universität zu Berlin. In: Wissenschaft als Arbeit – Arbeit als Wissenschaftlerin, hrsg. von Sabine Lang und Birgit Sauer, Frankfurt a. Main/New York: Campus 1997, S. 211-218

Ott, Cornelia: Die Spur der Lüste. Sexualität, Geschlecht und Macht. Opladen: Leske + Budrich 1998

Quaestio (Hg.): Queering Demokratie. Sexuelle Politiken. Berlin: Querverlag 2000

Thürmer-Rohr, Christina: Denken der Differenz: Feminismus und Postmoderne. In: beiträge zur feministischen theorie und praxis 39/1995, S. 87-97

Treusch-Dieter, Gerburg: Von der sexuellen Rebellion zur Gen- und Reproduktionstechnologie. Tübingen: konkursbuch 1990

Vogel, Ulrike (Hg.): Wege in die Soziologie und die Frauen- und Geschlechterforschung. Wiesbaden: VS Verlag 2006

Wiegman, Robyn (Hg.): Women's Studies on its Own. Durham/London: Duke UP 2001

I. Soziale Konstruktion:
Wie Geschlecht gemacht wird
(Paula-Irene Villa)

„Wir werden nicht als Frauen geboren, wir werden zu Frauen gemacht". Dies schrieb eine der Wegbereiterinnen der zweiten Frauenbewegung, Simone de Beauvoir, im Jahre 1949 (dt. 1992, S. 265). De Beauvoir formuliert in diesem knappen Satz ein radikales Statement zur Geschlechterfrage, das auch von jeder der in diesem Komplex behandelten Autorinnen stammen könnte. Beauvoir argumentiert, dass Menschen durch Erziehung, Traditionen, Normen, Institutionen und Ideologien überhaupt erst zu Frauen (und Männern) werden. Sie meint damit, dass weibliche Säuglinge nicht qua Natur oder Schicksal die Bestimmung in sich tragen, Hausfrauen oder liebende Mütter zu werden. Vielmehr zielt de Beauvoir auf das soziale Gewordensein dessen ab, was zu einem jeweiligen historischem Zeitpunkt mit ‚Frau-Sein' assoziiert wird.

Das ‚Gewordensein' von Frauen (und Männern), das heißt des Geschlechts, ist eines der zentralen Themen der feministischen Theorie. Die Aussage, dass Frauen ‚gemacht' werden, hat bis heute nichts von ihrer alltagsweltlichen wie wissenschaftlichen Brisanz verloren. So provoziert das Denken der Konstruktion – des ‚Gemacht-Werdens' – im geschlechtertheoretischen und feministischen Diskurs weiterhin intensive Debatten und kann als „weitläufige Theoriebaustelle" verstanden werden (Pühl/Paulitz/ Marx/Helduser 2004, S. 11). Dabei verwenden die Arbeiter/innen auf der (Groß-) Baustelle feministische Theorien auch Werkzeuge aus anderen Disziplinen und Denktraditionen, die selbst nicht explizit feministisch sein müssen. Im Kontext des Sozialkonstruktivismus, der das Gewordensein der Geschlechter in den Mittelpunkt der Aufmerksamkeit rückt, tauchen phänomenologische Philosophie, Wissenssoziologie, historische Anthropologie, Biologie und naturwissenschaftliche Systemtheorie sowie Fragen von Erkenntnistheorie auf. Umgekehrt führen nicht alle Autoren/innen das Bekenntnis zum Konstruktivismus im Munde, wenn sie gleichwohl konstruktivistisch argumentieren. Auf diese Aspekte wird weiter unten noch mal eingegangen.

Worum geht es beim Sozialkonstruktivismus? Was hat dieser mit Geschlecht zu tun? Das Kernthema wurde bereits mit de Beauvoir angedeutet:

es geht um die *soziale Gewordenheit* von Frauen und Männern. Genauer: um die Frage, ob es so etwas wie eine anthropologisch konstante, objektiv gegebene Natur des jeweiligen Geschlechts gibt (wie z. B. Körper, Charaktermerkmale, bestimmte Emotionen), die definitorisch ein Geschlecht kennzeichnen, oder ob es dies in der kollektiven Phantasie einer jeweiligen Gesellschaft gibt und in dieser eine eigene Realität entfaltet. Im Alltag gehen auch wir davon aus, dass alle Frauen und alle Männer jeweils etwas Naturgegebenes miteinander teilen. So z. B. alle Frauen die Menstruation, die Gebärfähigkeit, die geringere Muskelkraft oder eine im Vergleich zu Männern stärker sozial-kommunikative Orientierung. Männer hingegen haben alle einen Penis, eine tiefe Stimme und sind im Unterschied zu Frauen an Technik interessiert. Solche Annahmen beruhen auf einem Set von Überzeugungen bezüglich der „Zweigeschlechtlichkeit". Suzanne Kessler und Wendy McKenna haben diese präreflexiven (also halb oder unbewussten) Überzeugungen in ihrer Studie aus dem Jahre 1978 – in Anlehnung an den Mikrosoziologen Harold Garfinkel – experimentell rekonstruiert. Dabei haben sie zum Beispiel Gruppen von College-Studenten und Studentinnen in ein Fragespiel verwickelt, bei dem die Studierenden das Geschlecht einer von der Versuchsleitung imaginierten Person durch Fragen herausfinden sollten. Die Studierenden durften nur zehn Fragen stellen und auch nur solche, die eindeutig mit ja/nein zu beantworten waren. Am Ende mussten sie sich für ein Geschlecht entscheiden. Die Versuchsleitung aber hatte gar keine bestimmte Person im Kopf, sondern völlig willkürlich und nach dem Zufallsprinzip auf die Fragen geantwortet. Dennoch hatten tatsächlich, auch wenn die Antworten in sich widersprüchlich waren, die Studierenden immer eine ‚korrekte' Antwort zur Hand. Bei widersprüchlichen Antworten entschieden sich die Studierenden für die Antwort auf die ‚biologischen' Fragen, wie etwa „hat die Person Brüste?" oder „hat die Person einen Schnurrbart?" Durch solche Experimente und durch viele Beobachtungen von Interaktionsroutinen im Alltag kamen Kessler/McKenna (1978, S. 113f.) zu dem Schluss, dass der *common sense* zur Zweigeschlechtlichkeit davon ausgeht, dass es

* zwei und nur zwei Geschlechter gibt
* dass diese zwei Geschlechter biologisch (natürlicherweise) gegeben sind und sich im Laufe eines Lebens niemals ändern
* dass alle Personen ausnahmslos natürlicherweise einem Geschlecht angehören
* und dass schließlich die Genitalien als der objektive Beweis eines Geschlechts gelten.

Der Exkurs zu Kessler/McKenna macht zweierlei deutlich: Erstens, das Selbstverständliche und ganz Normale ist soziologisch besonders interessant. Zweitens, Frau/Mann-Sein hat, soziologisch betrachtet, immer auch etwas mit Natur zu tun.

Zum ersten Punkt: Das, was Kessler/McKenna erörtern, ist uns aus dem Alltag komplett geläufig. Sie arbeiten aber heraus, wie es dazu kommt, dass es sich mit dem Geschlecht so verhält wie beschrieben und weiter, dass auch das ganz Normale und Triviale das Ergebnis komplexer sozialer Mechanismen ist. Anders ausgedrückt: die Rekonstruktion des Alltags ist eine zentrale Aufgabe der (Mikro-)Soziologie. In den Methoden und Fragen, die sozialkonstruktivistische Ansätze kennzeichnen, findet sich dies paradigmatisch wieder. Ihnen allen ist eine zentrale Frage gemeinsam, nämlich die „Wie-Frage":

> „Der Sozialkonstruktivismus beschäftigt sich (...) mit der Frage, *wie* soziale Ordnung als kollektiv produzierte zustande kommt und den Menschen dabei als objektiv erfahrbare Ordnung gegenübertritt." (Knorr Cetina 1989, S. 87; Hervorh. i. O.)

Karin Knorr Cetina deutet hier den spezifischen Blickwinkel des Sozialkonstruktivismus an: es geht um soziale Ordnung und um soziale Wirklichkeit. Weiter liegt das Interesse des Sozialkonstruktivismus darin, herauszufinden, wie es kommt, dass Menschen eine soziale Wirklichkeit selber schaffen (konstruieren), die ihnen aber zugleich und paradoxerweise als gegebene äußere Struktur vorkommt. Wie kommt es, dass wir es selbstverständlich und als jenseits unseres Einflusses erleben, wenn wir bei rot an der Ampel halten? Wie kommt es, dass wir uns üblicherweise korrekt kleiden, bevor wir unsere Wohnung verlassen? Solche Fragen sind es, die sozialkonstruktivistisch gestellt und bearbeitet werden können. Wichtig ist, dass es eben nicht darum geht zu fragen, warum es sich so und nicht anders verhält. Warum-Fragen sind aus dieser Perspektive nicht beantwortbar und letztendlich auch nicht interessant. Einzig das *wie* interessiert, denn das genuin Soziale liegt im Tun der Menschen. Soziale Handlungen sind im Kontext des Sozialkonstruktivismus die zentralen Bausteine der Erklärungen.

Zum zweiten Punkt: Ganz schnell taucht die vermeintlich objektive, faktisch gegebene Biologie, tauchen (vermeintlich) objektive und unveränderliche Naturtatsachen auf, wenn es darum geht, was das Geschlecht denn sei – worauf auch Regine Gildemeister und Carol Hagemann-White in ihren Texten kritisch eingehen.

Die Debatten darüber, was am Geschlecht natürlich und was sozial gemacht ist, werden unter verschiedenen Namen immer wieder neu geführt; sie begleiten feministische Bewegungen und feministische Theorien so lange es sie gibt – und werden es sicherlich auch noch lange Zeit, wenn nicht gar immer, tun. Das liegt daran, dass die Natur des Menschen immer schon Kultur ist, wie Regine Gildemeister und Angelika Wetterer (1992, S. 225f.) für die feministische Theorie paradigmatisch formulieren. Mensch-Sein ist an sich und war auch immer schon ein gesellschaftlich geprägter Zustand, es gibt keine vom gesellschaftlichen Einfluss abgekoppelte ‚reine Natur' menschlicher Existenz. So schreiben Gildemeister/Wetterer weiter: „über (die Natur) des Menschen läßt sich nicht mehr, aber auch nicht weniger sagen, als dass sie gleichursprünglich mit Kultur ist" (1992, S. 210). Diese Kultürlichkeit der menschlichen Natur ist seit Karl Marx ein zentrales Element sozialwissenschaftlichen Denkens:

> „Die erste geschichtliche Tat ist also die Erzeugung der Mittel zur Befriedigung dieser Bedürfnisse (Essen, Trinken, Wohnung, Kleidung, P. V.), die Produktion

des materiellen Lebens selbst. (...) Die Produktion des Lebens, sowohl des eig-
nen in der Arbeit wie des fremden in der Zeugung, erscheint nun schon sogleich
als ein doppeltes Verhältnis – einerseits als ein natürliches, andrerseits als gesellschaftliches Verhältnis – gesellschaftlich in dem Sinne, als hierunter das Zusammenwirken mehrerer Individuen, gleichviel unter welchen Bedingungen, auf
welche Weise und zu welchem Zweck verstanden wird." (Marx 1969, S. 28-30)

Verschiedene erkenntnistheoretisch, soziologisch und feministisch relevante
Aspekte des Sozialkonstruktivismus sind in diesem Zitat von Marx enthalten:
Jede Tat im menschlichen Leben ist eine soziale Tat, selbst die Zeugung
neuen Lebens, also die Reproduktion. Denn diese beinhaltet soziale Beziehungen mehrerer Menschen in bestimmten gesellschaftlichen Verhältnissen.
Die Reproduktion als gesellschaftliche Tat und nicht als natürliche Privatsache
zu sehen ist für den marxistischen Feminismus Dreh- und Angelpunkt der
Diskussionen, aber auch im Sozialkonstruktivismus spielt er bisweilen eine
Rolle. Weiterhin betont Marx die Gleichzeitigkeit von natürlichen und gesellschaftlichen Verhältnissen in der menschlichen Existenz. Dieser Aspekt
kommt insbesondere im Text von Gesa Lindemann deutlich zum tragen. Bei
ihr stehen Leib und Körper für Natur und Kultur und es ist gerade die gleichur-
sprüngliche Verschränktheit beider Dimensionen, die typischerweise mensch-
lich ist: „Der Leib ist total natürlich, (...); andererseits ist der Leib aber total
relativ auf die jeweilige Kultur, denn seine Form ist eine je historische, an der
kein Substrat feststellbar ist, das sich diesseits von ihr befände". Also: es gibt
nichts am Leib, das nicht auch kulturell (und damit sozial) geprägt ist – gleichzeitig ist er vollkommen natürlich. Dieser Punkt spielt in den feministischen
und geschlechtersoziologischen Ansätzen zum Körper, die wie Lindemann
sozialkonstruktivistisch argumentieren, eine prominente Rolle. Es taucht dann
nämlich die Frage auf: was ist natürlich am (Frauen-)Körper? Wie natürlich
sind Menstruationsschmerzen, PMS, Wechseljahre? Lindemanns Antwort
lautet, dass sich Körper und Leib wechselseitig konstruieren und es damit
keinen „natürlichen" Leib geben kann. Und Barbara Duden formuliert: „Der
Stoff (ist) selbst geschichtlich", denn er ist geformt durch epochenspezifische
Vorstellungen.
    Für den Feminismus ist dieser Punkt besonders interessant, denn wenn
sich das, was uns normal, natürlich, unhinterfragt scheint, als selbstgemachte
Konstruktion erweist, sind diese Konstruktionen auch veränderbar. Nur das,
was sozial gemacht ist, kann auch sozial verändert werden. Die Natur hingegen gilt gemeinhin als unveränderlich, eigenmächtig, universell, gegeben.
Naturwissenschaftlich (scheinbar) fundierte und (angeblich) bewiesene Tatsachen wie genetische Veranlagung zur Homosexualität, unterschiedliche
Gehirnstrukturen bei Männern und Frauen oder höhere Hormonabhängigkeit
der weiblichen Psyche (PMS zum Beispiel) sind, so der common sense, außerhalb unseres Einflusses und unveränderlich. Nun sind solche Natur- oder
Biologie-Argumente historisch häufig zu Ungunsten von Frauen vorgetragen
worden. Frauen wurde zum Beispiel das Studium und der Zutritt zu akademischen Einrichtungen mit Argumenten verwehrt, die von ihrer naturwissenschaftlich beweisenen Unfähigkeit zum analytischen Denken ausgin-

gen. Für die Frauenbewegungen war es deshalb immer ein zentrales Anliegen, sich mit den Unterstellungen zur weiblichen Natur auseinanderzusetzen und sich kritisch gegen eine „Biologie-ist-Schicksal"-Ideologie zu stellen.

Aus dieser kurz skizzierten politischen Einstellung ergab sich zwar keineswegs kausal und direkt der Sozialkonstruktivismus, aber er wurde doch von einem bestimmten Zeitgeist in westlichen Gesellschaften begünstigt. Soziale Bewegungen wie die Frauen- und die Studentenbewegung, kritisierten – wenngleich in sehr verschiedener Weise und mit unterschiedlichen Stoßrichtungen – die jeweilige gesellschaftliche Normalität und suchten nach neuen Wegen jenseits der traditionellen Pfade. Besonders die feministische Frauenbewegung hinterfragte das, was bis in die 1970er Jahre als normal galt, wie zum Beispiel das Verbot der Abtreibung, die Benachteiligung von Frauen beim Scheidungsrecht, die niedrige Frauenerwerbsquote und die durchschnittlich schlechtere Bezahlung von Frauen in denselben Jobs wie Männer, die Diskriminierung nicht verheirateter Frauen und allein erziehender Mütter, die Pathologisierung von Homosexualität als Perversion oder Krankheit, das Verdrängen und Verschweigen privater sexueller Gewalt und die Bagatellisierung von Vergewaltigung als ‚Kavaliersdelikt'. All dies (und vieles mehr) wurde im Rahmen der Frauenbewegung buchstäblich nicht mehr hingenommen und als spezifische gesellschaftliche Konstruktion entlarvt. Anders ausgedrückt: die (patriarchalen) Verhältnisse waren gemacht, auch wenn sie oft im Gewande natürlicher Notwendigkeit und tradierter Normalität daher kamen.

Bezogen auf Geschlechterfragen lässt sich die oben erwähnte „wie"-Logik in den Texten, die in diesem Kapitel präsentiert werden, gut nachvollziehen. In Anlehnung an das obige Zitat von Knorr Cetina ließe sich sagen: Dem geschlechterbezogenen Sozialkonstruktivismus geht es darum zu verstehen, wie Menschen zwei Geschlechter immer und immer dergestalt konstruieren, dass die Zweigeschlechtlichkeit ihnen wie eine unveränderliche Naturtatsache vorkommt. „Die Zweigeschlechtlichkeit ist zuallererst eine soziale Realität" schreibt Hagemann-White, um sich, ausgehend von dieser Annahme, der empirischen Analyse der Konstruktion dieser sozialen Realität zu widmen. Bei Lindemann finden wir den Satz: „Die konstruktivistische Geschlechterforschung distanziert sich (...) von der Basisannahme, dass Zweigeschlechtlichkeit ein natürliches, präkulturelles Faktum sei, und wendet sich statt dessen Fragen wie den folgenden zu: (...) Wie gelingt es Interagierenden, sich so zu verhalten, dass sie problemlos als ein Geschlecht wahrgenommen werden können?" Und Gildemeister schreibt „Leiblichkeit und Geschlechtlichkeit sind Ergebnisse sozialer, kultureller Prozesse auf der Grundlage symbolvermittelter sozialer Interaktion und kultureller und institutioneller Sedimentierung. Das heißt, auch Zweigeschlechtlichkeit und ihre Folgen und Deutungen sind Ergebnisse sozialer Konstruktionen."

Soweit die Gemeinsamkeiten der Texte. Sie alle sehen die Zweigeschlechtlichkeit auf die eine oder andere Weise als Ergebnis sozialer Konstruktionsprozesse. Allerdings verorten sie diese Konstruktionsprozesse auf zum Teil anderen Ebenen beziehungsweise werfen einen je etwas anderen Blick auf die Sache. Bei Lindemann etwa geht es ganz zentral darum, wie aus dem sozial geprägten Körper ein geschlechtlicher Leib wird, der unmittelbar gefühlt und erlebt wird. Wie werden aus gesellschaftlichen Zeichen und Symbolen Gefühle und Empfindungen? Auch Barbara Duden geht es um den Körper, aber ihr Anliegen ist es, die historisch je spezifischen „Stofflichkeiten" des Körpers zu rekonstruieren. Es geht damit um die epochenspezifische „Wahrheit" des Geschlechtskörpers. Dabei gehört Barbara Duden zu jenen feministischen Autorinnen, die sich deutlich gegen eine Verortung im Konstruktivismus wenden – sofern dieser gelesen werden kann als eine „Entrealisierung" (Duden 1993), eine theoretische Abstraktion von den konkreten und stofflichen Erfahrungen des geschlechtlichen Alltagslebens. Und doch argumentiert sie aus ihrer historischen Perspektive konstruktivistisch insofern sie aufzeigt, wie wandelbar das scheinbar Natürliche und scheinbar naturhaft Gegebene – der Frauenkörper – eigentlich ist.

Demgegenüber beschäftigen sich Hagemann-White und Gildemeister nicht mit dem Körper, sondern mit sozialen Mechanismen der Konstruktion von Geschlechterdifferenzen. Gildemeister rekonstruiert die Tradition von Garfinkel und Kessler/McKenna, erweitert diese aber um den Aspekt von institutioneller Verfestigung und plädiert letztlich dafür, die Zweiteilung (Binarität) selbst zu überwinden. Hagemann-White kritisiert zunächst die traditionelle Sozialpsychologie und Rollentheorie dafür, dass sie an der Zweigeschlechtlichkeit als Faktum festhalten und plädiert ebenfalls für die Überwindung einer bipolaren Optik.

Grundsätzlich gilt, und dies wird oft übersehen, dass im Sozialkonstruktivismus die ‚Produkte' der sozialen Konstruktionen als (sehr) real betrachtet werden. Davon auszugehen, dass soziale Ordnung konstruiert ist, heißt eben nicht, die Faktizität der sozialen Ordnung zu leugnen oder zu meinen, sie müsse in jeder Situation von Null an neu produziert werden. Die Pointe des Sozialkonstruktivismus besteht darin, davon auszugehen, dass intersubjektive beziehungsweise kollektive Konstruktionsleistungen für die Menschen einer Gesellschaft, also für die Konstrukteure und Konstrukteurinnen selbst, durch ‚Verobjektivierungsprozesse' zu objektiven Fakten werden. Menschen erleben die Welt, die sie selbst konstruieren als eine, die ihnen bereits gemacht und ihnen äußerlich entgegentritt – als Struktur. Doch ist diese Struktur eben nicht Thema des Sozialkonstruktivismus.

Die Betonung von Wie-Fragen ist akademisch und theoretisch gerade für die Geschlechterforschung außerordentlich beflügelnd gewesen und treibt auch heute spannende empirische Forschung an, wie z. B. über Transsexualität, die Konstruktion von Geschlechtern in den Medien oder Filmen, die Geschichte des *cross-dressings* usw. Sozialkonstruktivistische Zugänge schulen das Auge für den ungeheuren Aufwand, den wir alle tagtäglich und meistens unbewusst betreiben, um Normalität, das heißt soziale Ordnung herzustellen. Dieser Aufwand umfasst kognitive, praktische, emotionale und körperliche Aspekte gleichermaßen. Die Zweigeschlechtlichkeit ist in diesem Sinne aufwendige Normalität und eine, die sich besonders hartnäckig hält. Warum sie nun so hartnäckig ist, darauf kann der Sozialkonstruktivismus im

Allgemeinen nur eine (Wie-Antwort) geben und die heißt: weil die Zweigeschlechtlichkeit als so naturhaft erlebt wird, wird sie dauernd reproduziert,
denn sie wird nicht hinterfragt. Allerdings ist diese Antwort streng genommen
tautologisch: Die Zweigeschlechtlichkeit wird beständig reproduziert, weil sie
dauernd reproduziert wird. Das heißt die Reichweite sozialkonstruktivistischer
Ansätze ist begrenzt. So können etwa Macht, Herrschaft und Ungleichheit –
Themen, die für die feministische Diskussion besonders wichtig sind – nicht
angemessen verstanden werden. Warum also hören Menschen nicht auf, die
Zweigeschlechtlichkeit dauernd zu konstruieren, wenn wir doch wissen, dass
sie von kulturellen Setzungen, Diskursen und epochenspezifischen Wahrnehmungen abhängt? Und: warum kommt bei diesen Konstruktionen eine
soziale Ordnung heraus, die systematisch Frauen (und seien diese noch so
konstruiert) gegenüber den (ebenfalls durch und durch sozial konstruierten)
Männern benachteiligt? Wie sich etwa singuläre Interaktionsprozesse in spezifischen Handlungen einerseits und situationsübergreifende soziale Institutionen (Familie, Bürokratie, Organisationen, Recht usw.) zueinander verhalten, das kann sozialkonstruktivistisch nicht analysiert werden. Aber auch die
Frage nach sozialem Wandel, nach Innovationen und Veränderung kann nicht
systematisch betrachtet werden, legt man einen sozialkonstruktivistischen
Blick zugrunde (vgl. Gottschall 1997). Anders ausgedrückt: normative, strukturelle und/oder ungleichheitsrelevante Fragen sind nicht das Thema des Sozialkonstruktivismus.

Literatur

Berger, Peter L./Luckmann, Thomas: Die gesellschaftliche Konstruktion der Wirklichkeit.
    Eine Theorie der Wissenssoziologie. Frankfurt a. Main: Fischer1989 [1969]
Connell, Robert W.: Der gemachte Mann. Konstruktion und Krise von Männlichkeiten.
    Opladen: Leske + Budrich 1999
Duden, Barbara: Die Frau ohne Unterleib. Zu Judith Butlers Entkörperung. In: Feministi-
    sche Studien 11/1993, S. 24-33
Gildemeister, Regine: Doing Gender. Soziale Praktiken der Geschlechterunter-
    scheidung. In: Handbuch Frauen- und Geschlechterforschung. Theorie, Methoden,
    Empirie, hrsg. von Ruth Becker und Beate Kortendiek, Wiesbaden: VS Verlag 2004,
    S. 132-140
Gildemeister, Regine/Wetterer, Angelika: Wie Geschlechter gemacht werden. Die
    soziale Konstruktion der Zweigeschlechtlichkeit und ihre Reifizierung in der Frauen-
    forschung. In: TraditionenBrüche. Entwicklungen feministischer Theorie, Forum
    Frauenforschung 6, hrsg. von Gudrun-Axeli Knapp und Angelika Wetterer, Freiburg:
    Kore Verlag 1992, S. 201-254
Gottschall, Karin: Zum Erkenntnispotential konstruktivistischer Perspektiven für eine
    Analyse von sozialer Ungleichheit und Geschlecht. In: Differenz und Integration. Die
    Zukunft moderner Gesellschaften. Verhandlungen des 28. Kongresses der DGS,
    hrsg. von Stefan Hradil, Frankfurt a. Main/New York: Campus 1997, S. 479-496
Kessler, Suzanne/McKenna, Wendy: Gender. An Ethnomethodological Approach. New
    York: Wiley 1978

Knorr Cetina, Karin: Spielarten des Konstruktivismus. Einige Notizen und Anmerkungen. In: Soziale Welt, Heft 1/2 (1989), S. 86-96
Lorber, Judith: Gender-Paradoxien. Opladen: Leske + Budrich 1999
Marx, Karl: Die deutsche Ideologie. Marx-Engels-Werke, Bd. 3, Berlin: Dietz-Verlag
1969
Pühl, Katherina/Paulitz, Tanja/Marx, Daniela/Helduser, Urte: Under construction? Kon-
struktivistische Perspektiven in feministischer Theorie und Forschungspraxis – zur
Einführung. In: under construction? Konstruktivistische Perspektiven in femini-
stischer Theorie und Forschungspraxis, hrsg. von dies., Frankfurt a. Main/New York:
Campus 2004, S. 11-32
Treibel, Annette: Einführung in die Soziologischen Theorien der Gegenwart. Opladen:
Leske + Budrich 2000
Villa, Paula-Irene: Sexy Bodies. Eine soziologische Reise durch den Geschlechtskör-
per. Wiesbaden: VS Verlag 2005
Waniek, Eva/Stoller, Silvia (Hg.): Verhandlungen des Geschlechts: Zur Konstruktivis-
musdebatte in der Gender-Theorie. Wien: Turia + Kant
Wartenpfuhl, Birgit: Dekonstruktion von Geschlechtsidentität – Transversale Differen-
zen. Eine theoretisch-systematische Grundlegung. Opladen: Leske + Budrich 2000
Wetterer, Angelika: Konstruktion von Geschlecht: Reproduktionsweisen der Zweigeschlechtlichkeit. In: Handbuch Frauen- und Geschlechterforschung. Theorie, Methoden, Empirie, hrsg. von Ruth Becker und Beate Kortendiek, Wiesbaden: VS
Verlag 2004, S. 122-130

Wir werden nicht zweigeschlechtlich geboren...

In: FrauenMännerBilder. Männer und Männlichkeit in der
feministischen Diskussion. Carol Hagemann-White/Maria S.
Rerrich (Hg.), Bielefeld: AJZ-Verlag 1988, Forum
Frauenforschung 2, S. 224-235

Im ersten Elan war die neue Frauenbewegung sich über den bloß anerzogenen Charakter der Geschlechterrollen einig. Mit dem zunehmend erfolgreichen Nachweis, in der empirischen Forschung wie in der beruflichen und politischen Praxis, daß Mädchen und Frauen in der Tat über alle Fähigkeiten und Verhaltensweisen verfügen, die es bei Männern gibt, war diese Eintracht gestört. Ein Teil der Feministinnen kehrte zu der Überzeugung zurück, daß bessere Ausbildung und Berufschancen die Geschlechterungleichheit aushebeln könnten und kamen so bei einer Politik der gemeinsamen Ziele und des weitgehend gemeinsamen Weges mit Männern (wieder) an. Diejenigen hingegen, für die eine konkrete Utopie von Frauenkultur der Kern der neuen Bewegung gewesen ist, wandten sich immer stärker einer Aufwertung der weiblichen Eigenschaften als Potential für einen „Ausstieg aus der männlichen Zivilisation" (Stopczyk 1986) zu.

Bemerkenswerterweise tauchte auf beiden Seiten die Vermutung biologisch verursachter Geschlechtsunterschiede wieder auf. Unter den Egalitären erklärt die biologische Differenz eine hartnäckige Verschiedenheit im privaten Verhalten auch nach Erlangung beruflicher Gleichstellung, begründet aber als angenehme Spannung zugleich die Notwendigkeit des gemeinsamen Weges. Bei den Vertreterinnen einer politisch gewendeten Weiblichkeit gewinnen körperliche Vorgänge den Stellenwert eines Beweises, daß die Verschiedenheit ernstzunehmen, die Autonomie von Frauenkultur notwendig sei.

In Streitgesprächen zwischen beiden Positionen hat es regelmäßig den Anschein, als redeten die Kontrahentinnen hoffnungslos aneinander vorbei: die heftigsten Vorhaltungen treffen nicht etwa auf Widerspruch sondern werden – und zwar beiderseits! – in dem Stil gekontert: Ja, selbstverständlich stimme ich Deinen Ausführungen zu, aber *darum geht es ja nicht*: „Das ist nicht das Problem" (Streitgespräch 1987).

Mir scheint das Dilemma dieser Diskussion im Begriff der *eigenen* Geschlechtlichkeit zu wurzeln sowie in der selbstverständlichen Funktion der Zweigeschlechtlichkeit als Krücke der Identität. Es ist das übermäßige Angewiesensein des Selbst auf ein Frauenbild unser Problem, und das von Lerke Gravenhorst teils zu recht kritisierte negative Männerbild ist fragwürdig eben

als Projektionsfläche des Frauenselbstbildes, nicht, weil es über männliche
Menschen etwas aussagte. Für vorschnell halte ich die Diagnose, daß jedes
Frauenbild eben auch ein Männerbild impliziere. Genetisch (bei gegebener
Arbeitsteilung) ist sogar anzunehmen, daß das weibliche Kind seinen Sinn
für die eigene Geschlechtlichkeit in der Identität und Nicht-Identität mit einer
Frau gewinnt. Doch ist dies nebensächlich: nicht das Erbe der frühen Kind-
heit, sondern die Freiheitsgrade unseres Handelns als Erwachsene sind das
Maß für einen Weg in die Emanzipation.

Einen Begriff des eigenen Geschlechts in emanzipatorischer Absicht können Frauen nur aus einem Diskurs miteinander entwickeln, weil erst dieser
das weibliche Gegenüber als *wesentlich* setzt und so sich selbst zur Person –
nicht Anhängsel, Komplement gleichviel wovon – macht. Darin ist es möglich, den Verpflichtungscharakter der Geschlechtlichkeit, wie er uns bisher
beherrscht und eingeschränkt hat, aufzulockern und die dabei entstehende
Verunsicherung zu ertragen. Die deutsche feministische Diskussion hat, wie
mir scheint, gerade damit ihre Schwierigkeiten – und diese hängen mit ihren
spezifischen Stärken zusammen.

Ein Rückblick auf die feministische Theoriediskussion in der Bundesrepublik erweist, vielleicht überraschend, daß sie in der Vorstellung von Biologie als Schicksal stark verankert ist, und wenn es in der Negation wäre. Die
Idee, daß wir es mit einem elementaren Gegensatz von zwei grundver-
schieden gearteten Wesen zu tun haben, nimmt ihren vergeistigten Lauf
durch die gesamten Beschreibungen der weiblichen Sozialisation, des weiblichen Arbeitsvermögens, durch die Kritik an Männergewalt und an männ-
lich-destruktiver Technokratie. Der Impuls, sich des fundamentalen Anders-
Seins zu vergewissern, *unterläuft* die bewußte Absicht der Patriarchatskritik,
die ja doch gerade zeigen will, wie sehr das Geschlecht eine soziale Kategorie, die Sozialcharaktere historisch relativ und gesellschaftlich produziert
seien.

Zu verstehen ist dies im Kontext einer Frauenbewegung, die weit stärker
als anderswo um die Autonomie zentriert war, für deren Rechtfertigung die
derzeit reale Verschiedenheit von Frauen und Männern unverzichtbar ist.
Diese Zentrierung hat der deutschen Frauenbewegung die politische Kraft
gegeben, Themen und Aktivitäten politisch zu besetzen und wirkungsvoll zu
gestalten. In kaum einem anderen Land ist die Frauenhausbewegung so
eindeutig von den autonomen Häusern definiert worden (auch wenn sie nicht
üppig Geld erhalten), erhält Frauenbildungsarbeit den Entwicklungs-
spielraum, trotz staatlicher Finanzierung Männer auszuschließen. Schwer zu
sagen, wo sonst in der Welt eine christlich-konservative Regierung, die
zudem fest im Sattel sitzt, Begriff und Problemdefinitionen der oppositionellen und ketzerischen Feministinnen in die eigene Programmatik aufnäh-
me. Diese reale gesellschaftliche Wirkungskraft erwächst, so meine Vermutung, eben aus der unmittelbaren Bereitschaft, die Wesensverschiedenheit der

Geschlechter einzusehen; sie hat zur Folge, das der Zusammenschluß von Frauen eine nicht ganz berechenbare soziale Macht beinhaltet. Auf diesem Hintergrund – wo Männer durch die spöttische Frage nach ihrer Menstruation aus Frauentreffen vertrieben werden können – ist es schwer zu verzichten auf die Biologie.

Diese Stärke möchte ich nicht missen. Doch ist nicht zu verkennen, daß dabei ein gewisser Boden neuer Gläubigkeit für Thesen über *unaufhebbare* Geschlechtsunterschiede, körperlich, vorgeschichtlich, entstanden ist. In letzter Zeit mehren sich populärfeministische Beiträge, die Mut zur Biologie verkünden und dabei wahrhaft naiv mit Versatzstücken aus biomedizinischer Forschung hantieren, bis mit Schere und Klebstoff das gewünschte Bild hervortritt (Erler 1985; Sichtermann 1987). Dem entspricht, daß Beiträge aus der US-amerikanischen Theoriediskussion gewissermaßen dualistisch rezipiert werden: entweder lassen sie sich (mehr oder weniger gewaltsam) in das Bild eines biologisch begründeten Wesensunterschiedes hineinzwängen und werden dafür vereinnahmt (so geschieht es etwa mit Chodorow 1985 und Gilligan 1984), oder es wird registriert, daß sie die Geschlechtlichkeit als sozial konstruierte von der Biologie trennen, und dies wird dem ohnehin vorhandenen Vorurteil von der grenzenlosen Anpassungsbereitschaft der pragmatischen Amerikanerinnen zugeschrieben, die sogar ihr Geschlecht zu leugnen bereit sind, um Karriere zu machen.

Tatsächlich ist die feministische Theoriediskussion um das Geschlecht als soziales Grundphänomen in den USA sehr viel komplexer und radikaler, als diese Abwehrversuche ahnen lassen. Sie hat mit der Erkenntnis ernst gemacht, daß die Menschen durch und durch gesellschaftliche Wesen sind, deren bloßes Überleben nicht ohne symbolische Systeme wie die Sprache, kulturelle Artefakte und Werkzeug möglich ist. In diesem über die Frauenforschung hinausgreifenden, um sie zentrierten Diskurs über Geschlechtlichkeit und Geschlechter ist der Biologismus – der Glaube an notwendige, im Leib begründete Wesensmerkmale, die das menschliche Verhalten vor aller Kultur bestimmen – nicht mehr nur abgewehrt und durch „soziologistische" Reaktionsbildungen ersetzt, sondern in bedeutendem Maße überwunden. Auf dieser Grundlage entsteht, über die einzelnen Ansätze hinweg, eine subtile theoretische Neufassung dessen, was Geschlecht (gender) überhaupt ausmacht.

Politische, historische und emotionale Bindungen der deutschen Frauenbewegung an den Einsatz von als unbestreitbar empfundenen Geschlechtsunterschieden haben verhindert, diese Theorieentwicklung überhaupt aufzunehmen. So werden die Gedankengänge von Chodorow und Gilligan aus dem Kontext herausgelöst, woraus sie entstanden sind, und systematisch mißverstanden. Die von der feministischen Kulturanthropologie und dem symbolischen Interaktionismus geprägte Sichtweise auf „gender" als kulturelles Regelsystem für Prozesse, in denen die Individuen die mit Geschlechtlichkeit verquickten gesellschaftlichen Strukturen alltäglich mitherstellen, finden wir in der bundesrepublikanischen wissenschaftlichen Diskussion weder innerhalb noch außerhalb der Frauenforschung vor. Erst eine solche Sichtweise vermag aber die Vielfalt in den Inhalten der Geschlechtsrollen je nach sozialer Umgebung zu sehen, ohne auf Illusionen der Befreiung oder Hierarchien der „Emanzipiertheit" hereinzufallen, weil sie den konkreten Kontext als konstitutiv für Geschlecht versteht (z. B. Constantinople 1979; Freimuth/Hornstein 1982; Deaux 1984; Lott 1985; Bem 1987). Über Geschlecht prozeß- und situationsbezogen zu denken erlaubt es auch, Kinder als Subjekt ihres eigenen Werdens – und nicht als bloße Objekte von Konditionierung – zu denken (Cahill 1987; Thorne 1987). Wenn die Bildung einer Geschlechtsidentität ein aktiver Prozeß der Aneignung in Auseinandersetzung mit (mehreren!) sozialen Umgebungen ist, so haben die weiblich und männlich werdenden Kinder in unserem Denken endlich den Status eines eigenständigen Gegenüber, aber sie verlieren auch ihre „Unschuld".

Es wird Zeit, von der Vorstellung Abschied zu nehmen, es käme bei der Theoriebildung über Geschlechtsunterschiede nur darauf an, alte Zöpfe abzuschneiden, falsche, da nicht mit der Biologie zwingend gekoppelte Inhalte zu vermeiden. Die Dilemmata der Theoriebildung beruhen vielmehr auf der Art und Weise, wie die Definition der Zweigeschlechtlichkeit selbst vollzogen wird.

Mit einer ethnomethodologischen Herangehensweise haben Suzanne Kessler und Wendy McKenna (1978) versucht, der sozialen Konstruktion einer Welt von zwei Geschlechtern auf die Spur zu kommen. Sie stellen fest: Auf verschiedenen Reflektions- und Praxisebenen – im täglichen sozialen Umgang, in der Behandlung der Transsexualität durch Mediziner, in der Auswahl ihrer Stichproben durch Psychologen und Sozialwissenschaftler – kommen bestimmte Grundannahmen über den Geschlechterunterschied zum Tragen, die für alle inhaltlichen Aussagen fundamental strukturierend sind. In der Alltagstheorie der Zweigeschlechtlichkeit unserer Kultur wird die Geschlechtszugehörigkeit als *eindeutig, naturhaft* und *unveränderbar* verstanden. Ohne jede bewußte Überlegung wird davon ausgegangen, daß jeder Mensch entweder weiblich oder männlich sein müsse, was im Umgang erkennbar zu sein hat (Eindeutigkeit); daß die Geschlechtszugehörigkeit körperlich begründet sein müsse (Naturhaftigkeit); und daß sie angeboren ist und sich nicht ändern könne (Unveränderbarkeit).

Nicht alle Gesellschaften teilen diese Auffassung. Eine Theorie, die unreflektiert die Alltagsannahmen der sie umgebenden Gesellschaft übernimmt, bleibt den Macht- und Herrschaftsverhältnissen dieser Gesellschaft verhaftet. Die Unterschiedlichkeit der Geschlechter wird im Alltag als deren Ungleichheit und als die konkrete Unterdrückung der Frauen konstruiert. Auch deshalb können wir uns die Naivität nicht leisten, die Existenz von zwei und nur zwei Geschlechtern vorauszusetzen, als wäre dies ein außergesellschaftliches, naturgegebenes und unveränderbares Faktum. Selbst die Humanbiologie, die ohnehin als eine spezifische Denkform unserer Gesellschaftsverhältnisse durchaus noch ideologieverdächtig ist, liefert keine eindeutige Definition des Geschlechtsunterschiedes im Sinne der kulturell geforderten vollständigen Disjunktion.

Bis heute gibt es keine zufriedenstellende humanbiologische Definition der Geschlechtszugehörigkeit, die die Postulate der Alltagstheorie einlösen würde. Die Biologen Wellner und Brodda (1979) betonen, daß das äußere morphologische Geschlecht nur eine Geschlechtsbestimmung unter mehreren möglichen ist; es bestehe kein Grund, ausgerechnet sie als unabhängige Geschlechtsvariablen zu wählen. Eine Sammlung aller Körpermerkmale, die bei der biologischen Geschlechtsbestimmung in Betracht gezogen werden (die Chromosomen, der Hormonspiegel, die inneren und äußeren Geschlechtsorgane) würde vermutlich für die Mehrheit der Bevölkerung, jedoch keineswegs für alle Personen eine Geschlechtsdefinition hergeben, die eindeutig von Geburt an gilt und unverändert bleibt. Wird noch darüber hinaus – ganz im Sinne des biologischen Denkens – die Fähigkeit und Eignung zur Fortpflanzung in die Definition aufgenommen, so bleibt kaum noch eine Übereinstimmung mit der sozial wirksamen Praxis der Geschlechtszuordnung übrig.

Schon 1961 hat Margaret Mead darauf aufmerksam gemacht, daß es Kulturen gibt, die drei oder mehr Geschlechter kennen oder die einen Wechsel der Geschlechtszugehörigkeit ermöglichen (Martin/Voorhies 1975). Das ethnologische Material über diese Kulturen ist größtenteils älteren Datums und infolge der destruktiven Auswirkungen der Kolonialisierung nur schwer oder gar nicht nach heutigen methodischen Maßstäben zu überprüfen. Kessler und McKenna können immerhin anhand des vorhandenen Materials zwei Schlußfolgerungen überzeugend begründen:

- Es hat Kulturen gegeben, die ein Zwischengeschlecht schon bei der Geburt anerkennen, und auch solche, in denen bestimmten Menschen zugestanden wurde, ihr Geschlecht zu wechseln. Dabei war es nicht notwendig, den Wechsel durch den Nachweis eines „Irrtums" in der früher erfolgten Zuweisung zu legitimieren.

- Möglicherweise wird in manchen vorindustriellen Kulturen die Geschlechtszuschreibung aufgrund der Ausführung der Geschlechtsrolle und nicht aufgrund der Körpermerkmale, bzw. notfalls unabhängig von diesen, vorgenommen. Zugunsten der sozialen Einordnung wird die Wahrnehmung von bestimmten Körpermerkmalen, die wir in unserer Kultur als unübersehbar empfinden, ausgeblendet (Kessler/McKenna 1978).

Zweifellos gibt es Körpereigenschaften, die mit der Fortpflanzung enger oder entfernter zusammenhängen, jedoch ist ihre Beachtung und ihre Verwendung als Maßstäbe für einen Primärstatus der Geschlechtszugehörigkeit offensichtlich variabel und von gesellschaftlichen Bedingungen abhängig.

Diese Infragestellung der selbstverständlichen Zweigeschlechtlichkeit bedeutet nun keineswegs eine Unterschätzung der Körperlichkeit, sondern vielmehr ein geschärftes Bewußtsein der dichotomen Optik, mit der sie in unserer Kultur wahrgenommen und gelebt wird. Selbst gesellschaftlich bedeutsame Merkmale wie das Gebären oder die als Zeichen der Gebärfähigkeit wahrgenommene Menstruation gelten weder für alle „Frauen" noch für irgendeine Frau immer. Nicht ihre Realisierung, sondern die Vermutung ihrer Möglichkeit ist mit der Geschlechtszugehörigkeit verknüpft. Die Zweigeschlechtlichkeit ist zuallererst eine soziale Realität.

Gegen den Hinweis auf den kulturellen Charakter des Geschlechtsunterschiedes wird nicht selten eingewandt, daß es in der gelebten Realität nun einmal zwei Geschlechter gibt; die Zweiteilung liegt allen unseren Interaktionen zugrunde und bestimmt von früh an unsere Triebschicksale mit. Das Problem ist nur: Wenn wir den Satz „Es gibt nun mal Frauen und Männer" gelten lassen, müssen wir ihn inhaltlich füllen können. Das bringt uns in eine fatale Zwickmühle. Entweder akzeptieren wir en bloc sämtliche in unserer Kultur geläufigen Annahmen über Frauen und Männer und bleiben diesen unterworfen. In naiven Interaktionen führt die Alltagstheorie der Zweigeschlechtlichkeit vielfach zu eben dieser Konsequenz: Regeln für Haartracht oder Kleidung werden damit verteidigt, daß ohne sie die Geschlechtszugehörigkeit selbst verloren ginge. Oder aber wir lassen uns darauf ein, die Notwendigkeit jeweils konkret behaupteter Normen und Erwartungen offen zu lassen; wir trennen zwischen Geschlechtszugehörigkeit und den damit verbundenen Zuschreibungen und Zumutungen. Dies war der eigentliche Sinn der feministischen Diskussion zur weiblichen Sozialisation als Konditionierung zu Unterdrückung. Doch dann zwingt uns der Satz „Es gibt nun mal Frauen und Männer" und den mitgemeinten Zusatz „und es gibt nun mal den Unterschied" dazu, diesen Unterschied fern aller gesellschaftlichen Normen und wechselhaften Erwartungen zu definieren. So können wir niemals das Verhältnis zwischen Natur und Kultur erhellen, weil unser Ausgangspostulat uns nötigt, den Unterschied immer schon gewußt zu haben, den wir angeblich untersuchen wollen. Das heißt immer auch: Wir müssen den Unterschied im Bereich dessen ansiedeln, was wir ungern infrage gestellt wissen möchten, ihn am Ort unserer Verdrängungen festnageln. Es ließe sich anhand sozialwissenschaftlicher Literatur ausgiebig belegen, daß genau dies geschieht: den in letzter Zeit zunehmend gern zitierten Devereux halte ich für ein besonders eklatantes Beispiel hierfür.

Der Fehler der Theorien geschlechtsspezifischer Sozialisation bestand darin, sich ebensowenig wie das Alltagsbewußtsein von dem Schein der Natürlichkeit unserer Geschlechterverhältnisse lösen zu können. In ihrer Annahme, zwischen biologischem und sozialem Geschlecht unterscheiden zu können und zu müssen, blieben sie immer noch biologistisch, denn sie mußten einen – meist diffus abgegrenzten – Teil der kulturellen Vorstellungen über maßgebliche Merkmale der Geschlechtszuordnung als „Natur" festschreiben, um davon die bloß anerzogenen Eigenschaften und Erwartungen trennen zu können. Ganz nebenbei ist der Nachweis der „Weiblichkeitskonditionierung" als spezielle Benachteiligung ethnozentrisch geraten, weil sie die massive Verallgemeinerung und Vereinheitlichung der Befunde brauchte, um die Frauenrolle als besondere Unterdrückung hervorzuheben. Offener für die Vielfalt der Frauenleben, radikaler in ihrer Sicht für die patriarchale Unterdrückung scheint mir nach wie vor die „Null-Hypothese" zu sein: daß es keine notwendige, naturhaft vorgeschriebene Zweigeschlechtlichkeit gibt, sondern nur verschiedene kulturelle Konstruktionen von Geschlecht. Wissen wir doch, daß die Entdifferenzierung und Plastizität der Menschheit groß genug ist, um eventuell vorhandene hormonelle oder in der Körperbeschaffenheit liegende Gegebenheiten zu überspielen.

Der Nutzen der Null-Hypothese besteht darin, die Bezogenheit der Geschlechtereinteilung auf andere symbolische Einteilungen und Polaritäten innerhalb derselben Kultur sehen zu können; sie hilft uns, den Prozessen nachzugehen, in denen diese Zuordnungen fortgeschrieben werden. So wird sichtbar, daß in Kulturen, die zwei Geschlechter unterscheiden und sie ungleich setzen, die Geschlechterpolarität in einem vielschichtigen Verhältnis zu Statushierarchien jeder Art in derselben Kultur steht. Einerseits bestimmt die Geschlechterpolarität auch den Zugang eines Geschlechts zu Tätigkeiten und Rechten; umgekehrt ist die Wertigkeit von Tätigkeitsfeldern davon mitbestimmt, welchem Geschlecht sie zustehen. Andererseits werden Machthierarchien jeder Art erotisiert: Sie werden in Begriffen der Geschlechtlichkeit und auch der Sexualität im engeren Sinne chiffriert (Ortner/Whitehead 1981).

Nun erübrigt sich die Annahme, mit der die Sozialisationstheoreme in die Sackgasse geführt haben, daß mit einer bestimmten Altersstufe die Verhaltensmuster und Eigenschaften von Mädchen und von Jungen empirisch divergieren. Das Konzept der kulturellen Reproduktion der Geschlechtlichkeit vermag den tatsächlichen Befund zu integrieren, daß die Verhaltensmöglichkeiten von Mädchen und Jungen sich sehr wenig unterscheiden, denn entscheidend ist ihre Aneignung der Wertigkeit und der Bedeutung des Verhaltens. Zugleich läßt sich die Maximalaussage der Theorien weiblicher Lebenszusammenhänge damit vereinbaren: Als Mädchen oder Frau zu leben, ist in dieser Gesellschaft von Grund auf ein anderes Dasein als das von männlichen Individuen; die Geschlechter sind so unterschiedlich, daß sie selbst dann, wenn sie scheinbar Gleiches tun, es doch verschieden erfahren und verarbeiten. Diese Verschiedenheit ist in der Aneignung und Fortschreibung des symbolischen Systems der Zweigeschlechtlichkeit aus einem jeweils anderen kulturellen Ort heraus begründet.

Die Geschlechterpolarität in einer gegebenen Gesellschaft steht unabhängig von den Interaktionen und Handlungen der Individuen fest. Gleichzeitig ist sie eine Realität, die sie sich täglich neu erschaffen, indem sie sich als „Frauen" oder „Männer" zu erkennen geben und sich gegenseitig identifizieren. Wir wissen noch sehr wenig darüber, wie diese Identifizierung vor sich geht, denn die Subjekte begreifen sich als essentiell einem Geschlecht zugehörig und reflektieren die Zugehörigkeit kaum. Der größte Teil der Literatur über Geschlechtsunterschiede setzt da an, wo Menschen beobachten oder mitteilen, *wie* Frauen/Männer ihr Frau-sein/Mann-sein einlösen und wie dies bewertet wird. Aber die Polarität und die Zuordnung selbst, nicht erst ihre Differenzierung und deren Bewertung, müssen als symbolisches System in einer jeweiligen Kultur begriffen werden. Die kulturelle Reproduktion dieses symbolischen Systems, ihre Fortschreibung, Bestätigung oder ihr Wandel, sind weder mit der materiellen und ökonomischen Reproduktion der Gesellschaft, noch mit der individuellen Reproduktion identisch. Sie wird durch eigenes Handeln der Individuen, eingebettet in kollektiven Handlungszusammenhängen, täglich neu zur Realität.

Entgegen den Annahmen der Alltagstheorie wird in der sozialen Praxis der Zuschreibung von Geschlechtlichkeit die Erkundung des Körpers nicht zu Hilfe genommen oder nur selten. Eher gilt das Umgekehrte: Wenn ein Mensch im sozialen Umgang geschlechtlich zugeordnet worden ist, wird das Vorhandensein der dafür erforderlichen Genitalien unterstellt.

Die Prozesse der Zuordnung und der Zuschreibung von unsichtbaren Körpermerkmalen haben Kessler/McKenna (1978) auf verschiedenen Wegen sichtbar zu machen versucht. In Anknüpfung an die wegweisende ethnomethodologische Untersuchung in diesem Bereich von Harold Garfinkel (1967) verfolgen sie am Beispiel des Umgangs aller Beteiligten mit der Transsexualität, bei der ja die Geschlechtszugehörigkeit bewußt umdefiniert wird, wie ein der Alltagstheorie vollends widersprechendes Phänomen in sozialer Interaktion eben dieser Alltagstheorie neu unterworfen wird.

So müssen Transsexuelle, die eine operative Geschlechtsumwandlung wünschen, Belege für eine biologische Ursache ihres Wunsches zu erbringen versuchen; anstelle der „unveränderlichen" Genitalausstattung beweisen sie eine von Geburt an unveränderte subjektive Geschlechtsidentität. Damit bestätigen sie symbolisch, daß ihr Anliegen einer Geschlechtsveränderung „eigentlich" gar nicht stattfindet: Sie sehen sich als Opfer einer irrtümlichen Zuweisung. Diesen Prozeß hatte Garfinkel (1967) schon in seiner Fallstudie der transsexuellen Agnes dokumentiert, die neben der „immer schon" vorhandenen Überzeugung, eine Frau zu sein, auch eine körperliche Anomalie spontaner Brustentwicklung in der Pubertät präsentierte. Erst nach Abschluß der ihre Geschlechtsumwandlung begleitenden Studie, nachdem sie in ihrer neuen Identität auch einen stabilen sozialen Zusammenhang lebte, erwähnte Agnes beiläufig, wie Garfinkel in einem Nachtrag zu der Untersuchung berichtet, daß sie zu Beginn der Pubertät heimlich Hormonpräparate ihrer Mutter eingenommen hatte. Doch die Bedeutung dieses Vorgangs, der ja eine zielstrebige Bemühung um Geschlechtswechsel kennzeichnet, wird weder von ihr noch von Garfinkel reflektiert; die Überquerung der Geschlechtergrenze bleibt „undenkbar".

Bei Kessler/McKenna wird die Bedeutung der sozialen Vorleistung der Geschlechtszuschreibung für die Aufrechterhaltung der Undenkbarkeit deutlich. Wenn Transsexuelle während einer Probezeit (als Voraussetzung einer operativen Veränderung) als Angehörige des erwünschten Geschlechts leben, gewinnen sie in dem Maße Sicherheit, wie sie das Geheimnis entdecken, daß ihre Interaktionspartner das Vorhandensein der passenden Körperausstattung schlichtweg voraussetzen. Gesellschaftlich legitime, für die Identität wirksame Geschlechtszugehörigkeit ist *primär* symbolisch, sie muß dargestellt werden. Wird sie erfolgreich dargestellt, so wird die Körperlichkeit so lange wie irgend nur möglich als dazu passend wahrgenommen.

Für Kinder ist die Erkenntnis, selbst weiblichen oder männlichen Geschlechts zu sein, keine einmalige Einsicht sondern ein Prozeß. Im Verlauf dieser Entwicklung müssen die „verborgenen", von Erwachsenen gerade nicht bewußt vermittelten Signale und Zeichen für Geschlechtszugehörigkeit angeeignet werden. Die Aneignung der Geschlechtlichkeit ist der Versuch, einen Code zu entschlüsseln, der nicht ausdrücklich thematisiert werden darf, und der in nichts „übersetzt" werden kann, weil nur innerhalb dieses Codes Identitäten existieren. Allein die gelungene Verständigung und Selbstdarstellung innerhalb des Codes erlaubt die Gewißheit, man habe ihn verstanden, entschlüsselt: Dann ist er aber nicht mehr entschlüsselbar, weil er von einem selbst gelebt wird. Das, was in der Erziehung bewußt thematisiert wird, sind Verhaltensregeln, die unter der Voraussetzung eindeutig geklärter Geschlechtszugehörigkeit geltend gemacht (oder aber außer Kraft gesetzt) werden können.

Daß das Geschlecht ein fundamentales Ordnungsprinzip für die Individuen in der Welt ist, dürften Kinder in sehr frühem Alter begreifen können; schon das Kleinkind erfaßt, daß dieses Ordnungsprinzip auch für es selbst gilt und ein „Gleichsein" oder „Anderssein" in Relation zum frühesten Liebesobjekt mitsetzt. Im ersten Begreifen enthalten ist sicherlich auch die Erkenntnis, daß diese Ordnung mit der Körperlichkeit zu tun hat. Hat doch zu Anfang alles damit zu tun, die Körperlichkeit ist die Mitte. Nur: Wonach diese Zuordnung von „gleich" und „anders" sich richtet, ist nicht so einfach zu durchschauen.

Es wäre allerdings irreführend, die Aneignung des kulturellen Systems der Zweigeschlechtlichkeit als einen „kognitiven" Prozeß zu bezeichnen, wenn damit die Reduktion auf intellektuelle, vielleicht sogar formallogische Leistungen mitgedacht würde. Leidenschaftslos geht es bei der Geschlechtlichkeit schon im Kindesalter nicht zu. Die symbolische Ordnung der Zweigeschlechtlichkeit, die in anstrengenden Bemühungen des Erkennens erfaßt und übernommen wird, ist ja eine Ordnung der Begierden und ihrer möglichen Befriedigung. Mit dem Erlernen der Zeichen für Geschlechtsidentität geht ein Prozeß einher, worin die gesellschaftliche Konstruktion des Sexuellen im engeren Sinne reproduziert wird.

Die in der eigenen Kultur geltende symbolische Ordnung von Zweigeschlechtlichkeit anzueignen bedeutet, sie als Medium der Verständigung über Identität zu nehmen, sich selbst in dieser Ordnung zu orten. Unabhängig von der Art, wie konkrete Eltern und Erziehungspersonen die eigene Haltung zur Geschlechterordnung definieren, erzwingt unsere Kultur eine Selbstzuordnung als Mädchen oder Junge im Unterschied zum jeweils anderen Geschlecht als Bedingung der Möglichkeit von Identität. Das kulturelle System der Zweigeschlechtlichkeit muß insoweit reproduziert, fortgeschrieben werden, um begriffen werden zu können; und dessen Aneignung muß strukturell verschieden sein, je nachdem, ob das Subjekt dieser Aneignung den eigenen Ort als weiblich oder als männlich annimmt. In dem Prozeß der Aneignung des Systems und nicht in den Merkmalen der Personen werden wir die Entstehung von Geschlechtsunterschieden und ihre Aufrechterhaltung sehen müssen.

Literatur

Cahill, Spencer: Reexamining the Acquisition of Sex Roles. A Social Interactionist Approach. In: Sex Roles 9, 1983, S. 1-15
— Chodorow, Nancy: Das Erbe der Mütter. München 1985
Constantinople, Ann: Sex Role Acquisition. In Search of the Elephant. In: Sex Roles 5, 1979, S. 121-133
Deaux, Kay: From Individual Differences to Social Categories. Analysis of a Decade's Research on Gender. In: American Psychologist 39, 1984, S. 105-116.
Erler, Gisela Anna: Frauenzimmer, für eine Politik des Unterschieds. Berlin 1985
Freimuth, Marilyn J./Hornstein, Gail: A Critical Examination of the Concept of Gender. In: Sex Roles 8, 1983, S. 515-32
Garfinkel, Harald: Studies in Ethnomethology. New Jersey: Englewood Cliffs, 1965
Gilligan, Carol: Die andere Stimme. Lebenskonflikte und Moral der Frau. München 1984
Hagemann-White, Carol: Macht und Ohnmacht der Mutter. In: Birgit Rommelspacher (Hg.), Weibliche Beziehungsmuster. Psychologie und Therapie von Frauen. Frankfurt 1987, S. 15-30
Hunt, Janet: Sex Stratification and Male Biography. From Deprivation to Ascendance. In: Sociological Quarterly 21, 1980, S. 143-156
Katz, Phyllis: The Development of Female Identity. In: Sex Roles 5, 1979, S. 155-78.
Kessler, Suzanne/McKenna, Wendy: Gender. An Ethnomethodological Approach. New York 1978

Lott, Bernice: The Potential Enrichment of Social Personality Psychology Through Feminist Research and Vice Versa. In: American Psychologist 40, 1985, S. 155-164

Martin, M. Kay/Voorhies, Barbara: Female of the Species. New York/London 1975

Ortner, Sherry/Whitehead, Harriet (Hg.): Sexual Meanings. The Cultural Construction of Gender and Sexuality. New York 1981

Rubin, Gayle: The Traffic in Women. Notes on the 'Political Economy' of Sex. In: Rayna Reiter (Hg.), Toward an Anthropology of Women. New York 1975

Sichtermann, Barbara: Wer ist wie? Über den Unterschied der Geschlechter. Berlin 1987

Stopczyk, Annegret: Vom Ausstieg aus der männlichen Zivilisation. In: Marina Gambaroff u. a. (Hg.), Tschernobyl hat unser Leben verändert. Vom Ausstieg der Frauen. Reinbek 1986, S. 188-203

Streitgespräch: In: Frauen & Ökologie. Gegen den Machbarkeitswahn. Köln 1987

Thorne, Barrie: Re-visioning Women and Social Change – Where are the Children? In: Gender and Society 1, 1987, S. 85-109

Wellner, Uli/Brodda K.: Zur Biologie der Geschlechtsdifferenzierung. In: Heide Keller (Hg.), Geschlechtsunterschiede. Weinheim 1979, S. 93-126

Geschichte unter der Haut. Ein Eisenacher Arzt und
seine Patientinnen um 1730. Stuttgart: Ernst Klett Verlag 1991
(i. O. 1987), S. 7-11; 12-20; 61-66 (mit Auslassungen)

Vorbemerkung: Wider die Ungeschichtlichkeit des Leibesinneren

(...) Mein Thema ist die Geschichte des Körpers, die Untersuchung des
Körpererlebnisses einer vergangenen Zeit. Als Historikerin beschreibe ich
die Vorstellungen vom Leibesinneren der Frau, so wie sie in der Praxis eines
Eisenacher Arztes um 1730 für ihn und seine Patientinnen handlungsleitend
und sinngebend waren.

Über ein Jahrzehnt war der Frauenkörper in der Geschichte das zentrale
Thema meiner Forschung. Von der Hurenkontrolle in Berlin zur Hebammen-
reform in Preußen führte meine Fährte auf die geschlechts- und standes-
spezifischen Vorstellungen vom Geburtsvorgang und in das bisher kaum
bearbeitete achtzehnte Jahrhundert. Im Sommer 1982 stieß ich durch Zufall
über eine Fernleihe aus Bamberg auf die acht dickleibigen Bände der „Wei-
berkrankheiten". In ihnen hat Dr. Johannes Pelargius Storch als alter Mann
aus zwanzig Jahrgängen seines Tagebuchs zur Belehrung junger Kollegen
Krankengeschichten zusammengestellt. In jedem der über 1800 Fälle proto-
kollierte Storch über einige Zeilen oder viele Seiten die Leidenserfahrung
einer Frau und beschreibt dann seine Überlegungen zu ihrem Zustand. Emsig
stopft er seine *casus* mit angelesenem Vergleichsmaterial aus. Die Klagen
der Frauen werden von irrwitzigen Details überwuchert, Brocken medizinischer Theorien aus dem Umkreis der Universität Halle verbinden sich mit
Elementen von Volkskultur. Selbstverständliche körperliche Wahrnehmung
steht neben mir gänzlich Unwahrscheinlichem, und beides wird offenbar
vom Arzt für vernünftig gehalten. Medizinhistoriker stehen bisher hilflos vor
einem derartigen Sammelsurium. Nach ihrer Meinung leistet ein solches
Werk keinen Beitrag zur Geschichte der Gynäkologie, da Storch Frauen
nicht genital untersucht, nur selten eine Leichenöffnung vorgenommen, keine
chirurgischen Eingriffe versucht und deshalb nichts Neues zur Forschung
beigetragen habe.

Verdutzt blätterte ich durch diese Bände. In jedem „Fall" berichtet der
Kleinstadtarzt im Hochdeutschen davon, was ihm eine Kranke – ich mußte
annehmen, in Eisenacher Mundart – über ihr Blut, ihr Mutterweh, ihre Her-
zensenge und ihren Hauptfluß soeben eröffnet hatte. Selbst durch die Augen
des Mannes und im Deutsch des Arztes begann ich die Aussagen von Hun-
derten verschiedener Frauen einzeln wahrzunehmen. Ich stand hier vor einer
Quelle zur historischen Forschung über den Frauenkörper, die – schon ihrem

Umfang nach – mit keiner bisher bearbeiteten Quelle zum selben Thema vergleichbar war. Auch wenn sie vom Arzt wohl verzerrt und gestutzt waren, begannen diese Protokolle von authentischen Frauenklagen die mir selbstverständlichen Erwartungen über die Permanenz des Frauenkörpers und seiner Erfahrung durch die Frau zu untergraben. Ich habe mich also an dieser Quelle festgebissen, um die Vorstellungen vom Körper der Frauen und nicht nur vom Geburtsvorgang zu historisieren.

Um an die innere, also unsichtbare Leibhaftigkeit dieser klagenden Frauen heranzukommen, mußte ich mich als Historikerin über eine Grenze wagen, jene Grenze nämlich, die den Körper und insbesondere das Körperinnere hinter der Haut von der umgebenden Umwelt scheidet und sie epistemologisch, wissenschaftsgeschichtlich, mentalitätsgeschichtlich in gegensätzliche Domänen verwiesen hat: hier der Körper, die „Natur", die „Biologie", dort die soziale Umwelt, die Geschichte. Hier jene letztlich unveränderbar vorgestellte Leiblichkeit „des Menschen", dort das weite Feld des Geschichtlichen in seiner grundsätzlichen Wandelbarkeit. Diese Grenzziehung hat historisch sowohl den Körper aus der Geschichte herauskatapultiert als auch die Vorstellung über ihn als einen blinden Fleck jenseits des Randes der sozialhistorischen Perspektive unerhellt gelassen.

Die historische Gestalt des unmittelbaren Erlebnisses von der Bewegung im Inneren des Körpers ist kein Gegenstand, der zum Feld der Geschichtswissenschaft gerechnet wird. Die Erforschung und Erklärung körperlicher Vorgänge sind heute Aufgabe der Medizin, der Physiologie, Neurologie und angrenzender Naturwissenschaften. Ihre Ergebnisse sind normative Beschreibungen. Die historisch vorgängigen und aus der naturwissenschaftlichen Perspektive überholten physiologischen Beschreibungs- und Erklärungsmuster werden folgerichtig von den historischen Unterabteilungen dieser Wissenschaften bearbeitet. Die Welt der Vergangenheit ist immer schon durch schriftlich-besitzergreifende Disziplinen aufgeteilt, und diese Disziplinen bestimmen, welcher Art vergangene Phänomene sind. Lagen von zum Gemeinverständnis geronnenen Vor-Urteilen haben diese Zuordnung des Gegenstandes gestützt, eine Grenzverschiebung verhindert und die dichte institutionelle und mentale Abschottung zwischen „Sozial-" und „Naturwissenschaften" hat dazu beigetragen, diese Grenzziehung in der Forschungspraxis des Wissenschaftsbetriebes zu zementieren.

So stehe ich als Historikerin vor einem Paradox: körperliche Befindlichkeiten von Menschen in der Vergangenheit werden erforscht, Fertilitätsmuster, Gebärpraktiken, Stillgewohnheiten und Beischlafshäufigkeiten in unterschiedlichen historischen Kulturen untersucht – die Vorstellung aber, die man sich in einer Zeit, in einer Kultur über das Leibesinnere macht, über den verborgenen Raum jenseits der Haut, über Bauch, Brust, Blut und Kot, über das „Leben im Leib" sind historisch weitgehend unbekannt und unbearbeitet.

Georges Duby hat ... die Zunft aufgefordert, das Feld der Geschichte neu abzustecken, den „grenzenlosen Gegenstand der ganzen Geschichte" zu entfalten und zum Beispiel die Geschichte des Ehrgefühls, des Brotes, des Selbstmords, der Entbindung einzubeziehen. Brot, Entbindung und Ehrgefühl haben offenbar in ihrer Spannung zur Geschichtlichkeit etwas Gemeinsames. Duby sagt hierzu nicht weniger, als daß auch sie als Bereiche sozialen Seins historisiert werden müssen, die bisher jenseits von Geschichte gedacht wurden.

Seine ermutigende Aufforderung zur radikalen Entgrenzung des historischen Blicks zwingt aber dazu, sich zunächst über die Prämissen und Vorurteile Rechenschaft zu geben, die zu jenen Grenzen und zur historischen Marginalisierung von Sinneswahrnehmungen, Hungergefühl, Lust und Schmerz geführt haben. Eine Kritik der Denktradition, in denen Körperlichkeit als etwas Unhistorisches dem geschichtlichen Feld gegenübergestellt wird, ist ebenso notwendig wie eine kritische Sichtung der Begriffe, Taxonomien und Analyseverfahren, durch die eine neue, radikale Historisierung des Leibes und seiner kulturellen Repräsentationen und Bilder möglich sein könnte. Um die Klage der Frauen in Eisenach verstehen zu können, muß ich zunächst als Historikerin die eigenen Selbstverständlichkeiten über „den Körper" als kulturelles Vorurteil bewußtmachen, vielleicht sogar überwinden lernen: Über meinen Körper kann ich nicht in die Vergangenheit klettern.

Eine der hartnäckigen Denkformen des modernen Historikers ist geprägt durch die strenge Unterscheidung und Gegenüberstellung von „Biologie" und „Sozialem", d. h. einem Bereich des Seins, der als unwandelbar begriffen wird, und all den anderen Bereichen von „Gesellschaft" und „Kultur", die sozialen Setzungen, Deutungen, Prägungen unterworfen sind. In jener Grenzziehung zwischen „Natur" und „Geschichte" gehört der „Körper" auf die Seite der „Natur", der „Biologie", der in ihren Abläufen letztlich „unsozialen Materie". Eine „Geschichte des Körpers" wird dann die Äußerungsformen und Attribute des Leibes in ihren kulturellen Variationen erforschen, also die Geschichte von Essen und Schlafen, von „Sexualität" und „Krankheit", von Alter und Geburt entfalten, der „Träger" all dieses Tuns aber, der Leib selbst, bleibt doch immer faktisch physiologisch determiniert gedacht. In der Essenz, in seinem „Wesen" ist aus unserer Sicht der Körper ein anatomisch/physiologisches Organbündel. Seine inneren Vorgänge, seine Sekretionen, Flüsse und Ausscheidungen, seine geschlechtliche Prägung und die „Vitalereignisse" des Leibes: Geburt und Tod, Menstruation und Menopause, Stillen und Samenerguß, Zeugung und Schwangerschaft werden in ihrem Kern als physiologische Prozesse begriffen, selbst wenn sie in ihrer historischen „Ausprägung", in ihrer „kulturellen Überformung" untersucht werden. Die Folge dieser mentalen Abkoppelung einer sozial „rohen" Körperlichkeit ist die Aufrichtung von Barrieren, die den Historiker vom Körper fernhalten.

Diese Barriere will ich im Kommentar der Storchschen Tagebücher durchbrechen. Um das tun zu können, mußte ich mich dazu entschließen, in meiner Darstellung zwei gleichwertige Teile einander gegenüberzustellen. In einem ersten Teil kläre ich durch eine Auseinandersetzung mit der Literatur zur Körperwahrnehmung, wie sich dieser Gegenstand fassen läßt. Die Perspektiven auf diesen Gegenstand, die Epistemologie des Gegenstandes und nicht die Sekundärliteratur zur Sozialgeschichte der Epoche, aus der meine Quelle stammt, oder die medizingeschichtliche Historiographie haben mich bei der Auswahl der Autoren geführt. Ich wollte mir einen Überblick verschaffen darüber, wie heute sozialwissenschaftliche Disziplinen Körperwahrnehmung methodisch zu fassen suchen. (...)

Ausgangspunkte einer Körpergeschichte

Eine grundsätzliche Unterscheidung: Zwei Methoden – zwei Körper

Das Studium der Soziogenese des modernen Körpers und das Studium der epochenspezifischen Körperwahrnehmung vergangener Welten können als zwei verschiedene Aufgaben angesehen werden. Obwohl diese beiden Aspekte der Körpergeschichte untrennbar verbunden sind, ist eine solche Unterscheidung methodologisch sinnvoll. Denn die Bedingungen, durch welche die Grundaxiome unserer modernen Wahrnehmungsweise des Körpers bestimmt sind, werden erst in der zweiten Hälfte des 18. Jahrhunderts zögernd in der Praxis wirksam, und selbst dann gehören sie noch lange nicht zu einem verallgemeinerten Anschauungskontext. Zwar bestanden ohne Frage in Descartes Frankreich und im England des alternden Harvey schon Ansätze dazu, den Körper als jene Art von Objekt zu beschreiben und zu begreifen, als das er im 19. Jahrhundert zur Selbstverständlichkeit wurde. Aber selbst bei einem so bahnbrechenden Forscher wie Harvey blieben diese Ansätze zunächst auf theoretische Disquisitionen beschränkt. Auch in Deutschland werden diese neuen epistemologischen Gestaltungskräfte, auf die ich gleich eingehen werde, erst in der ersten Hälfte des 19. Jahrhunderts auf breiterer Basis wirksam. In der Medizin bestand bis in das späte 18. Jahrhundert immer ein mehr oder weniger großer Bruch zwischen experimentell gewonnenen Erkenntnissen, theoretischem Verstehen und der Anwendung neuen Wissens im praktischen Handeln.

Je mehr ich versucht habe, mir einen Überblick zum internationalen Forschungsstand in diesem Thema zu verschaffen, um so wichtiger erschien mir deshalb die Unterscheidung zwischen diesen beiden Aufgaben. Wer sich in erster Linie mit dem Entstehen jenes Körpers befaßt, von dem ich glaube, daß ich ihn „habe", dessen „Grundbedürfnisse" ich kenne, dessen „Standards" an Funktionstüchtigkeit ich gelernt habe und dessen Inneres ich mir visuell vorstelle, der untersucht eine sich langsam entfaltende Selbstverständlichkeit. Wer hingegen als Historiker sich mit dem Körper vergangener Epochen befassen will, der sieht sich einem zähflüssigen Magma von beharrlich fortlebenden Bildern, Topoi und Themen gegenüber, die sich über Jahrtausende erhalten, zu vermengen scheinen und gelegentlich wieder, fast unbegreiflicherweise, ihre alte Farbe zeigen. Nur mit Mühe gelingt es dem Historiker, sein Werkzeug einem solchen, scheinbar überzeitlichen und unhistorischen Objekt gegenüber einzusetzen (Maus 1978, S. 197ff.).[1]

Und doch läßt sich die Forschung nach dem verlorenen Körpergefühl nicht vom Studium der Soziogenese unseres Körpers trennen. Die Verbindung von beiden ist nicht nur deshalb angebracht, weil die internationale Forschung zu körperbezogenen Themen diesen Unterschied bisher nicht betont hat, sondern auch weil prinzipiell ein Verständnis für das Werden des modernen Körpers mir als Historikerin eine dringende Voraussetzung für jene ganz andere Aufgabe ist. Mein Körper bestimmt ja alle meine Wahrnehmung, ganz besonders aber prägt er meine Vorstellungen und Bilder von Körperhaftigkeit, von Schmerz und Genuß, von Geschmack und Lust, von Altern und Erkranken, von Schwangerschaft, Gebären und Abgängen. Wenn ich mir als Historikerin des historischen Ursprungs meiner Wahrnehmungen nicht bewußt bin, dann verbaue ich mir a priori den Weg zu der untergegangenen Wirklichkeit der „Leibhaftigkeit". Ich kann gar nicht vorsichtig genug sein, meinen Körper nicht als eine Brücke in die Vergangenheit zu benutzen. Ich „habe" einen Körper. Keine von Storchs Patientinnen „hat" einen in diesem Sinn. Bis in meine Sprache und in meine Physis hinein bin ich ein besitzergreifendes Individuum.[2] Wenn ich mit den fundamentalen Selbstverständlichkeiten meines Körpers, die vielleicht wie kein anderer Teil meines Denkens mir zur „Natur" geworden sind, an die Frauenklagen herangehe, die der Arzt in Eisenach aufzeichnet und in denen sich eine je einzigartige Leidensgeschichte verkörpert, so verfälsche ich schon grundsätzlich jedes Verständnis dieser Aussage. Je mehr mein Staunen der mir fremden Leibwahrnehmung in Eisenach gegenüber wuchs und je deutlicher mir die Schwierigkeit bewußt wurde, diese Quelle befriedigend zu interpretieren, um so dringender wurde es für mich, das Feld zu erkunden, innerhalb dessen andere Forscher ähnliches versucht haben.

Es erwies sich als notwendig, Forscher aus sehr verschiedenen Fachrichtungen als unerwartet nahe Quelle von Anregung zu erkennen und ernst zu nehmen, und es erwies sich als Überraschung, wie fern gerade die Historiker rückten, die sich den „Körper" zu einem spezifischen Objekt gemacht hatten, wie in ihrer vermittelten Weise z. B. die historische Demographie.[3] Ohne die Absicht, die Literatur zu klassifizieren, die auf mein eigenes Vorgehen im Studium der Soziogenese des modernen Körpers oder der Storchschen Quelle gewirkt hat, will ich nun zuerst auf Schwierigkeiten hinweisen, die sich der Historisierung des Körpers entgegenstellen. Danach werde ich zuerst versuchen, das Muster des modernen Körpers zu umreißen und die Forschungen dazu kursorisch und dann unter meinen Gesichtspunkten genauer zu beschreiben. Erst danach will ich einige der Perspektiven aufzählen, aus denen heraus hauptsächlich im Laufe der letzten 30 Jahre der Versuch unternommen worden ist, das Körpererlebnis, die Bedeutung des Körpers und die Haltung zu ihm zu rekonstruieren.

Die Produktion des modernen Körpers

Wenn ich von der Soziogenese des modernen Körpers spreche, dann meine ich die ca. 200 Jahre alte Geschichte der Beschreibung, der Behandlung, der Bewußtmachung und der Befriedigung von so etwas wie jenem „Körper", den ich zu „haben" meine, diesen Körper, mit dem ich mich „als Frau" identifiziere. Diesen Körper, der mich in der a-historischen Natur verwurzelt, als eine einzigartige Konstruktion zu begreifen und aufgeben zu müssen, ist für mich zu einer Bedingung geworden, um die Eisenacher Frauen in meiner Quelle anzuhören. „Ich frage mich, ob ich oder einer meiner medizinischen Mitstudenten je daran gezweifelt haben, daß jener Körper, den wir sezierten und untersuchten etwas anderes sei als ‚a stable experience' – eine a-historische Gegebenheit", sagt David Armstrong (1983, S. XI) am Beginn seines Buches über den Umbruch in der Medizin seit dem Krieg, einen Umbruch, den er als Mediziner aus der Perspektive Foucaults aufdeckt.[4] Er erinnert sich seines ungläubigen Staunens über den historischen Mangel an Erkenntnis von Dingen, die uns zur Selbstverständlichkeit geworden sind. Wie war es möglich, daß früher Generationen die funktionale Differenz zwischen unterschiedlichen Organen und Geweben nicht gesehen hatten? Wie war es möglich, daß sie die rudimentären diagnostischen Techniken physischer Untersuchung übersehen und nicht angewendet hatten? Langsam erst dämmerte ihm, daß seine Fragen falsch gestellt waren: „The problem is not, how something which is so obvious today had remained hidden for so long, but how the body had become so evident in the first place." (Armstrong 1983, S. XI) Armstrong beschreibt hier ein Erlebnis, das ich unentwegt beim Lesen meiner Quelle hatte: das Staunen über die Selbstverständlichkeit des Körpers als invariante biologische Realität. Foucault hat die Entdeckung dieser Realität als einzigartige Konstruktion in der Wechselwirkung zwischen dem „ärztlichen Blick" und dem Material, das sich ihm darbietet und das er gleichzeitig konstituiert, herausgearbeitet. Erst hier, gegen Ende des 18. Jahrhunderts, entsteht der moderne Körper als ein Effekt und ein Objekt medizinischer Untersuchung. Er entsteht neu als ein Objekt, das traktiert, verändert und unterworfen werden kann. Diese Passivität des Objektes wird nach Foucault durch das Ritual klinischer Examination hergestellt. Der klinische, untersuchende Blick fixiert und kristallisiert als „Körper" das, was er sieht. Der Blick des Arztes ist immer wie ein Sezieren, ein Umgehen mit dem Kranken, wie es bisher nur mit dem Toten denkbar war. Immer wieder

weist Foucault darauf hin, daß die Wirkung des neuen Diskurses durch den
Historiker in zwei Perspektiven wahrgenommen werden kann: der neue
Diskurs über den Körper verdrängt, zensuriert, maskiert, abstrahiert und
entfremdet Wahrnehmungsformen; er hat aber auch die Macht, neue Wirk-
lichkeit zu schaffen, neue Objekte zu konstituieren, neue, unvermeidbare
Rituale in den Alltag einzuführen, deren Teilnehmer in eine epistemologische
Abhängigkeit von den neu konstituierten Objekten geraten (Foucault 1973).
      So kommt es zur Verallgemeinerung einer Körperwahrnehmung, die
Figlio (1977, S. 277) für das ausgehende 18. Jahrhundert beschreibt: „it
involved a degradation of the notion of a self extended into a unique and
inviolable corporeal volume, to one in which the self only loosely possessed
a body"[5] (Das sich vormals einzigartig verkörpernde Selbst verkümmert zum
Körperbesitzer; B. D.). Dieser isolierte, objektivierte, materiale Körper wird
von einem sezierenden Blick erfaßt, der den ganzen Körper umgreift, nicht
nur seine Oberfläche, sondern auch seine Spalten und Eingänge. Er dringt
forschend in das Innere und beurteilt die ertasteten Organe und setzt sie in
Bezug zu seiner visuellen Vorstellung von Organen aus Leichen. Über diesen
Blick wird der Körper und damit der ihn besitzende Patient zu einer neuen
Art von Einzelobjekt. Die klinische Untersuchung fabriziert den Körper und
ermöglicht die Entstehung des Privatkörpers, der aber doch immer nur durch
das Raster des „anatomischen Atlas" gelesen werden kann. Die Wirklichkeit
dieses „Körpers" ist ein Produkt jener Beschreibungen und nicht umgekehrt,
denn bloß der Schein verfestigt sich immer mehr, daß jene Beschreibungen
eine „Wirklichkeit" erfaßten und abbildeten.
      So entsteht im Verlauf des 19. Jahrhunderts langsam der Körper als eine
Art Schichtkuchen aus Beschreibungen, jede Lage wird gebildet aus dem
Text einer anderen Wissenschaft. Nun ist aber dieser moderne Körper nicht
ein Resultat der Medizin oder des „großen Einschlusses" (*grande renferme-
ment*), den Foucault im Zuge der Stratifikation aller gesellschaftlichen Bereiche für die Irren, die Delinquenten, die Homosexuellen und nicht nur für den
Körper beschrieben hat. Seine Entstehungsgeschichte kann als die schwei-
gend übergangene, übersehene Kehrseite der gesamten Geschichte der letzten
100 Jahre verstanden werden. Der moderne Körper ist konsistent mit anderen
Aspekten des modernen Menschenbildes, des „homo oeconomicus".[6] Die
thematischen Axiome, aus denen der soziale, der physische und der biologische Kosmos gewoben sind, erweisen sich aus einiger Distanz als derselbe
„Stoff" – sie sind aus dem gleichen Stoff gemacht.

Überlegungen zur Geschichte von Stoff und Form

Eine anerkannte Ordnung der wissenschaftlichen Beiträge zur Geschichte der
Körperlichkeit gibt es derzeit ebensowenig wie eine klare Definition ihres
Objektes. Dieses Objekt konstituiert sich erst im Konvergenzpunkt sehr

verschiedenartiger Forschung, und deshalb begann ich mit den Vorarbeiten zu einer analytischen Bibliographie der Hilfsmittel zur Körpergeschichte. Dieses Sammeln hat mich von der Notwendigkeit überzeugt, mich in Arbeiten zu vertiefen, die auf den ersten Blick abwegig schienen: Steinbergs Untersuchungen zur Darstellung des Penis Christi; Herz-Jesu-Verehrung im 17. Jahrhundert; Lippes Studien zur Fechtkunst und Perspektive. Andererseits wurde es immer schwieriger, mich davor zu hüten, Geschichte nur mehr im Spiegel des Körpers zu sehen. Im folgenden geht es mir nicht darum, einen Auszug aus diesem Stoff zu geben, sondern anhand ausgewählter Beiträge auf jene Hauptmerkmale der bisher geleisteten Arbeiten hinzuweisen, die unmittelbar zur Erschließung meiner Quelle beigetragen haben. In bei weitem den meisten Fällen fand ich die mir brauchbaren Beiträge zur Entstehungsgeschichte des modernen Körpers nur vergraben in jener Geschichtsschreibung, deren Objekt die Beschreibung, Dressur, Manipulation oder effizientere Behandlung des naturhaften Leibes ist. Sehr oft handelt es sich dabei um eine – durch das a priori des modernen Körpers gegebene – Legitimationsgeschichte der Medizin. Als Fachgeschichte neigt sie dazu, aus dem Heiler eine überzeitliche Figur zu machen, also den „Arzt" in der Folge des Körpers zu naturalisieren. Als Ideengeschichte schreibt sie dem Blick des Forschers häufig prophetische Kraft zu, wenn sie Abfolgen von wissenschaftlichen Konzepten als Kette der Entdeckung von „Fakten" verknüpft. Als Fortschrittsgeschichte kann sie häufig nicht anders, als den modernen Körper aus einer Geschichte allmählicher Entdeckungen hervorgehen zu lassen. Eines ihrer Axiome als fortschrittsorientierte Ideengeschichte ist die Annahme solcher sogenannter „natürlicher Fakten", die isoliert und entdeckt werden können und deren kontinuierliche Entdeckung und Anhäufung langsam zu dem Wissensberg beitragen, den die Medizin heute besitzt.[7] In der Medizin- und Wissenschaftsgeschichte wird also der „wirkliche" Leib „entdeckt"; in der Kultur- und Sozialgeschichte wird er zugerichtet, behandelt, und wird der Einfluß der verschiedensten Umweltfaktoren auf ihn untersucht; in der Mentalitätsgeschichte und in der Psychohistorie liegt der Akzent auf der Verinnerlichung dieser Zurichtung, während ein Teil der Frauengeschichte, wie auch einzelne Beiträge aus einer patientenorientierten Medizingeschichte als Geschichte des Widerstandes gegen die wohlmeinende professionelle Verformung des Körpers gelesen werden können (Scott 1969).[8]

Die von Bachelard gemachte Unterscheidung zwischen der Historizität des Stoffes – hier des Körpererlebnisses selbst – und seiner Form[9] wird aber nur selten, meistens gar nicht explizit. Diese Unterscheidung, so unzureichend ich ihr gerecht werden konnte, weil sie mir ein immer neues Umstülpen meines Denkens abforderte, war aber für mein Verständnis der Leiblichkeit in Eisenach hilfreich und ist wohl für eine Geschichte der Körperlichkeit vergangener Zeiten und für eine Kritik des modernen Körpers grundlegend. Ich meine, daß die genannten Studien alle unausgesprochen so etwas wie einen unhistorischen (biologischen) Stoff des Körpers voraussetzen, der dann je epochen- oder klassenspezifisch geprägt wird, auf den sich „Kultur niederschlägt" oder der „kulturell überformt" wird.[10] Der Stoff selbst bleibt außen vor. Die wirklichkeitsschaffende Kraft der Vorstellung, der Wahrnehmung in einer Zeit so ernst zu nehmen, daß man ihr die Herstellung des Stoffes erlaubt, bietet dagegen eine Möglichkeit, näher an die Phänomene heranzurücken, die nun nicht mehr durch die apriorische Logik der Naturhaftigkeit immer schon „da" sind. Storch berichtet ja und verbürgt pedantisch durch ständisch einwandfrei ausgewiesene, nicht „abergläubische" Sinnenzeugnisse von Leiberscheinungen, die nach dem „Atlas der Anatomie" unwahrscheinlich sind. Ich kann nicht klären, will es auch gar nicht, ob jener *chirurgus*, der einen periodischen Monatsfluß aus einer Wunde attestiert, und jener *physicus*, der gesehen hat, wie die Nonne aus Eichsfeld regelmäßig aus dem Munde urinierte, eine „Wirklichkeit" beschreiben. Wenn ich aber mit Bachelard die Imagination als Quelle der Stofflichkeit ernst nehme, negiere ich doch nicht die Möglichkeit, in denen Denkbares auch Wirklichkeit wird. In seinen ersten Schriften kommt Bachelard immer wieder auf diesen fundamentalen Gegensatz zwischen zwei sich ergänzenden Aspekten der Imagination zurück: einem formalen und einem materialen. Die Form und die Materie unserer Vorstellungen können nicht getrennt voneinander gesehen werden, denn das eine kann nicht ohne das andere existieren. In einer Serie von Essays ist Bachelard dieser materialen, Stoff schaffenden Macht der Vorstellung nachgegangen und er hat sehr bewußt die vier Grundelemente des Kosmos – Erde, Wasser, Feuer, Luft (space) – als materiale Grundstoffe zum Thema genommen. Das Blut, das im März 1725 der Wunde eines Eisenacher Mädchens entströmt und ihr monatliches Blut vorstellt, ist insofern „wirklich", als in Eisenach sehr verschiedene Stoffe „bluten". Insofern entsteht der Stoff, der blutig ist, nicht weniger als seine Form erst durch den Blick des Betrachters. So ist der Stoff selbst geschichtlich (Illich 1985). (...) In ihrer Kritik am platten Wirklichkeitsbegriff der Historiker haben Dichter und Philosophen seit Jahren Forderungen an den Historiker gestellt, die bisher nicht eingelöst worden sind. In „La tentation de l'Occident" formuliert Malraux (1926) diese Forderung:

> „Ihr glaubt, daß es bei dem, was ihr den Menschen nennt, etwas Bleibendes gibt, und das gibt es nicht. Ihr seid wie emsige Wissenschaftler, die sorgfältigst jede Bewegung der Fische notieren, die aber noch nicht entdeckt haben, daß Fische im Wasser leben."(1926, S. 158)

(...)

Der Körper im Spiegel der Wirklichkeit

Der Körper, den ich „habe", ist wie ein Text: ich kann ihn sehen, ihn mir vorstellen. Ich kann dies aber vielleicht noch nicht so deutlich wie die wesentlich jüngeren Frauen, die ich in Kalifornien unterrichtete, sich ihren Körper schon vorstellen können. Von Kindesbeinen an sind sie im Klassenzimmer von Körpertafeln umgeben; mehrere Tafeln, jede in einer anderen Farbe. Da wird das Skelett schwarz als Knochengerüst dargestellt, dort Nervenstränge oder Muskelfasern in lebendigen Farben, auf anderen Tafeln der Verdauungsapparat und das Endokrin-, Urinal- und Reproduktionssystem. Unter der Selbstzuschreibung dieser vielfachen, separaten Textschichten schwinden – was mehrfach beobachtet worden ist – die bisher in Amerika über 2-3 Generationen erhaltenen differenzierten Körperbilder italienischer, schwarzer oder skandinavischer Herkunft in einem homogenen Modell. Auf diese Weise wird dann selbst das Frau-sein oder Schwarz-sein zum Lehrziel von besonderen Kursen. Explizit wird in den Kursbeschreibungen angeboten, hier im selbstbespiegelnden Vergleich mit Lehrmodellen den eigenen Körper kennenzulernen und das „Erfahren" dieses Körpers, psychologisch angeleitet, einzuüben. So wie die Muttersprache für den schwarzen Amerikaner zur „erst-erlernten Fremdsprache" werden kann, so wird der Körper der Frau heute oft als Lehrstoff angeboten. Teil vorgeburtlicher Ausbildung der Schwangeren am San Francisco General Hospital ist ihre Vorbereitung auf die ersten und wichtigsten Lektionen, die sie dem Neugeborenen, noch bevor es an die Brust kommt, wird erteilen müssen.

Im Gegensatz zu diesem Erwerb des Körpers aus Beschreibungen, Zeichnungen, Anleitungen und Übungen steht die geschichtlich wirkliche Ausbildung einer Vielfalt von Sinn-vollen, Bedeutungs-tragenden Wahrnehmungen der Wirklichkeit, als deren Mittelpunkt sich jeder erlebt und die er oder sie als ihre Verkörperung erleben. „Mittelpunkt" meint hier nicht irgendeine ökonomisch-politische Position, die zur Herstellung einer „Definition" befähigte, sondern den epistemologischen Platz, den jeder und alle in einem solchen Kontext einnehmen. Sinn und Bedeutung werden diesen Wahrnehmungen nicht durch Beschreibung (mit der Aufforderung zur Identifikation), sondern durch Metaphern zugeschrieben.

Der Unterschied zwischen diesen beiden diametral entgegengesetzten Weisen, eine Wirklichkeit zu stiften, wird deutlich, wenn ich den anatomischen Leitbildern der Gesundheitsschriften die noch in der Erinnerung haftenden Erfahrungen gegenüberstelle, die Yvonne Verdier (1981) untersucht hat. In Minot wurde das Menstrualblut als ein Stoff angesehen, der, wie schon angedeutet, das Pökelfaß, den Speck, die Salzlake, die Mayonnaise und den Wein zur Fäulnis oder zum Zerfall bringen würde, den getrockneten oder gekochten Lebensmitteln im Haushalt aber nichts anhaben kann. Die Verbindung dieser Dinge zeugt von einer jenseits der materialen Substanz begründeten tiefen Ordnung, die die gesamte Umwelt einschließt. Verdier zeigt am Beispiel des Schweineschlachtens die Kohärenz von bäuerlicher Arbeitsteilung zwischen Mann und Frau und der symbolischen Deutung der handwerklichen, häuslichen, tierischen und kosmischen Umwelt – denn es gibt selbst einen Bezug zwischen dem Schwein, das man schlachten wird und dem Stand des Mondes. Das „Blut" der Frauen, dessen Nähe den Wein umkippt, ist nur ein Moment in einem Kontext von Dingen, die durch ihre Bedeutung verknüpft sind. Das „Blut" ist nicht „definiert" als etwas, das etwas tut, sondern erhält diese Kraft durch den metaphorischen Zusammenhang von kulturell als zusammengehörig assoziierten und in der Praxis so bestätigten Momenten oder Dingen. Das Netz von Bedeutungen, das so entsteht oder immer schon „da" ist, ist so komplex, daß es nie aus nur einer Beschreibung, einem Blick, aus nur einer Perspektive hergestellt werden könnte. Das Merkmal dieser Welt sind die implizierten Analogien, die metaphorische Gleichwertigkeit zwischen Dingen; das Merkmal einer beschriebenen Welt ist die Isolation des Dinges, des Körpers an sich. Dort, in Minot, lag das Wesen des Körpers der Frauen im Auge des Betrachters, aber dessen Bilder sind ein über Traditionen und Praxis vermitteltes Echo, der Kultur im Selbst. Der Leib ist ein Spiegel der Wirklichkeit, wie die Quelle des Spiegels. Im kalifornischen Klassenzimmer mit seinem medizinischen Lehrtext gab es ein Auge und eine Methode, wonach definiert, beschrieben und – vermöge der Macht der Institution und der Ordnung unserer Welt – zugeschrieben werden kann. Hier sind das Bild und die Erfahrung des Körpers merkwürdig eindimensional, und das mag daran liegen, daß nur ein Auge von außen das Objekt Körper erfaßt hat. Verdier entfaltet den impliziten Kosmos von Minot nur sehr gelegentlich anhand von Beschreibungen des Ortes, sie stützt sich vielmehr auf zehn Jahre von Gesprächen mit den Frauen. Die Art, wie etwas gesagt wird, reflektiert die Art, wie etwas getan wird: „façons de dire, façons de faire". Sagen, Tun und Sein sind verwoben: das „Machen" – das Kochen des Hochzeitsessens, das Waschen des Neugeborenen und des Toten, das Schneidern des Hochzeitskleides – inkorporiert ebenso wie die „gemachten" Dinge – die Menuefolge, das Leinen, der Stoff und Schnitt des Kleides, das rot gestickte Alphabet und die Worte – die mentale und damit die wirkliche Landschaft des Geistes, den ein Ort wie Minot einzigartig darstellt.

Die Bedeutung des Menstrualblutes schränkt die Schritte der Frauen periodisch ein; die Bedeutung zieht Grenzen um das, was sie berühren dürfen, aber es scheint, daß diese Grenzen auf eine Weise „osmotisch" sind, anders als die Grenzen, die ein normierendes Verbot einer Definition aufstellt. Es wäre ein Fehler; diese kulturellen Einschränkungen mit der Diskrimination zu verwechseln, wie sie die ärztliche Definition des Frauenkörpers hervorbringt. In Minot ist der Körper nie an sich da: er liegt immer „zwischen" den Dingen und offenbart sich in Handlungen. Er wird wie eine Aura wahrgenommen; er ist gegenwärtig wie ein Geruch oder wie ein Ton, und nicht wie ein Objekt mit sichtbar umrissenen Konturen. Er ist von der Gestik und dem Mienenspiel ebensowenig zu trennen wie von dem, was sichtbar und unsichtbar aus ihm fließt. Deshalb ist eine Grenzziehung zwischen dem Inneren und dem Äußeren noch kaum möglich, und auch keine Bemessung des Körpers. Je nachdem, wo im Dorf oder Haus oder in welcher Gesellschaft er auftritt, scheint er andere Dimensionen zu haben. Männer und Frauen schrumpfen und dehnen sich wieder aus, je nachdem, ob das Mädchen Sticken lernt, Schafe hütet oder in der Küche verschwindet.

Hautnah wird der Körper endlich durch seine Bekleidung und durch seine Entblößung erstellt: dies ist das Argument von zwei Studien der neueren Kunstgeschichte, die mein Vorgehen beeinflußt haben. Beide Studien sind überraschend, weil es beiden gelingt, zwei verschiedene, offensichtlich in der Malerei bestimmende Phänomene erstmals aus dem blinden Fleck der historischen Forschung zu rücken: die eine ist eine Geschichte des westlichen Kleides, die andere eine Untersuchung des Genitals Jesu.

Ann Hollander (1975) untersucht die Deutung des Körpers durch die Bekleidung. Sie beginnt mit einer Periodisierung des Stoffes: den Tüchern der Antike, die sich als Toga, Mantel und heute als Sari und Dhoti tragen lassen; den sackförmigen Gewändern mit Loch für Kopf und Beine, die als Kittel, Dalmatik oder Wams getragen werden und den geschneiderten Kleidern, die erst mit dem 12. Jahrhundert sich verbreiten. Erst hier tritt neben den Spinner und Weber der Sartor, der Schneider. Erst seit dem hohen Mittelalter wird es zur Aufgabe seiner Zunft, durch das Zu-Schneiden und das Nähen von Ärmeln und Miedern und Hosen ein Gewand zu schaffen, das den Körper gestaltet. Hollanders Aufmerksamkeit richtet sich auf diese letzte, charakteristisch west-europäische Phase der Bekleidung – mit besonderem Akzent auf die Beziehung zwischen Kostüm (bei Hof und im Theater) und dem Gemälde, durch das die epochenspezifisch normierende Gestaltung der Person vermittelt wird (ebd., S. 307). Die Autorin weist nach, daß die Nacktheit des Körpers ihrem Wesen nach historisch erfahren wird: als ein Bezug auf die epochenmäßig passende Bekleidung, die dem Nackten fehlt: „Die Nacktheit wird ebensowenig universal gleich wahrgenommen und erfahren wie die Kleidung" (ebd., S. XII). Das Erlebnis des nackten Körpers hat also eine Geschichte, die durch seine Bekleidung metaphorisch sichtbar wird. In diesen dinglichen – stofflichen – Metaphern verkörpert sich das Selbstbild jeder Epoche. Nur dann, wenn das nackte Fleisch in die Kleider seiner Epoche paßt, wird es vom inneren Auge mit Genugtuung gesehen (ebd., S. 420), und die Sehgewohnheit der Epoche wird, besonders mit dem späten Mittelalter, durch das Gemälde vermittelt. Die Momente, die je am Frauenkörper betont werden, ändern sich mit der Zeit: einmal ist es die Fülle des Bauches, dann die Stärke der Brust oder der Schwung von Arm und Schulter und Schenkel, in denen das Zeitgefühl eingefleischt zu sein scheint. Aber nie bis in die späte Neuzeit schuf die westliche Imagination jenen scharf umgrenzten

und voll artikulierten Frauenkörper, der durch die moderne anatomisch-
medizinische Beschreibung zum Merkmal unserer Zeit geworden ist und dem
Knochen das Gerüst und dem die Haut äußerste Grenze sind. Dieser neuzeitliche Körper, ein „elastischer und magerer Körper", „a compact and unified
visual image", spiegelt eine Wirklichkeit des Fleisches, die nie zuvor erfahren werden konnte (ebd., S. 152ff.).

(...)

Anmerkungen

[1] (...) Mit diesem [Mauss', S.H.] Aufsatz wurde die zeitgenössische Diskussion
zur Epistemologie der Körperwahrnehmung ausgelöst. Für Mauss „befindet sich
das Unbekannte an den Grenzen zwischen den Wissenschaften, dort wo die Professoren ‚sich gegenseitig aufessen', wie Goethe sagt" (orig. bei Goethe „auffres-
sen"). Er sucht als Ethnologe nach „Tatsachen, die noch nicht in Konzepten
gefasst ... nicht einmal organisch gruppiert ... mit dem Etikett der Unwissenheit
versehen ... unter die Rubrik ‚Verschiedenes' eingeordnet" sind. „Hier muß die
Forschung einsetzen. Hier kann man sicher sein, Wahrheiten zu finden ..."
(Mauss 1978, S. 199). „Die von Marcel Mauss aufgestellte Behauptung, daß es
so etwas, wie ‚natürliches Verhalten' überhaupt nicht gibt, ist insofern irreführend, als er mit ihr den Gegensatz zwischen Natur und Kultur falsch lokalisiert",
sagt Mary Douglas (1981, S. 104); „Der Körper als soziales Gebilde steuert die
Art und Weise, wie der Körper als physisches Gebilde wahrgenommen wird; und
andererseits wird in der ... physischen Wahrnehmung des Körpers eine bestimmte Gesellschaftsauffassung manifestiert" (ebd., S. 99); „Der Körper des Menschen bringt universelle Bedeutungsgehalte nur insofern zum Ausdruck, als er als
System auf das Sozialsystem reagiert ... was er auf natürliche Weise symbolisch
zum Ausdruck bringen kann, sind die Beziehungen der Teile des Organismus
zum Ganzen ... Die ‚zwei Körper' sind einmal das Selbst und zum anderen die
Gesellschaft" (ebd., S. 123). Die Historikerin kann nicht umhin, sich der Diskussion unter Anthropologen darüber bewußt zu sein, ob durch diese Verflochtenheit das, was kulturell „determiniert" wird, ein „natürlicher Körper" ist.
Bedeutende Forschungsmöglichkeiten zu dieser Fragestellung werden erschlos-
sen, z. B. im deutschen Sprachgebrauch durch die jahrelangen Bemühungen von
A. E. Imhof (1983), zu denen *Leib und Leben in der Geschichte der Neuzeit* Zugang gibt; andererseits Inventarien von Körpervorstellungen aus fremden Kulturen über den Zusammenhang von Kosmos und Körper: ein monumentales
Beispiel dafür ist Lopez (1980).

[2] Die Entstehungsgeschichte des modernen Körpers könnte wohl auch als ein
Kommentar zur Herausbildung des „besitzergreifenden Individuums" gelesen
werden, das C. B. MacPherson folgendermaßen beschreibt: „The individual was
seen neither as a moral whole, nor as a part of larger social whole, but as an ow-
ner of himself. The relations of ownership, having become for more and more
men the critically important relations determing their actual freedom and actual
prospect of realizing their full potentialities was read back into the nature of the
individual. The individual as it was thought, is free inasmuch as he is proprieter
of his person." (1962, S. 3). Spiecker beobachtet als Phänomenologe, der in

einem Krankenhaus arbeitet, diese Betonung des Habens zugunsten des Seins: „The patient's lived body is reduced to the weakened image of a physical body, not only by the physician, but, paradoxically, by the patient as well. For the patient responds to the request of the physician to live in his or her body during the physical examination, as a body that he or she *has*, not as the body that they *are* ... the patient is asked to live in his or her body as a thing, in order to attain medicine's end – health. The thing-body ... is something merely possessed, an object, a thing with physical, anatomical and physiological property." (1976, S. 119)

3   Die historische Demographie ist für den Sozialhistoriker meiner Generation zu einer Hauptquelle von Aussagen über körpervermittelte Phänomene geworden. Zur modernen Wissenschaft wurde die Demographie erst durch die Verwendung statistischer Methoden. In der Statistik wird Population synonym mit Artbestand. Zu einem Artbestand, Population, gehören beliebige Dinge, die darauf untersucht werden, mit welcher Wahrscheinlichkeit sie eine spezifische Eigenart besitzen. Die Eigenarten der Körper innerhalb einer statistischen Population werden so als wahrscheinliche Eigenschaften eines Objektes wahrgenommen: als Natalitäts-, Morbiditäts-, Reproduktions- und Mortalitätsraten. Der Körper taucht dabei z. B. im Rahmen der Produktion von Kindern oder Unfällen und Krankheiten auf, oder in Bezug auf Zuwachs oder Verlust von Bevölkerungseinheiten. Jean-Pierre Peter und Jacques Revel (1974, Bd. 3, S. 169-191) haben die Einkreisung des Körpers durch die Demographie beschrieben und sprechen in diesem Zusammenhang vom Verstummen des Leibes.

4   (...) Dieses Buch war mir aus einem doppelten Grund wichtig. Armstrong befaßt sich mit einer tiefgreifenden Verwandlung des Subjekts ärztlicher Betätigung, und zwar einer, die mit meiner eigenen Lebenszeit zusammenfällt. Er untersucht die Verwandlung des „Patienten" in der medizinischen Praxis: Um 1950 war der Patient als reines Objekt ärztlicher Eingriffe konstituiert; jetzt, Mitte der 80er Jahre, wurde er als Subjekt medizinischer Kommunikation rekonstruiert. Diese Umwandlung der Wahrnehmung und Selbstwahrnehmung des Patienten deckt Armstrong aus der Perspektive Foucaults auf. Arney und Bergen (1984) kommen als Medizinsoziologen zum selben Schluß wie Armstrong als philosophisch ausgebildeter Mediziner. Die Beziehung zwischen dem medizinischen Ritual und Diskurs einerseits und dem Vorgang, in dem der Patient sich sowohl als Behandlungs-Objekt wie auch als an der Behandlung mitarbeitendes Subjekt epochenspezifisch konstituiert, ist bisher noch kaum untersucht worden.

5   (...) Das Auftauchen dieses epistemologisch neuen Verständnisses vom Menschen, das auf Axiomen aufbaut, die vormaligen Leitbilder gegenüber radikal neu sind, hat Figlio historiographisch im Hinblick auf den wissenschaftlichen Diskurs im späten 18. Jahrhundert untersucht. Eine Konsequenz der sprachlich-begrifflichen Distanzierung des als krank definierten Körpers vom alltäglich erlebten Körper ist die Aussonderung, Absonderung, „le renferment" dieses Körpers in einen „Raum der Krankheit"; ein Prozeß, der schon im späten 16. Jahrhundert begonnen hat. Erst im Laufe des 19. Jahrhunderts wird auch der gesunde Körper so erfaßt.

6   „Die Herausbildung eines mit Arbeitskraft ausgestatteten Egos, dessen Überleben vom Zugang zu warenhaften Leistungen abhängt, stellt einen Bruch mit allen uns sonst bekannten Formen des Bewußtseins dar" – auch des Körper-

bewußtseins. Zur Diskussion darüber, was die präzisen Charakteristika dieses radikalen Umbruchs im Denken und Erleben ausmacht, siehe Ivan Illich (1983, 136ff.).

[7] Daß die Wissenschaft keine Fakten erzeugt, auch wenn sie diese sozial als Fakten produziert, ist ein zentrales Argument einer Gruppe englischer Wissenschaftsgeschichtler, die sich alle auch mit der Wissenssoziologie des Körpers befassen. Meine Analyse ist zum Teil von dem Versuch dieser Autoren abhängig, zur Beschreibung verwendete Begriffe als Ausdruck sozialer Beziehungen zu verstehen (Young 1977, S. 65ff.; Shapin 1980, S. 93ff.; Figlio 1977, bes. S. 265 zum „Faktenberg").

[8] Rovert A. Scott weist nach, daß heute in Amerika 50% der als blind definierten täglich die Zeitung lesen und ebensoviele Menschen, die nicht sehen können, werden nicht als blind diagnostiziert und halten sich auch meist gar nicht dafür. Blindheit in Amerika ist fundamental von der Herstellung eines Klienten-Verhältnisses abhängig. Irving Zola (1982), ein selbst schwerbehinderter Soziologe, beschäftigt sich seit Jahren mit der Herstellung des „Krüppels" durch Dienstleistungssysteme.

[9] Gaston Bachelard unterrichtete als Epistemologe die Geschichte von Philosophie und Wissenschaft an der Sorbonne. Seine Lehrtätigkeit läßt sich weder in Frankreich noch in Deutschland fachlich einreihen. Aus Bildern, die in der Betrachtung aufsteigen, erschließt sich ihm die Stofflichkeit der Elemente als Wesen der Vorstellung (…) (Bachelard 1983, S. 126).

[10] „Körperlichkeit wäre also die von einer historischen Gesellschaft hergestellte Erfahrungsform des Körpers." (Jeggle 1980, S. 172).
„schon die Befriedigung körperlicher Grundbedürfnisse wie essen, trinken, schlafen, sich kleiden, bewegen, fortpflanzen kennt als weitere Dimension eine stark kulturelle Überformung mit einer zeitlichen, räumlichen, gesellschaftlichen Differenzierung, Strukturierung, Normierung" (Imhof 1983, S. 5).

Literatur

Armstrong, David: Political Anatomy of the Body. Medical Knowledge in Britain in The Twentieth Century. Cambridge 1983

Arney, William Ray/Bergen, Bernard J.: Medicine and the management of living. Taming the Last Great Beast. Chicago 1984

Bachelard, Gaston: Water and Dreams. An Essay on the Imagination of Matter. Dallas 1983 (Paris 1942)

Benedek, Thomas G.: Beliefs about Human Sexual Function in the Middle Ages and Renaissance. In: Human Sexuality in the Middle Ages and Renaissance, Douglas Redcliff-Umstead (Hg.). Pittsburgh 1978, S. 97-119

Douglas, Mary: Ritual, Tabu und Körpersymbolik. Sozialanthropologische Studien in Industriegesellschaft und Stammeskultur. Frankfurt/Main 1981

Foucault, Michel: Die Geburt der Klinik. Eine Archäologie des ärztlichen Blicks. München 1973

Figlio, Karl: The Historiography of Scientific Medicine. An Invitation to the Human Sciences. In: Comparative Studies in Society and History 19, 1977

Hollander, Anne: Seeing through Clothes. New York 1975

Illich, Ivan: Genus. Zu einer historischen Kritik der Gleichheit. Reinbek 1983

Illich, Ivan: H_2O and the Waters of Forgetfulness. Reflections on the Historicity of „Stuff". Dallas 1985

Imhof, Arthur I.: Leib und Leben in der Geschichte der Neuzeit. Berlin 1983

Jeggle, Utz: Im Schatten des Körpers. Vorüberlegungen zu einer Volkskunde der Körperlichkeit. In: Zeitschrift für Volkskunde 76/2, 1980

Kudlien, Fridolf: The Seven Cells of the Uterus. The Doctrine and its Roots. In: Bulletin of the History of Medicine 39/1965, S. 415-423

Lopez, Austin Alfredo: Cuerpo Humano e Ideologia. Las Concepciones de los Antiguos Nahuas, 2 Bde. Mexico 1980

MacPherson, C. B.: The political theory of possessive individualism. Hobbes to Locke. Oxford 1962

Malraux, André: La Tentation de l'Occident. Paris 1926

Mauss, Marcel: Die Techniken des Körpers. In: Soziologie und Anthropologie, Wolf Lepenies/Henning Ritter (Hg.), Bd. 2. Frankfurt a. Main/Berlin 1978, S. 197-220

Peter, Jean-Pierre/Revel, Jaques: Le Corps: L'homme malade et son histoire. In: Faire de l'histoire, J. le Goff/P. Nora (Hg.), Bd. 3. Paris 1974, S. 169-191

Scott, Robert A.: The making of blind men. A study of adult socialization. New York 1969

Shapin, Steven: Social Uses of Science. In: The Ferment of Knowledge. Studies in the Historiography of Eighteenth-Century Science, ed. by G. Rousseau and Roy Porter. Cambridge 1980, S. 93-143

Spicker, Stuart F.: Terra Firma and Infirma Species. From Medical Philosophical Anthropology to Philosophy of Medicine. In: The Journal of Medicine and Philosophy 1,2 (1976)

Verdier, Yvonne/Kriss-Rettenbeck, Ruth: Am Leitfaden des Weiblichen Leibes. Bayrische Blätter für Volkskunde 8,3 (1981), S. 163-182

Young, R. M.: Science is social relations. In: Radical Science Journal 5 (1977), S. 65-129

Zola, Irving: Missing Pieces. A Chronical of living with a Disability. Philadelphia 1982

Die soziale Konstruktion von Geschlechtlichkeit.
In: Feministische Vernunftkritik. Ansätze und Traditionen. Ilona Ostner/Klaus Lichtblau (Hg.), Frankfurt a. Main/New York: Campus Verlag 1992, S. 220-239

Ausgangspunkt für die folgenden Überlegungen zur sozialen Konstruktion von Geschlechtlichkeit war ein zunehmendes Unbehagen meinerseits in Prüfungen zu Bereichen der Frauenforschung, die ich abzunehmen hatte, zu Themen wie Frauen und Sprache, Frauen als Klasse oder geschlechtsspezifische Sozialisation. Dieses Unbehagen resultierte daraus, daß dort mit aller Selbstverständlichkeit Menschen in Männer und Frauen eingeteilt wurden, die Existenz zweier Geschlechter als nicht weiter erklärungsbedürftiges, qua Biologie objektives Faktum gesetzt wurde, und zwar auch dort, wo „Geschlecht" als „Geschlechtsrolle", als Ergebnis sozialer Prägung betrachtet wurde: „Wir werden nicht als Mädchen geboren", „weibliches Arbeitsvermögen" als Resultat historischer Arbeitsteilungsprozesse etc. Darin liegt m. E. ein Verlust auch des heuristischen Potentials, daß eine nach Gründen fragende Perspektive erschließt.

Die Suche in der Frauenbewegung nach dem allen Frauen Gemeinsamen, nach dem Verbindenden und Verbündenden, das bevorzugt in der spezifischen Leiblichkeit, vor allem in der Sexualität gefunden wurde, verstärkte in den letzten Jahren den Trend zu Erklärungsmustern, die in der biologischen Differenz den wesentlichen Geschlechtsunterschied sahen. Dabei sind jene populär-feministischen Beiträge in neuerer Zeit, die in einer „Politik des Unterschieds" (Erler 1985) einen neuen Mut zur Biologie verkünden, vielleicht nur eine Zuspitzung, wenn auch eine im theoretischen Argumentationsniveau sehr naive.

Bei allen Differenzen stimmen die verschiedenen Positionen in der Identifizierung einer praktischen bzw. einer historisch gegebenen Polarisierung der Geschlechtsrollen überein, an die jeweils spezifische Verhaltensorientierungen und Eigenschaftskomplexe gebunden sind. Auf der *Phänomenebene* wird ein spezifisch „weiblicher Sozialcharakter" konstatiert, der dann allerdings unterschiedlich gedeutet wird, indem er entweder als Folge und Ausdruck grundlegender gesellschaftlicher Formierungsprozesse gesehen oder aber zum Ausdruck einer aufzuwertenden fundamental gefassten „Andersartigkeit" wird. Dieser letztere „duale" Ansatz hat seinen Einfluss in den vergangenen Jahren verstärkt: Die „Frauenkultur" als Kern einer neuen Bewegung gilt vielen als Hoffnungsträgerin, um den Gefahren entgegenzutreten, die aus der „männlichen Zivilisation" für die Menschheit entstanden. Die Gründe für die Geschlechterdifferenz in dieser Diskussion werden zum einen ganz unvermittelt und direkt im genetisch-biologischen Bereich angesiedelt, in der Gebärfähigkeit der Frauen sowie in der damit verbundenen geschlechtsspezifischen Arbeitsteilung. Vor dem Hintergrund einer solchen Argumentation tritt die Frage nach den von Individuen zu erwerbenden „typischen" Handlungs- und Verhaltensformen, Fähigkeiten, Eigenschaften, eben das was der Begriff „Sozialcharakter" zu erfassen sucht, zurück. An die Stelle eines empirisch zu fassenden gesellschaftlich geprägten Sozialcharakters „Frau" tritt bisweilen das ontische Konstrukt einer universalen Weiblichkeit. Da es immer etwas schwierig ist, aus der Unterdrückung und Benachteiligung einen positiv zu wertenden Sozialtypus zu gewinnen bzw. zu begründen, bietet sich hier die Biologie an. Dennoch setze ich mich im folgenden damit nicht weiter auseinander.

Wesentlicher und wichtiger erscheinen mir jene Ansätze, die von einer kulturellen Codierung der Geschlechterverhältnisse ausgehen, die die je historisch konkrete Form des Frau-Seins als Resultat einer patriarchalischen Vergesellschaftung ansehen und angehen. Ich möchte im folgenden zeigen, daß auch hier eine Tendenz und Gefahr besteht, den Dualismus im Geschlechterverhältnis auf die „Natur der Zweigeschlechtlichkeit" zurückzuführen, indem die Geschlechterdifferenz als körperliche Unterschiedlichkeit zum Ausgangspunkt der Analyse und zum Ziel der Entwürfe wird.

Die Falle der Polarität: Umwertung als Affirmation?

Läßt man Beiträge und Perspektiven zur Entstehung des „weiblichen Sozialcharakters" Revue passieren (Gildemeister 1988), so ergibt sich ein widersprüchliches Bild: Einerseits wird betont, daß die experimentelle Forschung zur (psychischen) Geschlechterdifferenz wenig Belege für Geschlechterunterschiede findet, wobei der Begriff „geschlechtstypisch" Merkmale bezeichnen soll, die zwischen den Geschlechtern nach Auftretenshäufigkeit oder Intensität differieren. Die Variation innerhalb eines Geschlechts erweist sich jedoch in fast allen Forschungen größer als die Differenz zwischen den Mittelwerten für jedes Geschlecht. Eine allerdings auch nicht unumstrittene Ausnahme: aggressives und Dominanzverhalten werden eher bei Jungen gefunden. Differenzen treten offenbar aber vor allem mit der Adoleszenz auf, dann, wenn der soziale Druck zur Anpassung an die Geschlechtsrolle steigt (Hagemann-White 1984, S. 12ff.). Andererseits wiesen die Forschungen zu den Erziehungsinstitutionen auf, daß und wie Mädchen unterschiedlich behandelt werden, daß also unterschiedliche *Sozialisationsmodi* für männliche und weibliche Kinder bestehen. Diese Forschungen legen den Schluß nahe, daß grundlegende Züge des „weiblichen Sozialcharakters" bereits mit Abschluß des Vorschulalters ausgeprägt sind. Die Vielfalt empirischer Detailbefunde (Bilden 1980, S. 777ff.; Bremer 1982; Hagemann-White 1984, S. 48ff.), für sich durchaus von Interesse, lassen sich aber nur als Bestätigung für die Richtigkeit der hier eingeschlagenen Fragerichtung verwenden. Für eine Antwort greifen sie zu kurz bzw. weisen in die falsche Richtung.

Von größerer Bedeutung derzeit als die Untersuchungen zu Erziehungspraktiken und -modi sind in der gegenwärtigen Diskussion die Arbeiten von Nancy Chodorow (1985) und Carol Gilligan (1984): Beide heben darauf ab, es gäbe eine unterschiedliche *Struktur der psychischen Entwicklung der Geschlechter,* die sie aus bestimmten Qualitäten der sog. „frühen Beziehungen" herleiten.[2]

An dieser Stelle seien nur kurz die wesentlichen Argumentationslinien aufgerufen: Chodorows zentrale These ist, daß unter den gegebenen Bedingungen gesellschaftlicher Arbeitsteilung für alle Kinder Frauen die primären Bezugspersonen sind, diese gleiche Tatsache aber für männliche und weibliche Kinder unterschiedliche Folgen hat. Damit will sie erklären, wie der besondere Inhalt des weiblichen Sozialcharakters, das, was sie das „Muttern der Frauen" nennt, von Generation zu Generation weitergegeben wird. Ihre These ist, daß Mütter in der präödipalen Phase Knaben und Mädchen unterschiedlich wahrnehmen und behandeln. Der Sohn wird von der Mutter als gegengeschlechtlich erfahren und wird von ihr von Geburt an als ein „anderer" behandelt; dies erleichtere es ihm, sich als von der Mutter selbständig zu erleben und sich aus der Symbiose zu lösen. Mädchen dagegen werden als ihr selbst ähnlich erfahren. Dieser Umstand erschwere es der Mutter, Töchtern Eigenständigkeit und Separation zuzugestehen. Damit werde die psychische Abtrennung erschwert: die Mutter-Tochter-Beziehung sei deshalb von vornherein durch Identifikation und Verschmelzung, die Mutter-Sohn-Beziehung durch Separation und Individuation gekennzeichnet, [dies, S. H.] verunmögliche aufgrund der sexuellen Andersartigkeit von vornherein eine langandauernde und intensive Identifikation. Die unterschiedliche Bewältigung der ödipalen Phase verstärke diese Tendenz. Bei Jungen erfolge eine abrupte Loslösung von der primären Mutterbindung, bei Mädchen hingegen bleibe sie ambivalenter Form bestehen. Am Ende der psychischen Entwicklung schließe sich ein Kreis: während die männliche Entwicklung zur Verleugnung von Verbundenheit und zum Verlust von Beziehungsfähigkeit führe, behalte die Frau die Fähigkeit zur primären Identifikation – und damit zum „Muttern".

C. Gilligan schließt an diese These an, ihr geht es indes vor allem um die Entwicklung des moralischen Bewußtseins bei Mädchen und Frauen. Grundlage bei ihr ist die „weibliche Erfahrungswelt"; diese sei eine fundamental andere als die des Mannes. Sie kennzeichnet sie als vom „Primat der Verbundenheit" geprägte – im Kontrast zum „Primat der Getrenntheit" als Basisprinzip männlicher Erfahrungsordnung. Damit verlängert sie den Ansatz der auf der dualen Geschlechterdifferenz basierenden Differenz der Persönlichkeitsstrukturen zu einem der grundsätzlich differenten Weltwahrnehmung. Das duale Prinzip wird so zur latenten Struktur, zum generativen Ausgangspunkt, der bis in moralische Systeme hineinwirkt.

Die Verschmelzung von Identität und Intimität, die in den Lebensmustern von Frauen immer wieder zu beobachten sei, habe Folgen für ihr moralisches Urteilen: dieses sei an Beziehungen orientiert. Gilligan spricht von einer „Ethik des Nährens, der Verantwortung, der Zuwendung". Zentrale Konflikte entständen z. B. aus einander widersprechenden Verantwortlichkeiten zwischen dem eigenen Selbst und den anderen und *nicht* aus konkurrierenden Rechten. Und zu ihrer Lösung oder Bewältigung setzen diese Verantwortlichkeiten eine Denkweise voraus, die kontextbezogen, normativ und konsequenzenorientiert ist und nicht formal und abstrakt. Auf dieser Grundlage stellt sie gegen das auf der Moral von „Rechten" beruhende Modell der Moralentwicklung eine „weibliche Ethik der Anteilnahme". Und auch diese weist eine immanente Entwicklungslogik, eine immanente Entwicklungsabfolge auf.

Wenn Identität und Selbstbeschreibung *zentral* im Kontext von Beziehungen definiert und nach Maßstäben von Verantwortung und Anteilnahme beurteilt werden, so liegt hier, folgert Gilligan, die Ursache, daß Frauen im Kohlbergschen Stufenschema der Entwicklung defizitär erscheinen, nicht zu den „höheren Stadien" fortschreiten, in denen Beziehungen Regeln, universellen Prinzipien der Gerechtigkeit untergeordnet werden. Gerade dies aber zeige die Beschränktheit von Theorien, die „typisch weibliches" Denken nur als Abweichung vom männlichen Leitbild und als Entwicklungsmangel verstehen könnten. Dagegen müßte es aber eben um diese Spezifik und die ihr innewohnende Entwicklungslogik gehen, um eine neue und andere Perspektive [zu gewinnen, S.H.], nicht zuletzt, um das Augenmerk darauf zu richten, daß Theorien, die geschlechtsneutral gelten, oftmals von einer durchgängigen Voreingenommenheit der Forscher zeugen. (...)

Die Arbeit von Gilligan ist als eine empirische Untersuchung zur Entstehung von Moralvorstellungen und moralischen Konflikten bei Frauen höchst informativ. Sie bringt die oft gefühlsmäßig erlebte Differenz zwischen den Geschlechtern in Begriffe, in denen Frauen nicht länger als Mängelwesen definiert sind, sondern die eigene Wertigkeit betonen. Die Untersuchung wird dort problematisch, wo es nicht um Frauen als empirische Subjekte, sondern um „die Frau" geht, um ein Konstrukt von Weiblichem bzw. von Weiblichkeit schlechthin. Obwohl von ihr *nicht intendiert,* und dies muß betont werden, geschieht dies häufig unter der Hand: es setzt eine Verabsolutierung des „Anderen" in der Weiblichkeit ein, das „andere" Denken, Fühlen, Handeln wird zum genuin „weiblichen". Basis in diesem Prozeß ist nicht die Biologie, sondern – an dieser Stelle argumentationslogisch überraschend äquivalent – die Psyche und die psychische Entwicklung. Mit der Konstruktion einer eigenen Entwicklungslogik der „weiblichen Moral" kommt Gilligan – darauf weist Döbert (1988) hin – in die Nähe kompetenztheoretischer

Argumentation, siedelt die beobachtbaren Unterschiede also nicht auf der Ebene (umweltabhängiger) Performanzfaktoren an. Damit berührt sie grundsätzliche Fragen der Theoriekonstruktion zum moralischen Bewußtsein, ohne die damit verbundenen argumentationslogischen Implikationen zu entwickeln und in ihrer immanenten Bedeutung auszubuchstabieren (Nunner-Winkler 1984, 1989).

Pointiert formuliert läuft ihre Argumentation darauf hinaus, daß Männer und Frauen sich mit wechselseitig nicht nachvollziehbaren Argumenten konfrontieren und sich überhaupt nicht verstehen können (Döbert 1988, S. 89). Dies bedeutet aber u. a. die Gefahr, in mißverständlicher Weise zum Beleg für grundsätzlich anders und eigentlich widersprechend ausgerichtete Positionen herangezogen zu werden.

In der Mehrzahl der Diagnosen besteht somit auch dort eine Übereinstimmung mit der traditionell konstatierten „Polarität" der Geschlechtscharaktere, wo ihr Ziel deren Überwindung war. Ob man deren Inhalt nun als „Verbundenheit vs. Getrenntheit", „Emotionalität und passive Abhängigkeit vs. Rationalität und Aktivität" oder in den Dimensionen von „Expressivität vs. Instrumentalität" beschreibt, ist dabei vergleichsweise irrelevant. In der festschreibenden Konstatierung besteht dabei die Gefahr, den wie auch immer auf die Erklärung der sozialkulturellen Genese angelegten Argumentationsrahmen zu verlieren. Auch die neueren Untersuchungen bestätigen so die „schon immer" konstatierten Polaritäten, allerdings mit einer anderen Konnotation: in dem Bemühen, „Weiblichkeit" aufzuwerten, nicht Gleichbehandlung unter unveränderten (männlich geprägten) Bedingungen, sondern eine Eigenwertigkeit und Eigenlogik und darin bisweilen Überlegenheit aufzuweisen, geraten gerade die zuletzt diskutierten Ansätze zum „Imperialismus des Geschlechtlichen" (Sichtermann 1980). Auch hier hat das Geschlecht bei Frauen Vorrang vor allen anderen möglichen Differenzierungsmerkmalen. Ohne daß dies in den Studien unbedingt beabsichtigt ist, werden sie zur Argumentationshilfe für essentialistische Denkfiguren: Vorstellungen zu einer an das Geschlechtliche gebundenen Erfahrungswelt, Kultur und Moral werden tendenziell affirmiert, Sozialkategorien also wiederum aus biologischen abgezogen, destilliert und auf subtile Weise im „Psychischen" reifiziert. Damit komme ich auf die oben angedeutete These zurück, daß das Theoriedilemma des „Andersbleiben im Gleichwerden" (Tatschmurat 1988) in der sozialen Konstruktion der Zweigeschlechtlichkeit selbst liegt.[3]

Sind zwei Geschlechter genug?

Nimmt man die These ernst, daß der Mensch eine „Natur" gerade darin hat, daß er diese selbst produziert, so betrifft dies auch die Geschlechterdifferenz in einem fundamentalen Sinn. Es geht nämlich dann *nicht* darum, falsche, da nicht mit der Biologie zwingend gekoppelte *Inhalte* zu vermeiden. Die Ar-

gumentation ernst zu nehmen, daß Menschen „von Natur aus" durch und
durch gesellschaftliche Wesen sind, heißt auch, „Geschlechtlichkeit" einzubeziehen. Leiblichkeit und Geschlechtlichkeit sind Ergebnisse sozialer, kultureller Prozesse auf der Grundlage symbolvermittelter sozialer Interaktion
und kultureller und institutioneller Sedimentierung. Das heißt, auch Zweigeschlechtlichkeit, deren Folgen und Deutungen sind Ergebnisse sozialer Konstruktionen.

Dabei geht es zunächst nicht darum, eine biologische Konstitution des
Menschen abzustreiten. Die Dialektik von „Körpersein" und „Körperhaben"
ist damit nicht ausgesetzt, sondern gerade *konstitutiv* für die Aneignung als
Identitätsfaktor. Damit ist nicht nur gemeint, daß sowohl Männer als auch
Frauen Natur und Kultur „sind" und daß es keine Begründung für die Annahme gibt, daß Frauen der „Natur" näher und deswegen den Männern entgegengesetzt seien (Honegger 1989; McCormack 1989), sondern daß erst in
der dialektischen Verschränkung von „Natur" und „Kultur" Männer und
Frauen „hergestellt" oder geschaffen werden.[4]

Interessanterweise macht die Biologie selbst keine so trennscharfe und vor
allem weitreichende Klassifizierung von Geschlechtlichkeit (wie manche
Sozialforscher); sie bietet uns in verschiedener Hinsicht eher anschlußfähige
Konzepte. So schreibt z. B. F. Neumann (1980, S. 43): „... In der Sexual-
differenzierung bei Säugetieren gibt es Geschlechtlichkeit auf verschiedenen
Ebenen ..." Er unterscheidet dann fünf verschiedene Möglichkeiten und
schließt: „Das eine – etwa das genetische Geschlecht – braucht mit dem
anderen – etwa dem somatischen Geschlecht – nicht übereinzustimmen"
(ebd.). Bischof beschreibt Zweigeschlechtlichkeit: „Es ist nämlich eine Ei-
gentümlichkeit gesellschaftlicher Wirklichkeitsinterpretation, daß ihr eine
überlappende Verteilung ... zu uneindeutig ist. Anstelle des gleitenden Mehr
oder Weniger sucht sie ein rigoroses Entweder-Oder zu setzen." (1980,
S. 41) Und die Biologen Wellner und Brodda (1979) betonen ebenfalls, daß
das äußere morphologische Geschlecht nur eine Geschlechtsbestimmung
unter mehreren möglichen ist. Eine Sammlung aller Körpermerkmale, die bei
biologischen Geschlechtsbestimmungen herangezogen werden, würde keinesfalls für alle Personen eine Geschlechtsdefinition ergeben, die eindeutig
von Geburt an gilt und unverändert bleibt.

Polarisierte Zweigeschlechtlichkeit wird vielmehr erst im alltäglichen sozialen Leben zu einem „irreduziblen Faktum", und selbst das nicht immer
und überall. Diese, also solches unterstellende Forschung nimmt daher eine
Basismetapher alltäglichen sozialen Verkehrs und ein historisch-kulturell
unterschiedlich ausgeformtes generatives Prinzip zum *Ausgangspunkt* der
Analyse, ohne sich über die Voraussetzungen und Folgen für die so aufge-
bauten eigenen Konstrukte Rechenschaft abzulegen. So schreiben S. Kessler
und W. McKenna in ihrer Untersuchung „Gender. An Ethnomethodological
Approach", auf die ich noch öfter rekurrieren werde:

„Subjects in all researchs of human behavior are either females or males. For a psychologist to ask the question 'How are girls different from boys' overlook the fact that in order to ask the question, she or he must already know what boys and girls are. Before we can ask questions about gender differences, similarities and development, gender must be attributed. Until now, the process of gender attribution has been taken for granted by most natural and social scientists, but scientists would not be able to talk about differences in the first place unless they know how to classify the incumbents of two categories which they are comparing. And we will never be able to say this is done by making more and more lists of differentiating factors because in order to make these lists we must have already differentiated." (Kessler/McKenna 1978, S. IX)

Diese Standardisierung stellt so eine Art „sozialer Superstruktur" (Schelsky 1955, S. 17) dar, die in ihren jeweiligen Bestimmungen sich aus den Gestaltungsprinzipien des kulturellen Gesamtgefüges herleitet. Alle kulturellen Verhaltensstandards/Konstanten lassen sich nur in der Form der jeweiligen Geschlechtskonformität erwerben, und das heißt: in einer Gesellschaft, die auf der Polarisierung von Geschlechtsrollen und der Generalisierung von deren Effekten beruht, gibt es keine Identität und Individualität außerhalb der Geschlechtszugehörigkeit. Wesentliche Elemente unserer Kultur beruhen auf Alltagstheorien und Grundannahmen zur „natürlichen Selbstverständlichkeit" der Zweigeschlechtlichkeit des Sozialen. Dies beinhaltet die Unvermeidbarkeit der Zuordnung einer Person in dieses Kategoriensystem: Jeder wird geschlechtlich erfaßt, niemand kann sich der strikt *binären Klassifikation* (Tyrell 1986) entziehen, dem rigorosen „Entweder-Oder". Für Männer und Frauen gilt die Regel der Unvereinbarkeit und Unveränderbarkeit: Jeder muß jederzeit männlich oder weiblich sein. Diese Kategorisierungen sind, wie die oben genannte Untersuchung von Kessler und McKenna zum Phänomen der Transsexualität herausstellt, durchaus brüchig und in vielen Fällen problemgeladen. Dennoch halten sie auch kontrafaktisch derartigen Irritationen stand.[5] Dies gilt, auch wenn wir wissen, daß andere Kulturen die Geschlechter nicht notwendig so hermetisch gegeneinander abschließen oder auch noch sehr viel schärfer, die Differenz anders codieren, deuten und gewichten. Die binäre Klassifikation ist mithin für uns *der* kategoriale Rahmen alltagsweltlichen Denkens: so werden Geschlechter identifiziert, gedacht – und geschaffen.

Dieser Prozeß einer binären sozialen Codierung der Welt wird in den gesellschaftlichen Handlungsabläufen nicht reflektiert, ohne daß hierbei notwendig Intention oder „Macht" unterstellt werden kann/muß: Er gehört zum zentralen Repertoire alltäglicher Routinewahrnehmung und sozialen Handelns. Und darin wird nicht reflektiert, daß man für „Natur" hält, was „Gesellschaft" ist. In der gesellschaftlich gefaßten Existenz aber leben wir fast nirgendwo auf dem biologischen Substrat von Geschlechtlichkeit, sondern auf einer Abstraktion desselben – diese zu füllen, damit sind die Gesellschaftsmitglieder tagtäglich befaßt. Die angesprochene Unentrinnbarkeit und Verhaftetheit drückt sich u. a. in der Sichtbarkeit („Visibilität") und den Anstrengungen der Sichtbarmachung („Visualisierung") der Geschlechtszugehörigkeit aus − ein Phänomen, das sich für andere Bereiche sozialer Differenzierung in wesentlich geringerem Ausmaß erhalten hat. Die *Form* einer binären Klassifikation der Ordnung des Sozialen sagt aber *nichts* über deren Inhalt: dieser ist kontingent. Dafür reicht ein Blick in die historische, ethnologische und kulturanthropologische Forschung.[6]

Aber − darum geht es hier − auch die Form, die Unentrinnbarkeit des Codes durch die symbolische Überformung der Leiblichkeit nach dem binären Schema ist eine *soziale* Realität: Die soziale Konstruktion einer Welt von zwei Geschlechtern, die *konstitutiv* für den Erwerb von Geschlechtlichkeit ist. Diese „dichotome Optik" (Hagemann-White), daß wir immer nur zwei geschlechtlich bestimmte Körpersorten, nichts als Männer und Frauen wahrnehmen, ist hoch voraussetzungsvoll und nur über massive kulturelle Sanktionierung oder: die Stabilisierung einer entsprechenden Nomenklatur durchsetzbar.

Ein Blick in die kulturanthropologische Literatur mag dies verdeutlichen: So schildert etwa Margaret Mead (1958) schon die Variationsbreite, was Körperbau, Gestalt, Ausdruck angeht, und zwar sowohl innerhalb von ihr untersuchter Populationen als auch interkulturell:

> „In jeder menschlichen Gruppe ist es möglich, Männer und Frauen auf einer
> Skala so anzuordnen, daß zwischen einer sehr maskulinen und einer sehr fe
> mininen Gruppe sich andere einschieben, die in die Mitte zu gehören schei
> nen, weil sie weniger von den ausgesprochenen Merkmalen zeigen, die für
> das eine oder andere Geschlecht kennzeichnend sind." (1958, S. 102)

Mittellagen sind aber in der binären Geschlechterklassifikation nicht vorgesehen − ohne daß sich dies dem „geschlechtsklassifikatorisch ungeübten Auge" (Tyrell 1986, S. 457) zwingend aufdrängte. Dabei gibt es durchaus Kulturen, die drei oder mehr Geschlechter kennen: Die Institution der „Berdache", wie sie nordamerikanische Indianerkulturen kennen, ist dafür das häufigst zitierte Beispiel. Nur: wer oder was sind „Berdaches"? Von unserer Kultur aus haben wir kaum Möglichkeiten, das Phänomen zu erfassen: Ausgestattet mit dem Konzept zweier Geschlechter wird versucht, das Berdache-Phänomen z. B. zu fassen als Transvestiten, Homosexuelle oder Hermaphroditen. Eine weitere, eigenständige Kategorie ist nicht vorgesehen. Beispiele für eine solche (reduzierende) Interpretation bietet Devereux (1973), aber auch zahlreiche andere. Dagegen geht es hier offenbar eben nicht um „Geschlechtsrollenwechsel", um einen Übergang von einem fixierten Status in einen anderen, sondern um einen dritten, „intersexus status", der sich nur aus einem in wesentlichen Zügen anderen Grundverständnis von Geschlecht und sozialer Rolle erschließt. Aber auch der Tatbestand des Geschlechtsrollenwechsels, der in verschiedenen Kulturen institutionalisiert ist, verweist darauf, daß hier Übergänge vorgesehen sind, die wenig mit „Biologie" zu tun haben. Die Verknüpfung dessen, was „Mann-Sein" und „Frau-Sein" heißt, mit den physiologischen Merkmalen kann sehr locker sein: es geht mehr um die Ausführung der Geschlechtsrolle als um körperliche Merkmale (Lipp 1989).

Garfinkel (1967, S. 122) hat die Zweigeschlechtlichkeit als „a matter of objective, institutionalized facts, i.e. moral facts" bezeichnet. Stefan Hirschauer faßt diese Analyse dahingehend zusammen, daß

> „die moralische Richtigkeit einer rigoros dichotomen Zusammensetzung der ordentlichen Gesellschaftsmitglieder ... für die Teilnehmer ein konstitutiver Teil ihrer Natürlichkeit und Selbstverständlichkeit (sei), so daß ein Geltungsverlust als Mann oder Frau ... daher weniger (impliziere), als anderes Geschlecht gesehen zu werden, als eine Achtung zu verlieren, die eine Frau und einen Mann von einem Dritten (Zweideutigen, Perversen, Anormalen) unterscheidet." (1989, S. 105)

Gerade dieser Sachverhalt aber kann als konstitutiv für die Aufrechterhaltung der Geschlechterunterscheidung gesehen werden:

> „Die Abwertung bestimmter Männer und Frauen, die soziale Konstruktion von ‚real and other women' (...), von Homosexuellen als ‚Drittes Geschlecht' oder von Transsexuellen können soziologisch als *Teil* der kulturellen Definitionsprozesse aufgefaßt werden, die ‚wirkliche' Frauen und Männer erzeugen." (ebd.)

Modi der Konstruktion

Den je eigenen Platz in der jeweils institutionalisierten klassifikatorischen Ordnung einzunehmen, heißt für den einzelnen, sich die ganze Ordnung zu eigen zu machen: Darin – und zunächst nur darin – wird „Gleichheit" zwischen den Angehörigen einer Kategorie hergestellt, die zugleich aber auch die Grundlage der Vergleichbarkeit, der Unterschiede innerhalb eines Geschlechts ist. Die „Gleichheit der Frauen" erweist sich bei näherer Betrachtung immer nur als eine ihrer Lebenslage und der damit verbundenen Chancen und Zwänge (Knapp, in diesem Band). Sie ist nicht Ausdruck der persönlichen Potentiale von Frauen; ihre „Versämtlichung" (Dohm zit. n. Knapp, ebd.) ist vielmehr selbst ein Zeichen der Vermachtung der Geschlechterbeziehung.

„Frau", „Mann", „weiblich", „männlich" werden als Symbole in der sozialen Interaktion erworben und sind darin zugleich Voraussetzung der Teilnahme an Kommunikationen. Soziale Interaktion ist mithin nicht *Medium,* in dem „Geschlecht" als handlungsbeeinflussender Faktor wirkt, sondern ein formender Prozeß eigener Art, in dem „Geschlechtlichkeit" durch die han-

delnden und soziale Realität interpretierenden Subjekte gelernt und hergestellt wird. Anders ausgedrückt: Personen werden nicht zunächst dem einen
oder anderen Geschlecht zugewiesen, weil sie entsprechend handeln, entsprechende Merkmale aufweisen, sondern ihr Handeln und Verhalten wird
eingeschätzt und bewertet auf der Grundlage einer Zuordnung zu einer Ge-
schlechtskategorie, wobei, wie bei anderen Prozessen der Herstellung sozialer Ordnung auch, tagtäglich Ausnahmen, Ungereimtheiten und Brüche
bewältigt werden müssen. Solche Verhaltens- und Eigenschaftszuweisungen
sind immer auch fiktiv, gelten nicht „wörtlich". Eine Transsexuelle: „Gender
is an anchor, and once people decide what you are, they interpret everything
you do in the light of that" (Kessler/McKenna 1978, S. 6).

Die Zweipoligkeit der Geschlechterklassifikation stellt eines der grundlegenden Typisierungsmuster dar, in denen die soziale Welt sich ordnet: Jenseits sozialer Typisierungsschemata und konkret: außerhalb dieses
bestimmten und dem sich auf dieser Grundlage in konkreten Interaktionen
realisierenden „Rollenhandeln" gibt es kein „eigentliches" Individuum mithin keine „eigentliche" Weiblichkeit. Ein sozial kompetenter Akteur handelt
auf dieser Grundlage und realisiert sie in diesem Handeln als „wirklich" – tut
sie/er es nicht, setzen gesellschaftlich und historisch spezifische Reaktionen,
Kontrollen und unter Umständen auch Ausgrenzungsprozesse ein.

Geradezu sozial überlebensnotwendig ist daher die Kenntnis und eine gewisse Innenrepräsentanz der wesentlichen Elemente des klassifikatorischen
Systems. Dies ist konkret in unserer Gesellschaft primär mit Deutungen und
Wertungen verbunden, in denen die Geschlechterdifferenz auf ein weibliches
Defizit hin verfaßt ist und in denen die hierarchische Fassung der Geschlech-
terrelation männliche Superiorität geltend macht. Dies scheint auch und
gerade in scheinbar neutralen Vergleichsdimensionen durch: Auch sie nehmen Ausgang beim „Normalen", dem Mitglied, ein Grund für die dagegen
gerichteten beschriebenen Aufwertungen weiblicher Qualitäten. Geschlechtsidentität ist daher, wie angesprochen, nicht darauf zu beschränken, sich selbst
als weiblich oder männlich zu definieren, sondern umfaßt komplexe Aneig-
nungsprozesse von in der gesellschaftlich spezifischen Fassung der Ge-
schlechterrelation sedimentierten sozialen Differenzierungen. Dabei geht es
eben nicht allein um die „Oberflächenebene" der Benennungen und Wertungen, sondern um die wesentlich wichtigere Ebene des latenten, nicht
immer explizierten, intuitiv zugänglichen Bereichs sozialen Handelns, der
generativen Regeln der Herstellung sozialer Situationen.

Gerade zu dieser Frage des Aufbaus und der tagtäglichen Realisierung
und auch Modifikation von Geschlechtlichkeit als Klassifikationssystem gibt
es bislang – von wenigen Ausnahmen abgesehen – kaum Untersuchungen.
Eine der wenigen ist die bereits genannte Studie von Kessler und McKenna,
die an Forschungen aus der Ethnomethodologie anknüpfen, u. a. an deren
„Krisenexperimenten".[7] In sehr subtilen Forschungsanordnungen versuchen

sie herauszufinden, was und wodurch „Geschlechtlichkeit" in der alltäglichen Interaktion konstituiert wird, wie sie symbolisiert wird und zur Darstellung gelangt.

Im Hinblick auf die angeführte differente Wertung spezifisch weiblicher Merkmale zeigte sich z. B. bei der von ihnen untersuchten Population – Amerikaner –, daß der Penis das einzig ausschlaggebende Merkmal für „Geschlechtlichkeit" ist: „Gender attribution is genital attribution and genital attribution is essentially penis attribution" (Kessler/McKenna 1978, S. 153). Und: „Penis equals male but vagina does not equal female" (ebd., S. 151). Es gibt keine positiven Merkmale, deren *Fehlen* zur Einstufung als Nicht-Frau, also als Mann führen würde. Das Schema ist dergestalt, daß als Frau nur wahrgenommen wird, wer nicht als Mann wahrgenommen werden kann. Die Konstruktion von Geschlechtlichkeit verläuft so, daß männlichen Charakteristika eine größere „Offensichtlichkeit" zugesprochen wird. Eine Person ist nur dann weiblich, wenn „männliche" Zeichen abwesend sind.

> „To fail to see someone as a man is to see them as a woman and vice versa, since 'male' and 'female' are mutually constitutive. However the conditions of failure are different. The condition of failure for being seen as a woman is to be seen as having a concrete 'male' characteristic. The condition of failure for being seen as a man is to be seen as not having any concrete 'male' characteristics. In the social construction of gender 'male' is the primary construction." (ebd., S. 159)

Jemanden nur dann als Frau zu sehen, wenn die Person nicht als Mann gesehen werden kann, erklärt etwa auch die relative Leichtigkeit einer Passage, wenn es um einen „Frau-zu-Mann-Transsexuellen" geht, während im Fall der „Mann-zu-Frau-Transsexualität" alle Hinweise auf „männliche" Merkmale getilgt werden. Dies zeigt das subtile Wirken sozialer Typisierung und Schematisierung. Darin geht es nicht einfach um Regeln, die gelernt werden, Frauen von Männern zu unterscheiden, sondern darum, wie die Regeln in ihrer Relation zu der sozialen Welt von zwei Geschlechtern eingesetzt und benutzt werden (müssen).

Die aufgezeigten Modi der Konstruktion sind so selbstverständlich nicht: die Betonung der Gebärfähigkeit etwa würde andere Modi erwartbar bzw. denkbar werden lassen, z. B. ein Modus, der zwischen „Ei-Trägern" und „Sperma-Trägern" unterscheidet (ebd., S. 165). In der besonderen Art der oben aufgewiesenen Konstruktion finden sich die Konsequenzen der angesprochenen Wertigkeiten ebenso wie der Ausgangspunkt für weitere Generalisierungen und Strukturbildungen; denn das alltagsweltlich so ausschlaggebende „Faktum" ist ja so gut wie nie sichtbar in alltäglichen Abläufen. Und fragen darf man nicht. Und wenn man fragt, so ist es eine Beleidigung. Andere Merkmale der Geschlechtsbestimmung dienen als Hinweise auf die Existenz entsprechender Genitalien. Es wird *angenommen,* daß sie existieren

– in diesem Sinn werden sie zu „kulturellen Genitalien". Und dazu zeigt die
Transsexuellenforschung, daß auch dann, wenn die entsprechenden Genitalien nicht im physischen Sinne präsent sind, sie in einem kulturellen Sinn
existieren: die Geschlechtszuschreibung, ist sie erst einmal erfolgt, wird nicht
durch das Vorhandensein „falscher" Genitalien irritiert.

Die Beziehung zwischen kulturellem Genital und Geschlechtszuschreibung ist reflexiv: die „Realität der Geschlechtszugehörigkeit" wird geprüft
über die Genitalien, die zugeschrieben wurden, und zur gleichen Zeit hat das
zugeschriebene Genital nur durch die sozial geteilte Konstruktion des Ge-
schlechtszuschreibungsprozesses Bedeutung und Realität (ebd., S. 122ff.).

Der „zweigeschlechtliche Erkennungsdienst" (Tyrell 1986, S. 463) in den
alltäglichen gesellschaftlichen Abläufen ist daher angewiesen auf die „Herstellung" von Geschlechtlichkeit in der Interaktion, auf eine Schauseite,
etwas, das permanent zur Darstellung gebracht werden muß. Leibliche Erscheinung, Gestalt und Bewegung, Gestik und Mienenspiel, Kleidung, Fri-
sur, Schmuck, Stimme, sogar die Schrift werden daraufhin ausgewertet. Ist es
ein Mann oder ist es eine Frau? Hier scheint die kulturelle Symbolik einer
„objektiven Differenz" notwendig zu bleiben. Dies gilt in großem Ausmaß
selbst dort, wo Körperlichkeit in der Tat deren Ausgangspunkt bildet: Sexualität ist in einem sehr wesentlichen Ausmaß Gegenstand gesellschaftlicher
Konstrukte, die wiederum („bestätigend") in andere Bereiche hineinwirken
(Caplan 1987).

In dieser permanenten, interaktiven Herstellung der Geschlechterdifferenz
wird eine Tiefenschicht des Alltagshandelns deutlich, deren fragloses „Funktionieren" die Voraussetzung für die Praktizierbarkeit einer zweigeschlechtlichen Konstruktion ist. Daß diese Differenz in faktisch jeder
Lebenslage und -situation in irgendeiner Form thematisch bleibt und ihr ein
einfaches „Vergessenwerden" kaum droht, dies wird nur durch das Vorhandensein und Wirken elementarer Ebenen sozialer Interaktion verstehbar
(Tyrell 1986, S. 463).

Einige Folgerungen

Es ging bis hierher darum, die These zu entwickeln, daß die Geschlechterdifferenz bis in die Basiskategorien hinein kulturell geprägt ist und diese
kulturelle Prägung *Universalisierungswirkung* hat. Die Kategorie „Geschlecht" hat eine Schlüsselfunktion, die über (und unter) allen anderen
Mitgliedschaftskategorien liegt. Geschlechtskategorien werden im Prozeß
sozialisatorischer Interaktion erworben und gewinnen darin die Qualität
„natürlicher Selbstverständlichkeit" – dies sagt aber nichts darüber aus, daß
sie selbstverständlich natürlich sind.

In diesem Sinne „Geschlecht" radikal als soziale Strukturkategorie zu verstehen, hat ersichtlich auch Folgen für die Untersuchungen zur Entstehung

des „weiblichen Sozialcharakters". Diese stehen immer wieder in Gefahr, sich in jenen, im Alltagsbewußtsein unbefragten „Schein von Natürlichkeit" der sozialen Konstruktion von Zweigeschlechtlichkeit zu verfangen (Hagemann-White 1988, S. 230). Denn die vielfach leitende Frage, inwieweit „das Geschlecht" zu unterschiedlichen Verläufen etwa von Sozialisationsprozessen führt, ist im Ansatz falsch gestellt: Geschlechtlichkeit selber ist die Dimension, die angeeignet werden muß.

Vermutlich nicht zuletzt wegen der sozialen Betonung der jeweiligen Geschlechtlichkeit gehört diese sehr bald zu den bevorzugten Merkmalen der Selbstkategorisierung. Die erworbenen Kategorien werden *selbst* zu steuernden Schemata von hoher Zentralität. Damit aber werden vor allem wiederum jene sozialen Einflüsse verhaltenswirksam, die sich dem jeweiligen Geschlechtsrollenkonzept assimilieren lassen[8]. Dies in seiner vollen Konsequenz auch empirisch zu berücksichtigen, steht weitgehend aus. Vor diesem Hintergrund aber werden Theorieansätze und Forschungen fragwürdig, die die Differenz als *gegeben* betrachten, sie akribisch beschreiben, mit Details und Phänomenen auffüllen und auf je unterschiedlichem Theoretisierungsniveau Erklärungen entwickeln, die aber eben häufig in die oben beschriebene Falle der Reifizierung gehen. Es käme vielmehr umgekehrt darauf an, Aufbau, Vermittlung und Wirkungsweise der beschriebenen Kategorien- und Regelsysteme zu untersuchen, wie sie das Phänomen der Geschlechterdifferenz *hervorbringen*. Anregungen dafür finden sich bislang primär in ethnologischen und historisch orientierten Analysen.

So bezieht sich etwa Sozialisation immer auf Typen von „Kind" und „Erwachsenen", beruht also in ihrem Wirken zentral auf imaginierten gesellschaftlichen Prototypen. In einem solchen Kontext könnten auch die Studien von Chodorow und Gilligan anders und neu interpretiert werden. Es hieße dann nicht mehr, in Strukturen psychischer Entwicklung – in gegebener Geschlechtlichkeit gebundene Erziehungsmuster und Erfahrungswelten als „Ur"-Grund – die Kausa für die Geschlechterdifferenz zu suchen. Es ginge vielmehr darum, in der Untersuchung der Projektion der fiktiven Folien von Geschlechtlichkeit auf den neuen Menschen die Mechanismen der Übermittlung basaler kultureller Codes zu identifizieren, die den wirksam werdenden „Gleich"- und „Andersartigkeiten" zugrundeliegen.[9]

Wichtig erscheint mir weiterhin, den Gedanken aufzugreifen, daß Sozialisation, wie jeder weiß, nicht mit dem Kindes- und Jugendalter aufhört. Besonders hier läßt sich – bezogen auf die konkreten Verhältnisse in den westlichen industriellen Gesellschaften – die zeitdiagnostische Hypothese konstatieren, daß offensichtlich neben die Einübung in geschlechtsrollengebundene Handlungsmuster zugleich die zunehmende Erkenntnismöglichkeit von deren *Relativität* tritt. Der darin anklingende Punkt, daß nämlich Sozialisation nicht nur Aufbau der grundlegenden interaktiven und kommunikativen Handlungskompetenzen, sondern auch derjenigen eines *reflektierten* Selbstbildes bedeutet, tangiert die Geschlechtszugehörigkeit zentral. Mit der Ausbildung von „Geschlechtsidentität" ist heute offensichtlich ein hohes Ausmaß von Konflikthaftigkeit bei Frauen verbunden, das in vielen Versuchen zur positiv gewerteten Bestimmung des „weiblichen Sozialcharakters" nur unzureichend reflektiert wird. Eine der wenigen Studien, die dies in Rechnung stellt, ist die genannte von Hagemann-White, wenn sie nämlich den „weiblichen Sozialcharakter" als doppelbödig kennzeichnet.[10] Das Unbehagen an der eigenen Geschlechtsrolle speist sich neben materiell erfahrbaren Benachteiligungen, Unterdrückungen bis hin zur manifesten Gewalt paradoxerweise zugleich aus der sichtbaren und breite Kreise erfassenden Irritation des Rollenverständnisses. Der Verlust der Gewißheit des Quasi-Natürlichen macht fehlende inhaltliche positive Bestimmungen und ausstehende soziale Aushandlungsprozesse als Verunsicherungen und mühselige Anstrengung fühlbar.

Neuere Analysen zu Prozessen sozialen Wandels (z. B. Beck 1986; Beck-Gernsheim 1988; Keupp/Bilden 1989) weisen darauf hin, daß Rollenzuschreibung und Rollenverpflichtung in einem allgemeinen Sinn *flexibilisiert* werden, etwa in Richtung der Zunahme von Optionen. So verliert die „Normalbiographie" – gerade auch die weibliche – den Charakter der Selbstverständlichkeit. Die jeweiligen Inhalte und Ausprägungen der Geschlechtsrolle verändern sich und werden z. T. unscharf: dies aber, ohne daß dabei das grundlegende binäre Konstruktionsprinzip des Geschlechterverhältnisses angetastet wird.

Auch das mag ein Grund für die oben konstatierte *Spannung* im „weiblichen Sozialcharakter" sein. So ist etwa die Flexibilisierung auf der Oberfläche der Rollenzuschreibungen nicht in entsprechendem Ausmaß gekoppelt mit einer realen Öffnung von Handlungsräumen. Individualisierungstrends scheinen Teile eines gesellschaftlichen Entwicklungsprozesses zu sein, in dem auf z. T. venebelnde Weise der Blick auf soziale Tatsachen verstellt wird, hier auf die weiterhin dominante Realität des Geschlechterverhältnisses und ihrer asymmetrischen Relation. Unter den gegebenen gesellschaftlichen Bedingungen bilden sich zwar Freiräume, also Experimentierfelder aus, in denen nunmehr bei prinzipieller Beibehaltung von Geschlechtsidentität Möglichkeiten zu bestehen scheinen, die vorher nicht da waren: vor allem individuelle Möglichkeiten eines „Lebens für sich selbst". Gleichzeitig aber stellt dies keine *Überwindung* der Binarität dar, eher eine farblich angereicherte Diversifizierung der je eigenen Geschlechtsrolle, die den Gegenpol nicht mehr aktuell, sondern vor allem virtuell braucht. Und darin wird die Freisetzung unter Umständen auch zur Falle: Reproduktionsaufgaben etwa werden in noch stärkerem Maße an Frauen abgegeben bzw. auch von diesen besetzt. Unter diesen Bedingungen läuft die *Polarisierung* der Geschlechter auf eine notwendige – weitere – *Politisierung* der Geschlechterdifferenz hinaus.

Dies als ein nicht weiter ausgeführtes Beispiel dafür, warum eben Analy-
seperspektiven wichtig sind, in denen Geschlechterdifferenzen prinzipiell als
eine soziale Konstruktion gefaßt sind, deren Regeln im Prozeß der Sozialisation erworben, in lebenslanger Teilnahme bestätigt, verfestigt und modifiziert
werden. Der Transport eines Problemansatzes auf die Metaebene bedeutet
natürlich nicht, daß es damit konkret gelöst ist. Wenn aber bereits die basale
Geschlechterdifferenz Ergebnis kultureller Konstruktionsprozesse ist, so
wird die Frage nach einzelnen „Ursachen" obsolet. Die Frage ist vielmehr:
Wie kommt es, daß aus dieser Differenz eine Generalisierung, Verdichtung
und Vermachtung abgeleitet wird, die in alle gesellschaftliche Bereiche ein-
dringt. Ausgangspunkt ist – wie bereits öfter gesagt –, daß Gesellschaftsmitglieder „Geschlecht" als eine objektivierbare biologische Kategorie
betrachten; dies verleiht dem Konstrukt und vielen seiner Konsequenzen die
Dignität naturwissenschaftlicher Erkenntnisse, die wiederum weithin die
Funktion des Synonyms für Wahrheit, Objektivität übernommen hat und – so
überhaupt – nur partielle Veränderungen in eben deren Sinn und Methodik
möglich machen. Es gilt aber, gerade die folgenreichen, generativen Effekte
solcher Interpretationsfolgen aufzuzeigen, Erklärungen als Teil von vorgängigen Strukturierungen zu identifizieren – dies scheint allerdings, betrachtet
man die gegenwärtige Literaturlage, eher schwieriger geworden zu sein.

Die gegenwärtig vorfindbaren essentialisierenden Argumentationsfiguren
tragen vor allem zu der Verfestigung jener Konstrukte bei bzw. zur Entstehung von sog. „verselbständigten Strategien und Leitbildern" (Prokop 1976)
des gesellschaftlichen Diskurses. War das Leitbild der 70er Jahre „Gleichheit", so schien das der 80er Jahre „Andersartigkeit" zu sein. Auf der Strecke
bleiben die Verschiedenheiten innerhalb eines Geschlechts und unter den
Geschlechtern, die jedoch, sieht man ihre Realisierung allein im Zuge von
sogenannten Individualisierungs- und Freisetzungsprozessen, auch ihre Fallen haben.[11]

Anmerkungen

[1] Hier treffen sich sehr unterschiedliche Argumentationslinien. Als sehr wichtig
stellt sich nach wie vor der Bezug zur Kritischen Theorie heraus, die – trotz
Kritik an patriarchalen Machtverhältnissen und den historischen Mechanismen
der Frauenunterdrückung – die Mythologisierung des ‚Weiblichen' als des
‚Anderen' nicht durchbricht. Im Extrem mündet dies in eine Position wie etwa
die von Garaudy (1982). Andere Linien finden sich im sog. ‚Gynozentrismus', in
der ‚Gyn/ökologie', im Ökofeminismus. Zum letzteren z. B. Mies (1987),
‚Abscheu vor dem Paradies' äußert dagegen Christina Thürmer-Rohr (1987) und
kennzeichnet diese Denkformen als Ideologie.

[2] In eine ähnliche Richtung weisen Dinnerstein (1979) und Benjamin (1982), Zur
Kritik vgl. Großmaß (1989).

3   Die in diesem Problem innewohnenden Paradoxien für eine feministische Theo-
    riebildung formuliert bildhaft und präzise Rossanda (1983, S. 33ff.).

4   Damit weist sich die hier eingenommene Perspektive als wissenssoziologische
    aus: „Der Mensch ist biologisch bestimmt, eine Welt zu konstruieren und mit an-
    deren zu bewohnen. Diese Welt wird ihm zur dominierenden und definitiven
    Wirklichkeit. Ihre Grenzen sind von der Natur gesetzt. Hat er sie jedoch erstmal
    konstruiert, so wirkt sie zurück auf die Natur. In der Dialektik zwischen Natur
    und gesellschaftlich konstruierter Welt wird noch der menschliche Organismus
    umgemodelt. In dieser Dialektik produziert der Mensch Wirklichkeit – und sich
    selbst." (Berger/Luckmann 1970, S. 195). Zu einem wissenshistorischen Zugang
    zur Geschichte des Körpers vg. Duden, [in diesem Band, S.H.].

5   Beispiele und Illustrationen hierzu bei Hirschauer (1989) sowie Kess-
    ler/McKenna (1978).

6   Z. B. Arbeitsgruppe Ethnologie Wien (1989), Müller (1981) und Ort-
    ner/Whitehead (1981). Ältere ethnologische Forschungen in Schelsky (1955) und
    Kessler/McKenna (1978).

7   Hirschauer geht auch in diese Richtung.

8   Dies wird auch in Untersuchungen aus dem Kontext der Entwicklungspsycholo-
    gie betont, z. B. Trautner (1987).

9   Einen Versuch, in der „Aneignung des Systems" die Entstehung von Ge-
    schlechtsunterschieden zu untersuchen, unternimmt Hagemann-White (1984),
    indem sie die psychoanalytische Annahme zur unterschiedlichen Bedeutung von
    Primärbeziehungen mit dem Ansatz einer primär symbolischen Ordnung der
    Zweigeschlechtlichkeit verbindet. Damit sind allerdings einige Fragen verbun-
    den, die ich hier nicht verfolgen kann, etwa die Problematik des Stellenwerts
    triebtheoretischer Annahmen, aber auch die empirische Frage, ob und wie Mütter
    ihren Söhnen tatsächlich mehr Abgrenzung ermöglichen. Zu letzterem vgl.
    Schmauch (1988).

10 „Das, was ‚weiblich' wäre, ist vertraut, nach Bedarf abrufbar, doch nicht iden-
    tisch mit der Erfahrung des einzelnen Mädchens mit sich selbst, mit ihrem eige-
    nen Bild von sich. Da aber die Verwirklichung einer eigenen, nicht angepaßten
    Identität in der Praxis riskant ist und die Angst vor dem Ungewissen in jedem
    Fall sie begleitet, bleibt eine ständige Möglichkeit der Entlastung, die herkömm-
    liche Rollenteilung wieder aufzunehmen. Nicht nur die gesellschaftlichen Anfor-
    derungen an die Frauen sind doppelbödig, auch die Frauen selbst verhalten sich
    doppelbödig dazu (...)." (Hagemann-White 1984, S. 103).

11 Zu verschiedenen Individualitätsvorstellungen, ihren androzentrischen Implika-
    tionen, feministischen Wendungen und zu neuen Entwürfen vgl. Bilden (1989).

Literatur

Arbeitsgruppe Ethnologie Wien (Hg.): Von fremden Frauen. Frankfurt/Main 1989.

Beck, Ulrich: Risikogesellschaft. Frankfurt/Main 1986

Beck-Gernsheim, Elisabeth: Vom ‚Dasein für andere' zum Anspruch auf ein Stück ‚eigenes Leben'. Individualisierungsprozesse im weiblichen Lebenszusammenhang. In: Soziale Welt 34, 1988, S. 307ff.

Benjamin, Jessica: Die Antinomien des patriarchalen Denkens. Kritische Theorie und Psychoanalyse. In: Wolfgang Bonß/Axel Honeth (Hg.), Sozialforschung als Kritik. Frankfurt/Main 1982, S. 426-454

Berger, Peter/Luckmann, Thomas: Die gesellschaftliche Konstruktion der Wirklichkeit. Eine Theorie der Wissenssoziologie. Frankfurt/Main 1970

Bilden, Helga: Geschlechtsspezifische Sozialisation. In: Klaus Hurrelmann/D. Ulrich (Hg.), Handbuch der Sozialisationsforschung. Weinheim/Basel 1980, S. 777ff.

Bilden, Helga: Geschlechterverhältnis und Individualität im gesellschaftlichen Umbruch. In: H. Keupp/Helga Bilden (Hg.), Verunsicherungen. Das Subjekt im gesellschaftlichen Wandel. Göttingen/Toronto/Zürich 1989, S. 19-46

Bischof, N.: „Biologie als Schicksal? Zur Naturgeschichte der Geschlechtsrollendifferenzierung". In: N. Bischof/H. Preuschoft (Hg.), Geschlechtsunterschiede. Entstehung und Entwicklung. Mann und Frau in biologischer Sicht. München 1980

Brehmer, I.: Der heimliche Lehrplan der Frauendiskriminierung. Weinheim/Basel 1982

Chodorow, Nancy: Das Erbe der Mütter. München 1985 (engl. Original 1978)

Devereux, G.: Angst und Methode in den Verhaltenswissenschaften. München 1973.

Dinnerstein, Dorothy: Das Arrangement der Geschlechter. Stuttgart 1979

Duden, Barbara: Geschichte unter der Haut. Stuttgart 1987

Döbert, Rainer: Männliche Moral – weibliche Moral? In: Ute Gerhartdt/Yvonne Schütze (Hg.), Frauensituationen. Frankfurt/Main 1988, S. 81-113 (auch in Nummer-Winkler, G. (Hg.): Weibliche Moral. Frankfurt/Main 1991).

Garaudy, Roger: Der letzte Ausweg. Feminisierung der Gesellschaft. Olten/Freiburg 1982

Garfinkel, H.: Studies in Ethnomethodology. Englewood Cliffs 1967

Gildemeister, Regine: Geschlechtsspezifische Sozialisation. Neuere Beiträge und Perspektiven zur Entstehung des ‚weiblichen Sozialcharakters'. In: Soziale Welt 39, 1988, S. 486-503

Gilligan, Carol: Die andere Stimme. Lebenskonflikte und Moral der Frau. München/Zürich 1984

Großmaß, Ruth/Schmerl, Christiane (Hg.): Feministischer Kompaß, patriarchales Gepäck. Frankfurt a. Main/New York 1989

Hagemann-White, Carol: Sozialisation: weiblich-männlich? Opladen 1984.

Hirschauer, Stefan: Die interaktive Konstruktion von Geschlechtszugehörigkeit. In: Zeitschrift für Soziologie 18, 1989, S. 100-118

Kessler, S. J./McKenna, W.: Gender. An Ethnomethodological Approach. Chicago/London 1978

Keupp, H./Bilden, Helga (Hg.): Verunsicherungen. Das Subjekt im gesellschaftlichen Wandel. Göttingen/Toronto/Zürich 1989

Knapp, Gudrun-Axeli: Die vergessene Differenz. In diesem Band

Mead, Margaret: Mann und Weib. Reinbek 1958

Mies, Maria: Konturen einer ökofemininistischen Gesellschaft. Versuch eines Entwurfs. In: Die Grünen im Bundestag/AK Frauenpolitik (Hg.), Frauen und Ökologie. Gegen den Machbarkeitswahn. Köln 1987, S. 39-53

Müller, K. E.: Die bessere und die schlechtere Hälfte. Ethnologie des Geschlechtskonflikts. Frankfurt a. Main/New York 1984

Neumann, Friedrich: Die Bedeutung von Hormonen für die Differenzierung des somatischen und psychischen Geschlechts bei Säugetieren. In: N. Bischof/H. Preuschoft (Hg.), Geschlechtsunterschiede. Entstehung und Entwicklung. Mann und Frau in biologischer Sicht. München 1980

Ortner, Sherry/Whitehead, H. (Hg.): Sexual Meanings. The Cultural Construction of Gender and Sexuality. New York 1981

Rossanda, R.: Einmischung. Frankfurt/Main 1983

Schelsky, Helmut: Soziologie der Sexualität. Reinbek 1955

Schmauch, Ulrike: So anders und so lebendig ... Über Mütter und Söhne. In: Carol Hagemann-White/Maria S. Rerrich (Hg.), FrauenMännerBilder. Bielefeld 1988, S. 78-97

Tatschmurat, Carmen: Zwischen Partikularität und Universalität. Frauenforschung auf der Suche nach ihrem Paradigma. In: Carol Hagemann-White/Maria S. Rerrich (Hg.), FrauenMännerBilder. Bielefeld 1988

Thürmer-Rohr, Christina: Vagabundinnen. Berlin 1987

Trautner, H.M.: Geschlecht, Sozialisation und Identität. In: H. P. Frey/K. Haußer, Identität. Stuttgart 1987, S. 29-42

Wellner, U./Brodda, K.: Zur Biologie der Geschlechtsdifferenzierung. In: H. Keller (Hg.), Geschlechtsunterschiede. Weinheim 1979, S. 93-126

Zeichentheoretische Überlegungen zum Verhältnis von Körper und Leib.
In: Leiblichkeit, Identität, Normativität. Neue Horizonte anthropologischen Denkens. Annette Barkhaus/Matthias Mayer/Neil Roughley/Donatus Thürnau (Hg.), Frankfurt a. Main: Suhrkamp 1996, S. 146-175 (146-160; 166-175), (mit Auslassungen)

Meine Überlegungen zum Verhältnis von Körper und Leib stehen im weiteren Kontext der Arbeiten zur sozialen Konstruktion von Wirklichkeit. Konstruktivistische Annahmen haben in den letzten Jahren sowohl in der Wissenschaftsforschung als auch in der Geschlechterforschung zu einer Radikalisierung geführt, die es grundsätzlich problematisch gemacht hat, überhaupt noch zwischen sozialer bzw. kultureller Konstruktion und ihr vorausgesetzten natürlichen Gegebenheiten zu unterscheiden. Wenn das der Fall ist, stellt sich die Frage, wie man überhaupt noch vom Körper bzw. einer natürlichen Zweigeschlechtlichkeit sprechen kann. Im Folgenden möchte ich mit Bezug auf die philosophische Anthropologie Plessners und die Leibphänomenologie von Hermann Schmitz einen Vorschlag machen, mit den Problemen umzugehen, die sich im Rahmen einer konstruktivistischen Perspektive ergeben.

Die These, daß die Wirklichkeit, in der wir leben, sinnvollerweise unter der Fragestellung untersucht werden kann, eine soziale oder gesellschaftliche Konstruktion zu sein, zählt spätestens seit der Arbeit von Berger und Luckmann (1989) *Die gesellschaftliche Konstruktion der Wirklichkeit* zu den klassischen Annahmen der wissenssoziologischen Forschung. Berger und Luckmann hatten allerdings noch die Naturwissenschaften von ihrem Programm ausgenommen. Diese Ausnahmestellung verlieren sowohl die Medizin als auch die Naturwissenschaften im allgemeinen erst in den letzten zwanzig Jahren. Die moderne Wissenschaftsforschung hat sich darangemacht, die Vorgänge, die sich in Forschungslabors vollziehen, detailliert zu beschreiben, und kommt zu dem Ergebnis, daß die Behauptung, naturwissenschaftliche Forschung sei nicht konstitutiv durch soziale Prozesse ‚kontaminiert‘ unhaltbar ist. Naturwissenschaftliche Forschung ist ein soziales Phänomen, und ihre Ergebnisse stellen eine mögliche Interpretation der Welt dar, die wie alle anderen Versionen der Auslegung von Welt an Kontexte und soziale Praktiken gebunden sind (u. a. Knorr Cetina 1991; Heintz 1993).

In der Geschlechterforschung hat eine vergleichbare Entwicklung eingesetzt. Die psychologische und sozialwissenschaftliche Forschung zum Phänomen Geschlecht war seit den fünfziger Jahren durch die kategoriale

Trennung zwischen ‚sex' und ‚gender' bestimmt. ‚Sex' bezeichnete den biologischen Geschlechtsunterschied, während ‚gender' die psychische, soziale und kulturelle Aneignung und Überformung der natürlichen Zweigeschlechtlichkeit meinte. Im Bereich der Erforschung von ‚gender' wurde unter Konstruktion von Geschlecht die Ausbildung einer psychischen Geschlechtsidentität verstanden oder soziale Rollenzumutungen oder die kulturell etablierten Vorstellungen darüber, wie Männer und Frauen zu sein haben und welche Verhaltensstandards das Verhältnis zwischen ihnen regeln. In diesem Verständnis schreibt die Medizin bzw. die Biologie den Sozialwissenschaften ihren Gegenstand – die Zweigeschlechtlichkeit – vor. Die letzteren bescheiden sich damit, die psychische, soziale und kulturelle Überformung eines außergesellschaftlichen Faktums zu ihrem Gegenstand zu machen.

Diese eingespielte Arbeitsteilung zwischen den Natur- und Sozialwissenschaften ist aus guten Gründen in Frage gestellt worden. Garfinkel (1967) hatte als erster darauf aufmerksam gemacht, daß die Zweigeschlechtlichkeit, die sich in Alltagssituationen ereignet, nicht auf ein Wissen um Körper, ihre Formen, Hormone und Chromosomen rekurriert, sondern auf Darstellungsleistungen, der Interpretation von Darstellungen, den Berichten über Personen, die aufgrund gelungener Darstellungsleistungen geschlechtlich eingeordnet werden u. ä. Genitalien sind in diesem Zusammenhang Bedeutungen, die Personen zugesprochen werden, die überzeugend als Mann oder Frau wirken. Im Alltag wirkt – so Garfinkels Ergebnis – ein kultureller Standard, der folgendes besagt: 1. Es gibt zwei Geschlechter und nur zwei Geschlechter. 2. Jede Person kann letztinstanzlich einem von zwei Geschlechtern zugeordnet werden. 3. Jede Person gehört ihrem Geschlecht lebenslänglich an. Daß dies sich so verhält, wird von den interaktiv Beteiligten als eine natürliche und moralische Wirklichkeit erfahren (ebd.). Im Anschluß an Garfinkel haben Kessler und McKenna (1978) gezeigt, wie biologische Forschungen diese kulturelle Gewißheit im Labor fortsetzen. Eine Forschung, die unter der Voraussetzung arbeitet, daß es zwei Geschlechter gibt, könne gar nicht anders, als immer wieder Belege für die Richtigkeit ihrer axiomatischen Annahme zu finden.

Die konstruktivistische Geschlechterforschung distanziert sich damit von der Basisannahme, daß Zweigeschlechtlichkeit ein natürliches, präkulturelles Faktum sei, und wendet sich statt dessen Fragen wie den folgenden zu: Wie vollzieht sich eine Wahrnehmung, die unentwegt damit beschäftigt ist, Menschen in Männer und Frauen zu sortieren? Wie gelingt es Interagierenden, sich so zu verhalten, daß sie problemlos als ein Geschlecht wahrgenommen werden können? Wie verhalten sich Menschen so zueinander, daß sie die konstante Zuordnung von Personen zu jeweils einem Geschlecht nicht irritiert?[1] Welche institutionellen Strukturen forcieren eine Zweiteilung des gesellschaftlichen Personals in entweder Männer oder Frauen?[2]

Der Körper bildet nun eines der zentralen Probleme, die sich einer konstruktivistischen Geschlechterforschung stellen, denn nur wenn auch der Körper als ein genuin soziales Phänomen ausgewiesen werden kann, kann die Differenz von ‚sex' und ‚gender' tatsächlich vernachlässigt werden. Die Probleme, die sich dabei ergeben, lassen sich verdeutlichen, wenn man sich anschaut, wie Michel Foucault in der Einleitung zum zweiten Band von *Sexualität und Wahrheit* seine Analyse der Sexualität anlegt. Er nennt drei Achsen, an denen sich seine Untersuchung orientiert:

> „Die Formierung der Wissen, die sich auf die Sexualität beziehen; die Machtsysteme, die ihre Ausübung regeln; und die Formen, in denen sich die Individuen als Subjekte dieser Sexualität (an)erkennen müssen." (Foucault 1986, S. 10)

Überträgt man dieses Programm wie Foucault[3] auf den Körper, so zeigt sich, wo das Problem liegt. Der Körper wird zwar auf vielfältige Weise zum Objekt gemacht, indem er mit Diskursen überzogen und die Art und Weise seiner Verwendung geregelt wird usw., aber auf die Frage, was da zum Objekt gemacht wird, was mit Diskursen überzogen wird, wessen Verwendung geregelt wird, erhält man keine Antwort (vgl. auch Shilling 1993). Wie sich an der Einleitung zu den Memoiren von Herculine Barbin zeigt (Foucault 1998), kann die Unbestimmtheit bei Bedarf eines Emanzipationsdiskurses in einen Fixpunkt ‚außerhalb' des gesellschaftlichen Zugriffs verwandelt werden. Es stellt sich also das Problem, ob man die Frage nach dem Gegenstand des Zugriffs überhaupt stellen kann, ohne in die Falle zu geraten, ein präkulturelles Etwas anzunehmen und damit implizit die Zweiteilung von Natur und Kultur zu reproduzieren, die zu unterlaufen die Konstruktionsthese angetreten war.

Ein weiteres Problem liegt in der undifferenzierten Rede vom Körper. Wenn man nämlich dessen Gegebenheitsweise genauer untersucht, stellt sich zwangsläufig die Frage, ob der ‚Körper', der einer physiologischen Untersuchung unterworfen wird, der gleiche ‚Körper' ist, von dem ich sagen kann, daß er in der Schultergegend schmerzt? Und was ist mit dem ‚Körper· an den ich überhaupt nicht denke, dessen Beine mich aber bis zur Bushaltestelle tragen? Diese Differenzierungen sind einer phänomenologischen Perspektive zwar geläufig, werden aber in der Konstruktionsdebatte weitgehend vernachlässigt.[4]

Um diese Probleme zu lösen, möchte ich eine Anregung Bourdieus aufgreifen. Er hatte den Leib als einen Speicher zur Aufbewahrung von Werten und Gedanken bezeichnet (Bourdieu 1987, S. 127). Diese können aktualisiert werden, indem der Leib eine entsprechende Haltung einnimmt. Die Aktualisierung unterscheidet sich fundamental von einer expliziten Erinnerung, denn es geht nicht um ein explizites Bewußtsein von etwas. Der Leib funktioniert eher wie eine strukturierte Materie, die einem Individuum bedeutet, was es ist (ebd., S. 135). Aber auch bei Bourdieu bleibt es unklar, von was er spricht, wenn er vom Leib redet. Auch wenn der Leib als ein Speicher beschrieben wird, sucht man vergebens nach einer Charakterisierung der Materie des Speichers. Eine Entfaltung der bei Bourdieu lediglich angedeuteten zeichentheoretischen Perspektive scheint mir aus zwei Gründen sinnvoll: Zum einen verschiebt sich die Frage nach dem Verhältnis von Natur und Kultur hin zu der Frage des Verhältnisses von materiellem Bedeutungsträger und Bedeutung. Auf diese Weise gerät auch das Materielle, insoweit es dazu aufbereitet ist, Bedeutungen zu tragen, in den Bereich der Kultur. Die Frage wäre dann, wie ist der Körper bzw. der Leib Bestandteil einer Bedeutungsrelation. Zum anderen ermöglicht es die zeichentheoretische Verschiebung, den Leib umfassender, als Bourdieu es tut, als einen gesellschaftlich geformten zu beschreiben, nämlich auch insofern er zuständlich gespürt wird.[5]

Meine Leitthese ist in sich dreifach gegliedert: 1. Der Leib ist im Unterschied zum visuell-taktil wahrnehmbaren Körper eine Gegebenheit anderer Art. 2. Der Leib ist nicht ein diffuses Bündel insignifikanter Erregungen, die beliebig in Diskurse integriert und dabei mit Bedeutungen belegt werden können, sondern ein strukturiertes Gebilde, das als solches dazu geeignet ist, Bedeutungen zu tragen, also in zeichenhafte Verweisungszusammenhänge integriert zu werden. 3. Der Leib steht zum Körper in einem Verhältnis wechselseitigen Bedeutens.

1. Begriff des Leibes

Um einen präzisen Begriff des Leibes zu entwickeln, ist es sinnvoll, den Leib in seiner spezifischen Räumlichkeit von der des Körpers abzugrenzen. Dies ermöglicht es im weiteren auch, das Verhältnis von Körper und Leib genauer zu bestimmen. Der von mir verwendete Leibbegriff orientiert sich an Plessner und Schmitz, wobei ich Schmitz als eine phänomenologische Weiterentwicklung von Plessners Leibverständnis interpretiere. Plessner entwickelt den Begriff des Leibes im Rahmen seiner Theorie der „Positionalität" (Plessner 1975). Positionalität bezeichnet allgemein die Form der Umweltbeziehung lebendiger Wesen, durch die sie sich von unbelebten Körpern unterscheiden. Da es mir in diesem Zusammenhang vor allem um die besondere Form der Räumlichkeit belebter Körper, d. h. Leiber, geht, stelle ich folgende drei Momente in das Zentrum meiner Darstellung des Unterschieds von unbelebten und belebten Körpern: 1. Das Verhältnis von Kern und Eigenschaften des erscheinenden Körpers; 2. die Beziehung des Körpers zu dem Raum, den er einnimmt; 3. das Verhältnis des Körpers zu seiner Umgebung.[6]

Körper

Kern und Eigenschaften: Ein Körper ist immer nur in Perspektiven gegeben, ich kann ihn nicht auf einmal wahrnehmen, sondern muß um ihn herumgehen, um ihn nach und nach in seinen verschiedenen Teilansichten zu erfassen. Der Körper bildet dabei eine Ganzheit, denn die einzelnen Ansichten werden immer als die des Körpers verstanden, den ich gerade sehe. Wenn sich in einer bestimmten Perspektive der Gesamteindruck verändert, betrifft dies auch immer die vorhergehenden Wahrnehmungen. Ein Tisch, der zunächst wie ein Holztisch ausgesehen hat, wird nicht dadurch zu zwei Tischen, daß ich ihn plötzlich als einen Plastiktisch wahrnehme. Auch die neue Auffassung von ihm wird auf den Tisch als Ganzes bezogen, so daß ich eben feststellen muß, mich zuvor getäuscht zu haben. Der Tisch, von dem ich jetzt weiß, daß er ein Plastiktisch ist, ist derselbe, den ich anfangs für einen Holztisch hielt. Mit Husserl bezeichnet Plessner dieses Unterschiedensein des Körpers als Ganzes von seinen Eigenschaften als X oder als Kern, das bzw. der die Eigenschaften hat, die ich in immer neuen Perspektiven wahrnehmen kann (Plessner 1975, S. 81 ff.). Bei unbelebten Körpern ist der Kern aber nicht etwas, das sich in der Wahrnehmung als etwas von den einzelnen Erscheinungen Verschiedenes abheben ließe. Der Kern geht vielmehr in der Reihe der Erscheinungen, in denen sich die Eigenschaften zeigen, auf.

Bei dieser Beschreibung sind zwei Ebenen auseinanderzuhalten, die Plessner mit den Worten „raumhaft" und „räumlich" charakterisiert (ebd., S. 85). Räumlich ist der Tisch, insofern ich z. B. eines seiner Beine aufsägen kann, um nachzusehen, wie das Bein innen aussieht, oder insofern ich an seiner Oberfläche entlangstreichen kann usw. Aber das, was das Insgesamt seiner Eigenschaften zu einer Einheit vermittelt, wird auf diese Weise nicht greifbar. Dieser Einheitspunkt, der in der Wahrnehmung aufweisbar ist, insofern er es ist, auf den alle räumlichen und allgemeiner sinnlichen Charaktere bezogen sind, bezeichnet Plessner als raumhaft. Der raumhafte Einheitspunkt, der Kern, kann sogar – wie das obige Beispiel zeigte – einen Gestaltwandel überdauern.

Bezogen auf das Verhältnis des Kerns zu den eigenschaftstragenden Seiten spricht Plessner von einem Richtungsgegensatz. Die Eigenschaften verweisen „in" das Ding hinein, auf den Kern, der sie hat. Die einzelnen Eigenschaften verweisen aber nicht nur „in" das Ding, sondern auch auf die anderen Seiten und Ansichten des Dings. Da diese aber immer auf andere Ansichten des Dings, auf andere Ansichten des Kerns, verweisen, ist es so, als führte das Ding, verstanden als Kern, die Wahrnehmung „um" sich „herum". Die in der Wahrnehmung gegebene Tatsache, daß es ein Ding gibt, zentriert die einzelnen sinnlichen Gegebenheiten auf sich hin (Richtung „in" das Ding hinein) und führt die Wahrnehmung „um sich herum" auf immer neue Aspekte und Ansichten seiner selbst (ebd., S. 82 f.).[7]

Das Verhältnis des Körpers zu dem von ihm eingenommenen Raum: Die Festlegung des Ortes, an dem ein unbelebter Körper sich befindet, kann ausschließlich dadurch erfolgen, daß dieser Ort in Relationen zu anderen Orten bestimmt wird. Das gleiche gilt für die Orte, durch die er determiniert wird. Es handelt sich also um eine wechselseitige Determination, in der Orte nur durch ihr Verhältnis zueinander bestimmt werden. Um es negativ zu sagen: Ein unbelebter Körper hat von sich aus keine Beziehung zu dem Ort, an dem er ist (Plessner 1975, S. 131).

Die Beziehung des Körpers zu seiner Umgebung: Die Beziehung des Körpers zu seiner Umgebung untersucht Plessner, indem er danach fragt, wie ein Körper an diese grenzt: Wo ist der Körper zu Ende und wo beginnt das umgebende Medium? Bei unbelebten Körpern ist der Sachverhalt ihrer Begrenztheit dadurch gekennzeichnet, daß sie ihre Grenze nicht als etwas haben, das zu ihnen gehört, diese bildet vielmehr ein virtuelles Zwischen, das weder dem Körper noch dem ihn umgebenden Medium angehört. Die Grenze bezeichnet lediglich das Übergehen in den Bereich, der auf das Ding als seinen Einheitspunkt verweist. Durch die Grenze wird keine Beziehung zwischen dem Ding, d. h. das in den Einheitspunkt vermittelte Areal, und seiner Umgebung hergestellt.

Das unbelebte Ding ist an seiner Grenze zu Ende und erstreckt sich in dem Raum, den es ausfüllt. Wenn die Grenze das Übergehen in die auf den Kern bezogene Ausdehnung wäre, würde der Sachverhalt, daß der Kern die Grenze als seine Eigenschaft hat, darauf hinauslaufen, daß dieses Übergehen selbst als eine seiner Eigenschaften beschrieben werden kann (ebd., S. 103). Dies wäre gleichbedeutend mit der Aussage, daß der Körper von sich aus eine Beziehung zu seiner Umgebung hat. Daß das nicht der Fall ist, ist für Plessner ein Charakteristikum unbelebter Körper (ebd., 103 ff.).

Leib

Bei der Darstellung lebendiger Körper lasse ich die spezifische Umweltbeziehung der Pflanzen außer acht und orientiere mich primär an der „zentrischen Positionalität", in deren Zusammenhang Plessner die leibliche Umweltbeziehung beschreibt. Vor diesem Hintergrund läßt sich dann der humanspezifische Leib-Umwelt-Bezug, die „exzentrische Positionalität" herausarbeiten.

Kern und Eigenschaften: Die „Stufen des Organischen" lassen sich als Stufen des In-sich-reflektiert-Seins des Kerns, der die erscheinenden Eigenschaften hat, beschreiben. Die raumhafte Struktur von Kern und Eigenschaften nimmt bei lebendigen Körpern eine Form an, die als solche am Körper anschaulich gegeben ist.

„So ist der lebendige Körper ein Selbst oder das in der Einheit aller seiner Teile nicht allein aufgehende, sondern ebenso in den Einheitspunkt (der zu jeder Einheit gehört) als einen von der Einheit des Ganzen abgelösten Punkt gesetzte Sein." (ebd., S. 158)

Die Relation von Selbst und Haben bildet die Voraussetzung für die Entstehung von Bewußtsein, ist selbst aber nicht mit Bewußtsein gleichzusetzen (ebd., S. 159), denn diese Relation gilt auch schon für das Verhältnis der Pflanze zu ihren Teilen. Entfaltet ist diese Struktur allerdings erst auf der Ebene der zentrischen Position, d. h. der des Tieres. Das Tier hat seinen Körper als das Mittel seines Umweltbezuges und merkt sich selbst. Es hat vermittels des Körpers ein Bewußtsein von umgebenden Gegenständen, und es merkt den eigenen Körper. Den Körper, der auf diese Weise von einem nicht räumlich zu verstehenden Selbst gehabt wird, bezeichnet Plessner als Leib (ebd., S. 231). Ein lebendiger Körper ist also einerseits wie jeder andere Körper ein erscheinendes Ding, insofern ist er durch die Erscheinungsstruktur des Dinges bestimmt. Das Selbst ist ein Kern, der in den Erscheinungsweisen des Dinges aufgeht, indem es als Kern die verschiedenen Erscheinungen zur Einheit vermittelt. Andererseits ist das Selbst zugleich ein Subjekt des Habens und tritt insofern dem Körper gegenüber. Es ist nicht mehr nur im Körper, wie der Kern, der im Bereich des Areals zu verorten ist, den das Ding ausfüllt, sondern als Selbst ist der Kern zu dieser Mitte seinerseits in Beziehung. Diese Beziehung bezeichnet Plessner als „Angehoben- und Niedergesetztsein", wobei der Unterschied der Phasen selbst annulliert gedacht ist" (ebd., S. 183).

Das Verhältnis des Körpers zu dem von ihm eingenommenen Raum: Als bloßer Körper befindet sich auch der lebendige Körper an einer Stelle, die durch bloße Relation zu anderen Stellen im Raum determiniert ist. Indem der lebendige Körper aber zu sich als zu seinem Leib in Beziehung ist, ist er ebenfalls zu dem Ort, an dem er ist, von sich aus in Beziehung gesetzt. Das Selbst ist eine raumhafte Mitte, auf die hin der Leib und das umgebende Feld orientiert ist. Es ist ein „absoluter Bezugspunkt" (ebd., S. 238), auf den sowohl der Körper als Leib als auch das umgebende Feld konvergiert. Das Selbst ist nicht relativ zu anderen Raumstellen bestimmt, sondern der Nullpunkt der Orientierung.[8]

Die Beziehung des Körpers zu seiner Umgebung: Dies markiert für Plessner letztlich den zentralen Unterschied zwischen belebten und unbelebten Körpern. Vom Phänomen der Grenze her entwickelt er seine gesamte Charakteristik lebendiger Körper. Die Grenze unbelebter Körper war bestimmt als ein virtuelles Zwischen, in dem der Übergang vom Körper zu seiner Umgebung stattfindet. Die These, daß der lebendige Körper die Grenze als seine Eigenschaft hat, kommt also auf dasselbe hinaus wie die Aussage, daß der lebendige Körper das Übergehen in den Raum, der er nicht mehr selbst ist, als seine Eigenschaft hat. Dadurch erhält der Doppelaspekt, d. h. der

Richtungsgegensatz von „in" das Ding „hinein" und „um" das Ding „herum" einen qualitativ anderen Charakter. Denn die Richtung geht nicht mehr „um" das Ding „herum", verweist nicht mehr nur auf die eigenschaftstragenden Seiten, sondern die Richtung geht „über" das Ding „hinaus", und umgekehrt ist die Gegenrichtung nicht mehr von den eigenschaftstragenden Seiten „in" das Ding „hinein" (= Vermittlung in den Einheitspunkt), sondern sie geht von dem „Über"-das-Ding-„hinaus"-Sein „in" das Ding hinein. Das Selbst ist so nicht mehr nur zu sich selbst in Beziehung, es ist vielmehr, indem es zu sich in Beziehung ist, zugleich zu seiner Umgebung in Beziehung gesetzt.

Die entfaltete Form dieser Relation ist das Bewußtsein, das Plessner als „sphärische Einheit von Subjekt und Gegenwelt" (Plessner 1975, S. 67) bezeichnet. Bewußtsein ist das Bezogensein eines Leibes auf die Umwelt, in dem dieser die Umwelt merkt und umgekehrt motorisch auf sie einwirken kann. Jetzt wird erst die Feststellung verständlich, die ich im vorhergehenden Punkt bezüglich des Verhältnisses belebter Körper zu dem Raum, den sie einnehmen, gemacht habe, daß nämlich das Selbst einen absoluten Bezugspunkt bildet, auf den der Körper als Leib und das Umfeld konvergieren. Das Umfeld kann nur deshalb auf das Selbst, die raumhafte positionale Mitte, konvergieren, weil der lebendige Körper das Übergehen in das umgebende Feld als seine Eigenschaft hat. Nach Plessner ist es wesentlich dieses Übergehen, das den lebendigen Körper von ihm als physischen Körper abhebt und in ihn setzt, also zur Gegenüberstellung von Subjekt und eigenschaftstragenden Seiten führt. Der lebendige Körper ist wesentlich durch einen Richtungsgegensatz bestimmt, der ihn in seinen Einheitspunkt setzt (ebd., S. 127 ff.) und in der entfalteten Form dieses Gegensatzes das Selbst zum Subjekt macht, das den Körper als seinen Leib hat.

Dieser Leibbegriff beinhaltet ein komplexes Verhältnis von Körper und Leib, denn das Selbst ist immer auch Kern, der Einheitspunkt, in dem der Körper als Ganzes vermittelt ist. Demnach ist das Selbst der Körper als ganzer, der sich als Leib gegeben ist und der sich als Leib als Mittel seines Umweltbezuges hat. Das Selbst, der Körper als ganzer, hat vermittels seines Leibes Kontakt zu seiner Umwelt, es beherrscht in der Bewegung seinen Leib, es merkt die Umwelt und wirkt motorisch auf sie ein. Ich füge dazu noch an: Das Selbst hat den Körper nicht nur als Mittel des Umweltbezuges, sondern es spürt ihn auch, indem es z. B. Lust oder Schmerz empfindet.

Tiere sind auf den Sachverhalt, doppelt zu sein, d. h. ein Körper zu sein und diesen zugleich als Mittel des eigenen Umweltbezuges als Leib zu haben, nicht rückbezogen. Ein Tier ist ein lebendiges Wesen kraft dieser Verdopplung; es lebt in ihr, aber sie ist ihm nicht gegeben. Anders gesagt: Der Körper ist in sich zerfallen und ist auf sich als Mittel seines Umweltbezuges, d. h. auf sich als Leib, bezogen. Aber auf diese Spaltung selbst ist der Körper nicht rückbezogen (ebd., S. 238). Diese Rückbezüglichkeit ist das Kennzeichen der exzentrischen Position, sie bezeichnet ein Wesen, das Körper ist, als Selbst des Habens im Körper ist (Stufe des Leibes) und außerhalb des Körpers und von dem Punkt außerhalb sich als beides erfaßt (ebd., S. 293). Damit ist auch der absolute Bezugspunkt für Positionsfeld und Körper, d. h. das Selbst, das den Körper als seinen Leib hat, relativiert.

Für die exzentrische Position kehrt Plessner zumeist die Relation von Haben und Sein um. Auf der Stufe der zentrischen Position gilt: Das Tier *ist* ein Körper, für den gilt, was für alle physischen Körper gilt. Als ein Selbst dagegen *hat* das Tier seinen Körper als Mittel des Umweltbezuges, d. h. als seinen Leib. Exzentrische Position: Der Mensch *ist* Leib, d. h. er geht in der Umweltbeziehung auf, er bildet ein nichtrelativierbares Hier-Jetzt. Und insofern er aus dieser Umweltbeziehung herausgesetzt ist, realisiert er, daß er einen Körper *hat*, der sich an einer nur relativ bestimmbaren Raum-Zeit-Stelle befindet.

Bevor ich darangehe, in dieses Modell die Leibanalysen von Schmitz einzuarbeiten, möchte ich schon eine Andeutung machen, an welcher Stelle der Plessnerschen Gedankenentwicklung der Ansatz für zeichentheoretische Überlegungen liegt. Ich gehe dabei von der Frage aus, ob es auf der Stufe exzentrischer Positionalität überhaupt denkbar ist, daß der Körper des Körperseins derselbe ist wie der des Körperhabens. Und wenn sich diese Körper unterscheiden, wie der Unterschied zu denken ist. Die Achse, um die der Körper in dieser Fragestellung gedreht wird, ist der Leib. Zur besseren Orientierung werde ich im weiteren vom Dingkörper sprechen, wenn ich die Ebene des Körperseins meine, und einfach von Körper, wenn ich die Ebene des Körperhabens anspreche.

Der Dingkörper ist der von den Naturwissenschaften mit ihren Methoden erforschte Gegenstand, die von allen qualitativ zu erfassenden Momenten des Dingkörpers abstrahieren. Es ist weiterhin ein Dingkörper, der durch den Transfer in den Alltag des Labors und des Experiments von allen Verunreinigungen, die ihm lebensweltlich anhaften, befreit wird, d. h. im Experiment wird er durch eine spezifische Abstraktion wahrgenommen, in der alle Eigenschaften auf das reduziert werden, was an ihnen meßbar und experimentell nachweisbar ist: Farben auf Lichtwellen, Töne auf Schallwellen usw.[9] Der uns allen alltäglich begegnende Körper ist dagegen in andere Sinnbezüge eingelassen. Die alltägliche Wahrnehmung ist nicht auf Meßbarkeit aus, folglich sind die Schemata, die diese Wahrnehmung des Körpers ordnen, von anderer Art. Dingkörper und Körper meinen zwar den gleichen Gegenstand, aber in verschiedenen Wissenskontexten. Aus diesem Grund ist es sinnvoll, den Begriff der Verschränkung derart zu differenzieren, daß er sich auch auf den Körper, der allen alltäglich zugänglich ist, beziehen kann. Diesem Zweck dient die zeichentheoretische Interpretation des Begriffs ‚Verschränkung'. In diesem Sinne läßt sich das Verhältnis von Körper und Leib dann verstehen, wenn es sich um die Beziehung zwischen alltäglich begegnendem Körper und Leib handelt. Eine strikte Trennung der Wissenskontexte, in denen der

Dingkörper und der Körper existieren, ist allerdings schlecht möglich. Die Wissenschaft produziert Bilder vom Körper, die in den Alltag übersetzt werden. Eine zentrale Übersetzungsmaschinerie stellt dabei die Medizin dar. Sie macht das Wissen vom Dingkörper durch ihr Heilungsversprechen relevant für Personen, denen ihr leibliches Befinden problematisch geworden ist: sei es, daß sie Schmerzen haben oder sich nicht mehr recht bewegen können; sei es, daß sie ihrem leiblichen Befinden mißtrauen und auch ohne Beschwerden ‚überprüfen' lassen möchten, ob sich ihr Körper in der medizinisch für ihn etablierten Ordnung befindet. (…)

2. Verschränkung von Körper und Leib als Verhältnis wechselseitigen Bedeutens

Bei der Beantwortung der Frage nach dem Verhältnis von Körper und Leib und dem in der Verschränkung gegebenen Bedeutungsverhältnis ist es sinnvoll, verschiedene Ebenen zu differenzieren.

1. Die Ebene des Körperseins, d. h. die des Dingkörpers i. S. Plessners. Hier ginge es im Sinne einer realistischen Einstellung um eine Erforschung des Körpers, der meßbaren physiologischen Prozesse, von Genstrukturen usw. Der Versuch einer Historisierung müßte sich entsprechend ebenfalls naturwissenschaftlicher Methoden bedienen.

2. Die Ebene der Wissenskonzepte, in deren Rahmen ein Wissen über den Körper formuliert wird, sowie die Ebene der sozialen Praxis, in der das Wissen über den Körper entwickelt wird. Dies wäre gewissermaßen eine reflexive Einstellung zum Wissen über das Körpersein. In diesem Zusammenhang ließe sich in wissenssoziologischer Perspektive eine Historisierung des Wissens vornehmen, indem soziale Praktiken und kulturelle Strukturen als konstitutive Bestandteile des Wissens ausgewiesen werden.

3. Auf der Ebene des Leibes und der Leib-Umwelt-Beziehung geht es strukturell um drei Fragen. a)Wie wird der eigene Leib gespürt? b)Wie ist die Sphäre des gespürten Leibes von dem sie umgebenden Medium abgegrenzt? c)Wie ist die Umweltbeziehung hinsichtlich der Struktur der differenzierenden Wahrnehmung und des praktischen Handelns beschaffen?

In einer sozialwissenschaftlichen Perspektive sind lediglich die Ebenen (2) und (3) zugänglich. Die erste und die zweite bilden eine Ausdifferenzierung der Phänomene einerseits des Körperseins, des Dingkörpers und andererseits des Körperhabens, des Körpers der Verschränkung von Körper und Leib. Die zweite Ebene ist weiterhin die der diskursiven Konstruktion des Körpers. Wie Diskurse die Gestalt des Körpers formen können, wie die Wahrnehmung des Körpers in sich einen zeichenhaften Verweisungscharakter haben kann, also als etwas in sich Semiotisches verstanden werden kann, ist zwar ein bisher ebenfalls nur in Ansätzen geklärtes Problem, das ich allerdings hier nicht weiter behandle (Lindemann 1995).

Der Leib als Bedeutungsträger

In diesem Zusammenhang geht es mir hauptsächlich um das Bedeutungs-verhältnis zwischen Körper und Leib. Dabei ergeben sich folgende Schwie-rigkeiten: Einerseits wird in diesem Konzept der Leib als ein Bedeutungs-träger verstanden und andererseits als Bedeutung, wobei das Bedeutungs-verhältnis, insofern der Körper den Leib bedeutet, zugleich normativ ist. Der Körper bedeutet den Leib, indem er dem Leib bedeutet, wie er zu sein hat. Zunächst wende ich mich dem Problem zu, wie der Leib etwas bedeuten kann.

Schmitz' Analyse des Leibes, die diesen als ein in und durch ein System von Gegensätzen existierendes Phänomen beschreibt, weist eine verblüffende Ähnlichkeit mit der Jakobsonschen Phonologie auf. Jakobson (1971a) war es darum gegangen, die Vielzahl der Phoneme auf ein System von Gegensätzen zu reduzieren, aus denen sich die einzelnen Phoneme zusammensetzen. Auf diese Weise wird jedes einzelne Phonem nicht als ein isoliertes Phänomen, sondern als Bestandteil eines Systems von Oppositionen begriffen. Jakobson (1969, S. 93 ff.) unterscheidet streng zwischen Phonetik, die es mit dem Lautmaterial als solchem zu tun hat, und der Phonologie, deren Aufgabe es ist, die strukturierte Aufbereitung des phonischen Stoffes zu sprachlichen Lauten, die etwas bedeuten, zu untersuchen. Die Laute werden zu Phonemen, indem sie mit einem System von Oppositionen überzogen werden und in der Sprache sind nur Laute zugelassen, die in dieses System integriert sind. Prob-lemlos identifizierbare und reproduzierbare Bedeutungsträger sind Phoneme nur als Bestandteil dieses systematischen Zusammenhangs.

Die Notwendigkeit der Gliederung in ein durch Gegensätze strukturiertes System stellt sich nicht für jede Materie, die Bedeutungen trägt. Visuelle Zeichen sind z. B. nicht in der gleichen Weise aufgebaut (Jakobson, 1971b, und 1971c; Eco 1987, S. 284 f.), da sichtbare Gestalten andere Möglich-keiten der Ordnung anbieten. Der Leib als bedeutende Materie dagegen gleicht akustischen Zeichen darin, daß er durch ein strukturiertes System von Gegensätzen eine Form erhält. Es bestehen allerdings zwei wesentliche Un-terschiede: 1. Lautliche Zeichen existieren zwar als bestimmte nur in und durch die sie bestimmenden Gegensätze, aber diese formen einen Stoff, den sie als solchen nicht hervorbringen. Sonst wäre die Differenzierung in Pho-netik als Stoffwissenschaft und in Phonologie als Formwissenschaft nicht nötig. Im Unterschied dazu existieren leibliche Zeichen nur in und durch die den Leib strukturierenden Gegensätze. Diese sind zugleich der Stoff und die Form des Leibes. 2. Das System der Gegensätze, das die Phonologie beschreibt, kennt nur relative Werte, dies entspricht einem System von Orten, in dem die einzelnen Punkte ihre Festlegung nur in umkehrbar wechselseitigen Relationen erhalten. Im Unterschied dazu markieren die den Leib bildenden Gegensätze einen absoluten Ort.

Unabhängig von diesen Differenzen bleibt als Ergebnis festzuhalten, daß der Leib als Leib – vom Körper ist hier nicht die Rede – eine strukturierte Materie bildet, die als solche dazu geeignet ist, in Bedeutungsrelationen integriert zu werden. Dies kann auf eine zweifache Weise geschehen: 1. als ein Verweis leiblicher Phänomene auf sich selbst, 2. als ein Verweis leiblicher Phänomene auf den Körper. Die erstgenannte Bedeutungsbeziehung ist wesentlich zeitlich strukturiert. Wenn eine Person unter einem spezifischen Schmerz leidet, z. B. einer Art von Migräne, die sich in mehr oder weniger großen Zeitabständen einstellt, ist es möglich, diesen Schmerz schon in einem noch gar nicht so schmerzhaften Anfangsstadium wiederzuerkennen. Ich weiß dann, es geht wieder los. Das leichte Spannungsgefühl am Übergang Hals/Kopf ist dann nicht nur als es selbst gegeben, sondern als ein Hinweis auf diese Art von mit Übelkeit verbundenem Kopfschmerz insgesamt. Das leichte Spannungsgefühl wird als Anfang einer ganzen Erfahrungssequenz verstanden, deren Zukunft sie bedeutet. Der Bestandteil einer Erfahrungssequenz verweist auf diese als Ganze. Dieser Bedeutungszusammenhang schließt selbstverständlich einen Irrtum nicht aus, wenn sich im Laufe des Tages herausstellt, daß die Migräne überraschenderweise doch nicht kommt. Aber gerade daran zeigt sich, daß das morgendliche Unwohlsein mit etwas identifiziert worden war, das es in sich selbst nicht war, nämlich mit der Erfahrungssequenz Migräne als ganzer.

Wechselseitiges Bedeuten von Körper und Leib

Die zweite Bedeutungsrelation, die im Verhältnis von Leibsein und Körperhaben fundiert ist, möchte ich am Beispiel der Gebärmutter untersuchen. Die Frage, um die es geht, ist die, ob die Gebärmutter eine Nomadin ist und im Körper umherwandert oder ob sie an einer Stelle bleibt. Bis ins sechzehnte Jahrhundert hinein wandten sich medizinische ExpertInnen immer wieder gegen die Auffassung, daß die Gebärmutter wandert und durch ihre Unruhe z. B. Hysterie hervorruft. Thomas Laqueur (1992) zieht aus der beständigen Wiederholung der Behauptung, die Gebärmutter wandert nicht, den Schluß, daß irgendjemand daran wortwörtlich geglaubt haben müsse. Er folgt damit einer ähnlichen Logik wie Elias (1976), der aus Anstandsbüchern rückschließt, welche Art von Verhalten es gab, das unterbunden werden sollte. Im sechzehnten Jahrhundert schließlich fanden anatomische Abbildungen eine viel weitgehendere Verbreitung als vorher und im selben Zeitraum verstummte die Klage der professionell anatomisch Wissenden darüber, andere würden an den Unsinn einer wandernden Gebärmutter glauben (Laqueur 1992, S. 129 ff.).

Um überhaupt davon sprechen zu können, daß eine Gebärmutter wandert und dadurch eine frauenspezifische Krankheit verursachen kann, muß es ein Wissen um die Existenz dieses Organs geben. Dies kann nur durch anatomische Forschungen gewonnen werden. In einer realistischen Perspektive bezieht es sich auf den Körper im Sinne des Körperseins. Dieser Körper fällt aber zusammen mit dem Körper i. S. des Körperhabens, d. h. mit dem Körper, in den einzelne i. S. einer Bedeutungsrelation verschränkt sind. Mit anderen Worten: Die Person, die sich leiblich spürt, verbindet die dabei gemachten Erfahrungen mit dem Körper, den sie hat. Dieser Körper ist nun der, von dem sie weiß, daß sich in ihm eine Gebärmutter befindet. Bezüglich der leiblichen Erfahrung mußte man sagen, daß eine Leibesinsel, die die Existenz einer Gebärmutter bedeutet, wandert.

Um das zu verstehen, ist es sinnvoll, noch eine Ergänzung zur spezifischen Räumlichkeit des Leibes zu liefern. Der Raum, in dem es relative Orte gibt, ist auch darüber bestimmt, daß sich in ihm an einer Raum-Zeit-Stelle immer nur ein Gegenstand befinden kann. Dieser Logik ist die Argumentation der Anatomen verpflichtet, die darauf beharren, in einem menschlichen Körper sei gar kein Platz für eine bewegliche Gebärmutter vorhanden. Diese sei von anderen Organen umgeben und außerdem, wie schon Galen wußte, mit Bändern befestigt, weshalb es undenkbar sei, sie würde nicht an ihrem Platz bleiben. Dagegen ist es durchaus möglich, daß sich zwei oder mehr absolute Orte an einer relativ bestimmten Raum-Zeit-Stelle befinden. Verdeutlichen möchte ich das an einem moderneren Beispiel, den Phantomgliedmaßen. Das sind amputierte Gliedmaßen, die aber dennoch als vorhandene gespürt werden. Personen mit Phantomgliedern vermeiden es normalerweise, sich so zu bewegen, daß das Phantomglied irgendwo anstößt. Wenn sie allerdings aufgefordert werden, den Stumpf so dicht an einen festen Gegenstand, etwa einen Tisch, heranzuführen, daß für das Phantomglied, z. B. eine Hand, kein freier Platz mehr bleibt, wird die Phantomhand in dem Bereich gespürt, der von der Tischplatte ausgefüllt wird. Die Hand wird dabei nicht als etwas dem Tisch Zugehöriges erfahren und der Tisch nicht als etwas, das zur Hand gehört. Auf eine vergleichbare Weise kann ein Phantomglied durch den eigenen Körper geführt werden, wobei der dabei durchdrungene Bereich zugleich eigenleiblich gespürt wird, ohne daß eine Vermischung zwischen beiden Arealen des körperlichen Leibes auftritt. Absolute Orte, in diesem Fall Leibesinseln, d. h. ausgedehnt gespürte Regionen des körperlichen Leibes, können an einem relativen Ort existieren, der zur gleichen Zeit mit einem Körper ausgefüllt ist, und weiterhin können sich zwei absolute Orte einen relativen Ort teilen, d. h. am selben relativen Ort existieren.

Die wandernde Gebärmutter wäre demnach als eine Leibesinsel zu verstehen, als ein Areal des gespürten körperlichen Leibes, dessen Örtlichkeit absolut ist. In diesem Sinne kann es das Phänomen geben, daß sich eine Region des gespürten Leibes deutlich verschiebt und dabei auch durch andere Regionen des körperlichen Leibes wandert. Die Modifikation der Struktur des körperlichen Leibes als wandernde Gebärmutter zu verstehen, setzt aber wie gesagt voraus, daß Leib und Körper in einem Bedeutungsverhältnis zueinander stehen. In diesem Fall ist die Leibesinsel der Bedeutungsträger und die körperlich feststellbare Gebärmutter die Bedeutung.

Damit die Bedeutungsrelation in dieser Richtung funktionieren kann, muß sie ebenso umgekehrt verlaufen. In diesem Fall tauschen Körper und Leib die Positionen. Der Körper wird zum Bedeutungsträger, der anzeigt, wie der Leib einer Person gespürt wird. Einen weiblichen Körper zu haben, bedeutet einer Person, als einen Bestandteil ihres körperlichen Leibes eine fixierte Leibesinsel ‚Gebärmutter' zu spüren bzw. spüren zu können. Insofern es sich um Körper und Leib einer Person handelt, erhält der Körper im Verhältnis zum Leib eine normierende Funktion. Der Körper, den ich habe, bedeutet die Form des körperlichen Leibes, und er bedeutet dem körperlichen Leib, welche Form er haben sollte. Mein Körper, verstanden als mein Wissen über seine visuelle Gestalt, vermittelt zwischen mir und meinem Leib. Ohne diese Annahme bliebe es unverständlich, warum die Gebärmutter europäischer Frauen mit der Verbreitung anatomischen Wissens ‚seßhaft' wurde.

Um Veränderungen der leiblichen Erfahrung zu verstehen, ist es sicher zu kurz gegriffen, den Leib einzig durch den Bezug auf den Körper zu begreifen, denn der Leib ist ja nicht nur passiv gespürter körperlicher Leib, sondern auch auf die Umwelt bezogen, die er erlebt und auf die er praktisch einwirkt. Der Leib bildet das historisch geformte Agens geschichtlicher Prozesse. All dies habe ich ausgeklammert, um die Beziehung des körperlichen Leibes zum Körper zu akzentuieren. Aber auch wenn man diese Restriktion in Rechnung stellt, scheint es interpretationsbedürftig, daß es der Bilder bedurfte, um die leibliche Gebärmutter zu beruhigen. Zu sehen, wie die Organe im Körper geordnet sind, war überzeugender, als nur davon zu hören. Das Bild vermittelt augenscheinlich ein räumliches Modell, das ohne den Umweg über ein sprachliches oder gar propositionales Wissen auskommt und deshalb problemloser in den Leib versenkt werden kann. Dieser Vorgang beinhaltet – wie gesagt – eine Formung des Leibes; er wird in der Aufnahme der neuen Form zu etwas anderem. Bei der Struktur wechselseitigen Bedeutens handelt es sich zumindest nicht nur um ein mentales Wissen, sondern um die Angleichung einer gespürten an eine visuell bildhafte Topographie.[10]

Die These der Verschränkung von Körper und Leib nimmt dem Zugang zum Leib in zweifacher Hinsicht die unproblematische Einfachheit. Zum einen ist es in diesem Rahmen nicht möglich, davon auszugehen, der Leib sei derart durch Diskurse geformt, daß es an ihm außer den ihn formenden

Mächten nichts zu untersuchen gäbe. Dies wäre etwa die Position Foucaults, die z. B. Butler (1993) dahin radikalisiert, daß Diskurse die Materialisierung des Körpers bewirken könnten. Zum anderen gibt es aber auch keinen unvermittelten Zugang zum Leib, denn dieser wird in seiner räumlichen Struktur selbst einer kulturellen Formung unterworfen. Der phänomenologischen Reduktion gelingt es lediglich, die Strukturalität des Leibes als ein vorläufig universales Phänomen auszuweisen, jede bestimmte Form des Leibes muß dagegen als historisch variabel verstanden werden.[11]

Abschließend sei noch eine Ergänzung angefügt. In diesem Text habe ich nur die Ordnung des gespürten Leibes als historisch variabel beschrieben. Die Veränderbarkeit betrifft aber genauso die Art und Weise, wie die Grenze zwischen dem absoluten Ort des Leibes und dem ihn umgebenden Medium gezogen ist. In unserer Kultur ist diese Grenze relativ undurchlässig und fällt mehr oder weniger mit der Gestalt des Körpers zusammen, d. h. diese reguliert die Grenze zwischen Leib und Umwelt. Zugleich ist das Aktivitätszentrum etwas, das immer im Leib verortet wird. Dies wird von den meisten Phänomenologen insofern unbewußt reproduziert, als sie immer den eigenen Leib als das situative Erfahrungszentrum beschreiben.[12] Kulturen, die es für möglich halten, daß Götter buchstäblich in die Leiber der Menschen eingreifen, können dagegen weder eine undurchlässige Grenze des Leibes zu seiner Umwelt annehmen, noch verorten sie das Aktionszentrum immer in den Leibern.[13] Diese Variabilität zwingt zu der Annahme, daß der Leib in einem umfassenden Sinne einer kulturellen Form bedarf, die ihm Halt und erlebte Kontur gibt, eine Form, die sowohl den körperlichen Leib als auch die Leib-Umwelt-Beziehung in ihrer räumlichen Verfaßtheit und praktischen Struktur reguliert.

3. Schluß

Innerhalb der These, Wirklichkeit sei eine soziale Konstruktion, stellte sich das Problem, wie Körper und Leib als genuin kulturelle Gegebenheiten zu verstehen sind. Mein Lösungsversuch basiert darauf, diese Frage zeichentheoretisch zu reformulieren, wodurch die Differenz von Natur und Kultur ihre zentrale Stellung an die zwischen Bedeutendem und Bedeutetem verliert. In dieser Perspektive habe ich versucht, den Leib als eine spezifische Bedeutung tragende Materie auszuweisen, die – darin den auditiven Zeichen vergleichbar – durch ein System von Gegensätzen strukturiert ist.

Im Sinne der exzentrischen Positionalität steht der Leib in einer doppelten Beziehung zum Körper. Einerseits bilden Organisationsformen des Dingkörpers – wie etwa das Vorhandensein eines zentralen Repräsentationsorgans (Plessner 1975, S. 229) – die Voraussetzung für die Existenz des Leibes; andererseits stehen Körper und Leib in einem Verhältnis wechselseitigen Bedeutens. Ausgehend von der Bedeutungsrelation ergibt sich für die Frage, ob der Leib eine natürliche Voraussetzung sei, folgendes: 1. Das Faktum der Strukturalität des Leibes ist nicht das Resultat einer kulturellen Formung. 2. In Analogie mit der Phonologie Jakobsons wäre davon auszugehen, daß der Leib in historischen Formen existiert, die jeweils nie alle Möglichkeiten der die leibliche Struktur tragenden Gegensätze ausschöpfen. 3. Beim Leib kann die historische Form allerdings nicht – auch nicht durch eine Abstraktion – von dem Stoff unterschieden werden, den sie strukturiert, denn der Leib existiert im Unterschied zu auditiven Zeichen nur in und durch die Gegensatzstruktur. Es gibt auf der Ebene des Leibes keine Differenz, die der zwischen Phonologie und Phonetik gleichzusetzen wäre. 4. Daraus folgt: Der Leib ist einerseits total natürlich, denn das Faktum der Strukturalität ist nicht auf eine Kultur relativ; andererseits ist der Leib aber total relativ auf die jeweilige Kultur, denn seine Form ist eine je historische, an der kein Substrat feststellbar ist, das sich diesseits von ihr befände.

Anmerkungen

1   Für rassistische Unterscheidungen, die ebenso wie die Geschlechterunterscheidung auf körperliche „Merkmale" rekurrieren, gilt das nicht. Zumindest SoziologInnen halten es für ein bemerkenswertes, d. h. sie irritierendes Phänomen, wenn Populationen Lebenshaltungen und Handlungen entlang der Unterscheidung zwischen „uns" und „denen", d. h. den fremdartigen anderen, organisieren. Zu einem derart irritierenden Phänomen ist die Geschlechterunterscheidung erst in jüngster Zeit geworden.

2   Vgl. u. a. die seit 1987 existierende Zeitschrift *Gender and Society*, Gildemeister/Wetterer (1992) und Hirschauer (1998). In der englischsprachigen feministischen Diskussion hat sich die Infragestellung der Unterscheidung zwischen „sex" und „gender" zum Teil völlig unabhängig von der soziologischen Debatte entwickelt. Ein wichtiger Strang war dabei die Kritik an Levi-Strauss' Modell des Frauentauschs. Vgl hierzu u. a. Wittig (1992) und Adams/Cowie (1990). In größerer Verwandtschaft zur neueren soziologischen Wissenschaftsforschung befinden sich dagegen Arbeiten von Haraway (1991).

3   Die drei Achsen entsprechen ungefähr den von ihm unterschiedenen Technologien, die Sexualität und Körper zu ihrem Objekt machen: Die Technologien der Produktion, der Macht, der Zeichensysteme und des Selbst (Foucault 1993, S. 26).

4   Auf ein weiteres Problem sei hier nur kurz eingegangen. Die Differenzierung zwischen „sex" und „gender" hatte theoriestrategisch nicht nur die Funktion, den Sozialwissenschaften gegen Biologie und Medizin ein Terrain zu sichern, das sie legitimerweise erforschen dürfen, sondern diente darüber hinaus als eine Art Realitätsanker. „Gender", die kulturelle Überformung der biologischen Zweigeschlechtlichkeit, wurde als kontingent gesetzt, war nicht eigentlich wirklich, sondern veränderbar. Wenn „gender" den Fixpunkt „sex" verliert, stellt sich nicht mehr nur die Frage, wie Wirklichkeit konstruiert wird, sondern auch die, wie Konstruktionen als – zwar je historische aber immerhin – unhintergehbare Wirklichkeit erfahren werden. Die Konstruktionsthese erklärt, Wirklichkeit ist mach-

bar, verschließt sich aber einer Thematisierung der alltäglichen Erfahrung, daß
wir hinnehmen müssen, was wirklich ist (u. a. Gildemeister/Wetterer 1992; Butler 1990), weshalb der Verlust der Kategorie „sex" tendenziell einem Realitäts-
verlust gleichkommt (Lindemann 1994).

[5]   Es würde hier zu weit führen, detailliert aufzuzeigen, welche Konsequenzen es
bei Bourdieu hat, daß er die Entfaltung der zeichentheoretischen Perspektive
vermeidet. Es sei nur soviel angedeutet: Im Zentrum steht die Reduktion des Habitus und damit des Leibes auf Praxis, auf die praktische Beziehung zum Feld.
Dies macht es unmöglich, die diese Beziehung fungierende Struktur des Leib-
Umwelt-Bezugs noch in den Blick zu nehmen. Damit wird der Leib gleichsam in
den Habitus aufgesogen und mit Schweigen übergangen.

[6]   Zeitlichkeit und Potentialität, die für eine umfassende Beschreibung der Differenz zwischen belebten und unbelebten Körpern i. S. Plessners unerläßlich sind,
klammere ich aus.

[7]   Plessner (1975, S. 87) betont dabei ausdrücklich, daß die Substantialität des
Dings in dieser Analyse nur als Moment der Wahrnehmungsbeziehung zu ver-
stehen ist. Siehe hierzu auch die wahrnehmungstheoretische Ausarbeitung des
Substanzproblems bei Schmitz (1978, S. 170 ff.).

[8]   Es wäre genauer zu sagen, daß der Leib die Existenz eines Nullpunkts der Orientierung fundiert. Im Rahmen des leiblichen Umweltbezuges können auch begegnende Dinge den zentrierenden Pol der Erfahrung bilden.

[9]   Einen besonderen Status nimmt in dieser Hinsicht die Gestalthaftigkeit von
Gegenständen ein, diese ist nämlich einerseits experimentell nachweisbar, andererseits aber ein integrales Element alltäglicher Wahrnehmung. Langer (1984)
etwa setzt Gestalthaftigkeit gegen die spezifisch naturwissenschaftlichen Abs-
traktionen, während Plessner (1975, S. 89 ff.) gegen Köhlers gestalttheoretische
Deutung der Belebtheit argumentiert.

[10] Vergleichbare Prozesse der Umformung des Leibes durch Angleichung zwischen
visuellen und leiblich gespürten Topographien lassen sich auch bei der Geschlechtsveränderung von Transsexuellen nachweisen. Transsexuelle mühen sich
damit ab, ihren Leib in die topographische Ordnung des neuen Körpers zu bringen. Dieser Vorgang ist zu unterscheiden von der operativen Veränderung des
Körpers (Lindemann 1993).

[11] Phänomenologische Reduktion ist hier im Sinne Schmitz (1978, S. 1 ff.) zu
verstehen, der ähnlich wie Merleau-Ponty (1966, S. 11) auf deren Unabschließbarkeit abhebt.

[12] Für eine Kritik dieser phänomenologischen Positionen vgl. Elmar Holenstein
(1985), der allerdings mit den Positionen Schmitz' und Plessners nicht recht vertraut zu sein scheint.

[13] Vgl. hierzu etwa Schmitz' (1965) Analyse der Ilias, deren Helden eine außer
ihnen existierende Gottheit als eigenes Aktionszentrum erfahren. (...)

Literatur

Adams, Parveen/Cowie, Elisabet (Hg.): The Woman in Question. Cambridge Mass.
    1990
Berger, Peter L./Luckmann, Thomas: Die gesellschaftliche Konstruktion der Wirk-
    lichkeit. Eine Theorie der Wissenssoziologie. Frankfurt/Main 1989
— Bourdieu, Pierre: Sozialer Sinn. Kritik der theoretischen Vernunft. Frankfurt/Main
    1987
—— Butler, Judith: Gender Trouble. New York/London 1990
–: Bodies that Matter. On the Discursive Limits of Sex. New York/London 1993
Duden, Barbara: Geschlecht, Biologie, Körpergeschichte. Bemerkungen zu neuer
    Literatur in der Körpergeschichte. In: Feministische Studien 2, 1991
Eco, Umberto: Semiotik. Entwurf einer Theorie der Zeichen. München 1987
Elias, Norbert: Über den Prozeß der Zivilisation. Soziogenetische und psychogeneti-
    sche Untersuchungen 1-11. Frankfurt/Main 1976
Foucault, Michel: Über Hermaphrodismus. Der Fall Barbin. Wolfgang Schäff-
    ner/Joseph Vogl (Hg.), Frankfurt/Main 1998
–: Der Gebrauch der Lüste. Sexualität und Wahrheit, Bd. 2. Frankfurt/Main 1986
–: Technologien des Selbst. In: Martin H. Luther et al. (Hg.), Technologien des
    Selbst. Frankfurt/Main 1993
—— Garfinkel, Harold: Passing and the Managed Achievement of Sex Status in an Inter-
    sexed Person, Part I. In: Ders., Studies in Ethnomethodology. Englewood
    Cliffs/New Jersey 1967
—— Gildemeister, Regine/Wetterer, Angelika: Wie Geschlechter gemacht werden. Die
    soziale Konstruktion der Zweigeschlechtlichkeit und ihre Reifizierung in der
    Frauenforschung. In: Gudrun-Axeli Knapp/Angelika Wetterer (Hg.), Traditionen
    – Brüche. Entwicklungen feministischer Theorie. Freiburg 1992
Haraway, Donna: Simians, Cyborgs, and Women. The Reinvention of Nature. New
    York 1991
Heintz, Bettina: Wissenschaft im Kontext. Neuere Entwicklungstendenzen der Wis-
    senschaftssoziologie. In: Kölner Zeitschrift für Soziologie und Sozialpsychologie
    45, 1993, S. 528-552
Hirschauer, Stefan: Die interaktive Konstruktion von Geschlechtszugehörigkeit. In:
    Zeitschrift für Soziologie 18, 1989, S.100-118
Holenstein, Elmar: Der Nullpunkt der Orientierung. Die Platzierung des Ich im
    wahrgenommenen Raum. In: Ders., Menschliches Selbstverständnis.
    Frankfurt/Main 1985.
Jakobson, Roman: Kindersprache, Aphasie und allgemeine Lautgesetze. Frank-
    furt/Main 1969
–: Zur Struktur des Phonems. In: Ders., Selected Writings, Bd. I, Phonological
    Studies. The Hague 1971a, S. 280-310
–: Visual and Auditory Signs. In: Ders., Selected Writings, Bd. II, Word and Lan-
    guage. The Hague 1971b, S. 334-337
–: On the Relationship between Visual and Auditory Signs. In: Ders., Selected
    Writings, Bd. II, Word and Language. The Hague 1971c, S. 338-344
—— Kessler, Susan J./McKenna, Wendy: Gender. An Ethnomethodological Approach.
    New York 1978 (Chicago 1985)

Knorr Cetina, Karin: Die Fabrikation von Erkenntnis. Zur Anthropologie der Natur-
wissenschaft. Frankfurt/Main 1991
Langer, Susanne: Philosophie auf neuen Wegen. Frankfurt/Main 1984
Laqueur, Thomas: Auf den Leib geschrieben. Die Inszenierung der Geschlechter von
der Antike bis Freud. Frankfurt a. Main/New York 1992
Lindemann, Gesa: Das Paradoxe Geschlecht. Transsexualität im Spannungsfeld von
Körper, Leib und Gefühl. Frankfurt/Main 1993
–: Die Konstruktion der Wirklichkeit und die Wirklichkeit der Konstruktion. In:
Theresa Wobbe/Gesa Lindemann (Hg.), Denkachsen. Zur theoretischen und insti-
tutionellen Rede vom Geschlecht. Frankfurt/Main 1994
–: Geschlecht und Gestalt. Der Körper als konventionelles Zeichen der Geschlech-
terdifferenz. In: Gertrud Koch (Hg.), Auge und Affekt. Frankfurt/Main 1995
Merleau-Ponty: Phänomenologie der Wahrnehmung. Berlin 1966
Plessner, Helmut: Die Stufen des Organischen und der Mensch. Berlin/New York
1975
Schmitz, Hermann: System der Philosophie, Bd. II/1 Der Leib. und Bd. III/1 und 5,
Die Wahrnehmung. Bonn 1978
Shilling, Chris: The Body and Social Theory. London/Newbury Park/New Delhi 1993
Wittig, Monique: The Straight Mind. Boston Mass. 1992

II. Komplexe soziale Ungleichheiten: Geschlecht in Verhältnissen
(Sabine Hark)

„Gleichheit ist ein schwieriger Wert ... was bedeutet er für die Frauen? Sie wissen wohl am besten, was sie vom formalen Wert der Gleichheit zu halten haben. Kaum haben sie zu denken gelernt, erleben sie, daß sie nicht gleich sind. Unverdrossen lehrt man sie, daß es so sein müsse, daß ihre Unterschiedenheit sie zur Unterordnung bestimme. Deshalb hat die Frau eine alte Rechnung offen mit der Macht ... und den Institutionen, die ... gleiche Rechte proklamieren, während jeder Tag den Frauen beweist, daß diese Proklamation an der Wirklichkeit stumpf wird ..." So kommentiert die italienische Marxistin und Feministin Rossana Rossanda in ihren berühmt gewordenen Gesprächen den Wert der Gleichheit, der seit der Französischen Revolution einer der Leitwerte demokratisch verfasster Gesellschaften ist (1983, S. 117)[1].

Der Widerspruch, den Rossana Rossanda hier so lakonisch formuliert, ist der Widerspruch zwischen formaler, rechtlich garantierter Gleichheit für alle und der faktischen Ungleichheit beziehungsweise Ungleichbehandlung einiger, besonders der Frauen. Über diesen Widerspruch erzürnten sich Frauen und Männer schon zu Zeiten der erstmaligen Erklärung von „Freiheit, Gleichheit, Brüderlichkeit" um die Wende vom 18. zum 19. Jahrhundert[2], und wie-

---

1 Die deutsche Ausgabe erschien erstmalig 1980 unter dem Titel *Einmischung*. Ich zitiere nach der Taschenbuchausgabe von 1983.
2 1791 hatte Olympe de Gouges der französischen Nationalversammlung ihre *Déclaration des Droits de la Femme et de la Citoyenne* vorgelegt, in der sie den Ausschluss der Frauen aus den allgemeinen Menschenrechten und die männliche Usurpation der Revolution kritisierte. Im April 1793 erklärte die Nationalversammlung, dass Kinder, Irre, Minderjährige, Frauen und Kriminelle kein Bürgerrecht genießen; Olympe de Gouges wurde am 3. November 1793 durch die Guillotine hingerichtet – wegen der Veröffentlichung von Schriften, die die Volkssouveränität gefährden. Zu de Gouges und weiteren frühen VerfechterInnen gleicher Rechte von Frauen und Männern, wie Theodor Gottlieb Hippel oder der Marquis de Condorcet, siehe Honegger 1991, Kapitel 3 „Aufklärung und die Würde der Frauen". Condorcet

derholt wurde er zum Stein des Anstoßes für die Frauenbewegungen des 19. und 20. Jahrhunderts, denn Widersprüche zwischen normativ verfügter Gleichheit vor dem Gesetz und faktischer Diskriminierung existieren bis heute. Ungleichheit ist jedoch nicht nur ein politisch bedeutsames Thema. Die Untersuchung der verschiedenen Formen von Ungleichheit zwischen den Geschlechtern ist auch konstitutiv für die sozialwissenschaftliche feministische Theoriebildung. Fragen um die es dabei geht, sind etwa folgende: Welche Rolle spielt Geschlecht als Kategorie in der Produktion und Organisation sozialer Unter- und Überordnung? In welchen Hinsichten haben wir es überhaupt mit Hierarchien zwischen den Geschlechtern zu tun? In welchen Hinsichten – rechtlich, ökonomisch, kulturell, sozial – kann von Ungleichheiten beziehungsweise Ungleichbehandlungen gesprochen werden? Was sind die historischen, sozialen oder auch ökonomischen Gründe für die Beharrlichkeit der entlang der Geschlechtergrenze organisierten Arbeitsteilung und welche Rolle spielt diese in der Reproduktion sozialer Ungleichheit? In welchem Verhältnis steht Geschlecht zu anderen, Ungleichheit organisierenden Kategorien wie Klasse, Nationalität, Sexualität oder Ethnizität?

Insbesondere die letzte Frage verweist auf die Komplexität der Ungleichheitsthematik. In modernen, funktional differenzierten, hochgradig sozial mobilen, posttraditionalen Gesellschaften, die nicht über eine festgefügte soziale Ordnung verfügen, lassen sich nur schwerlich eindeutige Aussagen über die Gestalt und die Struktur von Ungleichheit treffen. „Soziale Ungleichheit in der Bundesrepublik hat heute viele Gesichter" konstatiert etwa Karin Gottschall in ihrer Studie *Soziale Ungleichheit und Geschlecht* (2000, S. 11), in der sie den westdeutschen feministischen und soziologischen Diskurs zu Ungleichheit und Geschlecht einer systematisch vergleichenden Theorierekonstruktion unterzieht.[3] Ökonomische, soziale, politische und kulturelle Phänomene, wie eine anhaltend hohe Erwerbslosigkeit, die Erosion des männlichen „Normalarbeitsverhältnisses" und nationalstaatlicher Souveränität, der Um- und Rückbau des Sozialstaates, ansteigende, auch ökonomisch bedingte Migration vom Süden in den Norden, von Ost nach West, steigende Bildungs- und Ausbildungsbeteiligung von Frauen oder Veränderungen in den

---

schrieb in seiner Schrift *Ueber die Zulassung der Frauen zum Bürgerrecht*, die bereits im ersten Jahr der Revolution erschienen war: „Entweder hat kein Glied des Menschengeschlechts wirkliche Rechte oder sie alle haben die gleichen, und derjenige, der gegen das Recht eines anderen stimmt, mag er auch einer anderen Religion, einer anderen Hautfarbe oder dem anderen Geschlecht angehören, hat damit sein Recht verwirkt. Es dürfte schwer sein zu beweisen, daß Frauen unfähig sind, das Bürgerrecht auszuüben. Warum sollte eine Gruppe von Menschen, weil sie schwanger werden kann und sich vorübergehend unwohl fühlt, nicht Rechte ausüben, die man denjenigen niemals vorenthalten würde, die jeden Winter unter Gicht leiden und sich leicht erkälten?" (zitiert nach Honegger ebd., S. 73).

3   Die Studie von Karin Gottschall ist bis dato die einzige, die den feministischen Diskurs zu Ungleichheit und Geschlecht systematisch theoriegeschichtlich und im Zusammenhang mit der so genannt allgemeinen Soziologie sozialer Ungleichheit diskutiert.

„privaten" Lebensführungen und -arrangements, aber auch politische Kämpfe darum, was überhaupt als Ungleichheit gilt, sind Indikatoren dafür, dass wir es heute mit einer – in soziologischer Hinsicht – historisch neuen und komplexen Vielgestaltigkeit sozialer Ungleichheiten zu tun haben.

Die Vielgestaltigkeit sozialer Ungleichheit tangiert auch das Erklärungspotential der feministischen Bezugnahme auf Geschlecht als Ungleichheit strukturierendes Moment. Welche Rolle im Rahmen dieser Komplexität in der Struktur sozialer Ungleichheit daher Geschlecht als Kriterium der Akkumulation und Allokation von Ressourcen spielt, lässt sich vor diesem Hintergrund nicht umstandslos beantworten. Denn fraglich ist schon, ob Geschlecht als immer schon sozial dominantes Ungleichheitsmerkmal theoretisch festgeschrieben werden kann. Gleichwohl ist Geschlecht aber auch nicht irrelevant, wenn es um die Verteilung ökonomischer und anderer Ressourcen geht. Dazu nur zwei Belege: Laut UNO-Bericht besitzen weltweit Frauen nur 1 % des Vermögens und 1 % des Grund und Bodens; in der BRD verdient eine Frau bei gleicher Qualifikation und Tätigkeit 77 % des Männerlohns.[4]

Um das komplexe Koordinatensystem sozialer Ungleichheit angemessen begreifen zu können, braucht es also auch komplexe theoretische Werkzeuge, die es erlauben, Hierarchien im Geschlechterverhältnis im Zusammenhang mit anderen Prozessen hierarchisierender Differenzierung analysieren zu können. Denn, so noch einmal Karin Gottschall, „angesichts zunehmender sozialer Differenzierungen unter Frauen und neuer Ungleichzeitigkeiten von Gleichstellungsgewinnen einerseits und anhaltender Benachteiligung andererseits kann man fragen, ob die wissenschaftliche und politische Annahme, daß Geschlechtszugehörigkeit als ein dauerhafter und alle gesellschaftlichen Bereiche gleichermaßen prägender ‚sozialer Platzanweiser' noch angemessen ist. Insbesondere gewinnt die alte Frage neue Aktualität, wie soziale Ungleichheit zwischen den Geschlechtern mit weiteren Formen sozialer Ungleichheit vermittelt ist" (Gottschall 2000, S. 15 f.).

Die Anfänge der feministisch-theoretischen Auseinandersetzung mit Ungleichheit liegen in den 1970er Jahren, als Feministinnen begannen, sich mit dem Thema „Arbeit" auseinanderzusetzen. Hier ging es zunächst um die Frage, was überhaupt als „Arbeit" zählt. Angeregt vom ersten Kongress 1971 in Italien zu „Lohn für Hausarbeit" und dem Buch von Mariarosa Dalla Costa und Selma James, *Die Macht der Frauen und der Umsturz der Gesellschaft*, 1973 auf deutsch erschienen, begann auch in der Bundesrepublik eine kontroverse Diskussion sowohl um den Charakter von Hausarbeit als auch um deren Funktion für die Reproduktion von Gesellschaft. Ihre vorrangige Aufgabe sah die damals entstehende Frauenforschung darin, den erwerbszentrierten Arbeitsbegriff auszuweiten und die bis dahin unsichtbare private Arbeit von Frauen sichtbar zu machen.[5]

---

4 Für weitere statistische Informationen siehe www.destatis.de.

5 Kritisch zur Ausweitung des Arbeitsbegriffs siehe zum Beispiel den frühen Text von Christel Eckart „Verschlingt die Arbeit die Emanzipation? Von der Polarisierung der Geschlechtscharaktere zur Entwicklung der Arbeitsmonade", in: *Widersprüche* 23, Juni 1987, wieder abgedruckt in Anders 1988, S. 200-222.

Feministische Wissenschaftlerinnen setzten sich dabei besonders mit denjenigen Theorietraditionen – namentlich dem kritischen Marxismus und der kritischen Theorie der Frankfurter Schule (Horkheimer/Adorno) – auseinander, die, obgleich ihre Theoriebildung dem Ziel gesellschaftlicher und individueller Emanzipation verpflichtet war, den Emanzipationsprozess der Frauen nicht angemessen begriffen hatten. Auch diese kritischen Traditionen hätten – und hier durchaus den etwa an Max Weber oder Emile Durkheim anschließenden Theoretisierungen sozialer Ungleichheiten verwandt – Lohnarbeit als das dominante Vergesellschaftungsprinzip[6] bestimmt, und den Prozess der „doppelten Vergesellschaftung" der Frauen – in der produktiven und reproduktiven Sphäre – ignoriert.

Mit diesem Begriff der „doppelten Vergesellschaftung" (Becker-Schmidt 1987a), aber insbesondere mit dem Mitte der 1980er Jahre von Ursula Beer (1984) eingeführten Terminus „Geschlecht als Strukturkategorie", der sehr schnell zum dominanten Begriff in der soziologischen Frauen- und Geschlechterforschung wurde, war diese einem eigenen gesellschaftstheoretischen Profil deutlich näher gekommen. Denn der Begriff der Strukturkategorie zielt auf gesellschaftliche Relationen und Verhältnisse statt auf eine Bestimmung von Geschlecht als Inhaltskategorie, und erlaubt es darüber hinaus auch, etwa symbolisch-normative Dimensionen des Geschlechterverhältnisses analytisch zu integrieren.

Mit der Bestimmung als Strukturkategorie, der Geschlecht analog zu anderen Ungleichheit erzeugenden Faktoren konzeptualisiert, war Geschlecht nun als komplexer Faktor gesellschaftlicher Differenzierung und Hierarchisierung bestimmt, mit dem das Verhältnis der Geschlechter als ein Verhältnis sozialer Gruppen (Genusgruppen), das in die Reproduktion der Gesellschaft insgesamt eingelassen ist, gedacht werden konnte: „Geschlecht und Klasse: beides sind soziale Strukturkategorien, die soziale Chancen zuweisen" (Becker-Schmidt 1987b, S. 190).

Soziale Strukturen und die gesellschaftliche Formbestimmtheit der Genusgruppen sind also das Thema der makrosoziologisch orientierten feministischen Forschungen zu Ungleichheit. Konzentrieren sich die im ersten Komplex vorgestellten Ansätze auf die Frage, *wie* es Geschlecht gibt, also auf mikrosoziologisch rekonstruierbare Prozesse der Herstellung von Zweigeschlechtlichkeit, so fragen die hier vorgestellten Ansätze zwar auch nach dem *wie* der Geschlechterhierarchie, rücken aber die Analyse der gesellschaftlichen Strukturbedingungen – etwa das System gesellschaftlichgeschlechtlicher Arbeitsteilung und die damit verbundene Zuweisung und Organisation sozialer Positionen, Ressourcen und Tätigkeiten – in den Vordergrund. Sie fragen nach sozialer Objektivität, nach der Welt, die den Men-

---

6 In der Marxschen Theorie bezeichnet Vergesellschaftung den Prozess, wie aus den individuellen Handlungen vieler einzelner, nämlich ihr Arbeitsvermögen als Arbeitskraft zu verkaufen, um ihren Lebensunterhalt zu sichern, eine Dynamik in Gang gesetzt wird, die sich unabhängig von den Sinngebungen der einzelnen vollzieht und Systemcharakter gewinnt.

schen als ihnen objektiv gegebene, immer schon gemachte – und oft auch als nicht beeinflussbare – Welt entgegen tritt; und dies in der kritischen Absicht, auch hier die historisch-soziale Gewordenheit der Welt sichtbar zu machen:

> „Die Menschen machen ihre eigene Geschichte, aber sie machen sie nicht aus freien Stücken, nicht unter selbst gewählten, sondern unter unmittelbar vorgefundenen, gegebenen und überlieferten Umständen." (Marx 1972, S. 226)

Die Autorinnen, deren Texte in diesem Kapitel dokumentiert sind, argumentieren alle in diesem von Marx avisierten Sinne gesellschaftstheoretisch, das heißt sie zielen, wie Ute Gerhard in ihrem Beitrag schreibt, „in jedem Fall auf den gesellschaftlichen Gesamtzusammenhang und darin auf das *Verhältnis* der Geschlechter im Kontext auch anderer Herrschafts- und Ungleichheitsstrukturen". Eine weitere Gemeinsamkeit besteht darin, dass alle Texte Geschlechterhierarchie als eindeutig moderne Herrschaftsstruktur und nicht als Relikt ständisch organisierter, nicht-moderner sozialer Formationen verstehen. Unterschiede bestehen jedoch zum Beispiel hinsichtlich der Charakterisierung dieser Herrschaftsstruktur (Gerhard, Becker-Schmidt) und hinsichtlich der Erklärungskraft der Kategorie Geschlecht als Ungleichheit erzeugendem Faktor (Gümen, Frerichs/Steinrücke).

Der Aufsatz von Ute Gerhard, „,Bewegung' im Verhältnis der Geschlechter und Klassen und der Patriarchalismus der Moderne" aus dem Jahre 1991, rückt in rechtssoziologischer Perspektive einen Begriff – Patriarchat – ins Blickfeld, der in den aktuellen Theoriedebatten keine Rolle spielt, allerdings zum einen in den 1980er Jahren in der sozialwissenschaftlichen Frauenforschung viel diskutiert wurde, andererseits zukünftig neue Relevanz erhalten könnte, dann nämlich, wenn noch deutlicher als bisher klar wird, dass geschlechtlich codiertes Herrschaftsverhältnis nicht deckungsgleich mit dem Verhältnis von Frauen und Männern ist, es sich vielmehr um Formen männlicher Hegemonie handelt, in der (möglicherweise) auch Frauen an der „patriarchalen Dividende" partizipieren (Robert Connell 1999).

Ute Gerhard bestimmt „Patriarchat" beziehungsweise „Patriarchalismus" in daher auch nicht als historische Konstante, sondern eben als eine bürgerliche Herrschaftsform. Patriarchalismus sei „Handlungsorientierung und Herrschaftsgefüge" zugleich. Er bezeichne kein „in sich geschlossenes System", vielmehr werde damit der „gesellschaftliche Gesamtzusammenhang aus einer bestimmten soziologischen Perspektive" in den Blick gerückt, nämlich „mit der besonderen Aufmerksamkeit für die ungleiche, hierarchische und spezifisch gewaltsame Form der Beziehungen zwischen den Geschlechtern in einer Gesellschaft".

Kritisch an Max Webers Herrschaftssoziologie anschließend, fokussiert Gerhard insbesondere den Wandel der Rechtsverhältnisse als Ausdruck der Transformation gesellschaftlicher Herrschaftsverhältnisse. Sie macht darauf aufmerksam, dass bürgerliche Rechtsverhältnisse vom Widerspruch gekennzeichnet seien, allgemeine Gleichheit zu garantieren, gleichzeitig jedoch insbesondere Frauen in bestimmten Bereichen von Rechtsgleichheit ausgeschlossen zu haben. An diesem Widerspruch entzündeten sich historisch die

Kämpfe der Frauenbewegungen. Recht ist mithin wesentlich durch soziale Konflikte und politische Aushandlungsprozesse geprägt.

Ein zweiter gesellschaftstheoretisch argumentierender Ansatz, der die deutsche feministische Diskussion seit Anfang 1980er Jahre wesentlich mit bestimmt hat, ist der von Regina Becker-Schmidt und Gudrun-Axeli Knapp vertretene Ansatz der „doppelten Vergesellschaftung". Die in kritischer Absicht an die ältere kritische Theorie anschließende und in zahlreichen empirischen und theoretischen Arbeiten entwickelte Argumentation, die hier exemplarisch durch einen Aufsatz von Regina Becker-Schmidt aus dem Jahre 1993, „Geschlechterdifferenz – Geschlechterverhältnis: soziale Dimensionen des Begriffs ‚Geschlecht'", vorgestellt wird, zielt darauf, das Geschlechterverhältnis als sozialen Strukturzusammenhang zu konzeptualisieren, für den „die gesellschaftliche Organisation von Arbeit und Generativität konstitutiv ist" (Gottschall 2000, S. 171). Becker-Schmidt/Knapp fragen danach, wie das Geschlechterverhältnis in soziale Prozesse materieller, generativer, aber auch soziosymbolischer Reproduktion eingelassen ist, und analysieren diesen Strukturzusammenhang sowohl auf der Ebene der sozialen Objektivität als auch auf der Ebene der subjektiven sozialen Erfahrung.

Einen anderen theoretischen Weg, den Zusammenhang von sozialer Ungleichheit und Geschlecht zu denken, haben Petra Frerichs und Margareta Steinrücke eingeschlagen. An Pierre Bourdieus Konzept des sozialen Raums und sein Habituskonzept anschließend, zielen sie darauf, diese Konzepte für eine Analyse von Sozialstruktur, Lebensform und Bewusstsein produktiv zu machen, und Klassenstrukturierung und soziale Ungleichheit zwischen den Geschlechtern zusammenhängend zu erfassen. In ihrem hier dokumentierten Aufsatz von 1995, „Klasse und Geschlecht. Anerkennungschancen von Frauen im System gesellschaftlicher Arbeitsteilung" konstatieren Frerichs/Steinrücke kritisch, dass soziale Ungleichheit in der bundesdeutschen Frauenforschung überwiegend als geschlechtliche Ungleichheit wahrgenommen würde. Zwar habe diese mit der Erkenntnis, dass das Geschlecht als Zuweisungsmechanismus für soziale Platzierung wirke, einen wichtigen Zusammenhang für die untergeordnete Position von Frauen aufgedeckt, die sozialen Unterschiede zwischen Frauen allerdings tendenziell vernachlässigt. Angemessener sei es daher, Frauen immer in einer doppelten Relation zu sehen: im Verhältnis zu den Männern derselben Klasse und im Verhältnis zu den Frauen in anderen Klassen.

Kritisch setzt sich auch Sedef Gümen in ihrem Aufsatz „Das Soziale des Geschlechts. Frauenforschung und die Kategorie ‚Ethnizität'" (1998) mit der Frauenforschung und der Erklärungskraft von Geschlecht als Ungleichheit erzeugendem Faktor auseinander. Zwar habe die Konzeptualisierung von Geschlecht als einem sozialen Verhältnis oder als Strukturkategorie in dem Sinne, dass geschlechtlich strukturierte Privilegierung oder Benachteiligung ein durchgehendes, ungleichheiterzeugendes Prinzip ist, analytische Öffnungen gebracht. Geschlechterungleichheit jedoch als den „ausschließlichen Rahmen feministischer Theorie" zu verstehen, führe dazu, von einer Art „Rangordnung verschiedener Diskriminierungsformen" beziehungsweise Ungleichheiten" auszugehen, in der die sogenannten Sonderformen der Geschlechterungleichheit (zum Beispiel ihre rassistische Ausprägung) zu einer abhängigen Variable des Grundlegenden (Sexismus) gemacht würden. Das aber verhindere gerade, Geschlecht in seiner Verflechtung mit anderen hierarchisierenden Differenzierungen zu sehen, das heißt als in allen gesellschaftlichen Verhältnissen wirkend und durch alle gesellschaftlichen Verhältnisse hervorgebracht.

Literatur

Anders, Ann (Hg.): Autonome Frauen. Schlüsseltexte der Neuen Frauenbewegung seit 1968. Frankfurt a. Main: athenäum 1988

— Altvater, Elmar/Mahnkopf, Birgit: Grenzen der Globalisierung. Ökonomie, Ökologie und Politik in der Weltgesellschaft. Münster: Westfälisches Dampfboot 1999 (4. Auflage)

Becker-Schmidt, Regina/Knapp, Gudrun-Axeli (Hg.): Das Geschlechterverhältnis als Gegenstand der Sozialwissenschaften. Frankfurt a. Main/New York: Campus 1995

Becker-Schmidt, Regina: Die doppelte Vergesellschaftung – die doppelte Unterdrückung: Besonderheiten der Frauenforschung in den Sozialwisssenschaften. In: Die andere Hälfte der Gesellschaft. Österreichischer Soziologentag 1985, hrsg. von Lilo Unterkirchner und Ina Wagner, Wien: Verlag des österreichischen Gewerkschaftsbundes 1987a, S. 10-25

Becker-Schmidt, Regina: Frauen und Deklassierung. Geschlecht und Klasse. In: Klasse Geschlecht. Feministische Gesellschaftsanalyse und Wissenschaftskritik. Forum Frauenforschung Bd. 1, hrsg. von Ursula Beer, Bielefeld: AJZ-Verlag 1987b, S. 187-235

Beer, Ursula: Geschlecht, Struktur, Geschichte. Soziale Konstituierung des Geschlechterverhältnisses. Frankfurt a. Main/New York: Campus 1990

Beer, Ursula: Theorien geschlechtlicher Arbeitsteilung. Frankfurt a. Main/New York: Campus 1984

Beer, Ursula: Klasse Geschlecht. Feministische Gesellschaftsanalyse und Wissenschaftskritik. Forum Frauenforschung 1Bielefeld: AJZ-Verlag 1987

beiträge zur feministischen theorie und praxis: Geteilter Feminismus, Rassismus, Antisemitismus, Fremdenhaß, Heft 27/1990

Connell, Robert: Der gemachte Mann. Männlichkeitskonstruktionen und Krise der Männlichkeit, 2. Aufl., Opladen: Leske + Budrich 2000

— Cyba, Eva: Geschlecht und soziale Ungleichheit. Konstellationen der Frauenbenachteiligung. Opladen: Leske + Budrich 2000

Dalla Costa, Mariarosa/James, Selma: Die Macht der Frauen und der Umsturz der Gesellschaft. Berlin 1973

Frerichs, Petra/Steinrücke, Margareta (Hg.): Soziale Ungleichheit und Geschlechterverhältnisse. Opladen: Leske + Budrich 1993

Gottschall, Karin: Soziale Ungleichheit und Geschlecht. Kontinuitäten und Brüche, Sackgassen und Erkenntnispotentiale im deutschen soziologischen Diskurs. Opladen: Leske + Budrich 2000

Heintz, Bettina/Nadai Eva: Geschlecht und Kontext. De-Institutionalisierungsprozesse und geschlechtliche Differenzierung, In: Zeitschrift für Soziologie 27/2 (1998), S. 75-93

Honegger, Claudia: Die Ordnung der Geschlechter. Die Wissenschaften und das Weib. Frankfurt a. Main/New York: Campus 1991

Hornung, Ursula: Soziale Ungleichheit versus soziale Differenzierung: Paradigmenwechsel feministischer Theoriebildung? In: Willkommen im Club? Frauen und Männer in Eliten, hrsg. von Regina-Maria Dackweiler. Forum Frauen- und Geschlechterforschung 20, Münster: Westfälisches Dampfboot 2007, S. 29-48

Knapp, Gudrun-Axeli/Wetterer, Angelika (Hg.): Soziale Verortung der Geschlechter. Gesellschaftstheorie und feministische Kritik I. Forum Frauenforschung 13, Münster: Westfälisches Dampfboot 2001

Knapp, Gudrun-Axeli/Wetterer, Angelika (Hg.): Achsen der Differenz. Gesellschaftstheorie und feministische Kritik II. Forum Frauenforschung 16, Münster: Westfälisches Dampfboot 2003

Krüger, Helga: Strukturdaten und Selbstinterpretation. Warum es gerade in der Geschlechterforschung so wichtig ist, beide Ebenen der Analyse aufeinander zu beziehen. In: FrauenMännerGeschlechterforschung. State of the Art, hrsg. von Brigitte Aulenbacher, Mechthild Bereswill, Martina Löw u. a., Forum Frauen- und Geschlechterforschung 19. Münster: Westfälisches Dampfboot 2006, S. 122-136

Kurz-Scherf, Ingrid: Krise des Sozialstaats – Krise der patriarchalen Dominanzkultur. In: Zeitschrift für Frauenforschung Sonderheft 1/1998, S. 13-48

Lenz, Ilse: Geschlecht, Herrschaft und internationale Ungleichheit. In: Das Geschlechterverhältnis als Gegenstand der Sozialwissenschaften, hrsg. von Regina Becker-Schmidt und Gudrun-Axeli Knapp, Frankfurt a. Main/New York: Campus 1995, S. 19-47

Lenz, Ilse/Nickel, Hildegard-Maria/Riegraf, Birgit (Hg.): Geschlecht – Arbeit – Zukunft. Forum Frauenforschung 12, Münster: Westfälisches Dampfboot 2000

Marx, Karl: Der achtzehnte Brumaire des Louis Bonaparte. In: ders./Engels, Friedrich: Ausgewählte Schriften, Bd. 1. Berlin: Dietz Verlag 1972

McCall, Leslie: The Complex of Intersectionality. In: Signs: Journal of Women in Culture and Society 30/ 3 2005, S. 1771-1800

Müller, Ursula/Schmidt-Waldherr, Hiltraud (Hg.): FrauenSozialkunde. Wandel und Differenzierung von Lebensformen und Bewußtsein. Forum Frauenforschung 3, Bielefeld: AJZ-Verlag 1989

Rademacher, Claudia/Wiechens, Peter (Hg.): Geschlecht – Ethnizität – Klasse. Zur sozialen Konstruktion von Hierarchie und Differenz. Opladen: Leske + Budrich 2001

Rossanda, Rossana: Einmischung. Frankfurt/Main: Suhrkamp 1983 [1980]

Völker, Susanne: Praktiken der Instabilität. Eine empirische Untersuchung zu Prekarisierungsprozessen. In: FrauenMännerGeschlechterforschung. State of the Art, hrsg. von Brigitte Aulenbacher, Mechthild Bereswill, Martina Löw u. a., Forum Frauen- und Geschlechterforschung 19. Münster: Westfälisches Dampfboot 2006, S. 140-154

Werlhof, Claudia von/Mies, Maria/Bennholdt-Thomsen, Veronika: Frauen, die letzte Kolonie. Zur Hausfrauisierung der Arbeit. Reinbek: Rowohlt 1984

,Bewegung' im Verhältnis der Geschlechter und Klassen und der Patriarchalismus der Moderne.

In: Die Modernisierung moderner Gesellschaften.
Verhandlungen des 25. Dt. Soziologentages in Frankfurt/Main
1990. Wolfgang Zapf u. a. (Hg.), Frankfurt a. Main/New York:
Campus 1991, S. 418-432

Auch in der inzwischen elaborierten Frauenforschung hat das Konzept ,Patriarchat/Patriarchalismus' einen schweren Stand. Trotz seiner häufigen und lockeren Verwendung halten viele es für wissenschaftlich unbrauchbar, irreführend oder zumindest für überholt (Hausen 1986) – es versteht sich allenfalls als ein Kampfbegriff aus den Anfängen der Frauenbewegung. Statt dessen spricht die feministische Forschung inzwischen in einem breiten und nahezu selbstverständlichen Konsens von „Geschlecht" – „Gender" als dem seriöseren Begriff und grundlegenden Strukturierungsprinzip der Verhältnisse zwischen den Geschlechtern, einem Prinzip, das den gesellschaftlichen Zusammenhang in allen Bereichen konturiert; also nicht nur im problematischen Zusammenhang von Familien- und Erwerbssystem, sondern in allen Lebensbereichen von der Erziehung bis zur Politik, auf der Ebene der sozialen Normen und Institutionen, der kulturellen Symbole, insbesondere der Sprache und nicht zuletzt der Konstitution von Subjektivität, persönlicher Identität.

Und doch bezeichnet „Geschlecht" als Strukturkategorie eigentlich erst den Weg oder Focus der Analyse, und es bedarf der Erklärung, in welcher Weise – nämlich als Herrschaftsgefüge und -gefälle – die gesellschaftliche Organisation der Geschlechterverhältnisse die Geschlechterdifferenz erfaßt, durch-herrscht, oder – so Becker-Schmidt – „wie sich entlang der Trennlinie ,Geschlechtszugehörigkeit' die soziale Verortung von Männern und Frauen" im sozialen System theoretisch bzw. historisch konkret im einzelnen vollzieht. Der Begriff ,Patriarchat', besser ,Patriarchalismus' als Handlungsorientierung und Herrschaftsgefüge, nicht als in sich geschlossenes System, bezeichnet hingegen den gesellschaftlichen Gesamtzusammenhang aus einer bestimmten soziologischen Perspektive, d. h. mit der besonderen Aufmerksamkeit für die ungleiche, hierarchische und spezifisch gewaltsame Form der Beziehungen zwischen den Geschlechtern in einer Gesellschaft. Max Weber hat diese Form als einen unter anderen Typen „legitimer" und „traditionaler Herrschaft" (1976, S. 133f. und S. 580ff.) identifiziert. Doch gerade hierin – nicht zuletzt in der Zuschreibung als ,nur' „traditional" – liegt das theoretische Problem, bleibt zu prüfen, wie nützlich oder obsolet das Konzept für die soziologische Analyse heute noch ist.

1. Versuch einer Vorverständigung

Der Patriarchalismus einer Gesellschaftsorganisation ist keine überzeitliche allgemeine Kennzeichnung der Geschlechterverhältnisse, sondern ein „variabler Komplex typischer Herrschaftsbeziehungen" (Mainheim 1936, S. 523f.), der unter spezifischen gesellschaftlichen und konkret historischen Bedingungen zu dechiffrieren ist. Somit ist der Patriarchalismus nicht, wie es im Beginn des neuen Feminismus hieß, „eine soziale Konstante" (Millet 1974, S. 40) oder ein „Grundmuster ... der Unterordnung des weiblichen Geschlechts unter das männliche ..., nach dem auch andere Herrschaftsmechanismen funktionieren. Nämlich: Rassismus, Kapitalismus und Imperialismus" (Schwarzer 1973, S. 14). Das Konzept beansprucht also keine „Ubiquität" ..., erst recht keine Gleichförmigkeit, Invarianz. Vielmehr wurden mittlerweile in einer Vielzahl historischer und soziologischer Untersuchungen der Frauenforschung die anthropologische Vielfalt (Rosaldo/Lamphere 1974; Rosaldo 1980) und die Veränderungen in den Geschlechterbeziehungen untersucht und vor allem im Hinblick auf die Genese und Geschichte der bürgerlichen Gesellschaft der „Formwandel des Patriarchats" (Gerhard u. a. 1982, S. 116f.) und seine enge Verknüpfung mit anderen Vergesellschaftungs- oder Herrschaftsformen bearbeitet. Das Verhältnis von Klasse und Geschlecht (Heise 1986; Beer 1987), vor allem in der amerikanischen Frauenforschung auch zu Ethnie, hat die feministische Gesellschaftstheorie jahrelang beherrscht. Die Abgrenzungen zwischen den theoretischen Ansätzen von Marxistinnen (z. B. Menschik 1977; Barrett 1983), sozialistischen Feministinnen (Haug 1988; Eisenstein 1979), Dualistinnen (Hartmann 1976 und 1981) bis zu sog. Radikalfeministinnen (MacKinnon 1989)[1] zeigen das weite Spektrum ‚soziologischer Phantasie', aber auch die Unmöglichkeit einer ‚großen', monokausalen, alle gesellschaftlichen Widersprüche erklärenden Theorie.

Der jüngste Versuch Ursula Beers (1990), zur Untersuchung der sozialen Konstituierung des Geschlechterverhältnisses an die Klassenanalyse anzuknüpfen und die Marxsche Produktionsweise als „Wirtschafts- und Bevölkerungsweise" zu konzipieren, auf diese Weise das besondere „Arbeits- und Fortpflanzungsvermögen" der Frau als Drehpunkt der Geschlechterhierarchie im Kapitalismus kennzeichnend, dient der theoretischen Begründung einer doppelten Widerspruchsstruktur. Dieser Ansatz verspricht, viele Leerstellen der Marxschen Theorie zu schließen, nicht zuletzt die Frage des Verhältnisses von Subjektivität und Objektivität, von gesellschaftlicher Totalität und Individuum (ebd., S. 288f.). Doch das Versprechen wird in der historisch-empirischen Konkretion dieses theoretischen Entwurfs am Beispiel der Konstitution der bürgerlichen (und der gegenwärtigen?) Gesellschaft nicht eingelöst. Da wird der ambitionierte Begriff der „Struktur" – im Sinne Althussers „die Ordnung, die die Gliederung der einzelnen Teile und Beziehungen auf

spezifische Weise regelt" (ebd., S. 91) – an verschiedenen „Rechts-
komplexen" (Familien-, Arbeits-, Gesinderecht) als „sichtbarem Funktions-
zusammenhang" abgehandelt (ebd., S. 164f.), jedoch ohne die „spezifische"
Wirkungsweise des bürgerlichen Rechts und seine Dialektik, nämlich nicht
nur Herrschaftsinstrument zu sein, zu berücksichtigen (dazu weiter unten).

Trotz aller Unterschiede ist insoweit ein Spezifikum der Patriarchalismus-
analyse festzuhalten: Sie zielt in jedem Fall auf den gesellschaftlichen Gesamtzusammenhang und darin auf das *Verhältnis* der Geschlechter im
Kontext auch anderer Herrschafts- und Ungleichheitsstrukturen, d. h. sie ist
im Gegensatz zu den „empiristischen" (Harding 1990) Arbeiten aus den
Anfängen der Frauenforschung, die als Defizitanalyse angelegt waren,
gegen den Vorwurf zu verteidigen, nur die soziale Plazierung von Frauen
bzw. Männerdominanz im Blick zu haben.

2.   ‚Patriarchalismus' in der soziologischen Theorie

Zu untersuchen wäre, welche der wissenschaftliche Reputation bean-
spruchenden Gesellschaftstheorien der Moderne bisher die Strukturkategorie
Geschlecht und damit die Kennzeichnung des Geschlechterverhältnisses
angemessen berücksichtigt hat. Meine hier nur sehr kursorische und unvollständige Durchsicht zeigt:

Am unbefangensten und klarsten waren da noch die frühen bürgerlichen
Theoretiker, allen voran ihre Klassiker, etwa Rousseau (1963), Fichte (1960)
und Hegel (1972), die in ihren Rechtsphilosophien und Gleichheitstheorien
die Verschiedenheit und damit die Ungleichheit der Geschlechter begründeten, oder die ersten Sozialpolitiker und Familiensoziologen, die wie Riehl
(1955, S. 22, 91) und andere die Frau „als das vorzugsweise familienhafte
Geschlecht" zum Wirken, „zum Opfer ... in der Familie, für die Familie" zu
sozialisieren suchten. Denn mit der Auflösung traditioneller Bindungen und
der Durchsetzung der kapitalistischen Produktionsweise bildete die Familie

> „die Grundlage alles edleren menschlichen und bürgerlichen Lebens, alles
> menschlichen und bürgerlichen Glücks. Die Familie oder die *gute Familien-*
> *ordnung* (Hervorh. i. Orig.) ist daher fortwährend einer der hochwichtigsten
> Gegenstände der der Staatsgewalt obliegenden Sorge, und die Versäumung
> derselben rächt sich jederzeit schwer." (von Rotteck 1846, S. 592)

Max Weber bietet in seinen Analysen zu „Wirtschaft und Gesellschaft" mit
seiner Herrschaftssoziologie der „Typen legitimer Herrschaft" durchaus
interessante Anhaltspunkte, und es ist eher verwunderlich, warum diese nicht
nur von der feministischen Gesellschaftsanalyse kaum aufgenommen wurden.[2] Weber behandelt den Patriarchalismus idealtypisch als eine Form legitimer Herrschaft, deren Legitimitätsgeltung im Gegensatz zur „bürokratischen Herrschaft" auf Tradition, dem „Alltagsglauben" an „altüberkom-
mene Ordnungen und Herrengewalten" beruht (Weber 1976, S. 130f.). Er

unterscheidet zwischen einem „absoluten" und einem „ständischen" Patriarchalismus und charakterisiert das patriarchale Verhältnis als *persönliche,
direkte Herrschaft* mit der politischen Repräsentation durch den Hausherrn
nach außen und einer legalen Verfügungsgewalt nach innen über den Bereich
gesellschaftlicher Reproduktion: über die Arbeit und Sexualität der Haus-
genossen. Das Verhältnis wird der „inneren Struktur" nach beschrieben als
„Gewaltverhältnis", aufrechterhalten aus der Ambivalenz von Fürsorge und
Gewalt im „traditionalen Eigeninteresse des Herrn". Voraussetzung aber ist
die *Fügsamkeit* der der Gewalt Unterworfenen, also die Duldung bzw. Mit-
wirkung auch der Frauen (ebd., S. 580f.). Bezeichnenderweise fand Weber
die empirischen Beispiele für diese Herrschaftsformen nur in einer entlege-
nen Vergangenheit, ganz im Gegensatz zu den umfangreichen rechtshistori-
schen und soziologischen Belegen, die Marianne Weber in ihrem Werk
„Ehefrau und Mutter in der Rechtsentwicklung" (1904) aus ihrer Gegenwart
zusammengetragen hat.

Dagegen hat sich die feministische Gesellschaftsanalyse mit der Marxschen Theorie, wie oben angedeutet, sehr gründlich auseinandergesetzt.
Dabei ist die Klassentheorie vor allem wegen der Vernachlässigung und
Subsumtion der Geschlechterprobleme unter die Klassenfrage und der kapi-
taltheoretischen, ökonomistischen Verkürzung des Begriffs von Produktion
und Reproduktion von der feministischen Theorie hinreichend kritisiert,
revidiert bzw. erweitert worden. Aus der unmittelbaren Erfahrung mit dem
Scheitern des sog. ‚realen Sozialismus' hat Michael Thomas (1991) die Frage
gestellt, inwieweit in der marxistischen Soziologie der ehemaligen DDR
möglicherweise „die soziale Wirklichkeit auf der Strecke" geblieben ist.
Auch er kritisiert die vielen systematischen Leerstellen eines ökonomistisch
verkürzten Ableitungsmarxismus gerade im Hinblick auf die Probleme der
„Lebenswelt", der „lebensweltlichen Eigensinnigkeiten – etwa in familialen
Beziehungen, ... in alltäglicher Interaktion und Kommunikation". Und er
wehrt sich dagegen, hierin „nur *vormoderne* Relikte zu sehen". Dennoch
bleibt sein Hinweis auf die „patriarchalische Gesellschaftsverfassung" unvermittelt und auffällig plakativ. Erwogen wird eine ‚Modernisierung' der
Klassentheorie, die sich eingedenk der lebensweltlichen Hypothek gegenüber
der soziologisch angesagten Tendenz zur „Individualisierung" „empirisch
offenhalten" will.

Anders Irene Dölling (1991), die aus dem gleichen Erfahrungshorizont die
Versäumnisse soziologischer Reflexion und die patriarchalischen Strukturen
des Staatssozialismus auf den Punkt bringt: „Die Kritik an patriarchalischen
Geschlechterverhältnissen ist ... Kritik am politischen System und im weite-
ren Sinn an der Verfaßtheit der Gesellschaft generell." In harten Konturen
skizziert Dölling die Strukturen der Geschlechterhierarchie auch unter der
Prämisse sozialistischer Gleichheit und die „spezifische Verquickung von
Staatssozialismus und Patriarchat": die paternalistisch-patriarchale Rolle der

Partei, die Entmündigung und Unterdrückung in der politischen Öffentlichkeit speziell der Frauen, die traditionalen geschlechterspezifischen Funktionsteilungen in Familie und Beruf vor dem Hintergrund einer offiziellen „Gleichmacherei", die Frauen gleichzeitig zu billigen Arbeitskräften und Gebärerinnen stempelt. Diese Überlegungen korrespondieren mit einer Pointierung Artur Meiers (1990, S. 8), der – ebenfalls im Rekurs auf Max Weber, jedoch ohne die Geschlechterprobleme als patriarchalische zu bedenken – die DDR-Gesellschaft als „bürokratisch verfaßte, sozialistische Ständegesellschaft" kennzeichnet, die gerade nicht eine gegenüber dem Kapitalismus höhere Stufe der Entwicklung darstellte, vielmehr als vormodern, ständisch zu charakterisieren wäre. Er beschreibt diese mißglückte Form des Sozialismus als feudales Privilegiensystem, als ein immer wieder notdürftig geschweißtes „Gehäuse der Hörigkeit" und einen „Rückfall in traditionale Herrschaftstypen, bei denen sich neopatriachale und korporatistische Strukturen und Lebensformen mischen" (ebd., S. 9). Die Analogie besticht im Hinblick auf die Situation der Frauen, weil der Obrigkeitsstaat DDR seine Wohltaten an Frauen als Mütter offenbar auf verblüffend ähnliche pronatalistische, bevormundende und anscheinend fürsorgliche Weise verteilte wie die absolutistischen Könige Preußens, die sich ebenfalls eines partiell frauenfreundlichen Preußischen Allgemeinen Landrechts rühmen durften. Doch es wäre gründlich zu prüfen, inwiefern dieser grobe Vergleich dennoch hinkt.

Vor dem historischen Hintergrund des jetzt ‚unrealen Sozialismus' ist Irene Döllings Prognose im Hinblick auf die Frauenfrage pessimistisch. Obwohl die Frauen der DDR an der Protestbewegung an entscheidender Stelle beteiligt waren, werden sie gerade wegen der unbearbeiteten *eigenen* Geschichte auch in diesem gesellschaftlichen Umbruch wiederum den kürzeren ziehen, wird die anstehende „Modernisierung ... auf Kosten der Mehrheit des weiblichen Geschlechts durchgesetzt werden (möglicherweise mit mehrheitlicher Zustimmung der Frauen)." (...)

Ausgehend vom historischen Materialismus hat die Kritische Theorie der Frankfurter Schule für die feministische Gesellschaftsanalyse wichtige Grundlagen geschaffen, so etwa Herbert Marcuse mit einer sehr frühen Kritik am „wirtschaftswissenschaftlichen Arbeitsbegriff" (zuerst 1933, 1967, S. 7ff.) oder mit seiner Vision von der spezifischen Rolle des Feminismus für die Befreiung des modernen Menschen (z. B. 1973, S. 90f.). Grundlegend sind ebenfalls die frühen Studien zu „Autorität und Familie" von Erich Fromm, Max Horkheimer u. a., in denen Ernst Mainheim (1936) anknüpfend an die Begrifflichkeit Max Webers – leider nur in einer vorläufigen Skizze – die verschiedenen Ausprägungen des Patriarchalismus bis hin zur bürgerlichen Familie im Kontext der verschiedenen Gesellschaftsformationen trennscharf analysiert. Schließlich enthalten die Arbeiten „Zur Kritik der instrumentellen Vernunft" von Max Horkheimer (1985) oder die „Dialektik der Aufklärung" von Max Horkheimer und Theodor W. Adorno (1971) im

Sinne einer „reflexiv gewordenen Aufklärung" jene entscheidenden Momente der Vernunftskritik, die auch für die feministische Wissenschaftskritik als
Kritik an einem spezifisch abendländischen wissenschaftlichen Androzentrismus zentral sind (vgl. hierzu beispielhaft: Lloyd 1985; Fox-Keller
1986; Benjamin 1990).[3]

Auch Regina Becker-Schmidt (1991) stützt sich in ihrer Analyse der „doppelten Vergesellschaftung" als „doppelte Unterdrückung der Frauen" auf die
von der Frankfurter Schule, hier insbesondere von Theodor W. Adorno differenzierte und erweiterte Kapitalismusanalyse, die angesichts einer alle Le-
bensbereiche   durchdringenden   gesellschaftlichen   Totalität   nach   der
„Entstehung und Entfaltung der Subjektpotentiale" fragt. In ihrer weiterfah-
renden Analyse verfolgt Becker-Schmidt die Konstitution gerade auch des
weiblichen Subjekts in den verschiedenen Modi von „Vergesellschaftung –
innerer Vergesellschaftung" und zeigt, in wie komplizierter, nachteiliger und
widersprüchlicher Weise Frauen sowohl der Tauschrationalitat des Marktes
wie der Formbestimmtheit der Familie, der Privatsphäre, anders als Männer
unterworfen sind. Dennoch vermeidet die Autorin den Begriff „Patriarchat",
da er das „auf unterschiedlichen Machtquellen beruhende Herrschaftsgefüge
... nur ungenügend erfaßt." Soweit hier „Patriarchat" als monokausales geschlossenes System verstanden wird, ist dem zuzustimmen. Meine Frage
hierauf bleibt: Worauf gründet sich also die strukturelle „Vormachtstellung
der Männer in beiden Sphären Familie und Markt", was heißt da „männer-
bündisches Prinzip", welche strukturelle Bedeutung haben Veränderungen
im Geschlechtsverhältnis in Raum und Zeit, insbesondere auch im jetzt wieder diagnostizierten sozialen Wandel?

Der entscheidende Einwand gegenüber allen *Systemtheorien* wie auch gegenüber dem *strukturellen Funktionalismus*, der in der Parsonschen Variante
der „pattern variables" (Parsons 1968) die Geschlechterpolarisierung der
Aufklärung noch einmal überboten und den Status quo geschlechtsspezifischer Arbeitsteilung als soziologisches Theorem befestigt hat, ist doch
nach wie vor die Vernachlässigung des historischen Gewordenseins der
Verhältnisse. Verwundern muß daher, wie unkritisch dieser Ansatz auf dem
Umweg über das vielzitierte Buch von Nancy Chodorow „Das Erbe der
Mütter" (1985) in der Frauenforschung wieder aufgegriffen und zur Erklärung der immer wieder neuen Reproduktion patriarchalischer Geschlechterbeziehungen benutzt wird. Denn hier wird die Funktionalität des „Mutterns"
im psychologisch und zugleich soziologisch begründeten Zirkel von Identitätsbildung und traditioneller Rolle der Frau in der Familie (zwischen „Persönlichkeit" und „Sozialstruktur" bei Parsons) noch einmal in einer Weise
bestätigt, die weder theoretisch noch politisch einen Ausweg eröffnet
(Othmer-Vetter 1989; Dane 1987).

Hatte Max Weber wenigstens Kategorien für die Patriarchatskritik bereit-
gestellt und die Marxsche wie auch die Kritische Theorie zumindest Anknüp-

fungslinien für eine feministische Gesellschaftsanalyse geboten, so eint die *Modernisierungstheorien* im weitesten Sinn die Nichtbeachtung oder theoretische Leugnung des Geschlechterproblems, indem alle im Geschlechterverhältnis diagnostizierten Verwerfungen, Ungleichheitslagen und Widersprüche schlicht als *vormodern,* Überhänge einer anderen Gesellschaftsformation oder nicht ins System passend, d. h. un-systematisch und als nicht zentral behandelt werden.

Obwohl es den Schichtungstheorien in ihren verschiedenen Ausprägungen noch am leichtesten fallen dürfte, der ,Variable Geschlecht' neben Ausbildung, Einkommen u. a. zur Kompensation für vergangene Vernachlässigungen verstärkt Aufmerksamkeit zu schenken, bleibt zu klären, inwiefern die „Sozialstrukturanalysen" fortgeschrittener Gesellschaften (z. B. Hradil 1987) neben der Deskription neuer sozialer Ungleichheiten und der Ausdifferenzierung von Lebensstilen analytische Angebote machen. In den von Stefan Hradil (1991) ... erörterten „Paradoxien" werden die ebenfalls als „vormodern" bezeichneten Ungleichheiten zwischen den Geschlechtern eher als Störung sozialer Entwicklung und soziologischer Erkenntnis dargestellt, denen (nicht zuletzt in „Wahlkämpfen") offenbar unangemessene Aufmerksamkeit gilt. Die Lösung der Widersprüchlichkeiten zwischen Entwicklungen und Erwartungen aber wird in einem mehrstufigen und sich immer weiter durchsetzenden Modernisierungsprozeß gesehen, dessen Paradigma – unangefochten – die Industriegesellschaft ist, dessen Prinzipien einseitigen Standards der Zweckrationalität und (ohne Zweifel – männlicher) Individualität folgen. Darum werden auch die „Bildungserfolge der Frauen" wie die Probleme von „Frauen im Beruf" lediglich als „Realisierung der Industriegesellschaft" interpretiert.

Auch Reinhard Kreckel beharrt, wenn auch um Verständnis und Vermittlung der Ergebnisse der Frauenforschung bemüht, auf dem „askriptiven" Merkmal Geschlecht, das wie drei andere „Strukturmerkmale", Nation, Klasse und Alter, immerhin als „zentral" bezeichnet wird. Auch in der ja keineswegs monokausal angelegten feministischen Gesellschaftsanalyse sind die anderen Strukturen im Blick, doch die andere Gewichtung und theoretische Differenz ist offenbar eine Frage des gesellschaftlichen und d. h. auch des geschlechtsspezifischen Standortes, von dem aus argumentiert wird. In Kreckels *eindeutiger* Definition des nur „Partikularen" im Begriff „Geschlecht" verbirgt sich das Selbstbewußtsein, das Allgemeine zu vertreten und besser zu wissen.

Selbst die soziologisch zur Zeit erfolgreichste Variante der Modernisierungs- und Individualisierungstheorien, die Arbeit von *Ulrich Beck* über die „Risikogesellschaft" (1986, S. 176), hat zur Bezeichnung des Problematischen im Geschlechterverhältnis keinen Begriff, sondern benötigt das Hilfsmittel der Analogie und definiert gerade im Kapitel über die Geschlechterverhältnisse die „Industriegesellschaft" als „eine moderne Ständegesellschaft". Auch Beck, der aus der Anerkenntnis der Geschlechterproblematik seine anregendsten Thesen entwickelt, weiß die im übrigen treffend kritisierten Ungleichheiten, die Hierarchie der Arbeitsteilung, das „Hin und Her zwischen ‚eigenem Leben' und ‚Dasein für andere'" weiblicher Individualisierungsprozesse (Beck-Gernsheim 1980) sowie die Widersprüche zwischen einer „Rhetorik der Gleichheit" und einer sich zuspitzenden „Ungleichheitswirklichkeit" (ebd., S. 162) nur als „ständische", „feudale Grundlage der Industriegesellschaft" (ebd., S. 175ff.) zu charakterisieren. Die Begrifflichkeiten in diesem Zusammenhang sind überaus schillernd, vieldeutig und zugleich nichtssagend: „industriell erzeugtes Standesschicksal", „seltsamer Zwitter ‚moderner Stände'", andererseits ist die „ständische Seite kein traditionales Relikt, sondern industriegesellschaftliches *Produkt* und *Fundament* ..." (ebd.). Diese Deutungsangebote verraten m. E. eine theoretische Hilflosigkeit, und ich frage mich, warum auch in dieser Gesellschaftsanalyse die besondere Widerspruchsstruktur des Verhältnisses zwischen Männern und Frauen, die spezifisch neuzeitliche und offenbar veränderliche Form des Patriarchalismus, keinen Namen hat. Meine Gegenthese ist: Der neuzeitliche, spezifisch bürgerliche und keineswegs nur ‚ständische' Patriarchalismus ist der modernen Gesellschaftsordnung systematisch eingeschrieben und zugleich von ihrem Anspruch her überholt. Doch – eben – die über mehr als 200 Jahre historisch unspezifische und kategorial ungenaue Behandlung der sozialen Kategorie ‚Geschlecht' hat auch gesellschafts*theoretisch* gravierende Folgen.

3.   Kurzgefaßte feministische Diagnose der ‚modernen' Gesellschaft

Aus der soziologischen Analyse zumindest der sog. bürgerlichen Gesellschaft in ihrer idealtypischen oder historisch konkreten Form westlicher, speziell deutscher Prägung ergibt sich, daß – zumindest bis zum Ende des Zweiten Weltkrieges (aus der Perspektive des Rechts bis 1977) die *private, direkte Herrschaft von Familienvätern* über Frauen und die strukturelle Benachteiligung von Frauen mit all ihren sozialen, kulturellen und politischen Konsequenzen grundlegend und kennzeichnend war. Sehr grob zusammengefaßt, sind die wichtigsten Merkmale dieser Gesellschaftsordnung entlang der Struktur ‚Geschlecht': die geschlechtsspezifische und geschlechtshierarchische Form der Arbeitsteilung, die zentrale Rolle der bürgerlichen Familie, die prinzipielle Eigentumslosigkeit der Frau, ihre Benachteiligung im Erwerbssystem, ihre politische Unterrepräsentanz usw., schließlich die Dominanz einer patriarchalen Kultur, die in den gesellschaftlichen Normen, Recht, Symbolen, nicht zuletzt Sprache, Denken, Wissenschaft zum Ausdruck kommt.[4]

Der Widerspruch zwischen dem Postulat der Freiheit und Gleichheit aller Menschen und der Ungleichheit der Frauen, die geschlechtsspezifische Trennung zwischen einer privaten und öffentlichen Sphäre waren konstitutiv für die besondere Form der Vergesellschaftung und kennzeichnen den *spezifisch bürgerlichen Patriarchalismus.* Dieser bürgerliche Patriarchalismus war *sekundär* (König 1974), weil er als Reaktion auf eine besondere Herausforderung, auf die mit der Umwälzung der Produktionsverhältnisse und der Entwicklung der Produktivkräfte mögliche und befürchtete „bürgerliche Verbesserung der Weiber" (von Hippel 1792) institutionalisiert wurde. Denn der sog. „traditionelle" und „ständische Patriarchalismus" hatte seit dem Ende des 18. Jahrhunderts mit der Auflösung der feudalen Bindungen und Abhängigkeitsverhältnisse nicht nur seine materielle Basis, sondern auch seine herrschaftliche Legitimation auch gegenüber den Frauen verloren.

Die Besonderheit dieser Form patriarchaler Herrschaftssicherung, die in Deutschland erst in der Mitte des 19. Jahrhunderts zu einem Abschluß kam, beruht auf der gesellschaftlichen Verkoppelung von Geschlechterhierarchie und Klassenherrschaft, die beide eine sich gegenseitig befestigende Verbindung eingingen und die besondere Situation der Frauen in dieser Gesellschaft in Form einer „doppelten Vergesellschaftung" (Becker-Schmidt) bestimmten und somit gleichsam den doppelten Boden der bürgerlichen Gesellschaft unterhalb der Sphäre der Politik, der bürgerlichen Öffentlichkeit darstellte. In der „Ordnung" der Familie als Einernährerfamilie und Vorbild für alle Gesellschaftsschichten hat diese Herrschaftsform ihren Ort und ihre Verankerung, sie verstand sich als Bereich persönlicher Herrschaft, juristisch definiert als Gewaltverhältnis, denn das bürgerliche Familienrecht definierte (bis 1953 bzw. 1977) die Rechtsstellung der Frau auch in allen anderen Rechtsbereichen. Trotzdem, die Rechtsverhältnisse sind nur ein Aspekt im „variablen Komplex typischer Herrschaftsbeziehungen" (Mannheim). Kennzeichnend für die Geschlechterbeziehung in der bürgerlichen Gesellschaft ist darüber hinaus die Tatsache, daß die Inkonsequenz und Widersprüchlichkeit bürgerlichen Rechts aufgehoben bzw. verschleiert und ertragen wird durch ein besonderes, geschlechtsspezifisches Liebeskonzept. Es beruht auf polarisierten Geschlechterrollen und einer im Zivilisations- und Sozialisationsprozeß entwickelten „Weiblichkeit" und „Männlichkeit", die quasi zur „inneren Natur" geworden sind (Benjamin 1990).

Schließlich ist der Patriarchalismus, der sich im Gegensatz zu früheren Patriarchatsformen explizit nur noch auf die Ehefrauen bezieht, nicht nur auf die Familie oder einen gewissen „Familialismus" (Hausen 1986, S. 22) zu begrenzen. Er strukturiert vielmehr alle gesellschaftlichen Bereiche auch außerhalb der Familie, insbesondere den Arbeitsmarkt, das ganze Berufssystem, er prägte und prägt Politik, Kultur, Sprache, das Denken, unsere innere Natur, also weibliche und männliche Identität. Die zentrale Rolle, die die Kontrolle weiblicher Sexualität in diesem patriarchalischen System spielt, ist gleichsam der rote Faden, der die Frauenrechtskämpfe der Neuzeit und die feministische Bewegung der Gegenwart miteinander verbindet.

Die Gegenwartsanalyse wird also Stellung beziehen müssen, inwieweit sie noch als bürgerliche Gesellschaft im oben bezeichneten Sinn zu beschreiben ist: Hierauf haben m. E. weder die Individualisierungstheorien noch die Kritiker der Moderne eine hinreichende Antwort gegeben, soweit es die Geschlechterverhältnisse betrifft. Zwar wird im Kontext gegenwärtigen sozialen Wandels, der – so Theoretiker der Postmoderne in Anlehnung an Arnold Toynbee (Lüscher 1988, S. 16) – mit dem Ende des Zweiten Weltkrieges eine qualitativ neue Stufe erreicht hat, das Aufbrechen der Widersprüchlichkeiten gerade auch im Geschlechterkonflikt wahrgenommen, wird durchgängig lamentierend erkannt, daß am sichtbarsten in der Familie, dem Scharnier bürgerlicher Verfaßtheit der Gesellschaft, Entscheidendes in Bewegung geraten ist. Auch die neuen sozialen Bewegungen, vor allem auch die Frauenbewegung, die neue, postmaterialistische Wertmuster und Lebensstile zur Geltung gebracht haben, werden als Träger sozio-kultureller Bewegung, und – je nachdem – voranschreitender Modernisierung bzw. der Postmoderne benannt. Doch all dies hat keine Folgen für die soziologischen Analysen, da auch schon bei der Analyse der Ausgangslage, der bürgerlichen Gesellschaft, von der her der gesellschaftliche Wandel konstatiert wird, das Geschlechterverhältnis für die Soziologie eine systematische Leerstelle war: allenfalls, ständisch, Relikt, unmodern.

Weil Frauen und Männer auch in unserer Gesellschaft eine verschiedene Geschichte haben, aus unterschiedlichen Erfahrungen und Kulturen kommen, zeigt sich in der Beurteilung dieser neuesten Gegenwart das Problem der Gleichzeitigkeit des Ungleichzeitigen. Aus diesem Grund ist auch die Stellungnahme zur Bedeutung von Individualisierung aus Frauen- und Männersicht eine je unterschiedliche.

„Funktionsverlust" der Familie, das „Ende des Sozialen", Erosion der universalen Werte, „neue Risiken" sind Schlagworte aus männlicher Sicht, denen auf der Seite der Frauen zunächst Selbstverwirklichung, Selbstbestimmung und ökonomische Unabhängigkeit, aber auch ganz neue Unsicherheiten und ein fast alltäglicher „Zwang zur Bewältigung der Freiheit" (Geissler/Oechsle 1990, S. 26) korrespondieren. Und doch verbleiben alle diese empirischen Kenntnisse notwendig auf der Ebene der Deskription, wäre erst noch zu untersuchen, welche Konsequenzen der unverkennbare „epochale Wandel" (Beck) im Geschlechterverhältnis – von dem veränderten Erwerbsverhalten bis zu den Partnerbeziehungen und kulturellen Orientierungen – für die Verfaßtheit der Gesamtgesellschaft, also auch ihre patriarchale Struktur hat. Die Rede vom Sozialstaat als „Patriarchalismus in ganz neuer Gestalt" (Beer 1983), aber auch der Ersetzung der privaten Form der Herrschaft durch ein „neues", „öffentliches Patriarchat" (Brown 1987) erscheint mir voreilig und unpräzis. Denn sie verkennt die zweischneidige

Rolle des Rechts und auch des Sozialstaats in diesem Prozeß. Recht in der bürgerlichen Gesellschaft das Disziplinierungs- und Kontrollinstrument patriarchaler Herrschaft, ist trotzdem zugleich in der Form zunehmende Gleichberechtigung zum Hebel neuer Freiheiten und Wahlmöglichkeiten geworden (Eisenstein 1984; Hernes 1986).

Zur Beantwortung der hiermit aufgeworfenen Fragestellungen gibt es bisher nicht nur eine oder *die* feministische Gesellschaftstheorie, vielmehr in Anbetracht der Vielfalt der Anlässe und der Ausdifferenzierung der Bewegung verschiedene theoretische Ansätze und Strömungen im Feminismus. Die zunächst mit herkömmlichen Methoden unternommene empirische Analyse der Situation der Frau, die zunehmend dezidierte Aufmerksamkeit für das Geschlechterverhältnis in allen gesellschaftlichen Bereichen haben die begrifflichen Probleme, die erkenntnistheoretischen Prämissen und einen an die Moderne und ihren an die Wissenschaftstradition geknüpften Subjektivismus als *Androzentrismus* des weißen modernen Mannes der westlichen Gesellschaften zum Vorschein gebracht. Mit dieser Kritik wurde der Weg von der Frauenfrage in der Wissenschaft zum radikaler sich stellenden Problem der Wissenschaft überhaupt geebnet (Harding 1990, S. 27). Aus diesem Grund aber ist „Geschlecht" zumindest für die gegenwärtige Soziologie nicht nur *eine* unter verschiedenen, beachtenswerten Variablen, vielmehr eine analytische Kategorie, die wesentliche Strukturen, d. h. individuelle, strukturelle und kulturelle Kennzeichnungen des gegenwärtigen Gesellschaftssystems provoziert – „a difference, that makes a difference" (di Stefano, S. 71). Der immer wiederholte Hinweis auf die Bedeutung der Strukturkategorie ‚Geschlecht' ist somit für die soziologische Theorie als Herausforderung zu verstehen.

Aus dem erkenntnistheoretischen Dilemma heraus, daß es nicht nur eine „Realität" von Frauen gibt, aber erklärt sich auch, daß die amerikanische feministische Theorie sich zunehmend an postmoderner Kritik orientiert (Nicholson 1990), und zwar aus gemeinsamer Skepsis an der vorgeblichen Neutralität und Objektivität der Wissenschaften, aus der Vorsicht gegenüber Verallgemeinerungen und Universalisierungen, aus der Kritik an der neuzeitlichen Begründung der Vernunft, des Selbst, des Selbstbewußtseins, das an den Mann einer bestimmten Rasse, Klasse und Kultur gebunden bleibt. Inwieweit der Feminismus der Postmoderne in ihrer Beschränkung auf Spontanität, Kontextgebundenheit, Lokales und Pragmatisches und auch in der Abwehr großer Theorie folgen sollte, wird auch unter den Theoretikerinnen kontrovers entschieden. Die Frage stellt sich, wie sinnvoll es ist, das Konzept Selbstbewußtsein etwa für Frauen gerade in dem Moment aufzugeben, in dem die bisher stummen und unterdrückten Bevölkerungsgruppen ihr Subjektsein entdecken und zu sprechen beginnen (di Stefano 1990, S. 75f).

Zur gesellschaftstheoretischen Bestimmung unseres gegenwärtigen Standortes in der Moderne oder Postmoderne oder „postmodernen Moderne" (Welsch 1988) sind somit zwei Varianten zu diskutieren (Kocka 1988): *Entweder* ist die Geschlechterdifferenz im Sinne sozialer Ungleichheit und Unterordnung der Frauen unentbehrliche Grundlage nicht nur der Industriegesellschaft, sondern bleibt als Widerspruch konstitutiv auch für die modernisierte Moderne. Dann ist mit der je unterschiedlichen Form der Individualisierung, der Befreiung der Frauen aus traditionellen Abhängigkeiten, der Auflösung normativer Bindungen und der Entfaltung ihrer kulturellen Besonderheiten ein neues Zeitalter angebrochen, das eine andere als die bestehende Gesellschaft meint.

Oder aber mit der endlichen Anerkennung und Geltung einer „Gleichheit auch in der Differenz", mit der Radikalisierung des Gleichheitsversprechens unabhängig von Geschlecht, Klasse und Ethnie vollendet sich erst der lange versteckte Sinn eines Projektes, das vor 200 Jahren als das der Moderne begann. Doch ich vermute, daß auch diese Moderne eine andere wäre als die gegenwärtige.

Anmerkungen

[1]　　Alle Nennungen hierzu sind nur beispielhaft, weitere Hinweise s. Gerhard (1990a); vgl. auch die Anmerkungen bei Mackinnon a.a.O.

[2]　　Emma Oekinghaus (1925) ist eine der wenigen und frühen Ausnahmen, die das Webersche Patriarchalismus-Konzept bisher für ihre Analyse fruchtbar gemacht hat.

[3]　　Inwieweit diese männliche Perspektive selbst von den Vertretern der Kritischen Theorie noch einmal reproduziert und in ihrer Geschlechterphilosophie die bestehende Arbeitsteilung aus der Bedeutung des „Mütterlichen" für die männliche Subjektwerdung befestigt wird, zeigt Mechthild Rumpf (1989).

[4]　　Zur Übersicht verweise ich hier nur auf Ute Frevert (1988) und stütze mich im übrigen auf meine Arbeiten von 1978 und 1990b.

Literatur

Adorno, Theodor W./Horkheimer, Max: Dialektik der Aufklärung. Frankfurt/Main 1971

Barrett, Michèle: Das unterstellte Geschlecht. Umriß eines materialistischen Feminismus. Berlin 1983

Beck, Ulrich: Risikogesellschaft. Auf dem Weg in eine andere Moderne. Frankfurt/Main 1986

Beer, Ursula: Marxismus in den Theorien der Frauenarbeit. In: Feministische Studien 1, 1983, S. 145f

– (Hg.): Klasse Geschlecht. Feministische Gesellschaftsanalyse und Wissenschaftskritik. Bielefeld 1987

Beer Ursula: Geschlecht, Struktur, Geschichte. Soziale Konstituierung des Geschlechterverhältnisses. Frankfurt Main/New York 1990

Benjamin, Jessica: Die Fesseln der Liebe – Psychoanalyse, Feminismus und das Problem der Macht. Basel/Frankfurt/Main 1990

Brown, Carol A.: The New Patriarchy. In: C. Bose u. a. (Hg.), Hidden Aspects of Women's Work. New York/London 1987, S. 137-159

Chodorow, Nancy: Das Erbe der Mütter. Psychoanalyse und Soziologie der Geschlechter. München 1985

Dane, Eva: Hingabe oder Aufgabe. Eine empirische Untersuchung zu Familienhintergründen und Persönlichkeitsentwicklung partnerschaftlich verheirateter, verlassener und ‚gegangenen' Frauen. Weinheim 1987

di Stefano, Christine: Dilemmas of Difference. Feminism, Modernity, and Postmodernism. In: Linda Nicholson (Hg.), Feminism/Postmodernism. New York/London 1990, S. 63-82

Eisenstein, Zillah R. (Hg.): Capitalist Patriarchy and the Case for Socialist Feminism. New York/London 1979

–: The Patriarchal Relation of the Reagan-State. In: SIGNS 2, 1984, S. 329-337

Fichte, Johann G.: Grundlage des Naturrechts nach Prinzipien der Wissenschaftslehre (1796). Hamburg 1960

Fox-Keller, Evelyn: Liebe, Macht und Erkenntnis. München/Wien 1986

Frevert, Ute (Hg.): Bürgerinnen und Bürger. Geschlechterverhältnisse im 19. Jahrhundert. Göttingen 1988

Geissler, Birgit/Oechsle, Mechthild: Lebensplanung als Ressource im Individualisierungsprozeß. Arbeitspapier Nr. 10 des Sfb 186 der Universität Bremen. Bremen 1990

Gerhard, Ute: Verhältnisse und Verhinderungen. Frankfurt/Main 1978

– u. a.: Herrschaft und Widerstand. Entwurf zu einer historischen und theoretischen Kritik des Patriarchats in der bürgerlichen Gesellschaft. In: Beiträge zur Frauenforschung am 21. Deutschen Soziologentag. Bamberg 1982, S. 116-136

–: Patriarchatskritik als Gesellschaftsanalyse. Ein nicht erledigtes Projekt. In: Feministische Erneuerung von Wissenschaft und Kunst, hrsg. von Arbeitsgemeinschaft Interdisziplinäre Frauenforschung und –studien. Pfaffenweiler 1990a, S. 65-80

–: Gleichheit ohne Angleichung. Frauen im Recht. München 1990b

– u. a. (Hg.): Differenz und Gleichheit. Menschenrechte haben (k)ein Geschlecht. Frankfurt/Main 1990

Harding, Sandra: Feministische Wissenschaftstheorie. Hamburg 1990

Hartmann, Heidi: The Unhappy Marriage of Marxism and Feminism. Toward a More Progressive Union. In: L. Sargent (Hg.), Women and Revolution. A Discussion of the Unhappy Marriage of Marxism and Feminism. Boston 1981, S. 1-69

Hartmann, Heidi: Capitalism, Patriarchy, and Job Segregation by Sex. In: Marta Blaxall/Barbara Reagan (Hg.), Women and the Workplace. Chicago/London 1976, S 137-169

Haug, Frigga: Perspektiven eines sozialistischen Feminismus. In: Frauenbewegungen in der Welt, Bd. 1, Argument-Sonderband 150. Hamburg 1988, S 25-52

Hausen, Karin: Patriarchat. Vom Nutzen und Nachteil eines Konzepts für Familiengeschichte und Familienpolitik. In: Journal für Geschichte, Nr. 5, 1986, S 12f.

Hegel, Georg W.F.: Grundlinien der Philosophie des Rechts. Frankfurt a. Main/Berlin/Wien 1972

Heise, Hildegard: Flucht vor der Widersprüchlichkeit. Kapitalistische Produktionsweise und Geschlechterbeziehung. Frankfurt/Main 1986

Hernes, Helga:, Die zweigeteilte Sozialpolitik. Eine Polemik. In: Karin Hausen/Helga Nowotny, Wie männlich ist die Wissenschaft? Frankfurt/Main 1986, S. 163f

Horkheimer, Max: Zur Kritik der instrumentellen Vernunft. Frankfurt 1985 [1947]

Hradil, Stefan: Sozialstrukturanalyse in einer fortgeschrittenen Gesellschaft. Opladen 1987

Kocka, Jürgen (Hg.): Bürgertum im 19. Jahrhundert, Bd. 1, 1988, S. 11-76

König, René: Familie und Autorität. Der deutsche Vater im Jahre 1955. In: Ders., Materialien zur Soziologie der Familie. Köln 1974, S. 218f.

Lloyd, Geneviève: Das Patriarchat der Vernunft. ,Männlich' und ,weiblich' in der westlichen Philosophie. Bielefeld 1985

Lüscher, Kurt u. a. (Hg.): Die „postmoderne" Moderne. Konstanz 1988

MacKinnon, Catherine A.: Feminismus, Marxismus, Methode und der Staat. Ein Theorieprogramm. In: Elisabeth List/Herlinde Studer, Denkverhältnisse. Feminismus und Kritik. Frankfurt/Main 1989, S. 86-132

Manheim, Ernst: Beiträge zu einer Geschichte der autoritären Familie. In: E. Fromm/M. Horkheimer/H. Mayer/H. Marcuse u. a., Studien über Autorität und Familie, 2. Bd. Paris 1936, S. 523ff.

Marcuse, Herbert: Kultur und Gesellschaft 2. Frankfurt/Main 1967

–: Konterrevolution und Revolte. Frankfurt/Main 1973

Meier, Artur: Abschied von der sozialistischen Ständegesellschaft. In: Aus Politik und Zeitgeschichte, Beilage zur Wochenzeitung Das Parlament B 16-17, 1990, S. 3-14

Menschik, Jutta: Feminismus, Geschichte, Theorie, Praxis. Köln 1977

Millet, Kate: Sexus und Herrschaft. München 1974

Nicholson, Linda J. (Hg.): Feminism/Postmodernism. New York/London 1990

Oekinghaus, Emma: Die gesellschaftliche und rechtliche Stellung der deutschen Frau. Jena 1925

Othmer-Vetter, Regine: „Muttern" und das Erbe der Väter. Eine neuere Affäre zwischen Feminismus und Psychoanalyse. In: Feministische Studien 2, 1989, S. 99-106

Parsons, Talcott: Sozialstruktur und Persönlichkeit. Frankfurt/Main 1968

Riehl, Wilhelm Heinrich: Die Naturgeschichte des Volkes als Grundlage einer deutschen Sozial-Politik, 3. Bd., Die Familie. Stuttgart/Augsburg 1855

Rosaldo, Michelle Z./Zamphere, Lousia (Hg.): Woman, Culture, and Society. Stanford 1974

Rosaldo, Michelle Z.: The Use and Abuse of Anthropology. Reflections on Feminism and Cross-Cultural Understanding. In: Signs, Vol. 5, No. 3, 1980, S. 389-417

Rotteck von, Carl: Artikel „Familie". In: C. v. Rotteck/C. Welcker (Hg.), Das Staats-Lexikon, Encyklopädie der sämtlichen Staatswissenschaften. Altona 1846, S. 592ff.

Rousseau, Jean Jacques: Emile oder über Erziehung. Stuttgart 1963 [1762]

Rumpf, Mechthild: Spuren des Mütterlichen. Die widersprüchliche Bedeutung der Mutterrolle für die männliche Identitätsbildung in kritischer und feministischer Wissenschaft. Frankfurt/Main 1989

Schwarzer, Alice: Frauenarbeit – Frauenbefreiung. Frankfurt/Main 1973

Weber, Max: Wirtschaft und Gesellschaft, Studienausgabe. Tübingen 1976

Weber, Marianne: Ehefrau und Mutter in der Rechtsentwicklung. Tübingen 1904

Welsch, Wolfgang: Unsere postmoderne Moderne. Weinheim 1988

Geschlechterdifferenz – Geschlechterverhältnis:

Soziale Dimensionen des Begriffs „Geschlecht". In: Zeitschrift für Frauenforschung 11, Heft 1/2, 1993, S. 37-46

In den letzten Jahren läßt sich ein begrifflicher Wandel in den feministischen Sozialwissenschaften beobachten. War mit der Entstehung der Neuen Frauenbewegung im deutschsprachigen Raum zunächst „Frauenforschung" bzw. „Frauenstudien" die Bezeichnung für thematische Schwerpunkte, in denen weibliche Unterdrückung, weibliche Kulturen, weibliche Praxen sowie Formen weiblicher Subjektivität in Geschichte und Gegenwart untersucht werden, so stoßen wir heute immer häufiger auf die Formulierung, in einer feministisch-sozialwissenschaftlichen Perspektive gehe es um die Erforschung von Geschlechterverhältnissen. Damit wird ausgedrückt, daß die Besonderheiten und Benachteiligungen in weiblichen Lebenszusammenhängen erst sichtbar werden, wenn wir diese mit denen des männlichen Geschlechts vergleichen. |

Karin Hausen und Heide Wunder (1992) erläutern für den Bereich der Frauengeschichte die Überlegungen, auf die diese begriffliche Umorientierung zurückzuführen ist:

> „Frauengeschichte, sofern sie methodisch reflektiert und wissenschaftlich fundiert erarbeitet wird und mehr sein will als nur eine Neuauflage der beliebten Kulturgeschichte der Frau im 19. und 20. Jahrhundert, kommt nicht umhin, sich als Geschlechtergeschichte zu verstehen. Selbst wenn der Fokus der Untersuchung auf eine bestimmte Gruppe von Frauen gerichtet ist, müssen diese Frauen dennoch immer auch als Menschen weiblichen Geschlechts und damit in Beziehung zum männlichen Geschlecht gedacht und beobachtet werden. Denn Frauen und Männer sind eingebunden in die jeweils gültigen kulturellen Ordnungen der bislang noch hierarchisch konstruierten Geschlechterverhältnisse, die alle gesellschaftlichen Bereiche durchdringen." (1992, S. 11)

In diesem Satz stecken eine Reihe von Voraussetzungen, die explikationsbedürftig sind. Er verweist auf die Vielschichtigkeit des Begriffs „Geschlecht" und macht darüber hinaus darauf aufmerksam, daß das Konzept der Geschlechterforschung etwas einfordert, was wir als gesellschaftstheoretische Ausrichtung der „Frauenforschung" bezeichnen könnten: die Analyse der sozialen Bedingungen, unter denen Frauen und Männer gesellschaftlich zueinander in Beziehung gesetzt werden. Offensichtlich ist es nicht überflüssig zu betonen, daß Frauen Menschen weiblichen Geschlechts sind. Mit dieser Kennzeichnung sind sie Angehörige einer Gruppe, genauer: einer *Genus-Gruppe*. Doch worauf beruht diese Klassifikation?

In dem Zitat von K. Hausen und H. Wunder wird die soziale Bedeutung der Geschlechtszugehörigkeit zunächst durch ein *relationales* Moment bestimmt: Konturen gewinnt die soziale Situation des weiblichen Geschlechts erst, wenn die Art und Weise untersucht wird, in der die gesellschaftlichen Beziehungen zwischen ihm und dem männlichen Gegenpart in ihrem jeweiligen historisch-kulturellen Kontext geregelt sind.

Wir erfahren, daß die Geschlechterbeziehungen in unserer Zivilisation zuungunsten von Frauen hierarchisiert sind. Damit ist vorgegeben, daß mit der Bestimmung von Genus-Gruppen eine soziale Verortung von Männern und Frauen einhergeht. Die Klassifikation ist also keine umfangslogische oder rein attributive: „Geschlecht" als soziale Kategorie bedeutet nicht einfach die Summe von weiblichen oder männlichen Menschen, von Individuen mit biologischen oder ihnen kulturell zugeschriebenen Merkmalen. Geschlechter nehmen soziale Stellungen ein. Das gilt nicht nur für Familien vornehmer Abstammung, z. B. für Adelsgeschlechter, die sich durch ihre Herkunft von den sogenannten gemeinen Volksschichten abgrenzen. Auch Frauen und Männer sind als Kollektive durch die Positionen unterschieden, die sie in der Geschlechterordnung einnehmen. Somit sind sie qua Genus eingegliedert in einen gesellschaftlichen Strukturzusammenhang: das Geschlechterverhältnis. Wir werden noch näher erläutern müssen, was darunter zu verstehen ist. Doch zunächst sollen die einzelnen Bedeutungsschichten abgetragen werden, die im Terminus „Geschlecht/Genus" stecken.

Wenden wir uns als erstes einem zentralen Problem der Frauenforschung zu, das mit der *binären sexuellen Bestimmung* der Menschen – Frau/Mann – zu tun hat. In unserer Kultur – wie auch in vielen anderen – spielt die Zweigeschlechtlichkeit eine große Rolle. Auf Abwehr stößt, was sich in dieses System nicht eindeutig einordnen läßt.

Die Zweigeschlechtlichkeit erscheint dem gesunden Menschenverstand als etwas Selbstverständliches: Trotz vieler phänomenologischer Übergänge gibt es anatomische Unterschiede zwischen den Geschlechtern. Aber welche Bedeutung kommt ihnen zu? Das ist gar nicht so einfach auszumachen. Biologische Merkmale, etwa die differenten weiblichen und männlichen Körpermorphologien, sind zwar Bezugspunkte sexueller Identifizierungen. Aber sie sind es nie als rein anatomische – ihre Wahrnehmung ist immer von Phantasien begleitet, die sie mit Sinnlichkeit und Sinn aufladen. Die sozialen Differenzierungen zwischen Weiblichkeit und Männlichkeit lassen sich schon gar nicht auf biologische Unterschiede zurückzuführen.

Wir stoßen hier auf zwei Bedeutungsschichten, die im Deutschen in einem Wort aufgehoben sind: „Geschlecht" meint einerseits den natürlichen Genus, was auch mit Sexualität assoziiert wird, benennt aber andererseits ebenso die geschichtlich-soziale Dimension der Deszendenz. An der Etymologie des Terminus „Geschlecht" läßt sich die Verflechtung von Natur- und Kulturverhältnissen in der menschlichen Gattungsgeschichte eindrucksvoll nachlesen: „slahta" (ahd.) bezeichnet ebenso die Blutsverwandtschaft wie die Familie als soziale Einheit. „Geslehte" bezieht sich auf das Menschengeschlecht und es wird nicht unterschieden, ob menschliche Eigenschaften ererbt oder kulturell erworben sind. „Slahan" heißt einfach soviel wie: „Nach der Art schlagen, dieselbe Richtung einschlagen." „Gesleht" (mhd.) steht als Kollektivum für verwandtschaftliche Einheiten und trennt die Generationen nicht in eine weibliche und eine männliche Hälfte. Das Wort verweist überdies auf historische Prozesse: auf Genealogien, Familiengeschichten. Erst im Spätmittelalter ist „Geschlecht" auch als Hinweis auf den natürlichen Genus in Gebrauch. Durch seine ganze Entwicklung hindurch behält der Begriff seine Vielschichtigkeit bei: er umfaßt die „Gesamtheit der Merkmale, die ein Lebewesen als männlich oder weiblich bestimmen, sowie: Familie, Generation, Art, Genus" (Pfeifer 1989, S. 553; vgl. hierzu auch Götze 1939, S. 126ff.; Kluge 1960, S. 250; Wasserzieher 1966, S. 206; Mackensen 1966, S. 143).

Anglo-amerikanische Feministinnen haben auf die ideologische Tendenz, die Differenzierung der Geschlechter auf biologische Unterschiede zu reduzieren, mit einer radikalen kategorialen Abgrenzung reagiert: der zwischen „sex" und „gender". „Sex" bleibt der Zuordnung zu einem der beiden anatomisch definierten Geschlechter vorbehalten. Der Begriff „gender" zielt auf die soziale Konstruktion von Rollen und Attributen ab, die als geschlechtsspezifische normiert werden. „Gender" soll ausdrücken, daß sowohl die Dichotomisierung als auch die inhaltliche Festlegung von „Weiblichkeit" und „Männlichkeit" durch gesellschaftliche Mechanismen – genauer: Machtmechanismen – zustande kommen.

Diskurstheoretische und konstruktivistische Ansätze im gegenwärtigen Feminismus gehen davon aus, daß die Trennung der Geschlechter ihre Basis in den sozialen Folgewirkungen einer männlich hegemonialen Heterosexualität hat: das weibliche Geschlecht kann unter deren Vorherrschaft nur als das andere, als das nicht-männliche gedacht werden. Feministinnen dieser Richtung lehnen jede Art der relationalen Fixierung von Geschlechtlichkeit ab und versuchen, das System der Zweigeschlechtlichkeit erkenntnistheoretisch zu dekonstruieren (Wittig 1985; Butler 1991).

Polarisierungen und Vereindeutigungen von „Weiblichkeit" und „Männlichkeit" dienen ihrer Meinung nach der Aufrechterhaltung eines „heterosexuellen Vertrages" (Wittig 1992), der Frauen unterdrückt. Die „heterosexuelle Matrix" (Butler 1991) ist das gesellschaftlich legitimierte Raster, „durch das die Körper, Geschlechtsidentitäten und Begehren naturalisiert werden" (1991, S. 219). Für sie ist die Festlegung der Menschen auf eines der beiden Geschlechter eine gewaltsame Zurichtung durch die Macht der Diskurse, die über Sexualität, Männlichkeit und Weiblichkeit geführt werden, als seien dies quasi natürliche Gegebenheiten. Die Bezeichnungen „Frau/Mann" haben keine realen Bezugspunkte – die Differenzen zwischen den Geschlechtern sind fiktiv.

Fassen wir, ehe sich die Bedeutungen unter dem Einfluß der Dekonstruktivistinnen auflösen, die verschiedenen Komponenten des Terminus „Geschlecht" zusammen:

1. Geschlecht/Genus im genealogischen Sinn

In dieser Dimension zielen beide Begriffe auf Verwandtschaftsbeziehungen und auf Familiengeschichte. Mit der Benennung des Geschlechts ist die Herkunft eines Individuums bzw. einer Familienlinie bestimmt: sie stammen aus dem Geschlecht derer von …. Aus feministischer Perspektive kommt der Frage nach der Genealogie eine besondere Bedeutung zu, weil die kulturelle Enteignung des weiblichen Geschlechts mit einer Verdrängung der mütterlichen durch die väterliche Linie einhergeht: der Familienname der Frau tritt hinter den des Mannes zurück; in diesem Prozeß der Auslöschung mütterlicher Spuren in der Familiengeschichte gewinnt die männliche Erbfolge gegenüber der weiblichen an Übergewicht; bei Eheschließungen, überhaupt bei familialer Mobilität, setzt sich mit der Etablierung patriarchalischer Herrschaftsstrukturen zudem Patrilokalität durch, d. h. die Frau folgt dem Mann. Die Vereinseitigung von Genealogien durch die Entnennung von Matrilinearität, die für Frauen Geschichtsverlust und Enthistorisierung bedeutet, markiert einen gravierenden Konflikt zwischen den Geschlechtern (Irigaray 1987).

2. Geschlecht/Genus als sexuelle Fixierung. Sexuelle Geschlechterdifferenz

„Geschlecht/Genus" unterscheidet zwischen weiblichen und männlichen Menschen. Bezugspunkte der Differenzbestimmung sind die Erscheinungen eines körperlichen Dimorphismus – das was wir umgangssprachlich die „primären Geschlechtsmerkmale" nennen. Als angeblich objektive, biologisch fundierte Kategorien werden die sogenannten natürlichen Bestimmungen „weiblich/männlich" – z. B. in der Biologie, der Anthropologie oder auch Psychologie – als wertneutral präsentiert.

Geschlecht im Sinne von „sex" scheint verwendet zu werden wie eine beliebige statistische Variable, die trennscharfe, in sich homogene Einheiten erfaßt. In Wahrheit geht jedoch die sexologische Differenzierung der Menschen mit Wertungen, genauer: Abwertungen einher. Das erkennen wir an der gesellschaftlichen Ächtung von Homosexuellen und Lesben sowie an Normierungen, die Frauen ganz allgemein diskriminieren. Für letzteres ein Beispiel, das die gesellschaftliche Fixierung auf eine an männlicher Genitalität ausgerichteten Heterosexualität aufdeckt. Während es in unserer phallokratisch geprägten Kultur geläufig ist, von der kastrierten Frau, der phallischen Mutter oder dem mit einem Penisneid behafteten Mädchen zu sprechen, klingt eine Formel, die Ruth Herschberger [bereits, S.H.] 1948 geprägt hat, höchst ungewöhnlich: „The clitoris missing man" (1970, S. 31).

Wir kommen allerdings – wenn wir entwicklungspsychologisch argumentieren – nicht umhin, ein naturales Moment in der Bestimmung des sexuellen Geschlechts gelten zu lassen.

Es gibt phylo- und ontogenetische Gründe, von den Besonderheiten männlicher oder weiblicher Körper nicht einfach zu abstrahieren. Das gilt nicht nur für die Konstitution von menschlicher Sexualität und individuellen Körperbildern mit ihren gleich- und gegengeschlechtlichen Objektwahlen, Triebbesetzungen und Selbstdefinitionen. Körperlichkeit im Sinne ihrer anatomischen Phänomenologie ist auch Anknüpfungspunkt für das Selbstbewußtsein der Genus-Gruppen als Garanten des Gattungsbestands, des Bevölkerungszuwachses, wobei allerdings zu beobachten ist, warum und auf welche Weise anatomische Phänomene Beachtung finden.

„Körperlichkeit" samt den mit ihr verbundenen Vorstellungen von kreatürlicher Sexualität, organischen Ausstattungen und Potenzen spielt eine entscheidende Rolle in den Interpretationen, mit denen die beiden Geschlechter ihre Bedeutung für die generative Reproduktion der Menschheit begründen. Auf die Überlegenheit des weiblichen Geschlechts in der Hervorbringung und psychosozialen Sicherung von Leben, auf die sichtbare und unsichtbare Prägung des Menschen durch die Beziehung zur Mutter in Gesellschaften, in denen die frühkindliche Sozialisation von ihr besorgt wird, hat das männliche Geschlecht nicht nur mit Gebärneid reagiert, sondern mit dem Versuch, diese frühen Abhängigkeiten vom weiblichen Geschlecht als dem mütterlichen zu verleugnen. Die Verwerfung weiblicher Sexualität und weiblichen Begehrens, die Subordination der Frauen sowie die Entwertung pflegerischer Tätigkeiten sind Kennzeichen dieser Verleugnung (Benjamin 1988). Das männliche Geschlecht hat dem weiblichen bis heute eine Überlegenheit zurückgespielt, in welcher der (männliche) Geist über den (weiblichen) Körper triumphiert. Die geschlechtsspezifische Verarbeitung der sexuellen Differenz hat sich in Mythen und Ideologien verselbständigt. Heute verbirgt sich dieser Konflikt in wissenschaftlichem und technologischem Gewande – Genmanipulation und die Versuche, von menschlicher Körperlichkeit unabhängige künstliche Intelligenz zu erschaffen, sind Verzifferungen des Geschlechterkampfes, der von männlicher Seite geführt wird. Die Beziehung zwischen Natur und Kultur im sexuellen Geschlecht ist dialektisch: Körpermorphologien mit den weiblichen Attributen: Clitoris, Vagina, Menstruation, Eisprung, Mutterschoß und den männlichen: Penis, Erektion, Samenerguß, sind im menschlichen Bewußt- und Unbewußtsein zwar immer nur in einer phantasmagorischen Verkleidung repräsentiert. Aber die Phantasien könnten nicht entstehen ohne Bezug auf Körpererfahrungen und sinnliche Körperwahrnehmungen (Becker-Schmidt 1991).

Das verweist noch einmal auf die ontogenetische Bedeutung von geschlechtlich differenten Körpermorphologien für die psychosexuelle und psychosoziale Entwicklung des Kindes. Wir wissen, daß Mädchen die körperlichen Interaktionen mit weiblichen und männlichen Bezugspersonen anders erleben und auch andere Körper- und Selbstbilder für sich entwerfen als Jungen (Fast 1991). Auch hier gilt: Die Selbst- und Fremddefinitionen des sexuellen Geschlechts sind immer Resultate von Körpererfahrungen einerseits, solchen am eigenen Leib und dem der gleich- wie gegengeschlechtlichen Bezugspersonen, und phantasmagorischen Verarbeitungen dieser sinnlichen Erfahrungen andererseits. Festzuhalten ist darüber hinaus, daß das Unbewußte, das da phantasiert, sich wenig um gesellschaftliche Vorgaben kümmert. So kann auch die Verdrängung von sozial Verpöntem nie gänzlich gelingen.

Angesichts seiner gesellschaftlichen und lebensgeschichtlichen Genese kann das Phänomen der Zweigeschlechtlichkeit nicht einfach dekonstruiert werden. Die Erkenntnis der eigenen Geschlechtszugehörigkeit als einer dominanten, kontinuitätsstiftenden Strukturierung ist für Kinder unter gegebenen sozialen Bedingungen eine wichtige Entwicklungsaufgabe. Sie werden mit der/dem biologisch Anderen konfrontiert und müssen sich mit dieser Differenz auseinandersetzen. Diese Auseinandersetzung ist auch für eine homosexuelle Entwicklung nicht außer Kraft gesetzt – Lesbischsein und männlich Homosexuellsein sind keine identischen Erlebniswelten; das Ausleben weiblicher und männlicher Introjekte spielt jedoch in beiden eine Rolle. I. Fast, die sich – wie Ch. Rohde-Dachser (1991) zeigt – kritisch mit der androzentrisch formulierten Psychoanalyse Freudscher Prägung auseinandergesetzt hat, macht eindringlich darauf aufmerksam, daß für die Selbstrepräsentation von Jungen und Mädchen weibliche und männliche Bezugspersonen cine Rolle spielen. Durch Identifikationen werden die Eigenschaften und Lebensentwürfe beider Geschlechter angeeignet. Mädchen wie Jungen durchleben es als Konflikt, auf ein Geschlecht festgelegt zu werden. Sie erkaufen beide die sogenannte sexuelle Identität, die in Wahrheit eine brüchige Einheit von assimilierten und nicht integrierten Anteilen ist, mit dem „Gefühl des Verlustes und der Beraubung" (Fast 1991, S. 11).

Hoffentlich wird es uns einmal gelingen, durch eine radikale Umstrukturierung der Geschlechterverhältnisse die Menschen von den unsinnigen und unnötigen Vereinseitigungen zu befreien, die durch die Macht der Geschlechtsstereotypien verhängt werden. Dennoch ist daran festzuhalten, daß die Auseinandersetzung mit der Geschlechterdifferenz eine wichtige Übung im Umgang mit allen weiteren Formen des Andersseins – den kultur- ethnie- und schichtspezifischen Besonderheiten, sowie den sexuellen Abweichungen von der Norm. In jeder Verleugnung von Verschiedenheit steckt eine Abwehr von Fremdheit, durch die wir selbst ärmer an Erfahrungen werden und durch die wir das von uns Differente – in welcher sozialen Gestalt es uns auch begegnen mag – diskreditieren.

3.   Geschlecht als soziales Konstrukt (gender)

Diese Dimension verweist darauf, daß die dichotome Typisierung von weiblichen und männlichen Eigenschaften, Merkmalen, Verhaltensweisen, Orientierungen oder gesellschaftlich verordneten Rollen historisch entstanden und sozial bedingt ist. Es ist ein zentrales Feld der Frauenforschung zu untersuchen, welche Interessen mit der sozialen Konstruktion von „Weiblichkeit" und „Männlichkeit" verfolgt werden, welche Leiden mit solchen Zwangsnormierungen verbunden sind, welche psychischen Bedürfnisse nach Kontinuität, Eindeutigkeit und Kohärenz sie befriedigen und wo sie gesellschaftlich brüchig, ja hinderlich geworden sind.

4.   Geschlechterdifferenz und das „sex-gender"-System

So wichtig die analytische Unterscheidung von „sex" und „gender" ist, um Biologisierungen des Geschlechtlichen ebenso offenlegen zu können wie die faktische Gewalt kultureller Prägungen, so problematisch wird die strikte Trennung jedoch, wenn mit ihr postuliert wird, sexuelle Fremd- und Selbstzuschreibung habe mit Körperlichkeit als einem auch naturalem Phänomen gar nichts zu tun.

Die Bezugnahme auf dieses Konzept ist zudem zwiespältig: Einerseits wird mit der Entgegensetzung von „sex" und „gender" auf die Gefahr einer ideologischen Naturalisierung des Geschlechtlichen hingewiesen. Andererseits nimmt auch die biologistische Interpretation der Geschlechterdifferenz, die sich auf Physiologie bzw. Anatomie beruft, diese Unterscheidung in Anspruch. Nur mit umgekehrtem Vorzeichen. Sie schließt von den biologischen Phänomenen unmittelbar auf soziale Differenzierungen: „sex" ist die unumstößliche Grundlage von „gender". Mit der Gebärfähigkeit der Frau ist z. B. ihre Fürsorglichkeit mitgesetzt.

Die konträren Sichtweisen implizieren diametral entgegengesetzte Umgangsweisen mit der Geschlechterdifferenz: In der biologistischen Version werden Übereinstimmungen, Ähnlichkeiten oder gleitende Übergänge zwischen den Genus-Gruppen ausgeblendet und statt der Komplexität in der menschlichen Konstitution werden die kontrastierenden Elemente betont. Es geht um klare Grenzziehungen. Ein Denken, das Dualität in dieser Weise behandelt, kommt Hierarchiebildungen entgegen und stützt Konkurrenz wie Machtmonopolisierungen.

Da, wo die *soziale* Genese geschlechtlicher Zuschreibungen Priorität hat, herrscht eher die Tendenz vor, die Betonung von Differenzen als androzentrische Strategie zu begreifen. Es läßt sich z. B. historisch zeigen, daß in staatlichen und betrieblichen Institutionen immer wieder auf Besonderheiten des weiblichen Geschlechts hingewiesen wurde, um Frauen als Konkurrentinnen von Arbeitsplätzen fernzuhalten, die Männer vorbehalten bleiben sollten oder um Frauen gesellschaftliche Aufgaben – Haushalt, Alten- und Kleinkindversorgung in der Familie – aufzubürden, die Männer wegen mangelnder sozialer Gratifikationen nicht übernehmen wollen. In allen Praxisfeldern, wo die Geschlechterdifferenz zum Zwecke weiblicher Diskriminierung und Benachteiligung unterstrichen wird, reagieren Frauen mit der Forderung nach Gleichstellung, Gleichberechtigung und Gleichwertigkeit. Allerdings impliziert der Kampf um Gleichheit nicht, daß Frauen sich an männliche Verhaltens- und Lebenslaufmuster anpassen sollen. Angesichts deren vorrangiger Ausrichtung auf die berufliche Karriere und angesichts bestehender Machtasymmetrien zwischen den Geschlechtern käme das nur einer Verschärfung der weiblichen Doppelbelastung und des Konkurrenzdrucks für Frauen gleich. Und umgekehrt gilt: Solange Frauen aufgrund der geschlechtlichen Arbeitsteilung in allen sozialen Bereichen stärkeren Belastungen ausgesetzt sind als Männer, muß Gleichstellungspolitik auf diese objektiv existierenden Differenzen Rücksicht nehmen. Mechanismen wie die der geschlechtlichen Arbeitsteilung weisen darauf hin, daß „Genus" eine soziale Trennlinie markiert, die innerhalb gesellschaftlicher Verhältnisse verläuft. Das soziale Geschlecht ist nicht nur etwas Gemachtes, d. h. etwas durch soziale Agenturen „Fabriziertes", sondern auch etwas Gewordenes, d. h. es ist Resultat historischer Strukturierungsprozesse, die als geschichtlicher Überhang gegenüber dem menschlichen Handeln ihr Eigengewicht und ihre Eigengesetzlichkeit haben. Diese gesellschaftliche Objektivität tritt den Handelnden als sozialer Zwang in Form von institutionalisierten Handlungsbedingungen gegenüber. Wir können das auch kürzer fassen: „Geschlecht" ist nicht einfach eine soziale Konstruktion, sondern vielmehr etwas geschichtlich und gesellschaftlich Konstituiertes.

5.   „Geschlecht" als Resultat historischer Konstitutionsprozesse

Wir haben es heute mit einer paradoxen gesellschaftlichen Entwicklung zu tun: einerseits besteht die Unterrepräsentanz von Frauen in privilegierten sozialen Positionen fort, andererseits weichen in den mittleren und unteren Rängen von beruflichen Hierarchien verschiedenster Branchen und Disziplinen die starren Grenzziehungen zwischen Frauen- und Männerarbeit auf. Die Gliederung der Gesellschaft in geschlechtlich „homosoziale Welten" (Carol Hagemann-White) läßt sich nicht aufrecht erhalten. Auch geschlechtsspezifische Stereotypisierungen beginnen einerseits an Wirksamkeit zu verlieren, andererseits sind sie immer noch überall gegenwärtig – einschließlich der sie begleitenden Auf- und Abwertungen.

An diesen Widersprüchen läßt sich ablesen, daß die sozialen Konstruktionen von „Weiblichkeit" und „Männlichkeit" samt der ihnen inhärenten Differenzsetzungen fiktiv und real zugleich sind. Das läßt sich auf die Art und Weise zurückführen, wie in unserer Gesellschaft die Reproduktion des Ganzen durch das arbeitsteilige Zusammenwirken seiner Einzelbereiche organisiert ist. Im Prozeß der Zivilisation wurden Trennungen und Hierarchisierungen durchgesetzt – von sinnstiftender und profaner Arbeit, von Körper und Geist, von Hausarbeit für Frauen und besser entlohnter Erwerbsarbeit für Männer – die die Bezogenheit des Entgegengesetzten verdunkelten. Die Polarisierungen, die das Getrennte einander entfremdeten, verzerren bis heute die sozialen Beziehungen zwischen den Genus-Gruppen. Die lange Geschichte der geschlechtlichen Arbeitsteilung, der männerbündischen Organisationsformen von Macht- und Politikausübung, der Durchsetzung von androzentrischen Welt- und Menschenbildern haben nicht allein Konzepte von Weiblichkeit und Männlichkeit hervorgebracht, die durch die Gewalt herrschender Diskurse zur Norm und Normierung wurden. All das hat vielmehr in einem sehr viel weiterreichenden Sinne Tätigkeiten, Aneignungsweisen und Erfahrungen geschlechtsspezifisch strukturiert. Das sind Eingriffe in Subjektivität und kollektive Subjektpotentiale, die nicht nur die Ausbildung von Fähigkeiten und Interessen beeinflussen, sondern bis in die Tiefendimensionen unbewußter psychischer Strukturierungen wirken. Für das weibliche Geschlecht ist diese Prägung besonders widersprüchlich: doppelte Vergesellschaftung – in die Familie wie in den Beruf – ist mit einem breiten Spektrum von Aneignungsmöglichkeiten verbunden und wird gleichzeitig mit vielen Enteignungen erkauft; Gesellschaft und Staat verweigern den vollen Lohn, die volle Gratifikation und die volle Anerkennung von Frauenarbeit und Frauenkultur. Weiblichkeitsbilder sind sehr viel kontroverser als Männerbilder: die Frau ist je nach Bedarf Hexe und Heilige, Hure und asexuelle Mutter, aktiv und passiv, streitsüchtig und zahm. Angesichts dieser Besonderheiten interpretieren Frauen die gesellschaftliche Realität jenseits der offiziellen Versionen auf ihre Weise: „The history of women is the history of their on-going functioning on their own terms in a male-defined world" (Lerner 1972, S. XXV). Und dennoch entkommen sie den gesellschaftlich verordneten Rollen und Positionen nur in Ausnahmefällen. Wir müssen deshalb zwar die Konstruktionen von „Weiblichkeit" und „Männlichkeit" durchschauen und bekämpfen, wenn wir die Gesellschaft zu unseren Gunsten verändern wollen; wir haben aber damit deren Wirklichkeit noch nicht außer Kraft gesetzt. Die Phänomene der Zweigeschlechtlichkeit sind strukturell in den gesellschaftlichen Verhältnissen verankert. Dieses Spannungsverhältnis von „Geschlecht" als sozialem Verhalten (doing gender, making the difference) und „Genus" als einem Produkt historischer Entwicklung, als einem Bestandteil gesellschaftlicher Objektivität, verweist uns in unseren frauenpolitischen Strategien auf die Beachtung von Geschichte und

Lebensgeschichte sowie auf die gesellschaftlichen Bedingungen, unter denen sich die sozialen Beziehungen zwischen den Frauen und Männern formieren. Frauenemanzipation bringt erst Bewegung in die verschiedenen Ebenen der Geschlechterhierarchie, wenn sie die soziale Gliederung der Gesellschaft entlang der Trennlinie Geschlecht praktisch angreift.

6. Geschlecht als Prinzip sozialer Gliederung

Wir stoßen in der feministischen Literatur häufig auf die Formulierung, „Geschlecht" sei eine Strukturkategorie (z. B. bei Beer 1990). Das kann Verschiedenes bedeuten.

Unter sozialpsychologischen Aspekten können z. B. Strukturen des individuellen und kollektiven Bewußtseins, des männlichen oder weiblichen Charakters oder der individuellen Psyche gemeint sein; in kulturtheoretischer Perspektive die der symbolischen Ordnung. Unter „symbolischer Ordnung" verstehe ich einen Komplex kultureller Setzungen (Zweigeschlechtlichkeit, Inzesttabus, Regelungen verwandtschaftlicher Beziehungen), welches gleichzeitig als System sozialer Deutungen zu verstehen ist, an dem sich Interpretationen und Bewertungen der Geschlechterdifferenz, von „Weiblichem" und „Männlichem" orientieren. Sprache ist ein wichtiges Medium der symbolischen Ordnung, aber deren Herrschaft läßt sich nicht auf die Ordnungsmacht von Diskursen reduzieren.

Ein besonderes Gewicht kommt dem Begriff „Geschlecht" als sozialem Strukturierungsprinzip in gesellschaftstheoretischer Perspektive zu. „Geschlecht" zeigt – wie „Klasse" – gesellschaftliche Gliederung an: Männer und Frauen werden als Genus-Gruppen entlang dieser Trennlinie sozial verortet. Wir finden in allen sozialen Bereichen geschlechtliche Hierarchien, Segmentationen und Marginalisierungen. „Geschlecht" ist somit ein struktureller Indikator von sozialen Ungleichheitslagen. Die Positionierung der weiblichen Genus-Gruppe unterhalb der von Männer läßt sich in der patriarchalischen Familie, auf dem Arbeitsmarkt, in der Rechtssphäre, in den Systemen sozialer Sicherung aufweisen. „Geschlecht" wird zum Begriff sozialer Schichtung, wenn wir beginnen, die verschiedenen Strukturen weiblicher Benachteiligung aufeinander zu beziehen. Dazu ist die Analyse des Geschlechterverhältnisses und seiner Einbindung in die Gesellschaft als Ganze die systematische Voraussetzung.

7. Zur gesellschaftlichen Organisation des Geschlechterverhältnisses, zur historisch-kulturellen Organisation von Geschlechterverhältnissen

Daß eine soziale Beziehung etwas anderes ist als ein soziales Verhältnis, wird schnell einsichtig, wenn wir den Sinngehalt der beiden folgenden Sätze vergleichen. „Sie hat keine guten sozialen Beziehungen"/„Sie lebt in schlechten sozialen Verhältnissen."

Ein soziales Verhältnis setzt Bevölkerungsgruppen in gesellschaftliche Abhängigkeiten von einander. So ist das Klassenverhältnis z. B. gekennzeichnet durch die Abhängigkeiten im Austauschprozeß zwischen Arbeit und Produktionsmitteln, Lohnarbeit und Kapital. Die nichtäquivalenten Austauschverhältnisse basieren hier auf Machtgefällen, die auf versachlichte ökonomische Herrschaftsbedingungen – die kapitalistischen Eigentumsformen und Produktionsweisen – zurückgehen.

Im Geschlechterverhältnis sind die Austauschprozesse komplexer und deren Bedingungen vielschichtiger. Es werden nicht nur Arbeit und Existenzmittel zwischen den Geschlechtern ausgetauscht, sondern wechselseitig sexuelle und emotionale Ansprüche geltend gemacht. Auch hier gibt es Ausbeutungsverhältnisse, in denen der Mann mehr nimmt als er der Frau gibt. Aber das Tauschprinzip ist in den Privatverhältnissen der Paare nicht in allen Dimensionen in gleicher Weise rationalisiert und verregelt, wie wir das durchgängig in den Verträgen der Erwerbssphäre und des öffentlichen Kommerzes vorfinden. Wir haben es im Geschlechterverhältnis mit Austauschprozessen auf zwei verschiedenen Ebenen zu tun: der häuslichen, in welche die öffentlich-rechtliche Stellung von Frauen und Männern hineinregiert und der außerhäuslichen, auf welche die familiale geschlechtliche Arbeitsteilung und Autoritätsstruktur Einfluß nimmt.

Das Geschlechterverhältnis beruht also nicht nur auf versachlichten gesellschaftlichen Ordnungsprinzipien (Gesetz, Brauch, Sitte, Verfügungsrechte über Eigentum und Arbeit, Geburtenkontrolle, Formen der Herrschaftssicherung), sondern auch auf persönlichen Beziehungen der Abhängigkeit und Anhänglichkeit. Die Hierarchien im Geschlechterverhältnis sind nicht auf ein Regulativ (Arbeitsteilung) oder eine Logik (ökonomische Verwertung) zurückzuführen. Zur Geschlechterrivalität gehört wesentlich der Kampf um die Kontrolle der generativen Reproduktion, einem Bereich, in dem Frauen Selbstbestimmung verlangen. In der Geschlechterrivalität stecken daher Konflikte sozialer Anerkennung, die über die Herrschafts-Knechtschafts-Problematik, wie sie sich unter Männern abspielt, weit hinausgehen. Die Erforschung der Geschlechterverhältnisse verfolgt darum viele Quellen der Herrschaft und ist deshalb auf Interdisziplinarität verwiesen, um der Verflochtenheit von anthropologischen, kulturellen, geschichtlichen, politischen, soziologischen und psychologischen Implikationen auf die Spur zu kommen.

Geschlecht, Klasse, Ethnie wirken in gesellschafts- und kulturspezifischer Weise zusammen. Ich spreche deswegen von Geschlechterverhältnissen; es gibt historisch und ethnographisch unterschiedliche Konfigurationen in diesem Herrschaftsgefüge.

Dennoch lassen sich – bei aller Differenzierung im Einzelnen – doch strukturelle Übereinstimmungen quer durch eine Vielzahl von Gesellschaften aufzeigen. Ich kenne keine, in der die Genus-Gruppen (Frauen/Männer) in gleichberechtigter Weise sozial integriert sind. Fast überall gibt es Unterschiede im Zugang zur politischen Macht, Hierarchien von männlichen und weiblichen Praxisfeldern, für Männer oder Frauen tabuisierte Räume, kontrastierende Vorstellungen von Männlichkeit und Weiblichkeit und fast immer beanspruchen die Männer für sich einen den Frauen überlegenen Status.

Die komplementäre Bezogenheit der Geschlechter wird von den Männern unterlaufen. Durch die Organisationsformen von Arbeit und Kooperation und die Festlegungen von Rechten und Pflichten werden zwar die beiden Genus-Gruppen in Relation zueinander gebracht, d. h. die gesellschaftlichen Ansprüche und Aufgaben der einen Gruppe stehen in Korrespondenz zu denen, die für die andere gelten. Aber diese Relationen sind – wenn wir ethnologischen Übersichten glauben dürfen – selten durchgängig egalitär und reziprok; geschichtlich dokumentiert sind häufiger Asymmetrien zugunsten der Männer. Das macht verständlich, warum diese Genus-Gruppe kein artikuliertes Interesse an einer Veränderung dieses Herrschaftssystems hat, obwohl es einzelne Wissenschaftler gibt, die argumentieren, daß Männer dabei nicht nur Privilegien zu verlieren, sondern auch Freiräume zu gewinnen haben (Connell 1991, S. xiiff.).

Nicht immer sind die geschlechtlichen Beziehungen und Austauschverhältnisse auf allen sozialen Ebenen in gleicher Weise hierarchisiert. In der Familie kann es egalitärer zugehen als am außerhäuslichen Arbeitsplatz – und umgekehrt: in den privaten vier Wänden kann persönliche Gewalt herrschen, während im Betrieb kooperativ-sachliche Verkehrsformen erfahren werden. Im rituellen oder militärischen Bereich sind patriarchalische Strukturen deutlicher ausgeprägt als in säkularisierten, zivilen Öffentlichkeiten. Von Kultur zu Kultur, von Sozietät zu Sozietät, von Geschichtsepoche zu Geschichtsepoche gibt es also Variationen in der Gesamtkonstellation, innerhalb derer Frauenunterdrückung, Frauenemanzipation, genereller: die Formen gesellschaftlicher Bezogenheit der Geschlechter aufeinander anzutreffen sind.

Immer gilt jedoch: Die sozialen Chancen, die Frauen und Männer in jenen gesellschaftlichen Austauschprozessen haben, in denen die Geschlechterdifferenz eine Rolle spielt, hängen von ihrer Stellung in der Geschlechterordnung ab.

Literatur

Becker-Schmidt, Regina: Verdrängung Rationalisierung Ideologie. Geschlechterdifferenz und Unbewußtes. Geschlechterverhältnis und Gesellschaft. In: Gudrun-Axeli Knapp/Angelika Wetterer (Hg.), Traditionen Brüche. Entwicklungen feministischer Theorie. Freiburg 1992

Beer, Ursula: Geschlecht, Struktur, Geschichte. Soziale Konstituierung des Geschlechterverhältnisses. Frankfurt a. Main/New York 1990

Benjamin, Jessica: Die Fesseln der Liebe. Psychoanalyse, Feminismus und das Problem der Macht. Basel/Frankfurt/Main 1990

Butler Judith: Das Unbehagen der Geschlechter. Frankfurt/Main 1991

Connell, Robert. W.: Gender and Power. Cambridge 1991

Fast, Irene: Von der Einheit zur Differenz. Psychoanalyse und Geschlechtsidentität. Berlin/Heidelberg/New York 1991

Götze, A. (Hg.): Trübners Deutsches Wörterbuch. Berlin 1939

Hagemann-White, Carol: Sozialisation: weiblich-männlich, Bd. 1 des sechsten Jugendberichts. Alltag und Biographie von Mädchen. Opladen 1984

Hausen, Karin/Wunder, Heide (Hg.): Frauengeschichte-Geschlechtergeschichte. Frankfurt a. Main/New York 1992

Herschberger, Ruth: Adam's Rib. New York 1970

Irigaray, Luce: Zur Geschlechterdifferenz. Wien 1987

Kluge, Friedrich: Etymologisches Wörterbuch der deutschen Sprache. Berlin 1960

Lerner, Gerda: So You Think You Know Women's History. In: Ms., 1:3, November 1972

Mackensen, L.: Reclams Etymologisches Wörterbuch der deutschen Sprache. Stuttgart 1966

Pfeifer, W. (Hg.): Etymologisches Wörterbuch des Deutschen, A-G. Berlin 1989

Rohde-Dachser, Christa: Einleitung. In: Irene Fast, Von der Einheit zur Differenz. Psychoanalyse der Geschlechtsidentität. Berlin/Heidelberg/New York 1991

Wasserzieher, E.: Woher? Ableitendes Wörterbuch der deutschen Sprache. Bonn 1966

Wittig, Monique: The Straight Mind and other Essays. Boston 1992

Klasse und Geschlecht. Anerkennungschancen von Frauen im System gesellschaftlicher Arbeitsteilung. In: Aus Politik und Zeitgeschichte. Beilage zur Wochenzeitung Das Parlament B36-37, 1995, S. 13-22

I.　Frauen: Geschlecht und Klasse

Soziale Ungleichheit wird in der bundesdeutschen Frauenforschung überwiegend als geschlechtliche Ungleichheit wahrgenommen. Mit der Erkenntnis, daß das Geschlecht als Zuweisungsmechanismus für soziale Plazierung wirkt, hat die Frauenforschung einen wichtigen Ursachenzusammenhang für die untergeordnete Position von Frauen aufgedeckt. Dagegen sind die sozialen Unterschiede zwischen Frauen bislang ein vernachlässigtes Thema.[1] Frauen sind aber nicht nur qua Geschlechtszugehörigkeit zu definieren, sondern immer zugleich auch als Angehörige sozialer Klassen. Wird diese soziale Differenz nicht genügend berücksichtigt, so können daraus analytische Verzerrungen und politische Illusionen erwachsen, etwa was Gemeinsamkeiten und Möglichkeiten von Solidarisierung angeht. Angemessener ist es statt dessen, die Frauen immer in einer doppelten Relation zu sehen: im Verhältnis zu den Männern derselben Klasse und im Verhältnis zu den Frauen in anderen Klassen (Bourdieu 1997). Diese Perspektive verfolgen wir in einem empirischen Forschungsprojekt, aus dem hier einige Ergebnisse vorgestellt werden sollen. Ausgangspunkt bilden drei zentrale Annahmen über das Verhältnis von Klasse und Geschlecht:

1.　Als Angehörige von sozialen Klassen (qua Herkunft und qua aktueller sozialer Position) unterscheiden sich Frauen trotz gleicher Geschlechtszugehörigkeit voneinander (*Klassenhypothese*).
2.　Innerhalb jeder Klasse nehmen Frauen in Relation zu den Männern derselben Klasse jeweils eine untergeordnete Position ein (*Geschlechtshypothese*).
3.　Die Vorstellungen und Realisierungen von Männlichkeit und Weiblichkeit, von der Geschlechterbeziehung und Arbeitsteilung zwischen den Geschlechtern sind von Klasse zu Klasse verschieden, so daß sich die Deutungen, Orientierungen, Wertmuster wie auch die sozialen Praktiken der Geschlechter je klassenspezifisch unterscheiden (*Klassengeschlechtshypothese*).

In diesem Beitrag wird das Schwergewicht auf die erste (in der Frauenforschung vernachlässigte) Hypothese gelegt. Am Thema „Arbeit und Anerkennung" soll exemplarisch auf Klassenunterschiede zwischen Frauen aufmerksam gemacht werden, um am Schluß die daraus sich ergebenden politischen Konsequenzen zur Diskussion zu stellen. – Vorab mögen einige theoretische Erläuterungen zum besseren Verständnis des Ganzen dienen.

II. Der soziale Raum: ein modernes Klassenmodell

Als theoretischen Ansatz zur empirischen Erforschung des Verhältnisses von Klasse und Geschlecht haben wir das klassenanalytische Modell des sozialen Raums des französischen Soziologen Pierre Bourdieu (1982 und 1985) gewählt, mit dem sich die Veränderungen der Sozialstruktur einer Gesellschaft wie der Bundesrepublik (bspw. in Form der Ausdifferenzierung von Klassen in Klassenfraktionen) angemessen erfassen lassen. Ergänzend greifen wir auf die Studie über die „pluralisierte Klassengesellschaft" von Michael Vester u. a. (1993 und 1995) zurück, die mit der Analyse (neuer) sozialer Milieus weitere Differenzierungen im sozialen Raum ermöglicht. Die Position einer sozialen Klasse oder Klassenfraktion hängt nach diesem Modell von der Zusammensetzung und Menge des „Kapitals" ab: Den Kapitalbegriff hat Bourdieu erweitert; er faßt darunter sowohl ökonomisches Kapital (Einkommen, Besitz, Vermögen), kulturelles Kapital (Bildungstitel, Besitz von Bildungsgütern u. a.), soziales Kapital (Zugehörigkeit zu bestimmten sozialen Kreisen, Beziehungen) als auch symbolisches Kapital (Prestige, Reputation etc.). Die sozialen Praktiken sind als praktische Stellungnahmen des „Habitus" zu den Positionen zu verstehen, die sich im Lebensstil einer Klasse äußern. Der Habitus ist nach Bourdieu ein Ensemble von Dispositionen, eine weitgehend unbewußte Struktur, die dem Wahrnehmen, Denken, Fühlen, Bewerten und Verhalten einer Person, sozialen Gruppe oder Klasse eine Systematik und Regelhaftigkeit verleiht. Der Habitus einer Person ist zugleich Träger und Produzent von Klassenstrukturen und -eigenschaften.

  Entscheidend an dem Modell des sozialen Raumes ist zum einen, daß Klassen nur im Verhältnis zueinander, also relational und nicht substantiell, existieren und die Klassenpositionen in diesem relationalen Gefüge dynamisch zu sehen sind, weil ständige Auseinandersetzungen sie in Bewegung halten. Zum anderen ist mit der stärkeren Gewichtung der kulturellen Dimension (wie Bildung, Lebensstile) neben ökonomischen Bestimmungen der Blick auf die „feinen Unterschiede" in der kapitalistischen Gesellschaft gerichtet. Entsprechend fein müssen auch die Analyseinstrumente der empirischen Forschung sein, um diese Differenzen erfassen zu können. Der „Fahrstuhleffekt" (Ulrich Beck) hat zwar eine allgemeine Anhebung des Lebensniveaus bewirkt, aber die Abstände zwischen den Klassen sind weitgehend unverändert geblieben. Im Ergebnis empirischer Lebenslaufstudien (Mayers 1990) wird sogar behauptet, daß die Kluft zwischen Arbeiterklasse und allen übrigen größer geworden sei.

Auf den Bedeutungszuwachs von kulturell-psychischen Klassenunterschieden neben den primär materiell-ökonomischen macht auch Axel Honneth (1981) unter dem Blickwinkel „dauerhafter Ungleichverteilung" von sozialen Anerkennungschancen" aufmerksam:

> „Eine auf den Kapitalismus zugeschnittene Klassentheorie (läßt sich) nicht auf die ungleiche Verteilung materieller Lebensgüter beschränken, sondern muß auf die asymmetrische Verteilung kultureller und psychischer Lebenschancen hin erweitert werden. Ich meine damit die schwer meßbare, aber durchaus belegbare klassenspezifische Verteilung von Chancen zu kultureller Bildung, sozialer Anerkennung und identitätsstiftender Arbeit." (Honneth 1981, S. 568)

III. Arbeit und Anerkennung als Ungleichheitsdimension

Am Thema „Arbeit und Anerkennung", das wir aus dem Spektrum der Themen[2] auswählen, nach denen wir das empirische Material des Projekts[3] ausgewertet haben, lassen sich u. E. die sozialen Unterschiede zwischen Frauen gut veranschaulichen. Denn einerseits befinden sich Frauen bekanntlich bei der Teilung und Verteilung von Arbeit (im erweiterten Verständnis von Erwerbs-, Haus- und Familienarbeit) aufgrund der hierarchischen Arbeitsteilung zwischen den Geschlechtern in den untergeordneten Positionen. Sie haben, da die unbezahlte Hausarbeit und Kindererziehung in der erwerbszentrierten männlichen Kultur von Arbeit nicht als gleichwertiger, reproduktionsnotwendiger Typus gesellschaftlicher Arbeit betrachtet wird (Honneth 1994; Kambartel 1993), auch darüber geringere Anerkennungschancen als Männer, die sich der Hausarbeit eher verschließen. Andererseits existieren Verzerrungen im Gefüge sozialer Anerkennung durch Arbeit, die ihre Ursache in der Sozialstruktur und Klassenteilung haben. Die Chancen auf soziale Wertschätzung sind in der Status- und Berufshierarchie klassenspezifisch zugewiesen und kulturell definiert. Von dieser hierarchischen Struktur des Erwerbssystems sind Frauen also in zweifacher Weise tangiert: durch die geschlechtliche Arbeitsteilung sowie durch die Klassenarbeitsteilung.

IV. Klasse und Geschlecht in empirischer Verschränkung

Am Beispiel von vier jeweils unterschiedlichen sozialen Klassen angehörenden Frauen[4] – einer Arbeiterin, einer mittleren Angestellten, einer Lehrerin und einer Managerin – sollen nun solche unterschiedlichen Anerkennungschancen unter verschiedenen Aspekten der Tätigkeiten aufgezeigt werden. Eine knappe Charakterisierung ihrer Lebenssituation in Paarbeziehungen ist aus den Angaben zu Bildung, Herkunft, Beruf, Einkommen, Besitz und Lebensform in Tabelle 1 zu entnehmen.

Im folgenden sollen die Positionen der Frauen im sozialen Raum gemäß ihrem jeweiligen „Kapital"-Besitz bestimmt werden, um sie relational betrachten zu können.

1. Das unterschiedliche „Kapital" der Frauen

Die soziale Herkunft ist nach wie vor ein starker Faktor der Chancenzuweisung für Bildung und Ausbildung; das zeigt sich an unseren Beispielen, und zwar sowohl „unten" als auch „oben". Töchter aus Arbeiterfamilien (zumal, wie hier, von ungelernten Arbeitereltern) haben immer noch die schlechteren Voraussetzungen für den Erwerb von kulturellem Kapital (Rodax 1995). Von einer Ausbildung konnte die Arbeiterin nur träumen, während die Angestellte immerhin eine zweijährige hauswirtschaftliche Ausbildung absolviert hat; auch wenn sie diese beruflich nicht verwerten konnte, verfügt sie damit doch über ein Minimum an kulturellem Kapital. In den oberen Klassen scheint demgegenüber eine höhere Schulbildung und akademische Ausbildung für Töchter ebenso selbstverständlich zu sein wie für Söhne. Am Beispiel des Herkunftmilieus der Lehrerin (Medizinerfamilie) kann sogar von einer Macht der Erwartung gesprochen werden, die einen höheren Bildungsweg der Kinder so selbstverständlich vorsieht, daß Alternativen überhaupt nicht denkbar sind. Bei der Managerin war es sowohl die gezielte Förderung durch ihre Stiefmutter, die selbst Abitur hatte, als auch eine starke Identifikation mit dem Vater (er war Steiger und Bergbau-Ingenieur), die den Grundstein für ihren Bildungsweg und ihre berufliche Karriere gelegt haben.

Neben diesen unterschiedlichen Ausgangsbedingungen für die Aneignung kulturellen Kapitals trennt das ökonomische Kapital die Frauen deutlich. So beträgt das persönliche Nettoeinkommen der Managerin das Fünffache von dem der Arbeiterin und noch knapp das Dreifache von dem der Angestellten. Hinzu kommen Vermögenswerte: Beide Oberklassenfrauen besitzen (anteilig) Haus und Grundstück, Wertpapiere oder andere Geldvermögen. Die Lehrerin kann mit ihrem materiellen Besitz (das Haus, in dem die Lehrerfamilie wohnt, ist von ihrem Erbteil gekauft worden; außerdem bezieht sie eine monatliche Rendite aus ihrem Wertpapierbesitz) das wegen ihrer Beurlaubung fehlende Einkommen kompensieren. Im Vergleich dazu ist auch die Angestellte relativ „arm" – an kulturellem wie an ökonomischem Kapital. Ihr materieller Besitz beschränkt sich auf zwei Lebensversicherungen; mit ihrem Einkommen setzt sie sich allerdings deutlich von der Arbeiterin ab: Sie verdient netto fast das Doppelte.

Nimmt man das Einkommen als faktisches Anerkennungsmaß im real existierenden System von Erwerbsarbeit, so lassen sich, wie Tabelle 2 zeigt, an den Abständen und dem Gefälle zwischen den Einkommensklassen soziale Klassengrenzen identifizieren. Und im Vergleich der Einkommensklassen von Frauen und Männern in den jeweiligen Berufsgruppen existiert nach wie vor eine geschlechtshierarchische Struktur der Einkommensverteilung. Dies läßt sich mit dem vorhandenen Material nachweisen.

Tabelle 2 zeigt eine Einkommensstruktur nach Berechnungen von Daten des Sozio-ökonomischen Panels (SOEP).

Tabelle 1: Merkmale der Frauen in den Paarbeziehungen

Merkmale Paare	Bildung/Ausbildung	Herkunft	Beruf	Nettoeinkommen	Haushaltsnettoeinkommen	Besitz/Vermögen	Lebensform
Arbeiterpaar: Sie	Volksschule, keine Berufsausbildung	Arbeiterklasse/ traditionsloses Arbeitermilieu	Lagerarbeiterin	DM 1.500	DM 4100 (einschließlich DM 600 Ausbildungsvergütung des Sohnes)	Kleinwagen	Verheiratet, ihr erwachsener Sohn aus erster Ehe lebt im Haushalt
Er	Realschule, kaufm. Ausbildung	Arbeiterklasse/traditionelles Facharbeitermilieu	Lagerortverwalter Arbeiterstatus	DM 2.000			
Angestelltenpaar: Sie	Volksschule, Hauswirtschaftsgehilfin	Mittelklasse/ traditionelles Kleinbürgertum (ländlich)	Gruppenleiterin	DM 2.700	DM 6.000 Mehrere Lebensversicherungen		Lebensgemeinschaft; je zwei Kinder aus früheren Ehen, nicht im Haushalt lebend
Er	Abitur, Studium ohne Abschluß	Mittelklasse/traditionelles Kleinbürgertum (städtisch)	Programmierer freigestellt als Betriebsrat	DM 3.300			
Beamtenpaar: Sie	Abitur, Studium	Oberklasse/ Freiberufler	Realschullehrerin, beurlaubt	DM 750 (Rendite)	DM 5.350	Haus und Grundstück, Wertpapiere, Kleinbus, Mittelklassewagen	Verheiratet, zusammen lebend, 3 Kinder (3, 6, 10)
Er	Abitur, Studium	Mittelklasse/ traditionelles Kleinbürtum/ bäuerliches Milieu	Gymnasiallehrer	DM 4.600			
Managerpaar: Sie	Abitur, Studium	Mittelklasse/ Bergbaumilieu	Verwaltungsleiterin	DM 7.500	DM 22.500	Haus und Grundstück, Geldanlagen, Auto der Spitzenklasse, Mittelklassewagen	Verheiratet, (am Wochenende) zusammenlebend, keine Kinder
Er	Abitur (2. Bildungsweg), Studium	Mittelklasse/ traditionelles Kleinbürgertum	Geschäftsführer	DM 15.000			

Tabelle 2: Nettoeinkommen von Frauen und Männern nach ausgewählten Berufsgruppen (Angaben in Prozent)

Berufliche Stellung nach SQEP*	Einkommensklassen (DM) nach SOEP								
	bis 999,-	1000,- bis 1499,-	1500,- bis 1999,-	2000,- bis 2499,-	2500,- bis 2999,-	3000,- bis 3999,-	4000,- bis 4999,-	5000,- bis 7499,-	7500,- bis 20000,-
Arbeiterinnen ungelernt	62	18	17 (1)	2	–	–	–	–	–
Arbeiter ungelernt	23	5	31	28	8	5	–	–	–
Facharbeiterinnen	19	37	30	14	–	–	–	–	–
Facharbeiter	1	1	27	41 (2)	20	9	1	–	–
Angestellte qualifiziert,	16	18	25	27	10 (3)	3	–	–	–
Angestellter qualifiziert	3	–	12	29	22	27 (4)	6	1	–
Angestellte mit Führungsaufgabe	–	8	35	–	19	–	21	16 (5)	–
Angestellter mit Führungsaufgaben	–	25	4	3	16	9	18	14	11 (6)
Beamtinnen, höherer Dienst	–	2	13	17	–	21	31	16	–
Beamten, höherer Dienst	–	8	–	–	–	9	50 (7)	32	1

* Aus den 21 Berufsgruppen des SOEP wurden nur diejenigen in die Tabelle übernommen, die für die Personen der im Text referierten Paarbefragungen relevant sind.
(1-7) Einkommensklassen, denen die Einkommen der Personen aus der Paarbefragung zuzuordnen sind: (1) = Lagerarbeiterin, (2) = der Lagerverwalter, (3) = die Gruppenleiterin, (4) = der Programmierer, (5) = die Verwaltungsleiterin, (6) = der Geschäftsführer, (7) = der Gymnasiallehrer.
Quelle: Eigene Berechnungen von Daten des sozioökonomischen Panels (SOEP), 7. Welle/Westdeutschland.

Bei der Zuordnung der Einkommen der interviewten Frauen und ihre Partner zu den Einkommensklassen des SOEP ergibt sich folgende Struktur: die Frauen liegen jeweils eine Einkommensklasse tiefer als die (ihre) Männer (mit Ausnahme des Lehrerpaars, das z. Z. nur über das Einkommen des Mannes verfügt). Genauer noch: Sie verdienen zwischen 500,- DM (Arbeiterpaar), 600,- DM (Angestelltenpaar) und 7500,- DM (Managerpaar) weniger als ihre Partner. Als Paare verschiedener Klassenzugehörigkeit sind sie mit ihrem individuellen Nettoeinkommen hier jeweils den Berufsgruppen und Einkommensklassen des SOEP zugeordnet; dabei weist die Tabelle ein Gefälle von links oben (Arbeiterklasse) nach rechts unten (Oberklassenfraktionen) auf.

2. Status und Hierarchieposition

Neben dem Einkommen ist die Position innerhalb der Hierarchie in Verbindung mit der Stellung im Beruf ein untrügliches soziales Anerkennungsmaß. Gegen alle Reden vom Verschwinden der Klassen und Klassenunterschiede haftet dem Status „Arbeiter" bzw. „Arbeiterin" in unserer Gesellschaft immer noch ein Makel an und weist zu, in der gesellschaftlichen Anerkennungshierarchie „unten" zu sein, keine besondere soziale Wertschätzung zu genießen und kein „symbolisches Kapital" zu besitzen. So drückt sich bspw. die relative Geringschätzung der Arbeit(skraft) der Lagerarbeiterin in ihrem Lohn ebenso aus wie in vorenthaltener Würdigung der Tätigkeit – das eine ist der materielle, das andere der moralische oder symbolische Ausdruck desselben Tatbestands. Den Gegenpol hierzu bilden Oberklasse-Frauen wie die Managerin. Sie hat als Verwaltungschefin einer kleinen Bildungsinstitution 20 Leute „unter sich", davon 5 Abteilungsleiter und -leiterinnen, und über sich nur noch den Direktor. In dieser Stellung gehört sie einer kleinen Minderheit von Frauen in Führungspositionen an, die in die männlich dominierten Bereiche der Macht eingedrungen sind und potentiell selbst Macht ausüben. Die damit verbundenen Möglichkeiten, über die sie objektiv verfügt, nutzt die Managerin allerdings kaum. Auch hier scheint sich zu bestätigen, daß Frauen in leitender Stellung nicht unbedingt nach Macht streben. In diesem Fall liegt es zusätzlich in ihrer Herkunft begründet, daß sie sehr sozial orientiert ist und einen egalitären Führungsstil pflegt.

Etwas anders liegt das Fallbeispiel aus der Mittelklasse: Obwohl die von uns ausgewählte mittlere Angestellte als Gruppenleiterin mehr Personen „unter sich" hat als die Managerin, verfügt sie objektiv über sehr viel weniger Macht und Prestige als diese. Das hat seinen Grund darin, daß die Poststelle, die die Angestellte leitet, im hierarchischen Gefüge der Versicherungsgesellschaft, in der sie tätig ist, ziemlich weit unten angesiedelt ist. Diese niedrige Position der Abteilung – eine reine Frauenabteilung – mindert auch den „Wert" der Gruppenleiterin. Ein weiterer Unterschied zwischen den beiden Leiterinnen besteht darin, daß die Managerin seit Abschluß ihres Studiums praktisch immer „oben" gearbeitet hat und gewohnt ist, leitende Positionen auszufüllen. Die Angestellte hingegen hatte Skrupel, und nur dadurch, daß sie die Vorgesetztenrolle mit viel sozialarbeiterischen Anteilen anreichert, kann sie diese mit ihrer Disposition der Machtdistanz vereinbaren.

Daß ein Status nicht nur über eine berufliche Position erworben, sondern auch geerbt werden kann, zeigt das Beispiel der Lehrerin. Sie verfügt qua Herkunft (neben materiellem Besitz) über ein soziales und kulturelles Erbe von Dispositionen, auf dessen Basis sie über ein starkes soziales Selbstbewußtsein sowie eine radikale Interessenorientierung erworben hat.

3. Das berufliche Engagement

Wem über die Arbeit höchste Anerkennung zuteil wird, der engagiert sich darin auch meist sehr stark. Diese Regel läßt sich anhand unserer Beispiele aufstellen. Spitzenreiterin in der beruflichen Anerkennungshierarchie ist die Managerin, und sie ist auch am stärksten erwerbs-, leistungs- und erfolgsorientiert. Frauen in Führungspositionen wie sie stehen häufig unter Erfolgszwang und haben sich dem männlichen Modell von Berufsarbeit und Karriere angepaßt. Davon zeugt auch die Laufbahn und das Lebenskonzept der Managerin: Sie hat sich gegen Kinder entschieden, arbeitet durchschnittlich 50 Stunden pro Woche und hat ihrer Berufsarbeit einen Großteil ihres Privatlebens geopfert. Häufige berufliche Wechsel haben sie in ihrer Karriere jedesmal ein Stück weiter gebracht. Im Unterschied zum männlichen Modell (und konkret zu ihrem Mann) gibt es bei ihr aber trotz allem noch etliche lebensweltliche Bezugspunkte, von denen sie weder gedanklich noch praktisch abstrahieren möchte – und kann. Außerdem scheint sie an der Einseitigkeit ihres Lebens zu leiden, weshalb sie auch eine Reduzierung ihrer Berufsarbeit zugunsten alternativer Sinnbezüge ins Auge faßt.

Im Unterschied zur Managerin ist die Angestellte nicht (so) leistungsorientiert. Sie ist ein Beispiel dafür, daß Selbstverwirklichung für viele (nicht nur weibliche) Angehörige der Mittelklassen, zumal des „Neuen Kleinbürgertums", einen höheren Stellenwert als Leistung hat. Sie hat sich zwar von der Haushälterin zur Büroleiterin hochgearbeitet, dies aber ohne Aufstiegs- und Karriereinteressen. Ihre berufliche Laufbahn ist eher eine „Begleiterscheinung" ihres Kampfes um Selbstfindung und Selbstbefreiung (vor allem aus der sozialen Enge ihrer kleinbürgerlichen Herkunft). Beruflicher Erfolg und alle Annehmlichkeiten des Einkommens haben für sie dagegen nur einen begrenzten Stellenwert. In ihrer Relevanzstruktur gibt es noch eine Menge anderer Interessen und Ziele, denen sie mit reduzierter Arbeitszeit verstärkt nachgehen will.

Ganz heraus aus dem vorgegebenen System der Erwerbsarbeit möchte am liebsten (wie so viele in ihrer Situation) die Arbeiterin. Die einzige Form von Anerkennung, die sie erfährt, ist über soziale Beziehungen und Solidarität vermittelt, nicht über die Arbeit selbst. Der Hunger nach Sinn bildet neben Mißachtungserfahrungen die Triebkraft für ihre Wünsche nach einem Ausstieg: Sie träumt davon, sich mit einem CD-Lädchen selbständig zu machen. Damit verbindet sie die Idealvorstellung einer selbständigen, kommunikativen, Kompetenz abfordernden Arbeit mit ästhetischem Inhalt, vor allem aber ihr „eigener Herr" zu sein. Eine alternative Anerkennungsquelle bildet für die Arbeiterin die Sorge und Fürsorge für ihren Sohn, inzwischen auch für ihren Mann, für deren beider (leibliches) Wohl sie sehr viel tut.

Die Lehrerin, die mit der Wahl des Fachs Kunsterziehung ihre künstlerische Neigung in gewisser Weise professionalisiert hat, hat ihren Beruf zwar gerne ausgeübt, aber die Arbeit in der Schule entsprach nicht ihren Idealvorstellungen (zu viel Streß und Organisation, zu wenig Kunst). Neben ihrem Engagement in Haushalt und Familie nutzt sie die Beurlaubung, um ihrem Hobby, der Bildhauerei, verstärkt nachzugehen. Diese Betätigung, der all ihr Interesse gilt, hat sie für sich zur alternativen Anerkennungsquelle gemacht. Perspektivisch sucht sie eine Berufsarbeit, in der sie Kunst und Lehre ihren Vorstellungen gemäß verbinden kann.

4. Kampf um Anerkennung – weiblich?

Neben der künstlerischen Betätigung und der Tatsache, Mutter von drei Kindern zu sein (als potentielle Anerkennungsquellen) ist soziale Wertschätzung für die Lehrerin eher ein gegebener Zustand als ein Ziel, um das sie ringen muß. Im Unterschied etwa zur Managerin oder zur Angestellten scheint ihr das Kämpfen (um Anerkennung, Autonomie, Befreiung) als solches fremd; worum andere kämpfen müssen, darüber verfügt sie: über Autonomie und ein interessenorientiertes, souveränes Handlungsmodell, das es ihr ermöglicht, Konflikte angstfrei, offensiv und direkt anzugehen und auszutragen.[5] Das verschafft der Lehrerin im Vergleich zu den übrigen Frauen eine Überlegenheit. Aufgrund ihrer Autonomie ist sie auch in der Lage, ihre objektiv eingeschränkte Situation qua Beurlaubung (die das Resultat einer gemeinsamen Entscheidung von ihr und ihrem Mann ist) durch die Realisierung ihrer anderweitigen Interessen zu kompensieren. An diesem Beispiel zeigt sich, daß die Herkunft mindestens so relevant ist und strukturierend wirkt wie der über den Beruf erworbene soziale Status; vielleicht hat sie sogar ein größeres Gewicht. Ihre Herkunft jedenfalls hat der Lehrerin Demütigungs- und Diskriminierungserfahrungen, wie sie in irgendeiner Form die anderen Frauen gemacht haben, erspart, und ihr Leben scheint auch relativ frei von Zwängen zu sein, so etwa auch in der Frage der Vereinbarkeit von Beruf und Kindern. Zwar fehlt es generell an Lösungen für diese eminent gesellschaftliche Aufgabe, und die Frauen tragen meist die Kosten, indem sie zugunsten der Kinderbetreuung beruflich zurückstecken. Bei einem Vergleich der unterschiedlichen individuellen Lösungen zeigen sich allerdings wieder soziale Unterschiede: Beamte – weibliche wie männliche – sind mit der Möglichkeit der Beurlaubung relativ im Vorteil gegenüber Angehörigen anderer Statusgruppen. In unseren Fällen wich die Arbeiterin in Nachtdienst aus, die Angestellte in ungeschützte Beschäftigung.

Im Unterschied zur Lehrerin hat die Managerin kämpfen gelernt; ihre starke Erfolgsorientierung gründet u. a. auf einer frühen Erfahrung von Deklassierung und sozialer Scham (sie fühlte sich als einzige Schülerin mit einem „gewerblichen" Vater in einer rein bürgerlichen Klasse sozial unterlegen), die sie durch überdurchschnittliche Leistungen ausgeglichen und darauf eigenes Selbstbewußtsein aufgebaut hat. Sie hat also eine unterlegene

Disposition qua Geschlecht und Herkunft über eine erfolgreiche berufliche Karriere wettmachen können.

Eine solche Umkehrung ist Arbeiterinnen nur in den seltensten Fällen möglich. Am Beispiel unserer Arbeiterin zeigt sich die traurige Tatsache, von Kindheit an nur Erfahrungen von Demütigung, Mißachtung- und Benachteiligung gemacht zu haben (von sexuellem Mißbrauch, physischer Gewalt bis zu Demütigungen im Betrieb). Aus Mangel an Förderung und sozialer Wertschätzung hat sie sich im Kampf ums Überleben immer nach Anerkennung gesehnt, die sie in sozialen Beziehungen vereinzelt auch gefunden hat. Beziehungen bilden für sie bis heute einen emotionalen Boden, auf den sie stark angewiesen ist, um handlungsfähig zu sein.

5. Zwischenbilanz

Im Ergebnis dieser vergleichenden Betrachtung auf der Basis der über Erwerbsarbeit und Herkunft vermittelten sozialen Positionen von (vier) Frauen zeigt sich eine Hierarchie, in der die Arbeiterin und die Lehrerin Gegenpole bilden, denn sie sind sich vom Habitus am meisten fremd: die eine affektiv durchlässig – die andere distanziert und detachiert …; der Mangel an Kapital in jeder Form bei der einen – der Reichtum vor allem an kulturellem Kapital bei der anderen. Selbstverständlich ist auch die Managerin – zusätzlich mit viel ökonomischem Kapital ausgestattet – der Arbeiterin fern; hier gibt es allerdings noch einen Berührungspunkt aufgrund der herkunftsbedingten sozialen Orientierung der Managerin sowie ihres egalitären Führungsstils. Aber was beispielsweise die Kontrolle ihrer Affekte betrifft, zeigen sich tiefe Gegensätze; und mit ihrer starken Leistungs- und Erfolgsorientierung steht sie ziemlich allein unter den Frauen. Was die Arbeiterin mit der Angestellten gemeinsam hat, ist die lebensgeschichtlich einschlägige Erfahrung von Solidarität im Kontext von politischen Gruppen, über die Lernprozesse möglich wurden; was sie trennt, ist die Selbstbezüglichkeit der Angestellten und ihr nach innen gerichtetes Austausch- und Befreiungsmodell.

Neben solchen Beispielen für Habitusdifferenzen markieren das Einkommen als ökonomisches und der berufliche Status als soziales Anerkennungsmaß deutliche Trennlinien zwischen den Frauen, die im gegebenen System von Erwerbsarbeit zugleich als Arbeitsteilungs- und Klassengrenzen angesehen werden können.

V. Auch die Hausarbeit macht nicht gleich

Wenn wir nun Hausarbeit und Kindererziehung empirisch in den Blick nehmen, so scheint in dem gesellschaftlich-kulturellen Umstand, daß alle Frauen Hausarbeit machen, nun wirklich eine, wenn nicht *die* Gemeinsamkeit des weiblichen Geschlechts überhaupt zum Ausdruck zu kommen. Bei näherem Hinsehen ist das aber nur die halbe Wahrheit; die strukturelle Tatsache hierarchischer geschlechtlicher Teilung von Arbeit in den Bereichen von Erwerb und Haushalt trifft auf der Ebene sozialer Praxis zwar fast immer zu, aber die Bedeutung der Hausarbeit und die Bewertung derselben sind von Klasse zu Klasse verschieden. Mit Verweis auf unsere Ausführungen zu verschiedenen Aspekten dieses Themas (Frerichs/Steinrücke 1994 und 1995) ziehen wir hier nur ein knappes, etwas verallgemeinerndes Resümee:

In den unteren Klassen scheint ein ordentlich geführter Haushalt die Funktion zu haben, eine geregelte Lebensführung sicherzustellen. Dafür müssen bestimmte Regeln und Standards eingehalten werden (etwa von Ordnung und Sauberkeit oder pünktlichen Mahlzeiten), die das Gefühl vermitteln, Halt zu geben und dadurch ein wenig vor den Risiken und Gefährdungen der Existenz (durch Arbeitsplatzverlust, soziales Abrutschen) geschützt zu sein.

Die Einhaltung solcher Regeln und Standards und die Hausarbeit selbst kann so im Bedeutungshorizont der Schaffung und Einhaltung eines Schutzraums stehen, in dem das Gefühl von Geborgenheit entsteht und abgesichert wird. Das ist der emotional-affektive Zustand, der beispielsweise für die Arbeiterin lebensnotwendig ist, um handlungsfähig zu sein; und ihr Mann hat mit seinem überdurchschnittlichen Engagement im Haushalt einen großen Anteil an dessen Stabilisierung.

In den oberen Klassen, wo aufgrund nicht vorhandener Gefahren der sozialen Deklassierung keine vergleichbaren Schutzbedürfnisse existieren, scheint demgegenüber der häusliche Bereich eher eine Repräsentationsfunktion zu haben. Diese wiederum hat Auswirkungen auf bestimmte Muster häuslicher Arbeitsteilung: Männer der oberen Klassen neigen anscheinend dazu, den Frauen die Routinearbeiten, das Alltägliche, immer Wiederkehrende zu überlassen, während sie selbst das Besondere, Außergewöhnliche, nur ab und zu Anfallende erledigen.

Am Beispiel des Kochens zeigt sich dies bei beiden Oberklassepaaren: Die Lehrerin kocht für die Familie tagtäglich das ganz normale, schlichte Mittagessen, ihr Mann kocht am Wochenende feinere Sachen mit vielen Beilagen, raffinierten Saucen etc. Auch der Manager, der sonst nichts im Haushalt tut, zaubert gelegentlich große Gästemenues mit fünf Gängen für zehn bis zwölf Personen. Bemerkenswert daran ist, daß solche „besonderen" Hausarbeiten dazu angetan sind, öffentliches Lob und Anerkennung zu erringen; man kann damit brillieren und seine Kompetenz auch in diesem Bereich unter Beweis stellen.

Ausgehend von diesen Beispielen könnte vermutet werden, daß Männer der oberen Klassen (mit viel kulturellem Kapital) versuchen, auch die Hausarbeit zu einem sozialen Feld zu konstituieren, auf dem sie „männliche Spiele" um Anerkennung und Ehre spielen können. Alles, was sich dazu nicht eignet, wird ignoriert.

Hier läßt sich u. E. eine allgemeine Regel oder These über den Zusammenhang vom Wert der Arbeitskraft und Bewertung der Hausarbeit aufstellen: Je qualifizierter die Arbeitskraft, je mehr kulturelles Kapital sie besitzt, desto größer ist ihre Distanz zur Hausarbeit, desto stärker werten auch die Frauen – ganz nach männlichem Muster – diese ab, desto größer die Neigung, bei vorhandenen finanziellen Möglichkeiten die Hausarbeit abzutreten und sie von bezahlten Kräften (in aller Regel Frauen in ungeschützter Beschäftigung[6]) erledigen zu lassen. So wird die Hausarbeit auch in den mittleren und vor allem oberen Klassen häufiger zum Konfliktgegenstand als in den unteren; in diesem Kampf geht es, das läßt sich mit einiger Sicherheit sagen, um Macht und Anerkennung in der Beziehung.

VI.　Und wo bleiben die Gemeinsamkeiten? Ein kurzes politisches Resümee

Nach den Differenzen soll der Blick nun noch kurz auf Gemeinsamkeiten unter den Frauen gelenkt werden, um hieran politische Schlußfolgerungen knüpfen zu können.

Die *erste Gemeinsamkeit* ist eine stellungsspezifische. Regina Becker-Schmidt hat sie einmal so formuliert: „Innerhalb jeder sozialen Klasse gibt es noch einmal eine Unterschicht: die Frauen" (Becker-Schmidt 1987, S. 191). Vergleichen wir die beruflich-sozialen Positionen der hier vorgestellten Frauen mit denen ihrer Partner, so zeigt sich, daß die Frauen im sozialen Raum jeweils tiefer angesiedelt sind als die (ihre) Männer: Die Lagerarbeiterin ist unter dem Lagerortverwalter, die Leiterin der Poststelle in der Versicherung unter dem Angehörigen der (in der gleichen Versicherung hoch angesehenen) Programmierabteilung, die Realschullehrerin unter dem Gymnasiallehrer und die Verwaltungsleiterin unter dem Geschäftsführer positioniert. Als Paare haben sie zwar eine relativ homogene Klassenlage, aber die Stellung der Frauen innerhalb dieser Klassenlage ist jeweils eine untergeordnete. Das entspricht exakt der Stellung von Frauen im Geschlechterverhältnis, wie sie Michael Mann (1986) bezeichnet hat: Die Frauen bilden Pufferzonen zwischen den Männern der eigenen Klasse und den Männern der nächst unteren.

Die *zweite Gemeinsamkeit* betrifft ihre andere Sicht auf die Arbeit: Es mag mit dem ursprünglichen Ausschluß der Frauen von den Feldern der Macht zusammenhängen, daß sie bei allem beruflichen Engagement und Erfolg im einzelnen nicht so total, „mit Haut und Haaren", in das System von Erwerbsarbeit und die „männlichen Spiele" (Bourdieu 1997), d. h. den ständigen Kampf um Ehre und Anerkennung, involviert sind. Aus ihrer Position zwischen Drinnen und Draußen, zwischen Haus und Erwerb, zwischen Einschluß und Ausschluß läßt sich vielleicht eine Eigenschaft retten, die Frauen zu Promotorinnen einer anderen, lebenswerteren Organisation der gesellschaftlichen Arbeit macht.

Der Schluß, der aus den Differenzen zwischen Frauen aufgrund von Klassenunterschieden zu ziehen ist, läge politisch in differenzierten Interessenvertretungsstrategien für spezifische Gruppen von Frauen und fallweise in intelligenten Bündnissen – auf der Grundlage des klaren, illusionslosen Eingeständnisses des Trennenden. Denn auch die stellungsspezifischen Gemeinsamkeiten bewirken nicht per se eine gemeinsame Erfahrung, ebensowenig wie das Kinderhaben, -erziehen und -betreuen oder die Hausarbeit als solche schon politisch einen.

Solche Differenzierungen sind an den Fallbeispielen mit Blick auf die jeweiligen Interessenbrennpunkte zu verdeutlichen: Im gesellschaftlich unteren Bereich käme es vor allem auf Lohnanhebung (Neubewertung, Aufwertung der Arbeit) und ein Minimum an Sinn und Anerkennung an. Im mittleren Bereich scheint nach wie vor das Interesse an Arbeitszeitsouveränität eine Priorität zu haben, das viel Schubkraft durch die Virulenz von außerberuflichen (bspw. kulturellen) Interessen erfährt. Hier könnten Bündnisse mit Frauen im oberen Bereich der beruflich-sozialen Hierarchie eingegangen werden, bei denen arbeitszeitliche Interessen allem Anschein nach stark mit dem Interesse an einer Gleichverteilung von Hausarbeit und Anerkennungschancen auf die Geschlechter verknüpft sind. Anknüpfungspunkte zwischen den Gruppen könnten in der Gemeinsamkeit erhöhter lebensweltlicher Ansprüche, im Interesse an einem Mehr an sozialen Beziehungen, Kommunikation und kooperativen Formen der Arbeit im vereinseitigten System von Erwerbsarbeit liegen.

Im gemeinsamen Kampf darum ließen sich kluge Bündnisse schließen, bei denen die wechselseitigen Stärken der Gruppen und Individuen zu organisieren wären (beispielsweise die affektive Kraft der Arbeiterin; das Potential an Selbstentfaltung und sozialer Kompetenz der Angestellten; das ausgeprägte Interessenbewußtsein der Lehrerin; die Kompetenz in rationaler Organisation der Managerin). In Anerkennung der Differenz kämen so die spezifischen Kompetenzen zur Geltung, ohne daß damit schon zusätzliche Hierarchisierungen eingebaut wären. Sehen Gleichstellungspolitiken im administrativen Bereich oder in den Gewerkschaften aber von Differenzierungen ab, dann sitzen sie nicht nur politischen Illusionen auf, sondern verstärken (ungewollt) bei einer Gleichbehandlung „aller" die faktische soziale Ungleichheit.

Anmerkungen

[1]   Im europäischen Ausland und in den USA ist die Thematisierung der Kategorien Klasse und Ethnie/Rasse neben Geschlecht geläufiger. Zur englischen Gender-and-Class-Debatte vgl. Crompton/Mann (1986) und Abbott/Sapsford (1987).

[2]   Weitere Themen der Auswertung sind: Geschlechts- und Klassensozialisation; Lebensstile; Interessen; Macht.

[3]   Die empirische Umsetzung des Projektansatzes erfolgte methodisch auf zwei

Wegen: *erstens* mittels ausführlicher, soziobiographischer Interviews mit Paaren, die qua Herkunft und aktueller beruflicher Stellung deutlich abgrenzbare soziale Positionen einnehmen; *zweitens* mittels statistischer Berechnungen von Daten des Sozio-ökonomischen Panel (SOEP). Über die Paarbefragung sollte einerseits geprüft werden, wie klassenhomogen die Beziehungen sind; in unseren Fällen zeigte sich eine recht große soziale Homogenität. Andererseits sollte die doppelt relationale Sicht auf die Geschlechter die Analyse von Klassenunterschieden wie auch klassenübergreifenden Gemeinsamkeiten ermöglichen.

[4] Dabei handelt es sich zwar um Einzelfälle, aber diese weisen zugleich Mechanismen und Muster auf, die über den jeweiligen Habitus auf Klassenerfahrungen und -strukturen schließen lassen. Daher geben die Situationsschilderungen im Einzelfall Hinweise auf die Situation von Frauen in der Arbeiterklasse/traditionsloses Milieu, in den Mittelklassen/Fraktion „Neues Kleinbürgertum" und in verschiedenen Fraktionen der Oberklasse.

[5] Dieses Muster der Interessenrealisierung bildet den Gegenpol zum von Barrington Moore (1982) herausgearbeiteten proletarischen Modell von Empörung: Bei diesem muß erst eine sittliche Grenze überschritten sein, damit Widerstand ausgelöst wird; es ist – im Unterschied zum bürgerlichen Modell – prinzipiell reaktiv und defensiv und setzt bei den Subjekten eine starke emotionale Aufladung voraus.

[6] Marianne Friese (1995) hat auf die Klassenbildung zwischen Frauen aufgrund dieser Tendenz von Oberklasse-Frauen zur Auslagerung von Hausarbeit und Kinderbetreuung aufmerksam gemacht.

Literatur

Abbott, Pamela/Sapsford, Roger: Women and Social Class. London/New York 1987

Becker-Schmidt, Regina: Frauen und Deklassierung. In: Ursula Beer (Hg.), Klasse Geschlecht. Feministische Gesellschaftsanalyse und Wissenschaftskritik. Bielefeld 1987

Bourdieu, Pierre: Die feinen Unterschiede. Frankfurt/Main 1982

Bourdieu, Pierre: Sozialer Raum und Klassen. Frankfurt/Main 1985

— Bourdieu, Pierre: Eine sanfte Gewalt, im Gespräch mit Irene Dölling und Margareta Steinrücke. In: Irene Dölling/Beate Krais (Hg.), Ein alltägliches Spiel. Geschlecherkonstruktion in der sozialen Praxis. Frankfurt/Main 1997, S. 218-230

Pierre Bourdieu: Die männliche Herrschaft. In: ebd. (Textauszug in diesem Band)

Crompton, Rosemary/Mann, Michael (Hg.): Gender and Stratification. Oxford 1986

Frerichs, Petra/Steinrücke, Margareta: Sie tun, was von ihnen verlangt wird, und das auch nicht immer. Zur Beteiligung von Männern an der Haus- und Familienarbeit. In: Arbeit 3, 1994, S. 203-219

Frerichs, Petra/Steinrücke, Margareata: Kochen – ein männliches Spiel? In: Irene Dölling/Beate Krais (Hg.), Der große Unterschied. Die soziale Konstruktion der Geschlechter. Frankfurt/Main 1997, S. 231-258

Friese, Marianne: Frauenbildung im europäischen Wandel. Chancengleichheit oder neue soziale Differenz? In: Dies. u. a.. (Hg.), Frauen erobern Europa!? Bremen 1995, S. 91-111

Mayer, Karl Ulrich (Hg.): Lebensverläufe und sozialer Wandel. Sonderheft 31 der Kölner Zeitschrift für Soziologie und Sozialpsychologie. Opladen 1990

Honneth, Axel: Moralbewußtsein und soziale Klassenherrschaft. In: Leviathan 9, 1981, S. 3-4

Honneth, Axel: Die soziale Dynamik von Mißachtung. Zur Ortsbestimmung einer kritischen Gesellschaftstheorie. In: Leviathan 22, 1, 1994, S. 78-93

Kambartel, Friedrich: Arbeit und Praxis. Zu den begrifflichen und methodischen Grundlagen einer aktuellen politischen Debatte. In: Deutsche Zeitschrift für Philosophie 41, 2, 1993, S. 239-250

Mann, Michael: A Crisis in Stratification Theory? In: R. Crompton/M. Mann (Hg.), Gender and Stratification. Oxford 1986, S. 40-56

Moore, Barrington: Ungerechtigkeit. Frankfurt/Main 1982

Rodax, Klaus: Soziale Ungleichheit und Mobilität durch Bildung in der BRD. In: Österreichische Zeitschrift für Soziologie 20, 1, 1995, S. 3-27

Vester, Michael u. a.: Soziale Milieus im gesellschaftlichen Strukturwandel. Köln 1993

Vester, Michael: Das Janusgesicht sozialer Modernisierung. Sozialstrukturwandel und soziale Desintegration in Ost- und Westdeutschland. In: Aus Politik und Zeitgeschichte 20, 1995, S. 16-30

Das Soziale des Geschlechts.
Frauenforschung und die Kategorie „Ethnizität".[1]
In: Das Argument 224, 1998, S. 187-202

In der „klassischen"[2] feministischen Theoriebildung tauchen zunehmend früher kaum erwähnte Kategorien wie Ethnizität, Nationalität, Rassismus und Hautfarbe auf. Dies trägt dazu bei, die Kategorie „Geschlecht" in diesem Forschungsfeld zu pluralisieren und zu differenzieren. Mit dem Schlagwort „Differenzen zwischen Frauen" ist seit etwa zehn Jahren eine Blickverschiebung verbunden, die deshalb von Interesse ist, weil sie auf eine gewisse „Trendwende" oder sogar auf einen „Paradigmenwechsel" in der sozialwissenschaftlichen Frauenforschung hinweist. Nach Auffassung von Knapp/Wetterer (1992, S. 9) befindet sich diese ohnehin schon seit Ende der achtziger Jahre zwischen „Rückbesinnen und Abschied".[3]

Diese Neu-Orientierung fällt insbesondere vor dem Hintergrund früherer dualistischer Konzeptionen der (west-)deutschen Frauenforschung auf. So kritisieren Sozialwissenschaftlerinnen aus heutiger Perspektive einige Tendenzen der feministischen Theoriediskussion der siebziger und achtziger Jahre[4], zum Beispiel das Festhalten an einer bipolar gedachten Zweigeschlechtlichkeit im Sinne einer „tiefgreifenden Verschiedenheit der Männer von den Frauen" (Hagemann-White 1988a, S. 17) und die damit verbundene Betonung des „Anders-Seins" von Frauen (Hagemann-White, in diesem Band). In der Forschung habe dies zu einer „Ikonisierung", „Ontologisierung" und „Positivierung" von Weiblichkeit als einer grundlegenden Differenz geführt (Knapp, in diesem Band). Weiterhin wird von einem „Einheitsschema" des Frauseins (Metz-Göckel 1994, S. 420) und von einem normativen „Wir-Bezug" auf die Groß-Kategorie „Frau" gesprochen: es gebe „ein gewisses Grundgefühl, doch zu wissen, was das sei – ‚Frauenforschung'" (Braun 1995, S. 107). So hätten weite Teile der (west-)deutschen feministischen Sozialwissenschaft zu einer latenten „Reifizierung und bloßen Verdoppelung der ‚natürlichen' Zweigeschlechtlichkeit" beigetragen (Gildemeister/Wetterer 1992, S. 214). Kritisch wird darauf verwiesen, in der westdeutschen Frauenforschung werde – im Unterschied beispielsweise zum US-amerikanischen Feminismus – Geschlecht als „primäre und fundamentale" Differenz aufgefaßt. Daraus resultierend hätten „Klasse und Ethnie" eine sekundäre bzw. tertiäre Stellung (Ferree 1990, S. 290). Das letzte Argument wurde schon mehrfach in der interkulturellen Frauenforschung vorgebracht. So stellt Helma Lutz (1993, S. 138 f.) fest, daß eine Diskussion um Rassismus in der klassischen Frauenforschung (und -bewegung) hierzulande – im Unterschied zu anderen westlichen Einwanderungsländern – erst Anfang der neunziger Jahre zum Thema geworden ist.

Die gegenwärtige Inblicknahme von Ethnizität in der klassischen Frauenforschung hängt mit einer Vielzahl von Entwicklungen zusammen. Was die
Politik angeht, wäre die verstärkte Thematisierung von transnationalen
Bewegungen wie auch die mit der Vereinigung Deutschlands und dem „neu-
en" Europa einher gehenden Auseinandersetzungen um Einwanderung,
Rassismus, Nationalismus in der breiteren Öffentlichkeit zu nennen. In der
(feministischen) Wissenschaft hat die Rezeption der Gender-Debatte aus dem
englischsprachigen Raum maßgeblich zu dieser Wende beigetragen. Die
Neubestimmung der Kategorie Gender als Prozess und Relation, als eine
nicht von vornherein festlegbare, sondern sich verändernde und heterogene
Größe, die in weitere soziale Bezüge und Herrschaftsverhältnisse eingebun-
den ist, führt dazu, Geschlecht als *durch und durch soziales Phänomen und
im größeren Zusammenhang gesamtgesellschaftlicher Prozesse* zu erfassen.
Dieser theoretische Wendepunkt bereitet den Weg dafür, andere Kategorien
wie „Ethnizität" oder „ethnische Differenzen" aufzunehmen.

Im vorliegenden Beitrag will ich der Frage nachgehen, welchen Stellenwert die Kategorie „Ethnizität" in Teilen der feministischen Sozialwissenschaft einnimmt. Ich werde die These entwickeln, daß mit der Verschiebung
des Blicks weg von der Zweigeschlechtlichkeit als statischem Ist-Zustand hin
zu Geschlecht als sozialem Verhältnis, das in seiner Prozeßhaftigkeit und
Relationalität zu begreifen ist, analytische *Öffnungen* verbunden sind, die
weiten Teilen der klassischen Frauenforschung versperrt waren. Dabei geht
es mir nicht darum, die Ausblendung von Migrantinnen, Einwanderungs-
und Ethnisierungsprozessen als eine „Fehlentwicklung" darzustellen. Vielmehr soll die *Verallgemeinerungsfähigkeit* bestimmter Aussagen der Frauenforschung problematisiert werden. Im nächsten Analyseschritt werden einige
„klassische" Schlüsselkategorien wie die singuläre Einheit „Frau" und die
binäre Konstruktion der Zweigeschlechtlichkeit einer Kritik unterzogen. Vor
diesem Hintergrund werde ich die innere Widersprüchlichkeit der neuen
Diskussion verdeutlichen: Zwar entsteht durch die Berücksichtigung anderer
Differenzen ein neuer Reflexionsrahmen. Weil jedoch die Entstehung und
die Spezifik der Kategorie „Ethnizität" nicht weiter untersucht wird, besteht
die Gefahr, daß es zu neuen Denkbarrieren und Forschungsgrenzen kommt.

Von der Ausschließlichkeit des Geschlechts ...

Auf eine – für den (west-)deutschen Kontext ungewöhnliche – Weise wird in
der Einleitung zum Sammelband *Differenz und Gleichheit: Menschenrechte
haben (k)ein Geschlecht* (1990)[5] zu einem ausschließlich über die Geschlechterdifferenz definierten Feminismus Stellung genommen. Das Erstaunen der
zu dem gleichnamigen Kongress eingeladenen Soziologin Myra Marx Ferree
(USA) über die fehlende „aktive Beteiligung" von Frauen aus sozialpolitischen Minoritätengruppen und die ebenso fehlende Thematisierung von

Rassismus auf einem Kongress, der schließlich das historisch konstituierte Spannungsverhältnis zwischen Differenz und Gleichheit in bürgerlichen bzw. kapitalistischen und sich demokratisch nennenden westlichen Gesellschaften zum Thema hatte, hat – so die Herausgeberinnen des Dokumentationsbandes – zu einer „stürmischen Diskussion dieser Frage ... auf der Tagung" geführt. So formulieren sie ihre Antwort:

> „Daß es uns trotz unserer Bemühungen nicht gelungen ist, die Probleme des Rassismus, die besondere Diskriminierung von Ausländerinnen und Asylantinnen etwa, zu einem eigenen Thema zu machen, lässt sich mit dem Verweis auf organisatorische Probleme und erhaltene Absagen allein nicht erklären, sondern verweist auf eine Begrenztheit innerhalb der bundesrepublikanischen Diskussion: die hiesige Frauenbewegung kennt und diskutiert zwar seit langem einzelne Asylantinnen- und Ausländerinnenprobleme, hat aber dennoch keine theoretische oder politisch dominante Debatte um das Verhältnis von Rasse, Körper, Klasse und Geschlecht geführt, wie dies etwa in den USA der Fall war. (...) Zudem war das Konzept der Tagung auch nicht darauf angelegt, einzelne aktuelle Formen der Unterdrückung und Mißachtung von Frauen kritisch aufzuzeigen und zu bearbeiten. Es ging uns vielmehr sehr viel grundsätzlicher um eine Analyse und Erörterung der strukturellen Gründe der gesellschaftlichen und rechtlichen Diskriminierung der Frau in den sich selbst so fortschrittlich verstehenden westlichen Gesellschaften. Die 200-Jahrfeier der Französischen Revolution schien uns ein sinnvoller Anlass zu einer kritischen Reflexion über die Bedeutung der Aufklärung und der Menschenrechte aus der Sicht der Frau." (Gerhard u. a. 1990, S. 9f.)

Die Antwort reproduziert ein gängiges Denkmuster, das vor der erwähnten „Wende" in weiten Teilen der Frauenforschung verbreitet war.[6] Auffällig ist das Verhältnis zwischen dem „Gesagten" und dem „Nicht-Gesagten": Ungeachtet des kritischen Anspruchs wird bei der Feststellung, die „200-Jahrfeier der Französischen Revolution" habe eine „Bedeutung" für Aufklärung und ... Menschenrechte", gänzlich vergessen, daß mit ihr auch die Herausbildung von Nationalstaaten und Staatsvölkern beginnt und daß sich in ihrer Folge eine historisch spezifische, „völkische" Konzeption der deutschen Nation konstituierte (Oberndörfer 1993). Das Nicht-Gesagte, die juristisch untermauerte Vorstellung einer kulturellen bzw ethnischen Identität und die ethnisierte Mitgliedschaftskategorie der Staatsbürgerschaft ist offensichtlich „aus der Sicht der Frau" kein Thema. Zumindest scheint dies kein „feministisches" Thema zu sein; denn die Sichtweise dieser singularisierten Frau wird (ent)kontextualisiert, in einen luftleeren Raum verlegt, in dem es keinen Nationalstaat gibt. Mit der Ent-Thematisierung der historischen Vorgaben der „200-Jahrfeier" geht eine Unterstreichung des Gesagten einher, das zugleich einen *Allgemeinheitsanspruch* erhebt. Schauen wir uns diese Vorgehensweise näher an.

Es wird gesagt, daß Themen wie Rassismus und Diskriminierung von Frauen mit sozialpolitischem Minderheitenstatus zwar seit langer Zeit in der

„hiesigen Frauenbewegung" bekannt sind, daß es jedoch „keine theoretische oder politisch dominante Debatte" über diese „Probleme" gibt. Der marginale Status dieser Debatte wird mit den (historisch, politisch, öffentlich und institutionell) anders verlaufenden Entwicklungen in der US-amerikanischen Theorie und Politik zu „gender, race, class" verglichen (Gümen 1996). Eine Ursache für den Randstatus dieser Debatte ergibt sich aus den Formulierungen: Mit der verallgemeinernden Redeweise („die hiesige Frauenbewegung") wird die Verhältnisbestimmung zwischen den marginalisierten („zwar seit langem") und dominanten Diskursen („hat aber dennoch keine ...") neutralisiert. Das bedeutet, daß der Teil der Frauenbewegung, der diese Themen seit langem „kennt und diskutiert" und der Teil, der sie als Randphänomene betrachtet, sich voneinander unterscheiden. Denn wenn „die" hiesige Frauenbewegung (im Singular) diese Themen tatsächlich diskutieren würde, dann wären sie doch ziemlich wichtig.

Aber feministische Diskurse sind vielfältig und konstituieren „ein höchst anfechtbares politisches Terrain" (Mohanty 1992, S. 77). Daher ist die im Zitat angedeutete Homogenisierung „der" westdeutschen Frauenbewegung fragwürdig. Damit wird das breite Spektrum von Feminismen hierzulande negiert, darunter auch die Bewegungen, die sich seit Anfang der achtziger Jahre verstärkt mit Themen wie Rassismus, Diskriminierung von Frauen mit Ausländer- und/oder Fremdenstatus[7], Ausländer- und Asylgesetz, Gleichheit und Differenz auseinandersetzen. Wie viele Autorinnen gezeigt haben, sind diese gesellschaftspolitischen Auseinandersetzungen unmittelbar mit einer Kritik am „feministischen Ethnozentrismus" verknüpft (z. B. Kalpaka/ Räthzel 1985; Schultz 1990; Lutz 1993). Die kritischen Ansätze an der Peripherie der Frauenforschung überschneiden sich kaum mit dem Diskurs über „Gleichheit und Differenz" in ihrem Zentrum. Anläßlich der Ausgrenzung der Gegen-Diskurse auf dem genannten Kongress stellte Marion Kraft die pointierte Frage, „ob Schwarze Frauen (k)ein Geschlecht – und (k)eine Geschichte haben" (1994, S. 176).

In der zitierten Passage wird auf die „Begrenztheit" der Diskussion über „Rassismus, die besondere Diskriminierung von Ausländerinnen und Asylantinnen" hierzulande hingewiesen. Im Verhältnis zu dieser „Begrenztheit" erhält die dominante Debatte, in der diese Themen nicht behandelt werden, den Status des Allgemeingültigen („grundsätzlicher", „strukturelle Gründe", „aus der Sicht der Frau"). Ihr wird die Spezifik der sogenannten Sonderthemen gegenübergestellt („Probleme", „besondere Diskriminierung", „eigenes Thema", „einzelne aktuelle Formen"). Damit werden die „anderen" Diskriminierungsformen und Inhalte sozialer Ungleichheit einerseits und die dadurch gekennzeichneten bzw. davon „betroffenen" Frauen ohne (Staats-) Bürgerrechte und mit Fremdenstatus andererseits zu einer Teildifferenz (Differenzen zwischen Frauen) innerhalb einer umfassenden Differenz (zwischen Männern und Frauen). Betrachten wir noch einmal eine Kernaussage des Zitats:

„Zudem war das Konzept der Tagung auch nicht darauf angelegt, einzelne aktuelle Formen der Unterdrückung und Missachtung von Frauen kritisch aufzuzeigen und zu bearbeiten. Es ging uns vielmehr sehr viel grundsätzlicher um eine Analyse und Erörterung der *strukturellen* Gründe der gesellschaftlichen und rechtlichen Diskriminierung der Frau in den sich selbst so fortschrittlich verstebenden westlichen Gesellschaften." (Hervh. i. O.)

Hier wird die Dimension der Geschlechterungleichheit *zum ausschließlichen analytischen Rahmen* feministischer Theorie erhoben. Ausgehend von einer Rangordnung verschiedener Diskriminierungsformen bzw. Ungleichheiten werden die sogenannten Sonderformen der Geschlechterungleichheit (z. B. ihre rassistische Ausprägung) zu einer abhängigen Variable des Grundlegenden (Sexismus). Das unterstellt die Aussage über die „strukturellen Gründe" für die Diskriminierung „der" Frau: Die Erhebung der (zentrierten) Geschlechterungleichheit zum Strukturrahmen bei gleichzeitiger Bezeichnung der anderen (marginalisierten) Ungleichheiten als empirische Ausnahmefälle wird auf der Basis mehrerer Dichotomien konzipiert (Mann/Frau; besonders/allgemein; vertikal/horizontal; marginal/grundlegend; einzelne Probleme/strukturelle Gründe). Die „strukturellen Gründe der gesellschaftlichen und rechtlichen Diskriminierung der Frau" werden zwar „in den" westlichen Gesellschaften verortet. Jedoch wird, indem vom staatsbürgerlichen Mitgliedschaftsstatus von Frauen und Männern in einer konkreten Gesellschaft abstrahiert wird, die Ungleichheit zwischen den Geschlechtern zu einer Ungleichheit zwischen zwei jeweils in sich gleichen Gruppen erklärt. Mit der Herauslösung der homogenen Großkategorie „Frau" aus einem nationalstaatlich definierten territorialen Raum wird die Positionierung von Frauen aus ihrem Kontext gerissen und damit auch die Geschlechterhierarchie aus ihren sozialpolitischen Zusammenhängen herausgelöst. Die homogene Kategorie Frau entspricht einem als homogen gedachten Nationalstaat.

Es geht mir hier weniger um den „Wahrheitsgehalt" solcher Annahmen als darum, ihren Allgemeinheitsanspruch in Frage zu stellen, d. h. ihre fehlende Kontextualisierung zu kritisieren. Daß die Geschlechterungleichheit allgegenwärtig erscheint, könnte strukturanalytisch für die Situation von Frauen mit sozialpolitischem Mehrheitsstatus durchaus zutreffen. Die in der zitierten Passage vorgenommene Auswahl einer bestimmten Gruppe von Frauen, über die gesprochen wird (nicht-eingewanderte Frauen mit deutscher Staatsbürgerschaft) und eines bestimmten Aspekts der Geschlechterhierarchie (abstrahiert vom Einwirken weiterer Ungleichheitsverhältnisse auf das Organisationsprinzip der geschlechterspezifischen Ungleichheit) hat zur Folge, daß über etwas Spezifisches im Gestus des Allgemeinen gesprochen wird. Damit wird das (komplexe) Soziale auf eine bestimmte Differenz reduziert, auf eine substanziell gefasste Geschlechtlichkeit, die dann zum allgemeingültigen Ungleichheitsverhältnis erklärt wird.

Solche Selbstverständlichkeiten hinsichtlich der Großkategorie Frau und der binären Zweigeschlechtlichkeit sind inzwischen von verschiedenen erkenntnistheoretischen Standpunkten her ins Wanken gebracht worden. An diesem Schnittpunkt setzt die Strategie ein, Differenzen zwischen Frauen in die Theoriebildung mit einzuschließen. Mit der Neu-Orientierung innerhalb bestimmter Bereiche der Frauenforschung müßte auch der alte Bezugsrahmen, die Hierarchisierung sozialer Ungleichheiten auf einer vertikalen Achse und die Besonderung der „anderen" Frauen auf der horizontalen Achse, in Frage gestellt werden.

... zum Sozialen des Geschlechts

In dem Sammelband *Was heißt hier eigentlich feministisch?* formuliert Marlis Krüger (1993, S. 25) die „Re-Formulierung feministischer Theorien in Kategorien der Differenz und das Insistieren auf der Analyse der je konkret historischen Lebenszusammenhänge von Frauen" als eine „vordringliche Aufgabe des Feminismus". Erfahrungen aus den USA würden zeigen, daß cs nicht mehr um die (reduktionistische) Berufung auf „Frauen" in einem universalistischen Sinne gehen kann.

> „Frauen sind also *nicht* ‚gleich'. Ihre Lebensumstände, ihre Interessen, ihre erfahrenen Diskriminierungen und ihre Hoffnungen, ihre Arbeit und ihre Ausbeutung sind höchst unterschiedlich, und zwar nicht nur in ihren Situationen als Individuen, sondern auch als Angehörige von sozialen Klassen, ethnischen Minderheiten, verschiedenen Kulturen. Wir können untersuchen, wie in einer konkreten Gesellschaft das Verhältnis der Geschlechter, die Klassenstruktur, Rassismus und geschlechtliche Identität einander durchdringen." (ebd.)

Die Ausarbeitung einer Theorie, die die Differenzen zwischen Frauen in Betracht zieht, wird hier – im Unterschied zum vorherigen Zitat aus dem Jahr 1989 – als Bestandteil einer feministischen Gesellschaftsanalyse konzipiert. Diese Forderung hängt explizit mit der Auffassung von Geschlecht als einer sozial verfassten Kategorie zusammen; Kategorien wie „Frau" oder „Mann" könnten, so die Autorin, nicht theoretisch vorausgesetzt werden, sondern würden ihre Bedeutung stets in gesellschaftsspezifischen Kontexten erlangen (ebd., S. 24). Die Kritik an der homogenen Kategorie Frau wie auch an einem zweigeschlechtlichen Erklärungsraster ist wichtig, da sie neue Reflexionsebenen eröffnet und andere Differenzen in die Analyse einzuschließen erlaubt. Sie deutet darauf hin, daß die kritische Auseinandersetzung mit diesen Begriffen in Teilen der sogenannten interkulturellen Frauenbewegung und –forschung den dominanten (westdeutschen) Diskurs erreicht hat.[8] Auch wenn die neue Erkenntnis nicht in die Analyse integriert wird und häufig nur beiläufig benannt wird, ist diese Inblicknahme weiterer Kategorien aus folgenden Gründen wichtig: (1) Sie zielt darauf ab, eine vorab festgelegte, homogene Kategorie „Frau" in Frage zu stellen. (2) Sie richtet den analytischen Blick auf die Differenzierungen *innerhalb* dieser heterogenen und kontingenten Kategorie. (3) Sie will die spezifische soziale Positionierung von Frauen ins Auge fassen und kontextualisieren.

Der Hinweis, daß sich die Lebensumstände, die Diskriminierungserfahrungen, die Arbeit und die Interessen von Frauen aufgrund ihrer Zugehörigkeit zu einer „ethnischen Minderheit" oder „Kultur" unterscheiden, kann zwar den Blick auf die Vielfalt der Erfahrungen oder Identitäten lenken, löst aber nicht das Problem der Essentialisierung dieser Kategorien (Gutiérrez 1996; Hark 1999). Wenn sie das Vorhandensein und Nebeneinanderexistieren dieser Kategorien als „askriptive Merkmale", die frau/man eben *hat* oder *ist*, voraussetzt, kann sie den Strukturmomenten (z. B. staatliche Regulierungen) von Differenz und den Herstellungs- und Konstituierungsprozessen der „Zugehörigkeit" nicht gerecht werden. Genauer: Es reicht nicht aus, lediglich auf „ethnische" Differenzen zu verweisen. Die Gefahr, *alten* Begrenztheiten verhaftet zu bleiben, bleibt solange bestehen, wie nicht die kontextspezifische gesellschaftspolitische Konstituierung von Differenzen *und* Ungleichheiten und ihre komplexen Überschneidungen mitgedacht werden. Eine bloße Erweiterung um die Dimension des Ethnischen im Sinne einer neuen „und-so-weiter-Strategie" ist zwiespältig. Ihre Einbeziehung auf der Ebene der *Benennung* („es gibt ethnische Differenzen zwischen Frauen") bei gleichzeitiger Ausschließung auf der Ebene der *Analyse* sozialer Ungleichheit erzeugt einen Nichtigkeitseffekt.

Auch wenn angenommen wird, daß die Kategorie Ethnizität für die Analyse der „ethnisch anderen" gültig ist, ist damit noch längst nicht erkannt, daß die sozialpolitische *Erzeugung* dieser Kategorisierung von Personengruppen und ihre *reale Wirkung* – ungleiche Zugangschancen von Gesellschaftsmitgliedern zu gesellschaftlichen Ressourcen, Gütern und Positionen – ein konstitutiver Bestandteil des Sozialen bildet. Dies gilt in unterschiedlicher Weise, mit unterschiedlichen Auswirkungen für Männer und Frauen sowohl mit Bezug auf die Kategorie Geschlecht als auch mit Bezug auf ihren Mehrheits- bzw. Minoritätenstatus.

Scheidewege im neuen Diskurs: Erkenntnisse und Engpässe

Damit gelangen wir an einen Scheideweg der gegenwärtigen feministischen Sozialwissenschaften. Es gibt zwei Richtungen, die auf neue Weise das Geschlecht in seinen Differenzierungen und Kontextualisierungen thematisieren. Bei allen Divergenzen ist ihnen gemeinsam, daß sie im Unterschied zu früheren dualistischen Konzeptionen die Prozesshaftigkeit und Relationalität von Geschlecht im Kontext anderer sozialer Prozesse zu erfassen suchen.

Im ersten Strang wird der Forschungsblick auf die in interaktiven und institutionellen Prozessen hergestellte Zweigeschlechtlichkeit gerichtet (Hagemann-White 1985; Gildemeister/Wetterer 1992; Wetterer 1995). In Anlehnung an die Ethnomethodologie („doing gender") wird die Frage zentral, „wie" die Geschlechtszugehörigkeit produziert wird. Auf der ersten Ebene geht es um die Legitimationen, Zuschreibungen und kulturellen *Repräsentationen* von Weiblichkeit und Männlichkeit, also um eine Differenz, die in einem „beständigen Prozess" um- und neuformuliert wird (Gildemeister/Wetterer 1992, S. 223). Auf der zweiten geht es darum, wie die Geschlechter*hierarchie* in sozialen Prozessen hergestellt und vollzogen wird (ebd.; Teubner 1995, S. 253). Differenz wie Hierarchie basieren auf einer „Grundstruktur" der binären Klassifikationsordnung zweier einander ausschließender Geschlechter (Wetterer 1992). Die Verschiebung des Blicks auf die brüchigen, widersprüchlichen und ungleichzeitigen Herstellungsprozesse von Geschlecht macht es möglich, Geschlechterdifferenz und -hierarchie als variable Größen zu konzeptualisieren. Weil wir damit das Terrain der geschlechtsspezifischen Wesensmerkmale von Individuen verlassen, ergibt sich an diesem Schnittpunkt die Möglichkeit, die homogene Kategorie „Frau" oder „Geschlecht" zu hinterfragen, die „Differenzen zwischen Frauen" wahrzunehmen und den unterschiedlichen Sichtweisen, Erfahrungen und Interpretationen von Frauen auf der Ebene des alltäglichen Handelns Rechnung zu tragen. Darüber hinaus werden so die Voraussetzungen dafür geschaffen, verschiedene binäre Codierungen in ihrer wechselseitigen Beeinflussung zu untersuchen und *andere* soziale Kategorien der Differenz *in ihrer Interaktion mit* der Kategorie Geschlecht zu berücksichtigen.

Diese Möglichkeiten sind noch längst nicht erkannt worden. Im Gegenteil: Das frühere Beharren auf dem „Hauptwiderspruch" einer universalisierten Geschlechter-Binärität wird in einer neuen Form *weiter* fortgeführt und verfestigt. Zwar werden Kategorien wie „Ethnizität" und „Kultur" in Texten öfter erwähnt, aber häufig als Folge einer entkontextualisierten Übertragung aus dem englischsprachigen Raum. Nach dieser neuen *Politik der Benennung* gibt es nun einerseits eine Vielzahl von „Differenzen zwischen Frauen". Andererseits gibt es die „strukturelle" Basis der binär kodierten Zweigeschlechtlichkeit auf der Ebene der Geschlechterhierarchie, die als konstante Größe von den anderen Ungleichheitsverhältnissen unberührt scheint. Die frühere Unterscheidung in einen „natürlichen" *sex* und ein „soziales" *gender* scheint nur in eine andere Form gegossen zu werden: In eine quasi-„essentielle" Hierarchie zwischen den Geschlechtern und die „vielfältigen" Differenzen innerhalb der Geschlechter.

So heißt es, sowohl die Differenz als auch die Hierarchie seien „gleichursprünglich" (kritisch: Knapp 1997; Gottschall 1997); die binäre Codierung von Geschlecht in der westlichen Gesellschaft liege „über (und unter) allen anderen Mitgliedschaftskategorien" (Gildemeister, in diesem Band). Solche und ähnliche Ausführungen lassen eine *Rezeptionssperre* erkennen.[9] Die Perspektive der Sozialkonstruktion von Geschlecht erfordert, wie Carol Hagemann-White bereits früher ausgeführt hatte, einen mehrdimensionalen Blick, in dem „die symbolische und materielle Ungleichheit der Geschlechter mit anderen Formen und Inhalten der sozialen Ungleichheit verschränkt und verwoben ist" (1985, S. 148). Statt der möglichen Öffnung der Analyse ergibt sich meiner Auffassung nach eine „heimliche Schließung" des Analyserahmens, weil wieder eine hierarchisierende Rangordnung sozialer Ungleichheiten vorgenommen wird. Wenn behauptet wird, die männliche Dominanz und die weibliche Unterordnung seien konstant (Teubner 1995), kommen wir wieder da an, wo wir angefangen haben: Bei der Ausschließlichkeit der Kategorie Geschlecht in einem luftleeren Raum, in dem es keinen Nationalstaat gibt. Damit wird zum Beispiel vergessen, daß der Aufstieg vieler westdeutscher Frauen auf dem Arbeitsmarkt mit der Plazierung von eingewanderten Arbeitskräften auf den untersten Positionen zusammenhängt und daß der stetige Rekonstruktionsprozess der Geschlechterhierarchie mit der gleichzeitigen Ethnisierung von deutschen Frauen und Männern verknüpft ist – z. B. durch juristisch festgelegte und institutionalisierte Regelungen wie dem sogenannten „Inländerprimat" (§ 19 Arbeitsförderungsgesetz).

In einem zweiten Strang der Neuorientierung lassen sich ebenfalls Verschiebungen und Öffnungen konstatieren. Hier wird davon ausgegangen, daß alle sozialen Verhältnisse vergeschlechtlicht bzw. alle gesellschaftlichen Beziehungen und Strukturen durch Geschlechterverhältnisse geprägt sind (Becker-Schmidt 1991; Becker-Schmidt/Knapp 1995). Das Geschlechterverhältnis wirkt (analog zum Klassenverhältnis) gesellschaftsstrukturierend und ist demnach ein zentrales (historisch gewordenes) Organisationsprinzip sozialer Ungleichheit. Ausgehend von der Ausdifferenzierung der sozialen Sphären (u. a. Familie, Bildung, Arbeitsmarkt, Staat, Wirtschaft) in der modernen (durchkapitalisierten) Gesellschaft wird auf den „Zusammenschluss bei gleichzeitiger Trennung, Interdependenz bei relativer Selbständigkeit" dieser Sphären verwiesen (Becker-Schmidt 1991, S. 386f.). Die gegenseitige Abhängigkeit der Erwerbssphäre (Produktion von Lebensmitteln) und der familialen Sphäre (häusliche Regeneration der Arbeitskräfte) ist zugleich durch ein historisch und strukturell bedingtes Über- und Unterordnungsverhältnis gekennzeichnet (marktvermittelt vs. nicht-marktvermittelt). Mit dem asymmetrischen Verhältnis zwischen diesen Arbeitssphären geht, so Becker-Schmidt, die Hierarchisierung der Geschlechter einher:

> „Die marktvermittelte Arbeit von Männern wird in unserer Gesellschaft höher bewertet als die Familienarbeit von Frauen, und deren marktvermittelte Arbeit ist wiederum weniger wert, weil sie ... der Familienarbeit als Frauenarbeit nachgeordnet ist. Staatliche Sozial- und Familienpolitik stützt diese Verhältnisse ab." (Becker-Schmidt 1994, S. 181)

Somit spiegelt sich die Hierarchisierung der Gesellschaftssphären in der Hierarchie der Geschlechter (Becker-Schmidt/Knapp 1995, S. 10).

Aus diesem Ansatz ergeben sich weitgehende Folgen für eine Neu-Orientierung feministischer Sozialwissenschaft: Wenn das Geschlechterverhältnis die Gesellschaft mitstrukturiert, wird es, so die nicht ausgesprochene Logik, *selbst* in einem breiteren Feld des Sozialen strukturiert. Anders gesagt: Wenn „alle gesellschafllichen Verhältnisse Geschlechterverhältnisse sind", wird auch umgekehrt das Geschlechterverhältnis durch alle gesellschaftlichen Verhältnisse konstituiert. Es wird folglich durch seine Überschneidungen mit *weiterer* Ungleichheit strukturierenden Differenzierungs- und Hierarchisierungsprozesse geformt.

Vor diesem Hintergrund ist die Konstatierung von „ethnischen Ausprägungen der Frauenbenachteiligung" (z. B. Becker-Schmidt 1991, S. 392) unzureichend, weil sie kumulativ argumentiert und die Benachteiligung von Frauen letztendlich nur als Benachteiligung „qua Geschlecht" versteht. Das Stratifikationsmerkmal Ethnizität wirkt demzufolge „innerhalb" der Gruppe Frauen, die zunächst als Frauen benachteiligt sind. Von dieser Stratifikation sind (nur) die „anderen" Frauen betroffen, diejenigen, die eine „ethnische" Differenz aufweisen. Hier taucht die Frage auf, in welchem Verhältnis die analytische Trennung zwischen Differenz (innerhalb der Kategorie Frau) und Hierarchie (zwischen Frauen und Männern) zum theoretischen Rahmen des Geschlechterverhältnisses steht. Die mit diesem Ansatz einhergehenden analytischen Öffnungen (s. o.) werden in der Ausführung nicht ganz realisiert, weil die Verbindungslinien zwischen sozialen Unterschieden innerhalb der Gruppe von Frauen und Männern einerseits und dem Organisationsprinzip des Geschlechterverhältnisses andererseits nicht hinreichend erfasst werden. Während Differenzen wie Ethnizität in diesem Ansatz auf der empirisch beobachtbaren Ebene in den Blick kommen (können), wird ihre (analytische) Relevanz im Hinblick auf das Geschlechterverhältnis als durchgängiges Organisationsprinzip von Gesellschaft übersehen. Das heißt: Die Hervorhebung der ethnischen und klassenspezifischen Heterogenität[10] innerhalb der sozialen Gruppen von Frauen und Männern (Becker-Schmidt 1996, S. 11) wird auf der strukturanalytischen Ebene wieder zurückgenommen. Hier erscheint die *nationenübergreifende* Formation westlicher Industriegesellschaften als entscheidendes Strukturierungsmoment des (abstrakten) hierarchischen Geschlechterverhältnisses. Damit wird zwar nicht beabsichtigt,

> „von Differenzen unter Frauen und Männern abzusehen. Aber wir stoßen auf gesellschaftliche Ordnungsprinzipien, in denen – ob wir das wollen oder nicht – von Besonderungen in beiden Genusgruppen abstrahiert und Frauen und Männer in hohem Maße verallgemeinert werden. Diese Ordnungsprinzipien liegen in der korrespondierenden Strukturierung von gesamtgesellschaftlicher Reproduktion und geschlechtlichen Hierarchien." (ebd., S. 15)

Hier sind zwei entgegenwirkende Tendenzen zu konstatieren. Auf der horizontalen Achse, auf der die Differenzen zwischen Frauen verortet werden, findet eine Öffnung statt: „Ethnizität" wird in den Blick genommen. Auf der vertikalen Achse, auf der die Hierarchie zwischen den Geschlechtern verortet wird, findet eine Schließung statt: die Konstituierung des Geschlechterverhältnisses wird als über und unter weiteren Dimensionen sozialer Ungleichheit liegend gedacht. Der Inklusion von (beobachtbaren) Unterschieden steht die Theoretisierung über eine allein wirkende Geschlechterhierarchie gegenüber. Es läßt sich fragen, ob das Soziale des Geschlechts (seine Prozeßhaftigkeit und Relationalität) nur relevant wird, wenn es sich um die Benennung von Unterschieden handelt. Verliert die Kategorie Geschlecht seine *durch und durch* gesellschaftliche Bedeutung, wenn es um die Strukturanalyse des Geschlechterverhältnisses geht? Wegweisend ist hier die systematische Erweiterung des Ansatzes um die Ebene der Nationalstaatlichkeit durch Ilse Lenz (1995). Sie stellt das Geschlechterverhältnis in den Kontext transnationaler Bewegungen und der ungleichen Verteilung materieller und sozialer Ressourcen entsprechend staatsbürgerlicher Zugehörigkeiten.

Ethnisierungsprozesse: Nur für die „ethnisch" Differenten?

Diese Dimensionen werden aber weitgehend ausgeblendet, denn mit der Hervorhebung von „Ethnizität" als einer askriptiven Zählkategorie von „Differenz", gerät die historische und strukturelle Konstituierung dieser nationalstaatlich erzeugten und per Gesetz regulierten Mitgliedschaftskategorie in Vergessenheit.

Als soziales Verhältnis gewinnt diese Kategorie im bundesdeutschen Kontext eine herausragende Bedeutung insofern, als die juristischen Kriterien der Zugehörigkeit mit dem Mythos einer homogenen kulturellen Identität derjenigen, die als zugehörig definiert werden, einhergeht (Räthzel 1997). Die Abgrenzung gegenüber sogenannten ethnischen oder kulturellen Gruppen, die angeblich durch ihre Herkunft oder Abstammung bestimmt sind, beruht auf einem überkommenen Prinzip der Staatsbürgerschaft, das mit einer kollektiven Volkszugehörigkeit verknüpft ist (Bielefeld 1991; Oberndörfer 1993). Ethnisierende Selbst- und Fremdinterpretation ist ein Prozeß, „in dessen Verlauf zunächst konstitutiv belanglose Momente schrittweise in konstitutiv relevante Eigenschaften transformiert werden, um eine gesonderte soziale Gruppe zu erzeugen" (Bukow 1990, S. 423). Zunächst wird ein geeigneter Indikator definiert, z. B. die Staatsangehörigkeit, durch den zwei Gruppen gebildet werden können, Deutsche und Ausländer bzw. Dazugehörige und Nicht-Dazugehörige. Diese zunächst inhaltlich leeren Größen werden in einem weiteren Schritt entlang einem binären Schema und – anknüpfend an die bereits vorhandene Machtrelation – mit Bedeutungen gefüllt. „Bald heißt es, die Ausländer sind/haben..." (ebd., S. 423 f.). Die

Grundlage dieser hierarchisierenden Abgrenzung bildet ein binäres Klassifikationssystem, ausgerichtet an einem Traditions- und Modernitätsparadigma, das sich auf eine jahrhundertealte Tradition des europäischen Kolonialismus und Nationalismus stützt (Radtke 1988) und mit der ungleichen und hierarchischen Machtverteilung in der gegenwärtigen Gesellschaft korrespondiert (Kürsat-Ahlers 1992, S. 74f.). Das politische Territorium setzt Konstruktionen von Mitgliedschaft voraus, weil territoriale Abgrenzungsprozesse zwischen Einzelstaaten mit Unterscheidungskategorien zwischen Personengruppen einhergehen (Brubaker 1992, S. 22). Wer *innerhalb oder außerhalb* nationaler Räume als dazugehörend („Inländer/in") und als nicht-dazugehörend („Ausländer/in") formal-rechtlich klassifiziert wird, wird über das „quasi-askriptive" Statusmerkmal der Staatsangehörigkeit entschieden (Kreckel 1991, S. 376). So verfestigen sich Grenzziehungsprozesse zwischen dem Eigenen (Dazugehörigen) und den Fremden (Nicht-Dazugehörigen), die die Chance auf Teilhabe an gesellschaftlichen Leistungen und Ressourcen unterschiedlich strukturieren (Dittrich/Radtke 1990, S. 16).

Die in der herkömmlichen (nicht nur Frauen-)Forschung häufig vergessene Tatsache, daß die bundesdeutsche Gesellschaft eine Einwanderungsgesellschaft ist, verbindet sich mit der gängigen Vorstellung, Themen, die in Verbindung mit Fremden, Migration, Ethnizität und Rassismus stehen, seien als Sonderphänomene zu betrachten, die nur für die „Betroffenen" gültig seien. Die Marginalisierung einwanderungsbezogener Themen wie auch die Besonderung „ethnisch" markierter Personengruppen und der durch die Nationalstaatlichkeit strukturierten sozialen Ungleichheit verbinden sich wiederum mit einem statischen Gesellschaftsbild. In der Soziologie ist der analytische Stellenwert von Einwanderungsprozessen für die Konstitution der Gesellschaft noch nicht erkannt. Ebensowenig ist die damit einhergehende Produktion sozialer Ungleichheit entlang „ethnischer" Kriterien, die sich aus nationalstaatlich bestimmten Mitgliedschaftskategorien ergibt, bisher als Organisationsprinzip der bundesdeutschen Gesellschaft begriffen und in den Rang eines theoretischen Interpretationsrahmens erhoben worden.

Ineinandergreifende Differenzen und Hierarchien

Geschlechtspezifische und ethnisierende binäre Codierungen gehen entscheidend, wenn auch in unterschiedlicher Weise, in die Bestimmung der gesellschaftlichen Positionen von Frauen und Männern ein.

> „Staatlich verordnete rechtliche Ausgrenzungs- und Abschiebungspraktiken von MigrantInnen und Flüchtlingen schaffen und intensivieren Vorstellungen, wer fremd, fremder und am fremdesten ist." (Kossek 1996, S. 20)

Geltende Meinungen darüber, wer sich in die nationale Gemeinschaft aufgrund einer zugeschriebenen grundlegenden Differenz nicht assimilieren kann, sind eng verknüpft mit der Vorstellung „einer wesenhaften nationalen Identität und einer ‚natürlich' vereinigten kulturellen Nation" (ebd.). Die herrschende Konstruktion der „fremden Frauen" baut sich auf über den Gegensatz zu einer historisch und gesellschaftsspezifischen diskursiven Produktion der uns vertrauten modernen, emanzipierten, westlichen Frau, die genauso eine Konstruktion ist (Gümen 1996, S. 84). Helma Lutz (1993) zeigt, daß Bilder und Selbstbilder über die westliche Weiblichkeit „die tägliche Rekonstruktion der Unterdrückung und Rückständigkeit islamischer Frauen" benötigt und daß sich „die Vorstellungen und Bilder von ‚unserer' westdeutschen Weiblichkeit geradezu über die Abgrenzung der westlichen Frau gegenüber die Orientalin konstituieren" (1993, S. 149).

Manuela Westphal (1996) zeigt, wie eng symbolische Diskurse mit institutionellen Praktiken z. B. auf dem Arbeitsmarkt einhergehen: Die Konstruktionen vergeschlechtlicher und ethnisierender Bilder sind auf dem Feld der Arbeitsmarktpolitik wirksam. Sie bestimmen die Berufsauswahl und bilden die Grundlage für Berufsberatung, wie aus einem Handbuch für die Berufsberatung ersichtlich ist. Dort wird behauptet, junge Frauen ausländischer Herkunft wählten im Vergleich zu jungen deutschen Frauen eher „tugendhafte" (sprich: weibliche) Berufe, da sie von ihren Eltern stark „behütet" würden und sich im Berufsfeld nicht „frei" bewegen dürften (Bundesanstalt für Arbeit, S. 123-181, Gümen 1996, S. 87ff.). Wie Nora Räthzel und Ülkü Sanca (1994) zeigen, wirken solche Zuschreibungen als self-fulfilling prophecy. Wenn junge Mädchen ohne deutschen Pass andere Berufe ergreifen wollen, werden sie häufig beim Arbeitsamt beraten, sich an die gängigen zu halten, da sie sonst keine Chance auf einen Arbeitsplatz hätten. Dies ist eine Form, in der Diskriminierungspraktiken gegenüber Frauen aus Minoritätengruppen reproduziert werden. Die geschlechtsspezifische Arbeitsteilung, die durch Zuschreibung weiblicher und männlicher Eigenschaften mitorganisiert und verfestigt wird, wird von einer „rassistischen Arbeitsteilung überlagert und dadurch transformiert" (FeMigra 1994, 54).

In diesem Zusammenhang machen einige Autorinnen darauf aufmerksam, daß die Integration hochqualifizierter (mehrheitsdeutscher) Frauen in entsprechende Positionen durch „Hierarchien zwischen Frauen" ermöglicht wird, z. B. durch die Beschäftigung (u. a. auch hochqualifizierter) Migrantinnen im informellen Sektor, in privaten Haushalten (Rerrich 1993; Heeg 1994). Hier verschieben sich die Trennlinien zwischen männlichen und weiblichen Tätigkeiten: Die hierarchische Trennung „vollzieht sich hier nicht mehr primär zwischen den Geschlechtern, sondern zwischen Frauen unterschiedlicher Klassenzugehörigkeit und Herkunft" (FeMigra 1994, S. 54). Je nach Kontext gehen diese Verschiebungen in die Strukturierungsprozesse der Geschlechterhierarchie ein, die wiederum von ihnen durchquert, modifiziert oder stabilisiert wird. Die den Arbeitsmarkt strukturierende Trennlinie zwischen den Geschlechtern kann sicherlich nicht auf klassen- oder ethnospezifische Prozesse sozialer Ungleichheit reduziert werden; ebensowenig ist sie jedoch isoliert von gesamtgesellschaftlichen Prozessen zu betrachten, in deren Kontext sie steht (siehe auch Brah 1995, S. 30).

Schlußbemerkung

Es gibt also, was den Stellenwert der Kategorie Ethnizität angeht, zwei Tendenzen, die in die gleiche Richtung gehen. Erstens: Analysen des Geschlechterverhältnisses – in der Regel ohne Bezug auf Einwanderung, Ethnisierung, Migrantinnen o. ä. – erheben den Anspruch, allgemeingültige Aussagen zu formulieren. Zweitens: Sobald Kategorien wie Nationalität, Ethnizität, Migrantinnen, kulturelle/ethnische Differenz usw. auftauchen, wird unterstellt, es handle sich um einen Sonderfall, der systematisch nicht mehr mit der Kategorie „Frau" erfaßt werden kann. Jedoch: Wenn wir die der Neu-Diskussion um die Eingebundenheit von Geschlecht im Sozialen innewohnende Logik ausbuchstabieren, ergibt sich eine gänzlich andere Auslegung der neuen Theoriebildung. Aus ihrer Perspektive kann die *Verflechtung* verschiedener Dimensionen des Geschlechtlichen *mit* anderen sozialen Subjektpositionierungen im gesamtgesellschaftlichen Bezugsrahmen untersucht werden. Dies gilt um so mehr, wenn wir das eigene Ziel dieses Diskurses ernst nehmen, soziale Verhältnisse und Ungleichheitsstrukturen in der Gegenwartsgesellschaft zu differenzieren und zu kontextualisieren. Für eine Analyse von ineinandergreifenden Differenzen und Hierarchien ist es unerlässlich, das Soziale auf diesen *beiden* Ebenen und in ihrem Zusammenwirken neu zu reflektieren.

Drittens: Die Differenzen nicht als besondere Merkmale von Minoritäten misszuverstehen, ist nur möglich, wenn die Produktion von Hierarchien nicht lediglich als die Produktion von Geschlechterhierarchien begriffen wird. Wie Gayatri Spivak (1990, S. 29f.) hervorhebt, genießt die analytische Trennlinie Geschlecht bzw. das Konzept der Zweigeschlechtlichkeit im klassischen feministischen Diskurs eine zentrierte Position als autonome Kategorie, *ohne* daß gleichzeitig der Blick auf eine „viel größere Textualität" geworfen wird. Spivak weist darauf hin, daß eine zentrierte Positionierung *selbst* in ein komplexeres Soziales verstrickt ist: Das Zentrierte (Gesamte, Gesagte) einerseits und das Marginalisierte (Besondere, Nicht-Gesagte) andererseits stehen auf einem größeren (diskursiven) Feld im Verhältnis zueinander und bedingen sich gegenseitig (Gutiérrez-Rodriguez 1996; Wartenpfuhl 1996). Ich plädiere hier keinesfalls dafür, nun alle möglichen sozialen Gruppen und Ungleichheitsverhältnisse in die Analyse miteinzubeziehen oder Theorien, die bislang marginalisierte Themen nicht berücksichtigen, als „lückenhaft" oder – noch unsinniger – als „ethnozentrisch" zu bezeichnen. Vielmehr soll mit dem Hinweis auf diese Verhältnisbestimmung (zwischen dem Marginalisierten und dem Zentrierten) die Grundannahme des Gesagten in Frage gestellt werden, es könne als das Ganze sprechen (Spivak 1990; Mohanty 1992). Die Metapher der „größeren Textualität" ist für eine Neu-Konzeptualisierung von Differenzen und Ungleichheiten nützlich, da sie die Verstrickung der Geschlechtskonstitution in einen umfassenderen sozialen Zusammenhang vor Augen führt. Insbesondere wenn es um die Relationierung, Differenzierung und Kontextualisierung der Geschlechterverhältnisse geht, ist eine solche umfassendere Sichtweise unverzichtbar.

Anmerkungen

[1] Für kritische und hilfreiche Kommentare danke ich Nora Räthzel.

[2] Als „klassische" Frauenforschung bezeichne ich einen Diskurs, der sich um die isolierte Kategorie Geschlecht und das binäre Modell der Zweigeschlechtlichkeit zentriert und eine gewisse Definitionsmacht hat, indem er im Namen des „Feminismus" sprechen kann. Feministische Gegen-Diskurse bewegen sich an der Peripherie der Frauenforschung. Hier sind die kritischen Ansätze der „interkulturellen Frauenforschung" sowie die vereinzelten Arbeiten im „Zentrum" der Frauenforschung zu nennen, die sich mit ineinandergreifenden Differenzen bzw. mehrdimensionalen Ungleichheiten befassen. Auch auf die ebenso gegendiskursiven Queer Studies ist an dieser Stelle hinzuweisen.

[3] Hier soll es nicht um die Behauptung gehen, daß eine Perspektive eine andere ersetzt habe oder bisherige Tendenzen nicht mehr gegenwärtig seien. Vielmehr ist die heutige sozialwissenschaftliche Frauenforschung durch „Vielfalt und Differenz" zu kennzeichnen (vgl. Gerhard 1993; Metz-Göckel 1994). Selbstredend weisen die theoretischen und politischen Ausrichtungen der sozialwissenschaftlichen Frauenforschung von Beginn an ein äußerst heterogenes Spektrum thematischer Schwerpunkte und theoretischer und methodologischer Ansätze auf. Es gilt einige grobe Tendenzen zu benennen, die auf einem zweigeschlechtlichen Denkmuster beharren.

[4] Auf die Frage der politischen Notwendigkeit des „zweigeschlechtlichen" Blicks für die Anfangsphase der Frauenbewegung, die ab und an in den Texten konstatiert wird, wird hier nicht eingegangen.

[5] Der Band dokumentiert die Beiträge auf dem gleichnamigen internationalen Frauenkongress, der vom 5. bis 8. Oktober 1989 in Frankfurt a. Main. stattfand.

[6] Es sei betont, daß ich damit die „klassische" feministische Sozialwissenschaft meine und nicht die Arbeiten, die sich explizit mit Migration, Rassismus, Ethnizität z. B. auf dem besonderen Gebiet der „Migrantinnenforschung" oder auch der „interkulturellen Frauenforschung" beschäftigen (vgl. Gümen 1996).

[7] Der hier verwendete Begriff bezieht sich nicht nur auf Personen, die nach dem Ausländergesetz als „Ausländer/in" kategorisiert werden, sondern auch auf „Andere Deutsche" – eine Bezeichnung, die von Paul Mecheril und Thomas Teo (1994) geprägt wurde. „Andere Deutsche" sind Menschen, die in Deutschland leben, aber keine konventionelle „deutsche" Geschichte aufweisen, weil sie zwar in Deutschland geboren und/oder aufgewachsen sind, jedoch als Fremde angesehen werden und Diskriminierungs- und Rassismuserfahrungen im bundesdeutschen Alltag machen.

[8] Hervorzuheben ist, daß diese neue Sprache in der klassischen feministischen Theoriebildung mit den langjährigen Gegen-Diskursen von Wissenschaftlerinnen

zusammenhängt, die das mit Ausschließungspraktiken verbundene „feministische Wir" kritisieren bzw. dekonstruieren. Die zentralen Begriffe und Themen der gegenwärtigen Diskussion werden in der Regel in Anlehnung an die englischsprachige Theorie-Debatte eingeführt.

[9] Hier spiele ich auf die von Regina Gildemeister und Angelika Wetterer (1992) konstatierte Rezeptionssperre gegenüber diesem Ansatz an, der zuerst von Carol Hagemann-White etwa Mitte der achtziger Jahre aus dem englischsprachigen Raum eingeführt wurde. Sie hat das Beharren der westdeutschen Frauenforschung auf einem starren Prinzip der Zweigeschlechtlichkeit mehrfach kritisiert (Wetterer 1995).

[10] Regina Becker-Schmidt wie auch ... Gudrun-Axeli Knapp haben seit Anfang der achtziger Jahre stets die analytische Notwendigkeit der Differenzierung der Kategorie „Frau" betont und die herkömmlichen Sichtweisen der „Weiblichkeit" als ein den Frauen innewohnendes Charaktermerkmal und als Ort des „Identischen" kritisiert.

Literatur

Becker-Schmidt, Regina: Individuum, Klasse und Geschlecht aus der Perspektive der Kritischen Theorie. In: Wolfgang Zapf (Hg.), Die Modernisierung moderner Gesellschaften. Verhandlungen des 25. Deutschen Soziologentages. Frankfurt/Main 1991, S. 383-94

–: Diskontinuität und Nachträglichkeit. Theoretische und methodische Überlegungen zur Erforschung weiblicher Lebensläufe. In: Angelika Dietzinger u. a. (Hg.), Erfahrung mit Methode. Wege sozialwissenschaftlicher Frauenforschung. Freiburg 1994, S. 183-99

–/Knapp, Gudrun-Axeli (Hg.): Das Geschlechterverhältnis als Gegenstand der Sozialwissenschaften. Frankfurt a. Main/New York 1995

–: Einheit – Zweiheit – Vielheit. Identitätslogische Implikationen in feministischen Emanzipationskonzepten. In: Zeitschrift für Frauenforschung, 1-2, 1996, S. 5-18

Bielefeld, Uli: Das Konzept des Fremden und die Wirklichkeit des Imaginären. In: Ders. (Hg.), Das Eigene und das Fremde. Hamburg 1991, S. 97-128

Brah, Avtar: Die Neugestaltung Europas. Geschlechtsspezifisch konstruierte Rassismen, Ethnizitäten und Nationalismen in Westeuropa heute. In: B. Fuchs/G. Habinger (Hg.), Rassismen & Feminismen. Wien 1996, S. 24-50

Braun, Kathrin: Frauenforschung, Geschlechterforschung und feministische Politik. In: Feministische Studien, 13/2, 1995, S. 107-117

Brubaker, Roger: Citizenship and Nationhood in France and Germany. Cambridge, Mass. 1990

Bukow, Wolf Dietrich: Soziogenese ethnischer Minoritäten. In: Das Argument, 181, 32/3, 1992, S. 423-26

Bundesanstalt für Arbeit: Jugendliche ausländischer Herkunft vor der Berufswahl. Handbuch für die Berufsberatung. Nürnberg 1993

Dittrich, Eckhard J./Radtke, Frank-Olaf: Einleitung. Der Beitrag der Wissenschaften zur Konstruktion ethnischer Minderheiten. In: Dies. (Hg.), Ethnizität. Wissenschaft und Minderheiten. Opladen 1990, S. 11-40

Eichhorn, Cornelia/Grimm, Sabine (Hg.): Gender Killer. Texte zu Feminismus und Politik. Berlin/Amsterdam 1994

FeMigra (Feministische Migrantinnen, Frankfurt): Wir, die Seiltänzerinnen. Politische Strategien von Migrantinnen gegen Ethnisierung und Assimilation. In: Eichhorn/Grimm (Hg.) 1994, S. 49-63

Ferree, Myra Marx: Gleichheit und Autonomie. Probleme feministischer Politik. In: Gerhard u. a. (Hg.) 1990, S. 283-98

Gerhard, Ute: Differenz und Vielfalt – Die Diskurse der Frauenforschung. In: Zeitschrift für Frauenforschung, Heft 1-2, 1993, S. 10-21

Gerhard, Ute/Jansen, Mechthild/Maihofer, Andrea/Schmid, Pia/Schulz, Irmgard (Hg.): Differenz und Gleichheit. Menschenrechte haben (kein) Geschlecht. Frankfurt/Main 1990

Gildemeister, Regine: Die soziale Konstruktion von Geschlechtlichkeit. In diesem Band

–/Wetterer, Angelika: Wie Geschlechter gemacht werden. Die soziale Konstruktion der Zweigeschlechtlichkeit und ihre Reifizierung in der Frauenforschung. In: Knapp/Wetterer (Hg.) 1992, S. 201-54

Gottschall, Karin: Doing gender while doing work? Erkenntnispotentiale konstruktivistischer Perspektiven für die Analyse des Zusammenhangs von Arbeitsmarkt, Beruf und Geschlecht. In: B. Geissler u. a. (Hg.), Beiträge der Frauenforschung zur sozio-ökonomischen Theorieentwicklung. Berlin 1997

Gümen, Sedef: Die sozialpolitische Konstruktion ‚kultureller‘ Diffferenzen in der bundesdeutschen Frauen- und Migrationsforschung. In: beiträge zur feministischen theorie und praxis 42, 1996, S. 77-89

Gutiérrez-Rodriguez, Encarnación: ‚Frau ist nicht gleich Frau, nicht gleich Frau, nicht gleich Frau ...‘ Über die Notwendigkeit einer kritischen Dekonstruktion in der feministischen Forschung. In: U. L. Fischer u. a. (Hg.), Kategorie: Geschlecht. Opladen 1996, S. 163-90

Hagemann-White, Carol: Zur Geschichte und zum Selbstverständnis von Frauenforschung. In: H. Rapin (Hg.), Frauenforschung und Hausarbeit. Frankfurt/Main 1988a, S. 9-24.

–: Zum Verhältnis von Geschlechtsunterschieden und Politik. In: C. Kulke (Hg.), Rationalität und sinnliche Vernunft. Frauen in der patriarchalen Realität. Berlin 1985, S. 145-53

Hark, Sabine: deviante Subjekte. Die paradoxe Politik der Identität. Opladen 1999

Heeg, Susanne: Flexibilisierte Frauen. Historische und aktuelle Veränderungen auf dem Arbeitsmarkt. In: Eichhorn/Grimm (Hg.) 1994, S. 115-28

Kalpaka, Annita/Räthzel, Nora: Paternalismus in der Frauenbewegung? Zu den Gemeinsamkeiten und Unterschieden zwischen eingewanderten und einheimischen Frauen. In: Informationsdienst zur Ausländerarbeit 3, 1985, S. 21-28

Knapp, Gudrun-Axeli: Differenz und Dekonstruktion. Anmerkungen zum ‚Paradigmenwechsel‘ in der Frauenforschung. In: Stefan Hradil (Hg.), Differenz und Integration. Die Zukunft moderner Gesellschaften. Verhandlungen des 28. Kongresses der Deutschen Gesellschaft für Soziologie. Frankfurt a.Main/New York 1997, S. 497-513

–: Die vergessene Differenz. In diesem Band

–/Wetterer, Angelika (Hg.): TraditionenBrüche. Entwicklungen feministischer Theorie. Freiburg 1992

Kossek, Brigitte: Rassismen und Feminismen. In: Brigitte Fuchs/Gabriele Habinger (Hg.), Rassismen & Feminismen. Wien 1996, S. 11-22

Kraft, Marion: Feminismus und Frauen afrikanischer Herkunft in Europa. In: Dies./R. Shamim Ashraf-Khan (Hg.), Schwarze Frauen der Welt. Berlin 1995, S. 171-83

Kreckel, Reinhard: Geschlechtssensibilisierte Soziologie. Können askriptive Merkmale eine vernünftige Gesellschaftstheorie begründen? In: W. Zapf (Hg.), Die Modernisierung moderner Gesellschaften. Verhandlungen des 25. Deutschen Soziologentages. Frankfurt a. Main/New York 1991, S. 370-82

Krüger, Marlis: Über die Notwendigkeit feministischer (Selbst-)Reflexion. In: Dies. (Hg.), Was heißt hier eigentlich feministisch? Bremen 1993, S. 11-27

Krüger, Helga: Gendersensible Chancenforschung. In: WSI Mitteilungen 4, 1997, S. 1-10

Kürsat-Ahlers, Elçin H.: Das Stigma des Einwanderers. Über die Macht, Kultur und Abwehr in Einwanderungsprozessen. In: dies. (Hg.), Die multikulturelle Gesellschaft. Der Weg aus der Gleichstellung? Bielefeld 1992, S. 41-93

Lenz, Ilse: Geschlecht, Herrschaft und internationale Ungleichheit. In: Becker-Schmidt/Knapp (Hg.) 1995, S. 19-46

Lutz, Helina: Sind wir uns immer noch fremd? – Konstruktionen von Fremdheit in der weißen Frauenbewegung. In: I. Hügel u. a. (Hg.), Entfernte Verbindungen. Rassismus Antisemitismus Klassenunterdrückung. Berlin 1993, S. 138-56

Mecheril, Paul/Teo, Thomas (Hg.): Andere Deutsche. Zur Lebenssituation von Menschen multiethnischer und multikultureller Herkunft. Berlin 1994, S. 57-93

Metz-Göckel, Sigrid: ‚Permanenter Vorgriff auf die Gleichheit.‘ Frauenforschung in Westdeutschland. In: Gisela Helwig/Hildegard Maria Nickel (Hg.), Frauen in Deutschland 1945-1992. Bonn 1993, S. 408-26

Mohanty, Chandra Talpade: Feminist Encounters. Locating the Politics of Experience. In: Michelle Barrett/Anne Phillips (Hg.), Destabilizing Theory. Contemporary Feminist Debates. Cambridge 1992, S. 74-92

Oberndörfer, Dieter: Der Wahn des Nationalen. Die Alternative der offenen Republik. Freiburg i.B. 1993

Radtke, Frank-Olaf: Institutionalisierte Diskriminierung – zur Verstaatlichung der Fremdenfeindlichkeit. In: Rainer Bauböck u. a. (Hg.), ‚... und raus bist du!‘ Ethnische Minderheiten in der Politik. Wien 1988, S. 107-28

Räthzel, Nora: Gegenbilder. Nationale Identität durch Konstruktion des Anderen. Opladen 1997

–/Sanca Ülkü: Migration und Diskriminierung in der Arbeit. Das Beispiel Hamburg. Berlin/Hamburg 1994

Rerrich, Maria S.: Auf dem Wege zu einer neuen internationalen Arbeitsteilung der Frauen in Europa? In: B. Schäfers (Hg.), Lebensverhältnisse und soziale Konflikte im neuen Europa. Verhandlungen des 26. Deutschen Soziologentages. Frankfurt a. Main/New York 1993, S. 93-102

Schultz, Dagmar: Unterschiede zwischen Frauen – ein kritischer Blick auf den Umgang mit ‚den Anderen‘ in der feministischen Forschung weißer Frauen. In: beiträge zur feministischen theorie und praxis 27, 1990, S. 45-57

Spivak, Gayatri Chakravorty: The Post-Colonial Critic. Interviews, Strategies, Dialogues. New York 1990

Teubner, Ulrike: Das Fiktionale der Geschlechterdifferenz. Oder: wie geschlechtsspezifisch ist die Kategorie Geschlecht? In: Angelika Wetterer (Hg.), Die soziale Konstruktion von Geschlecht in Professionalisierungsprozessen. Frankfurt a. Main/New York 1995, S. 247-262

Wartenpfuhl, Birgit: Destruktion – Konstruktion – Dekonstruktion. Perspektiven für die feministische Theorieentwicklung. In: U. L. Fischer u. a. (Hg.), Kategorie: Geschlecht. Opladen 1996, S. 191-209

Westphal, Manuela: Arbeitsmigrantinnen im Spiegel westdeutscher Frauenbilder. In: beiträge zur feministischen theorie und praxis 1996, S. 17-28

Wetterer, Angelika: Theoretische Konzepte zur Analyse der Marginalität von Frauen in hochqualifizierten Berufen. In: Dies. (Hg.), Profession und Geschlecht. Frankfurt a. Main/New York 1992, S. 13-40

–: Dekonstruktion und Alltagshandeln. Die (möglichen) Grenzen der Vergeschlechtlichung von Berufsarbeit. In: Dies. (Hg.), Die soziale Konstruktion von Geschlecht in Professionalisierungsprozessen. Frankfurt a. Main/New York 1995, S. 223-46

III. Symbolisch-diskursive Ordnungen: Geschlecht und Repräsentation
(Sabine Hark)

„Haben Sie eine Ahnung, wieviele Bücher im Laufe eines Jahres über Frauen geschrieben werden? Haben Sie eine Vorstellung davon, wieviele darunter von Männern geschrieben wurden? Sind Sie sich dessen bewußt, daß Sie vielleicht das am meisten diskutierte Lebewesen des Universums sind?" fragt Virginia Woolf ihre Leserinnen in ihrem berühmten Essay *Ein Zimmer für sich allein* (Woolf 1978, S. 32). Woolf beschreibt das Erstaunen, das sie in der Bibliothek des *British Museum* befiel ob der schier überwältigenden Zahl von Autoren, die zwar „keinerlei sichtbare Qualifikation haben außer der, keine Frau zu sein" (ebd., S. 33), sich dennoch endlos zur Frage des Geschlechts und insbesondere des weiblichen Geschlechts geäußert hätten. Was Virginia Woolf hier geradezu sinnlich erfährt und so eindringlich beschrieben hat[1], lässt sich in nüchterner kulturwissenschaftlicher beziehungsweise soziologischer Diktion folgendermaßen formulieren: Menschliche Kulturen zeichnen sich durch Symboltätigkeit aus. Im sozialen Handeln werden Sichtweisen von Welt – symbolische Ordnungen –, produziert und reproduziert. Diese fungieren als Ordnungsschemata, mit ihrer Hilfe machen Menschen die Welt für sich sinnvoll und verstehbar, beziehungsweise – radikaler formuliert – konstituieren sie allererst als sinnvolle Welt. Denn wir erfassen Wirklichkeit nicht an sich, sondern nur durch symbolische Vermittlung. Ernst Cassirer (1997 [1954]) hat den Menschen deshalb auch als *animal symbolicum* bestimmt.

---

1 Woolf fährt fort: „Da war ich mit einem Notizbuch und einem Bleistift gekommen, in der Absicht, einen Morgen mit Lesen zu verbringen und in der Annahme, daß ich am Ende dieses Morgens die Wahrheit in mein Notizbuch übertragen würde. Aber ich hätte wie eine Elefantenherde und ein Gewirr von Spinnen sein müssen, dachte ich, ... um es mit dem allem hier aufnehmen zu können. Ich würde Stahlklauen und einen Messingschnabel nötig haben, wollte ich auch nur die Schale durchdringen. Wie sollte ich jemals die Körnchen Wahrheit finden, die in diesen Papiermassen vergraben lagen?" (ebd., S. 32f).

Eines der mächtigsten symbolischen Ordnungsschemata ist die „Ordnung der Geschlechter" (Honegger 1991) – und deren wirkmächtigste Ressource sind die kulturell mächtigen „Legierungen des Weiblichen" (Knapp 1992). Den Vorstellungen von „Weiblichkeit" und „Männlichkeit", also davon, wie Frauen und Männer „sind", kommt im komplexen Prozess der sozialen Reproduktion von Geschlechterverhältnissen und Gesellschaft eine grundlegende Bedeutung zu. Ohne institutionell und normativ verankerte kulturelle Vorstellungen etwa davon, dass Frauen das „schwächere Geschlecht" sind, ließen sich viele immer noch wirksame strukturelle Benachteiligungen von Frauen zum Beispiel in der Arbeitswelt nicht begründen. Gleichzeitig tragen diese Benachteiligungen wiederum zur Reproduktion einer „asymmetrischen Geschlechterkultur" (Müller 2000) bei, denn wer ‚weniger verdient, wird wohl auch weniger können'.

Geschlecht wird damit also als durch und durch soziale Angelegenheit bestimmt. Die unterschiedlichen Vorstellungen von „Frau-sein" und „Mann-sein" sind nicht als Ausdruck der „natürlichen" Eigenschaften von Frauen und Männern zu verstehen, sie sind vielmehr Ergebnis der angesprochenen komplexen menschlichen Symboltätigkeit. „Gender ist eine menschliche Erfindung", postuliert die US-amerikanische Soziologin Judith Lorber in ihrem Buch Gender-Paradoxien (1999). Ähnlich Sprache, Verwandtschaftsbeziehungen, Religion oder Technologie, so Lorber, regelt Gender das menschliche Sozialleben nach kulturell bedingten Mustern. Gender regelt die Sozialbeziehungen im Alltag wie auch die umfassenderen sozialen Strukturen wie soziale Klassen oder die Hierarchien bürokratischer Organisationen. Geschlechterbilder sind verbunden mit Vorstellungen von Familie, mit Sexualität, mit Gewalt und sozialer Ächtung, mit Intimität und Öffentlichkeit, mit Vertrauen, mit tief in der Kultur verankerten Normen über Körper, über Begehren, über Schönheit, darüber, welche Körper als begehrenswert gelten und wie darüber Selbstachtung und Selbstwert entwickelt beziehungsweise verweigert wird.

Seit den Anfängen der feministischen Theorie sind deshalb Analysen der symbolischen Ordnung der Geschlechter, das heißt Fragen nach den Legitimationssystemen und normativen Konfigurationen, den Ideologien, kulturellen Repräsentationen und Ordnungsmustern von entscheidender Bedeutung gewesen, um die Frage zu klären, wie dualistische Geschlechtervorstellungen und Geschlechterordnungen re/produziert werden und woraus ihre tendenzielle Stabilität resultiert. Ausgehend von der Annahme, dass „Weiblichkeit" und „Männlichkeit" symbolisch-diskursive Produkte sind, die unter angebbaren patriarchalen Machtbedingungen zustande gekommen sind, verankert in historisch konkreten gesellschaftlichen Figurationen, haben feministische Wissenschaftlerinnen kritisch nach dem normativen und normalisierenden Gehalt dieser Konstruktionen in wissenschaftlichen, literarischen, künstlerischen oder politischen Diskursen gefragt.

Zu Beginn der Frauenforschung in den späten 1970er Jahren wurde zunächst das Archiv der Geschlechterbeschreibungen und Repräsentationen durchforscht und zu Recht gefragt, ob das, was zu finden, zu lesen und zu sehen war, den Lebensumständen von Frauen in Geschichte und Gegenwart überhaupt entsprach. Analysen von Weiblichkeitsbildern, Fragen nach der Funktion dieser Bilder, den in verschiedenen Diskursen skizzierten „Geschlechtscharakteren" (Hausen), nach dem Verhältnis zwischen den bereits von Virginia Woolf bemerkten Männerphantasien und den Frauenerfahrungen, zwischen bestimmten Darstellungsformen des Weiblichen und spezifischen Machtstrukturen des Männlichen standen im Mittelpunkt (vgl. etwa Bovenschen 1979).

Aus diesen kritischen Analysen und der Zurückweisung der über „Natur" kodierten „Ideale von Männlichkeit und Weiblichkeit" (Goffman 1977, dt. 1994) resultierte dann fast zwangsläufig die Radikalisierung der These der kulturellen Bedingtheit von Geschlecht. Der Einfluss der „Natur" für die Frage nach der Verfasstheit von Geschlecht wurde gänzlich zurückgewiesen:

> „Wenn die Bedeutung, die der geschlechtlichen Differenzierung beigemessen wird, nicht auf anthropologische, biologische oder psychologische Gegebenheiten zurückgeführt werden konnte, sondern von kulturellen Klassifikationen abhängig war, so konnte auch die Beziehung der Geschlechter zueinander nicht länger als Ausdruck oder Repräsentation einer statischen, naturgegebenen Ordnung verstanden werden. Geschlechterbeziehungen sind *Repräsentationen von kulturellen Regelsystemen"* (Hof 1995, S. 16, Hervorhebung i. O.).

Die Literaturwissenschaftlerin Renate Hof summiert hier den unter den Begriff der *Repräsentationskritik* fassbaren Perspektivwechsel, der seit der zweiten Hälfte der 1980er Jahre und wesentlich angestoßen durch den einflussreichen Aufsatz von Teresa de Lauretis „The Technology of Gender" (1987, dt. 1996), in der feministischen Theorie zu beobachten ist: Geschlecht wird zunehmend als ein durch *Repräsentationsstrukturen* erzeugter Sinneffekt verstanden, das heißt es sind *Bezeichnungspraxen,* die in einem durchaus buchstäblichen Sinne „Männer", „Frauen", „Sexualität", „Geschlecht" erst produzieren.

Was ist nun unter Repräsentation zu verstehen? Repräsentationskritische Verfahren zeichnen sich dadurch aus, dass „Weiblichkeit" und „Männlichkeit", „Sexualität", „Geschlecht", aber auch „Nation", „Kultur" usw., nicht als Abbildungen von gegebenen Wirklichkeiten begriffen werden, sondern als durch Vor- und Darstellungen geschaffene Entitäten und Erfahrungen. Repräsentation ist also nicht die Darstellung oder Vertretung *von etwas,* vielmehr wird Repräsentation hier verstanden als Darstellung im Sinne einer *Herstellung,* einer Produktion, in der das Dargestellte erst in der Darstellung Gestalt annimmt. Repräsentation ist also Konstruktion, sie schafft Wirklichkeit und Wahrnehmungsweisen von Welt *als so und nicht anders gegebene.*

Repräsentationskritische Herangehensweisen schließen sowohl *semiotische* (Relationen von Bezeichnendem und Bezeichnetem) wie *diskurstheoretisch* orientierte (Relation von Macht und Wissen) Ansätze ein. Ihr gemeinsamer Ausgangspunkt ist die These, dass es keine Möglichkeit gibt aus der Welt der Kommunikation und der kulturellen Bezeichnungen, aus dem Universum von Sprache und Bedeutung herauszutreten. Es lässt sich nichts denken, das nicht durch seine Vermittlung, seine Bezeichnung bedingt wäre, durch seine sprachliche oder auch nicht-sprachliche Repräsentation. Während semiotische Ansätze sich dabei in einem engeren Sinne auf die Untersuchung von Bedeutungs- und Sinngebungsprozessen konzentrieren, rücken diskurstheoretische Zugriffsweisen in der feministischen Theorie die Produktion von Wissen zum Beispiel um geschlechtliche Unterschiede sowie die Frage, wie dieses Wissen in sozialen Praktiken und Institutionen, die das Verhältnis der Geschlechter festlegen, ebenso wie in Subjektivitäten verankert wird, in den Vordergrund.

Zusammengefasst geht es also um zwei analytisch unterscheidbare Perspektiven, die wechselseitig aufeinander bezogen sind: Geschlechterunterschiede repräsentieren kulturelle Regelsysteme – in und durch Geschlecht werden gesellschaftliche Beziehungen von Unter- und Überordnung, aber auch von Gleichrangigkeit konstruiert und legitimiert; Geschlechterunterschiede müssen aber auch als durch und in jenen kulturellen Regelsystemen, das heißt in Repräsentationssystemen und diskursiven Praktiken produziert begriffen werden. Geschlecht kann analytisch folglich verstanden werden als

- *sozio-symbolische Matrix*, die soziale Beziehungen und kulturelle Ordnungen generiert und diese repräsentiert,
- als ein innerhalb jener symbolischen Ordnungen hergestelltes, *kulturelles Konstrukt*
- und schließlich als *Effekt und Zeichen von Machtrelationen*.

Während wir uns im ersten Komplex mit der Frage beschäftigt haben, wie Geschlecht als Zweigeschlechtlichkeit im Handeln hergestellt wird, und im zweiten Komplex mit der Frage, wie Geschlechterverhältnisse als hierarchische Verhältnisse organisiert werden und in welchem Verhältnis Geschlecht zu anderen Dimensionen hierarchisierender sozialer Differenzierung steht, rückt in diesem dritten Komplex die Frage nach den kulturellen beziehungsweise symbolisch-diskursiven Dimensionen von Geschlechterordnungen in den Vordergrund. Die Texte, die in diesem Kapitel präsentiert werden, fragen in historisch-theoretischer Perspektive nach der Codierung der Geschlechter und der Bedeutung von Geschlechtercodierungen für kulturelle Ordnungen insgesamt (Karin Hausen, Claudia Honegger), in machttheoretischer Absicht nach der Interdependenz von Geschlechtskonstruktionen und heterosexueller Normativität sowie danach, wie die Vorstellung von heterosexueller Zweigeschlechtlichkeit hegemonial wird (Judith Butler), und schließlich nach dem, was Virginia Woolf die „hypnotische Macht der Herrschaft" genannt hat, also danach, wie es dazu kommt, dass die „männliche Herrschaft" zur quasi-natürlichen, keiner Rechtfertigung bedürftigen, irreversiblen Ordnung des Geschlechterverhältnisses geworden ist (Pierre Bourdieu).

Die ersten beiden Texte in diesem Kapitel, Hausen und Honegger, setzen sich auseinander mit dem, was Ursula Pasero den „paradoxen Kanon des 19. Jahrhunderts" bezeichnet hat: „Natürliche Gleichheit aller Menschen und natürliche Ungleichheit zwischen den Geschlechtern" (1994, S. 275). Die Sozialhistorikerin Karin Hausen geht in ihrem für die feministische Theorie bahnbrechenden Text „Die Polarisierung der ‚Geschlechtscharaktere': Eine Spiegelung der Dissoziation von Erwerbs- und Familienleben" aus dem Jahre

1976 der Erfindung des scharfen Dualismus von weiblichem und männlichem Geschlechtscharakter nach. Sie fragt nach dem Zusammenhang zwischen einer ökonomisch zweigeteilten Welt und der Herausbildung einer geschlechterspezifisch zweigeteilten Menschheit. Hausen knüpft die Akzentverschiebungen, die sich in der zweiten Hälfte des 18. Jahrhunderts in den philosophisch-politischen Aussagesystemen über die Natur der Geschlechter nachweisen lassen, an die gesellschaftlichen Umbrüche in der Industrialisierungsphase. Die Abdrängung der Frau aus dem Erwerbsleben in einen kontrastiv gedachten privaten Familienraum wird über die Diskursivierung einer entsprechenden wesensmäßigen Veranlagung und ethischen Bestimmung „objektiv" begründet.

Hausen profiliert also eine funktionale Erklärung; die symbolische Ordnung der „polarisierten Geschlechtscharaktere" ist der Spiegel ökonomischer und sozialstruktureller Verhältnisse beziehungsweise von gesellschaftlichen Differenzierungsprozessen in Produktion und Reproduktion, symbolisch-kulturelle Ordnung und sozialstrukturelle Verhältnisse treiben sich wechselseitig hervor.

Die Kultursoziologin Claudia Honegger schließt in ihrem Text aus dem Jahre 1989, der im wesentlichen die Ergebnisse ihrer für die Frauen- und Geschlechterforschung bis heute äußerst einflussreichen Studie *Die Ordnung der Geschlechter* (1991) zusammenfasst, an Karin Hausens Codierungsgeschichte moderner Geschlechtscharaktere an. Im Mittelpunkt ihrer Studie steht jedoch nicht allein die Rekonstruktion des modernen Deutungsmusters ‚Geschlechterdifferenz', sondern die diskursanalytisch orientierte Untersuchung des stetigen Aufstiegs der „naturalistischen" Wissenschaften vom Menschen als privilegierter Quelle der diskursiven Hervorbringung moderner Zweigeschlechtlichkeit. Ausgehend von der These, dass die erstmals im Naturrecht postulierte Gleichheit der Menschen als (männliche) Menschen sowie die spezifisch modernen Prozesse von Differenzierung und Individualisierung erkauft werden durch Entdifferenzierung, Redundanz und Individualitätsverluste auf Seiten „der Frau", zeigt Honegger, wie die inhaltlichen Bezugspunkte von Unterscheidungsprozessen zwischen den Geschlechtern zwischen 1750 und 1850 von philosophisch-moralischen hin zu (natur-) wissenschaftlichen verschoben werden und wie sehr die Verschärfung der Unterscheidung einhergeht mit deren Biologisierung. Es kommt so zu einer allmählichen Verschmelzung von Biologie und weiblicher „Sonderart" im Zuge der „Vernaturwissenschaftlichung" der Geschlechterdiskurse: *Gender* wird zu *sex*.

Wie *gender* zu *sex* wird, ist auch die Frage, die die feministische Philosophin Judith Butler beschäftigt. In machtanalytischer Absicht kehrt Butler diese allerdings um in eine provozierende These: wenn gender zu sex wird, folgt daraus, dass *sex* immer schon *gender* gewesen ist. Die Geschlechtlichkeit der Körper als „weiblich" oder „männlich" ist nicht vorgängig, sie wird vielmehr durch performative, wiederholende und wiederholte Akte beständig neu hervorgebracht. Die Materialisierung des körperlichen Geschlechts vollzieht sich in und durch diese Akte. Von einer vorgängigen Zweigeschlechtlichkeit kann daher sinnvoll nicht gesprochen werden. In ihrem Buch *Gender Trouble*, das 1991 auf deutsch erschien als *Das Unbehagen der Geschlechter*, geht Butler daher von einer

„grundlegenden Diskontinuität zwischen den sexuell bestimmten Körpern und den kulturell bedingten Geschlechtsidentitäten" aus (1991, S. 23).

Vor dem Hintergrund dieser These rücken andere Fragen in den Vordergrund, nämlich nicht danach, wie die Geschlechter inhaltlich in verschiedenen Diskursen beschrieben wurden, sondern danach, wie die innere Stabilität des binären Rahmens des Begriffs *Gender* gesichert wird und wie er reformuliert werden muss, damit er auch jene Machtverhältnisse umfasst, die den Effekt des vordiskursiven Geschlechts (*sex*) hervorbringen und dabei diesen Vorgang der diskursiven Produktion zugleich verdunkelt.

Butler führt hier das Konzept der symbolische Ordnung generierenden „heterosexuellen Matrix" ein. Es ist diese Matrix, die die Einheit von Geschlecht, Identität und Sexualität organisiert und aufrecht erhält, allerdings selbst ein Ergebnis ständig wiederholter performativer Akte ist, die alle mit der heterosexuellen Geschlechtsidentität nicht übereinstimmenden Handlungen und Subjektpositionen ausschließen und verwerfen, verbieten und pathologisieren. Deshalb erscheinen Geschlechtspositionen ebenso wie sexuelle Positionen, die nicht den Normen der kulturellen Erkennbarkeit entsprechen, als Fehlentwicklungen oder logische Unmöglichkeiten. Butler fragt dagegen nach den Möglichkeiten einer Wieder-Einsetzung solcher verworfener Subjektpositionen, danach, was es bedeutet, verworfene Positionen wieder ins Symbolische einzuführen.

Symbolische Ordnungen, Sichtweisen der Welt und Ordnungsschemata, die die Welt in sinnvoll erfahrbares und nicht-lesbares ordnen und insbesondere Formen symbolischer Gewalt sind auch das Thema des französischen Soziologen Pierre Bourdieu. Dabei sind symbolische Ordnungen für Bourdieu genuin immer mit sozialem Handeln und sozialer Struktur verknüpft, sie sind Teil sozialer Praxen zur Produktion und Regulierung von sozialer Ungleichheit. In „Die männliche Herrschaft" (1997/2005), bestimmt Bourdieu das Geschlechterverhältnis als ein sich in der modernen Gesellschaft reproduzierendes System materieller und symbolischer Gewalt. Dabei macht die symbolische Gewalt „das Essentielle der männlichen Herrschaft" aus. Diese stellt sich als quasinatürliche, keiner Rechtfertigung bedürftige, irreversible Ordnung des Geschlechterverhältnisses dar und gewinnt ihre Macht dadurch, dass sie in die Körper der Individuen eingelassen ist, was Bourdieu als „Somatisierung der Herrschaftsverhältnisse" beschreibt. Es handelt sich hierbei um ein „naturalisiertes gesellschaftliches Programm", dessen Funktion darin besteht, der „Herrschaft der Männer über die Frauen" eine scheinbar biologisch fundierte, mithin unangreifbare Objektivität zu verleihen: „Der Sexismus ist ein Essentialismus. Wie der ethnische oder der Klassenrassismus will er geschichtlich instituierte gesellschaftliche Unterschiede einer biologischen Natur zurechnen, die als eine Essenz fungiert, aus der unerbittlich alle Daseinsakte sich ableiten".

Symbolische Gewalt ist mithin bei Bourdieu ein „unsichtbarer" Modus der Herrschaftsausübung, die Realisierung einer Sicht der Welt oder einer sozialen Ordnung, die im Habitus der Herrschenden und Beherrschten zugleich verankert ist: inkorporiert wird, „was sich gehört".

Literatur

Becker-Schmidt, Regina: Frauenforschung, Geschlechterforschung, Geschlechter-verhältnisforschung. In: dies./Gudrun-Axeli Knapp: Feministische Theorien zur Einführung. Hamburg: Junius Verlag 2000, S. 14-62

Bourdieu, Pierre: Die männliche Herrschaft. Frankfurt a. Main: Suhrkamp 2005

Bovenschen, Silvia: Die imaginierte Weiblichkeit: Exemplarische Untersuchungen zu kulturgeschichtlichen und literarischen Präsentationsformen des Weiblichen. Frankfurt a. Main: Suhrkamp 1979

Bublitz, Hannelore (Hg.): Das Geschlecht der Moderne. Genealogie und Archäologie der Geschlechterdifferenz. Frankfurt a. Main/New York: Campus 1998

Cassirer, Ernst: Philosophie der symbolischen Formen. 5 Bde. Darmstadt: Primus Verlag 1997 [1953-54]

Dölling, Irene: Der Mensch und sein Weib. Berlin: Dietz Verlag 1991

Dölling, Irene/Krais, Beate (Hg.): Ein alltägliches Spiel. Geschlechterkonstruktion in der sozialen Praxis. Frankfurt a. Main: Suhrkamp 1997

Goffman, Erving: Interaktion und Geschlecht, hrsg. und eingeleitet von Hubert Knoblauch, mit einem Nachwort von Helga Kotthof, Frankfurt a. Main/New York: Campus 1994

Hof, Renate: Die Entwicklung der Gender Studies. In: Genus. Zur Geschlechterdifferenz in den Kulturwissenschaften, hrsg. von Hadumod Bußmann und dies., Stuttgart: Kröner 1995, S. 2-33

Hof, Renate: Einleitung: Geschlechterverhältnis und Geschlechterforschung – Kontroversen und Perspektiven. In: Genus. Geschlechterforschung/Gender Studies in den Kultur- und Sozialwissenschaften, hrsg. von Hadumod Bußmann und dies, Stuttgart: Kröner 2005, S. 2-41

Honegger, Claudia: Die Ordnung der Geschlechter. Die Wissenschaften vom Menschen und das Weib. Frankfurt a. Main/New York: Campus 1991

Knapp, Gudrun-Axeli: Macht und Geschlecht. Neuere Entwicklungen in der feministischen Macht- und Herrschaftsdiskussion. In: TraditionenBrüche. Entwicklungen feministischer Theorie. Forum Frauenforschung 6 hrsg. von dies./Angelika Wetterer, Freiburg: Kore Verlag 1992, S. 287-325

Lauretis, Teresa de: Technologies of Gender. Essays on Theory, Film, and Fiction. Bloomington: Indiana UP 1987

Lauretis, Teresa de: Technologien des Geschlechts. In: Vermittelte Weiblichkeit: Feministische Wissenschafts- und Gesellschaftstheorie, hrsg. von Elvira Scheich,. Hamburg: Hamburger Edition 1996, S. 57-93

Lorber, Judith: Gender-Paradoxien. Opladen: Leske + Budrich 1999

Müller, Ursula: Asymmetrische Geschlechterkultur in Organisationen und Frauenförderung als Prozeß – mit Beispielen aus Betrieben und der Universität. In: Geschlecht – Arbeit – Zukunft. Forum Frauenforschung 12, hrsg. von Ilse Lenz, Hildegard Maria Nickel und Birgit Riegraf, Münster: Westfälisches Dampfboot 2000, S. 126-149

Pasero, Ursula: Geschlechterforschung revisited: konstruktivistische und systemtheoretische Perspektiven. In: Denkachsen. Zur theoretischen und institutionellen Rede vom Geschlecht, hrsg. von Theresa Wobbe und Gesa Lindemann, Frankfurt a. Main: Suhrkamp 1994, S. 264-296

Scott, Joan: Gender: Eine nützliche Kategorie der historischen Analyse. In: Selbst Bewusst. Frauen in den USA, hrsg. von Nancy Kaiser, Leipzig: Reclam 1994, S. 27-75

Scott, Joan: Nach der Geschichte? In: Werkstatt Geschichte 17/1997, S. 5-23

Woolf, Virginia: Ein Zimmer für sich allein. Frankfurt a. Main: Fischer Verlag 1981 [1928]

Die Polarisierung der „Geschlechtscharaktere".
Eine Spiegelung der Dissoziation von Erwerbs- und
Familienleben. In: Sozialgeschichte der Familie in der Neuzeit
Europas. Werner Conze (Hg.), Stuttgart: Klett-Cotta 1976,
S. 363-393 (mit Auslassungen*)

1. „Geschlechtscharakter", dieser heute in Vergessenheit geratene Begriff
bildete sich im 18. Jahrhundert heraus und wurde im 19. Jahrhundert allgemein
dazu verwandt, die mit den physiologischen korrespondierend gedachten
psychologischen Geschlechtsmerkmale zu bezeichnen. Ihrem Anspruch nach
sollten Aussagen über die „Geschlechtscharaktere" die Natur bzw. das Wesen
von Mann und Frau erfassen. Im folgenden wird der Versuch unternommen,
die Herausbildung und Verwendung dieses dem Stichwort „Geschlechtscharakter" zugeordneten Aussagesystems nachzuzeichnen und zu interpretieren. Hinter diesem Versuch steht die Erwartung, daß über die Analyse
familienrelevanter Normen ein Zugang gewonnen werden kann zu solchen
qualitativen Aspekten des Familiengeschehens, die sich den heute vorzugsweise eingesetzten quantifizierenden Forschungszugriffen entziehen. Aussagen
über den „Geschlechtscharakter" von Mann und Frau sind zwar zunächst
normative Aussagen und als solche stehen sie in einem schwer zu erkennenden
Verhältnis zur Realität. Aber ebenso sicher ist, daß Aussagen über das Wesen
der Geschlechter im allgemeinen Erfahrungszusammenhang der sozio-
ökonomisch realen geschlechtsspezifischen Arbeitsteilung entstehen und Geltung beanspruchen. Es ist deshalb anzunehmen, daß sie zumindest nicht im
Widerspruch zum geltenden Modell der geschlechtsspezifischen Arbeitsteilung
stehen. Weiterhin ist zu bedenken, daß die geschlechtsspezifische Arbeitsteilung in erster Linie und traditionellerweise in Familie und Haushalt ein zentrales Organisations- und Funktionselement ist. Damit aber wirkt sie immer auch
als entscheidender Faktor der kindlichen Sozialisation, deren Realisierung
sowie Zielsetzung sie gleichermaßen nachhaltig prägt. Sozialisation aber ist,
indem sie das spätere Verhalten und Handeln der Erwachsenen ausrichtet, als
Wechsel auf die Zukunft eine unauflösbare Legierung aus materiellen und
normativen, direkten und indirekten Erfahrungsmomenten. Dieser Hinweis auf
das für die Familie als dem „natürlichen" Ort von geschlechtsspezifischer
Arbeitsteilung offenbar besonders relevante dialektische Wechselspiel zwischen Realität und Normativität ist die eine Möglichkeit, die Beschäftigung mit
familienrelevanten Normen als Beitrag zur historischen Familienforschung
auszuweisen.

Eine andere Möglichkeit, das Arbeitsvorhaben zu verdeutlichen, liefern die
auf dem sozialwissenschaftlichen Rollenkonzept[...] basierenden theoretischen

und empirischen Forschungen. Mit dem umgangssprachlich assoziationsreichen Begriff „Rolle" und seinen Derivaten Rollenverhalten, -erwartung, -zuschreibung, -konfiguration etc. wird der Sachverhalt umschrieben, daß mit verschiedenen strukturell festgelegten sozialen Positionen bestimmte Verhaltensmuster gesellschaftlich vorgegeben sind, denen sich das tatsächliche Verhalten des Positionsinhabers nicht entziehen kann. Die Interaktion von Individuen wird weder jeweils situationsgerecht durch subjektive Verhaltensentscheidungen neu erfunden, noch durch materielle Sachzwänge total determiniert. Vielmehr orientiert sich soziales Verhalten an kulturell vorgegebenen Verhaltensmustern, deren Einhaltung durch sozialen Konsens oder Zwang kontrolliert wird. Das Rollenverhalten als tatsächlich gleichförmiges Verhalten und das von diesem Normalverhalten abweichende Rollenverhalten in einzelnen Gruppen oder bei bestimmten Individuen, das Ausmaß an Kongruenz bzw. Inkongruenz zwischen Rollenideal und normalem Rollenverhalten, also der Abstand zwischen idealer und realer Norm, schließlich das Erlernen und Durchsetzen von Rollen bei Rollenträgern sowie die soziale Position und normierende Kraft der Rollendefinierer sind u. a. Fragen, die die mit dem Rollenkonzept arbeitende empirische Forschung beschäftigen. Im Hinblick auf unsere Fragestellung ist es unbestreitbar ein Vorteil des Rollenkonzeptes, daß der durch die unterschiedlichen Betrachtungsweisen der Spezialdisziplinen Soziologie, Sozialpsychologie, Psychoanalyse und Psychologie zergliederte Gegenstand in einem integrierenden Interpretationszusammenhang erfaßt wird.[...] Die nicht gering zu achtende Gefahr, daß bei Verwendung des Rollenkonzeptes das Verhalten von Menschen in eine endlose Zahl von mehr oder weniger beziehungslosen Rollen zerlegt zu werden droht, dürfte sich hingegen speziell bei der Analyse der gesellschaftlichen Situation der Geschlechter in Grenzen halten. Denn bei den geschlechtsspezifischen Verhaltensmustern für Mann und Frau, Ehemann und Ehefrau, Vater und Mutter handelt es sich erstens, da sie einem allgemeinen Muster der Arbeitsteilung zugeordnet sind, um Verhaltensmuster höchster Allgemeinheit, und zweitens, da sie bereits mit der frühkindlichen Sozialisation verankert werden, um Muster höchster Intensität.

In der Sprache des Rollenkonzeptes formuliert, wird die folgende Analyse erstens die Frage aufwerfen, wie, von wem und mit welcher Autorität die mit den Ausführungen über „Geschlechtscharaktere" einsetzende Neudefinition eines Aspektes der Geschlechterrollen vorgenommen wird, und zweitens der Frage nachgehen, wie und bei wem diese Aussagen möglicherweise imstande waren, die Geschlechterrollen zu beeinflussen. Die anschließende allgemeinere Frage, aufgrund welcher Ursachen und in welcher sozialen Funktion speziell das Aussagesystem über „Geschlechtscharaktere" wirkungsmächtig werden konnte, geht hingegen über den vom Rollenkonzept gesteckten Rahmen hinaus. Sie zielt auf den Zusammenhang zwischen sozio-ökonomischer Entwicklung und ideologischer Interpretation dieser Entwicklung und damit auf den ideologischen Gehalt der in der spezifischen Form der „Geschlechtscharaktere" erfolgten Zuschreibung von komplementären Geschlechterrollen.

Das umrissene Programm ist anspruchsvoll und steht in mancher Hinsicht quer zum Trend der sich schnell entfaltenden historischen Familienforschung.⁽...⁾ Damit nicht genug, wird dessen tatsächliche Durchführung zusätzlich dadurch belastet, daß nicht bereits abgeschlossene Forschungen, sondern nur unter bestimmten Gesichtspunkten interessante Beobachtungen mitgeteilt werden. Diese vorläufigen Mitteilungen sollen zum einen auf ein m. E. wichtiges Problem in der Geschichte von Familie hinweisen, sie sollen zum andern die Diskussion darüber erneut anregen, wie die zu einer bestimmten Zeit gängigen, jedoch nicht direkt institutionell durchgesetzten normativen Aussagen und Überzeugungen hinsichtlich ihrer Entstehung und Wirkung sozial zu verorten sind, wie also Sozialgeschichte die Ideengeschichte einbeziehen kann und muß, ohne dabei Gefahr zu laufen, erneut in Ideengeschichte aufzugehen.⁽...⁾

2. In *Meyer's Großem Konversationslexikon* heißt es 1904 unter dem Stichwort „Geschlechtseigentümlichkeiten" nach Ausführungen über die anatomischen und physiologischen Unterschiede kurz und bündig:

> „Auch psychische G. finden sich vor; beim Weib behaupten Gefühl und Gemüt, beim Manne Intelligenz und Denken die Oberhand; die Phantasie des Weibes ist lebhafter als die des Mannes, erreicht aber seltener die Höhe und Kühnheit wie bei letzterem." (1904, S. 685)

Diese auf eine Kurzformel gebrachte Typisierung der „Geschlechtscharaktere" läßt kaum mehr vermuten, daß die Herausarbeitung und Abgrenzung der Geschlechtsspezifika seit dem letzten Drittel des 18. Jahrhunderts bis hinein ins 20. Jahrhundert mit anhaltender Intensität betrieben worden ist. Dieses lebhafte Interesse an der Abgrenzung ist ebenso wie die Selbstverständlichkeit, mit der diese vorgenommen wurde, eindrucksvoll dokumentiert in den zahlreichen Lexika des 19. Jahrhunderts unter Stichworten wie Frau, Weib, Geschlecht, Geschlechtscharakter, Geschlechtseigentümlichkeiten etc. Zur Illustration eines solchen Aussagesystems sei aus dem *Brockhaus* (1815, S. 211) zitiert. Hier wird der Geschlechtscharakter von Tier und Mensch definiert als in der Natur wirkende „Entgegensetzung zusammengehöriger und zu gemeinschaftlichem Produktionszweck wirkender Kräfte". Bei den Menschen soll diese Entgegensetzung für Körper und Seele gleichermaßen gelten.

> „Daher offenbart sich in der Form des Mannes mehr die Idee der Kraft, in der Form des Weibes mehr die Idee der Schönheit ... Der Geist des Mannes ist mehr schaffend, aus sich heraus in das Weite hinwirkend, zur Anstrengungen, zur Verarbeitung abstracter Gegenstände, zu weitaussehenden Plänen geneigter; unter den Leidenschaften und Affecten gehören die raschen, ausbrechenden dem Manne, die langsamen, heimlich in sich selbst gekehrten dem Weibe an. Aus dem Manne stürmt die laute Begierde; in dem Weibe siedelt sich die stille Sehnsucht

an. Das Weib ist auf einen kleinen Kreis beschränkt, den es aber klarer überschaut; es hat mehr Geduld und Ausdauer in kleinen Arbeiten. Der Mann muß erwerben, das Weib sucht zu erhalten; der Mann mit Gewalt, das Weib mit Güte oder List. Jener gehört dem geräuschvollen öffentlichen Leben, dieses dem stillen häuslichen Cirkel. Der Mann arbeitet im Schweiße seines Angesichtes und bedarf erschöpft der tiefen Ruhe; das Weib ist geschäftig immerdar, in nimmer ruhender Betriebsamkeit. Der Mann stemmt sich dem Schicksal selbst entgegen, und trotzt schon zu Boden liegend noch der Gewalt; willig beugt das Weib sein Haupt und findet Trost und Hilfe noch in seinen Thränen" (1815, S. 211).

Ähnlich wird 1848 im *Meyer* in einem zehnseitigen Artikel über „Geschlechtseigenthümlichkeiten" das „Männliche als das relativ vorzugsweise Individuelle, das Weibliche als das relativ vorzugsweise Universelle" charakterisiert, wobei Individualität den Charakter der „Selbstheit, Selbständigkeit, der Kraft und Energie, der möglichsten Begrenzung und Abgeschlossenheit, des Antagonismus; Universalität hingegen den der Abhängigkeit, Unbestimmtheit, Verschmelzung, Hingebung, der Sympathie" (S. 742) hat. Diese Charakteristika sollen nicht nur für die generell im Tierreich auffindbaren körperlichen Geschlechtsunterschiede, sondern auch für die „psychischen Äußerungen" der Menschen gelten.

„Entsprechend dem mehr universellen Charakter im Weibe, ist die Empfindung in ihm vorherrschend, – das Weib ist mehr fühlendes Wesen; beim Manne herrscht hingegen, wegen seiner größeren Individualität, die Reaktion vor, – er ist mehr denkendes Wesen ... Gemäß der Universalität ist beim Weibe die Sympathie, die Liebe vorherrschend, beim Manne hingegen, wegen vorwaltender Individualität, der Antagonismus, der Haß, – und so ist denn jenes mitleidiger, mildthätiger, es ist sittlicher und religiöser, als der mehr rauhe, oft hartherzige, alles vorzugsweise nach seinem Ich zu bemessen geneigte Mann. Er ist fest und beständig, sein Muth kühn und sein Entschluß bestimmt; er schwingt sich über das Kleinliche empor und hat weniger Eitelkeit als Stolz, und Letzteres bezieht sich hauptsächlich auf sein Handeln und Schaffen; einem Freund kann er Alles opfern. Der Charakter des Weibes ist mehr wankend, der Entschluß jedoch oft rascher; in Leiden ist es in der Regel gefaßter, und duldet im Allgemeinen die alleräußersten Drangsale und Widerwärtigkeiten mit größerer Standhaftigkeit als der Mann. Alles, was das Gemüth hauptsächlich in Anspruch nimmt, wirkt vorzugsweise auf das Weib ein, und dadurch kann es zur größten Selbstverleugnung getrieben werden; ... Das Wesen des Weibes ist Liebe, aber weniger zum eigenen, als vielmehr zum anderen Geschlechte und zu den hülfsbedürftigsten und zartesten Kleinen. Seine Tugend ist Unschuld der Seele und Reinheit des Herzens; innige Theilnahme und Mitleid seine Zierde. Hiernach wäre denn auch die *allgemeine* Bestimmung der Geschlechter für das äußere Leben überhaupt zu beurtheilen ... Fortpflanzung ist nur durch Kooperation beider möglich, jedoch hat an dieser Operation das weibliche Geschlecht unverkennbar mehr Antheil, als das männliche .... Während so das Weib hauptsächlich das innere Familienverhältniß begründet. Der Mann mehr das äußere, ist er zugleich das Verbindungsglied zwischen Familie und Familie, er hauptsächlich begründet den Staat." (ebd., S. 748f.)

Die variationsreichen Aussagen über „Geschlechtscharaktere" erweisen sich als ein Gemisch aus Biologie, Bestimmung und Wesen und zielen darauf ab, die „naturgegebenen", wenngleich in ihrer Art durch Bildung zu vervollkommnenden Gattungsmerkmale von Mann und Frau festzulegen. Den als Kontrastprogramm konzipierten psychischen „Geschlechtseigenthümlichkeiten" zu Folge ist der Mann für den öffentlichen, die Frau für den häuslichen Bereich von der Natur prädestiniert. Bestimmung und zugleich Fähigkeiten des Mannes verweisen auf die gesellschaftliche Produktion, die der Frau auf die private Reproduktion. Als immer wiederkehrende zentrale Merkmale werden beim Manne die Aktivität und Rationalität, bei der Frau die Passivität und Emotionalität hervorgehoben, wobei sich das Begriffspaar Aktivität-Passivität vom Geschlechtsakt, Rationalität und Emotionalität vom sozialen Betätigungsfeld herleitet. Diese Hauptkategorien finden sich mit einer Vielzahl von Zusatzmerkmalen kombiniert, so daß jeweils eine Mischung traditioneller und moderner, physiologischer, psychischer und sozialer Eigenschaften das Wesen des männlichen und weiblichen Geschlechtes ausmachen. Ordnet man häufig anzutreffende Geschlechtsspezifika[1], so ergeben sich folgende Merkmalsgruppen:

Mann	Frau
Bestimmung für	
Außen	Innen
Weite	Nähe
Öffentliches Leben	Häusliches Leben
Aktivität	*Passivität*
Energie, Kraft, Willenskraft	Schwäche, Ergebung, Hingebung
Festigkeit	Wankelmut
Tapferkeit, Kühnheit	Bescheidenheit
Tun	*Sein*
selbständig	Abhängig
strebend, zielgerichtet, wirksam	betriebsam, emsig
erwerbend	bewahrend
gebend	empfangend
Durchsetzungsvermögen	Selbstverleugnung, Anpassung
Gewalt	Liebe, Güte
Antagonismus	Sympathie
Rationalität	*Emotionalität*
Geist	Gefühl, Gemüt
Vernunft	Empfindung
Verstand	Empfänglichkeit
Denken	Rezeptivität
Wissen	Religiosität
Abstrahieren, Urtheilen	Verstehen
Tugend	*Tugenden*
	Schamhaftigkeit, Keuschheit
	Schicklichkeit
	Liebenswürdigkeit
	Taktgefühl
	Verschönerungsgabe
Würde	Anmut, Schönheit

Physis und Psyche der Frau werden primär nach dem Fortpflanzungs- bzw. Gattungszweck und der dazu sozial für optimal erachteten patriarchalischen monogamen Ehe bestimmt, die des Mannes hingegen nach dem Kulturzweck. Marianne Weber (1971, 300f.; vgl. auch Weininger 1925) brachte diese Beobachtung auf die zutreffende Formel, die Frau werde als das Geschlechtswesen, der Mann als der zur Kulturarbeit Bestimmte definiert. Derartige Charakterschemata, die erst in der zweiten Hälfte des 20. Jahrhunderts an Überzeugungskraft verlieren, werden im letzten Drittel des 18. Jahrhunderts „erfunden". Im Verlauf des 19. Jahrhunderts bleiben die einmal eingeführten Zuordnungsprinzipien konstant und werden nicht zuletzt durch Medizin, Anthropologie, Psychologie und schließlich Psychoanalyse „wissenschaftlich" fundiert. (...)

Die bloße Tatsache der Kontrastierung von Mann und Frau ist historisch zunächst wenig aufschlußreich, waren doch in patriarchalischen Gesellschaften seit eh und je Aussagen über das „andere Geschlecht" gängige Muster der männlichen Selbstdefinition (Beauvoir 1968). Auf eine historisch möglicherweise gewichtige Differenzierung verweist jedoch die Beobachtung, daß mit den „Geschlechtscharakteren" diese Kontrastierung im letzten Drittel des 18. Jahrhunderts eine spezifisch neue Qualität gewinnt. Der Geschlechtscharakter wird als eine Kombination von Biologie und Bestimmung aus der Natur abgeleitet und zugleich als Wesensmerkmal in das Innere der Menschen verlegt. Demgegenüber sind die älteren vor allem in der Hausväterliteratur und den Predigten überlieferten Aussagen über den Mann und die Frau Aussagen über den Stand, also über soziale Positionen und die diesen Positionen entsprechenden Tugenden (Hoffmann 1959). Im ersten Drittel des 18. Jahrhunderts ordnet Chr. Wolff (1725) die Männer und Frauen jeweils der ehelichen, väterlichen und herrschaftlichen Gesellschaft zu und bestimmt danach die erforderlichen Tugenden der Herrschaft bzw. des Gehorsams und der Tüchtigkeit des Wirtschaftens bzw. Arbeitens. Entsprechend heißt es 1735 im *Zedler*: „Frau oder Weib ist eine verehelichte Person, so ihres Mannes Willen und Befehl unterworfen, die Haushaltung führet, und in selbiger ihrem Gesinde vorgesetzt ist ..." Über das weibliche Geschlecht im allgemeinen wird gesagt: „Ihr Humeur, Geist, Eigenschafft, Inclination und Wesen scheinet nach jeder Landes-Art und Beschaffenheit von einander unterschieden zu seyn" (Sp. 1767, 1782). Auch *Krünitz* nennt 1779 (bes. S. 789ff.) unter dem Stichwort „Frau" nicht Charaktereigenschaften, sondern die Rechte, Pflichten und Verrichtungen der Hausfrau und spezifiziert seine Aussagen für die Handwerks- und Kaufmannsfrau. Erst im *Adelung* von 1796/1801 ist der Hausstand nicht mehr das einzig verbindliche Bezugssystem. Im Vergleich zu der 1815 im Brockhaus wuchernden Definition der „Geschlechtscharaktere" bleibt jedoch die Anmerkung „Das weibliche Geschlecht, welches bey Menschen auch das schöne Geschlecht, das schwächere Geschlecht und das andere Geschlecht genannt wird" von spröder Spärlichkeit (Adelung 1796, Sp. 10, vgl. auch Artikel „Weib", Bd. 4, 1801).

Neuartig ist an der Bestimmung der „Geschlechtscharaktere" also offenbar der Wechsel des für die Aussagen über den Mann und die Frau gewählten Bezugssystems. Seit dem ausgehenden 18. Jahrhundert treten an die Stelle der Standesdefinitionen Charakterdefinitionen. Damit aber wird ein partikulares durch ein universales Zuordnungsprinzip ersetzt: statt des Hausvaters und der Hausmutter wird jetzt das gesamte männliche und weibliche Geschlecht und statt der aus dem Hausstand abgeleiteten Pflichten werden jetzt allgemeine Eigenschaften der Personen angesprochen. Es liegt nahe, diesen Wechsel des Bezugssystems als historisch signifikantes Phänomen zu interpretieren, zumal der Wechsel mit einer Reihe anderer Entwicklungen korrespondiert. In erster Linie ist hier an den bislang vor allem ideengeschichtlich erfaßten Übergang vom „ganzen Haus" zur „bürgerlichen Familie" zu denken (Schwab 1975), der seit der Mitte des 18. Jahrhunderts seinen begriffsgeschichtlichen Niederschlag darin findet, daß aus dem Familienbegriff sowohl die Erwerbswirtschaft als auch die der Herrschaft unterstellten Hausbediensteten als Sinnkomponente verschwinden (ebd., S. 273). Vieles deutet darauf hin, daß im Deutschland des ausgehenden 18. Jahrhunderts diese Entwicklung insgesamt als tiefgreifende Veränderung des sozialen Orientierungsfeldes Familie erfahren wurde. Nach Schwab wurde offenbar das Infragestellen des alten Familienbegriffs zwischen 1780 und 1810 theoretisch so weit getrieben, daß die „soziale Rolle der Familie" überhaupt zurückgedrängt zu werden drohte (ebd., S. 271). Wenn es in der Folgezeit gelang, einen neuen, restaurativen Familienbegriff zu verfestigen, so dürfte dazu das Vehikel „Geschlechtscharaktere" von nicht unerheblichem Nutzen gewesen sein. Damit läßt sich das Interesse an der Herausbildung von „Geschlechtscharakteren" als Versuch interpretieren, ein die Verhältnisse stabilisierendes neues Orientierungsmuster an die Stelle des veralteten zu setzen. Eine solche Deutung gewinnt an Plausibilität, wenn man die „kritische" Situation zwischen 1780 und 1810 beleuchtet.

Man wird ausgehen müssen von dem seit Humanismus und Reformation immer lebhafter werdenden Interesse für das Individuum und dessen innere und äußere Autonomie. Dieses Interesse galt zunächst problemlos allein dem Mann bzw. dem Hausvater; Mensch und Mann waren in der Naturrechtsdiskussion eine selbstverständliche Gleichsetzung[2] und die Beanspruchung von Menschenrechten für den männlichen Menschen tangierte zunächst nicht die traditionelle, aus der Bibel legitimierte Position der herrschaftsunterworfenen Frau bzw. Hausfrau. Dieses änderte sich erst, als das gegen die theologische Legitimation staatlicher Herrschaft ins Feld geführte Modell des Gesellschaftsvertrages auch auf das System der Hausherrschaft angewandt wurde, was bei der traditionellen „Strukturanalogie von Staat und Familie" (ebd., S. 280) durchaus nahe lag. Vertragsrechtliche Prinzipien auf die Familie anzuwenden, aber bedeutete nicht mehr wie in der katholischen und protestantischen Tradition allein die Eheschließung, sondern die Ehe insgesamt als Vertrag zu konzipieren. Eine solche Deutung stellte das bisherige institutionelle Gefüge der Familie als hausväterliches Regiment und damit vor allem die Herrschaft des Ehemannes und Vaters, aber auch das Sexualmonopol in der Ehe und die prinzipielle Unauflösbarkeit der Ehe unter Legitimationszwang. Gleichzeitig und in deutlich erkennbarem Zusammenhang mit dieser Entwicklung der theoretischen Diskussion, die mit ihrer individualrechtlichen Deutung der Familie deren „politische Entpflichtung" (ebd., S. 284) einleitet, wird die Ehe, ehemals der Zusammenschluß von Mann und Frau zum Zwecke der Sexualität, der Kinderaufzucht, des Wirtschaftens und der gemeinsamen Religionsausübung, in der Epoche der Empfindsamkeit umgedeutet als die in der Liebe vollzogene, vor allem psychische Verschmelzung der Ehegatten. Wenn schließlich in der Romantik die Ehe primär und sogar ausschließlich in Liebe begründet und damit allein den einzelnen Mann und die einzelne Frau betreffend gedacht wird, lösen sich tendenziell Ehe und Familie als Institution auf (Kluckhohn 1931).

Diese deutlich nicht mehr dem Orientierungsmuster des „ganzen Hauses" verpflichteten Vorstellungen hatten vor allem hinsichtlich der Neuinterpretation der sozialen und häuslichen Position der Frauen weiterreichende Konsequenzen. Die eine Konsequenz war die Forderung nach Emanzipation der Frauen aus dem ehemännlichen bzw. väterlichen Regiment und deren mit den Männern gleichberechtigte Integration in die bürgerliche Gesellschaft. Diese Forderung wurde im Zuge der Französischen Revolution erhoben und sogleich als Bedrohung der etablierten Ordnung und speziell der Familienverhältnisse eingeschätzt[3]. Die andere Konsequenz, die gleichzeitig als Bestandteil der neuen Liebesauffassung und als Reaktion gegen unerwünschte Emanzipationsforderungen wirksam wurde, war die Suche nach einer neuen Form der Legitimation für den traditionellerweise auf die Familie eingeschränkten und dem Ehemann untergeordneten Aktionsspielraum der Frau. Es ging darum, im Falle der Frauen die postulierte Entfaltung der vernünftigen Persönlichkeit auszusöhnen mit den für wünschenswert erachteten Ehe- und Familienverhältnissen. Das Interesse an „Geschlechtscharakteren" entwickelte sich im Zusammenhang mit diesen Bestrebungen.[...] Das gesuchte Legitimations- und Orientierungsmuster geschaffen zu haben, ist die Leistung der deutschen Klassik, der es gelingt, die heterogenen Denkansätze bei gleichzeitiger Vergeistigung der ursprünglich praktisch revolutionierenden Elemente zu integrieren. Dieser um die Jahrhundertwende erfolgreich durchgeführte Prozeß der ideologischen Vergewisserung soll hier nicht im einzelnen nachgezeichnet werden. Es reicht darauf hinzuweisen, daß in dieser Zeit die Geschlechts-, Ehe- und Familienverhältnisse aufmerksam beobachtet werden und alle Deutungsversuche darauf hinauslaufen, in diesen den vernünftigen Plan und Zweck der Natur zu entziffern.

Ziel ist es, den nach der göttlichen Weltordnung für Mann und Frau verschiedenen Naturzweck und die dementsprechend von der Natur einge-
richteten verschiedenartigen Naturbegabungen herauszuarbeiten. In diesem
Sinne wird von Fichte (1796, S. 319) die Diskussion über das Eherecht
weitergeführt, indem er den Ehezweck als die „vollkommene Vereinigung
zweier Personen" und die Ehe als ein durch Natur und Vernunft bestimmtes
Verhältnis herleitet. Für den Mann sei die Befriedigung des Geschlechtstrie-
bes im Zeugungsakt vernünftig, da aktiv, für die im Zeugungsakt passiv
gedachte Frau sei hingegen der aktive und damit vernünftige Naturtrieb
allein die Liebe, d. h. der Trieb, „einen Mann zu befriedigen". Liebe ist nach
Fichte die völlige Hingabe der Persönlichkeit und konsequenterweise auch
die Abtretung allen Vermögens und aller Rechte an den einen und einzigen
Mann, der seinerseits durch die völlige Auslieferung der Frau zur Großmut
und ehelichen Zärtlichkeit moralisch in Pflicht genommen werde. Die direkt
praxis-relevante, da auf Bildung abzielende Richtung der Argumentation
liefert die in der pädagogischen Literatur auftauchende Formel von der
„Bestimmung des Weibes zur Gattin, Hausfrau und Mutter".[(...)] Die in wenigen Jahren entworfene „polaristische Geschlechterphilosophie"[(...)] leistet
schließlich die theoretische Fundierung durch die Aufspaltung und zugleich
Harmonisierung der von der Aufklärung als Ideal entworfenen vernünftigen
Persönlichkeit in die unterschiedlich qualifizierte männliche und weibliche
Persönlichkeit. Die Gleichrangig- und Gleichwertigkeit von Mann und Frau
ausdrücklich betonend, wird folgenreich für die angemessene soziale Position die unterschiedliche Qualität der Geschlechter herausgearbeitet. Erst die
Ergänzung der in der Frau zur Vollkommenheit entwickelten Weiblichkeit
mit der im Mann zur Vollkommenheit entwickelten Männlichkeit soll die
Annäherung an das Ideal der Menschheit ermöglichen.

Die Annahme, daß die aus verschiedenen Richtungen zusammenfließen-
den Denkströmungen tatsächlich ein neues Orientierungsmuster schaffen,
wird bekräftigt durch die gleichzeitige Entwicklung der philosophischen
Anthropologie und Psychologie (Dessoir 1902, v. a. S. 116-356).[4] Kant hält
1798 seine Vorlesung über „Anthropologie in pragmatischer Hinsicht",
wobei dem „Charakter des Geschlechts" ein Teil seiner Ausführungen gilt
und ihn das als pragmatisch interessiert, „was der Mensch als frei handelndes
Wesen aus sich selber macht, machen kann und soll" (Kant 1907, S. 117).
Noch eindeutiger läuft Humboldts „Plan einer vergleichenden Anthropologie" von 1795 auf die Spezifizierung der „Geschlechtscharaktere" hinaus, die
er ebenfalls mit dem Ziel betrieben wissen will, Kenntnis des Menschen,
„wie er ist" und „wozu er sich entwickeln kann" zu gewinnen (Humboldt
1903, S. 378).[5] Insgesamt scheint die Entwicklung der Charakterologie und
der Geschlechterpsychologie direkt mit dem akuten Orientierungsbedürfnis
zusammengehangen zu haben. Schließlich läßt sich auch das aufkommende
Interesse für die Sittengeschichte des weiblichen Geschlechts in diese Strö-

mungen einbeziehen.[6] Diese Zuordnung wird zumindest in den Lexika des 19. Jahrhunderts eindeutig vorgenommen. Üblicherweise werden dort die Aussagen über den Geschlechtscharakter der Frau kombiniert mit einem Rückblick auf die Sittengeschichte des Weibes, um so auch geschichtlich nachzuweisen, daß der wahre und ursprüngliche Charakter des Weibes erst dann verwirklicht werden könne, wenn sich – wie bislang einzig in Deutschland seit dem ausgehenden 18. Jahrhundert – die „würdige" und „hohe" Auffassung vom Familienleben durchgesetzt habe.[7]

Deutlich wird in allen diesen Argumentationen die Frau durch Ehe und Familie und Ehe und Familie wiederum durch die Frau definiert. Im Unterschied zu früher aber wird allein die Frau und nicht mehr der Mann durch die Familie definiert; und ebenfalls anders als früher stecken jetzt die Prinzipien bzw. Ergebnisse der Natur, Geschichte und Sittlichkeit zusammen den Rahmen ab, innerhalb dessen hohe Weiblichkeit sich auszubilden und bei Strafe der Unnatur den Übergang beider Charaktere ineinander zu vermeiden hat (z. B. Ersch/Gruber 1856, S. 40).

3. Wenn die bisher mitgeteilten Beobachtungen nicht trügen, so handelt es sich bei den Aussagen über „Geschlechtscharaktere" um ein auffallend einheitliches, erstaunlich langlebiges und offenbar auch weit verbreitetes Aussagesystem der neueren Zeit. Eine so geartete Bestandsaufnahme legt die weiterführende Frage nahe, welche gesellschaftliche Funktion ein solches Aussagesystem zu erfüllen vermochte, welche Interessen, welches Selbstverständnis oder welche Formen der Selbstverständigung in diesen Aussagen zum Ausdruck gekommen sein mögen.

Die Charakterbestimmungen dienten zweifellos zum einen der ideologischen Absicherung von patriarchalischer Herrschaft.[8] Für diese These liefert nicht nur der Entstehungszusammenhang des Aussagesystems gewichtige Argumente. Auch später wird deutlich ausgesprochen, daß die Herausbildung der „Geschlechtscharaktere" im Dienste der weiteren Sicherung der rechtlichen Privilegierung der Männer steht. Beispielhaft ist hierfür die von Carl Theodor Welcker (1838, S. 630ff.) im *Staatslexikon* unter dem Stichwort „Geschlechtsverhältnisse" vorgetragene Argumentation. Welcker hält die durch das Menschenrecht begründete Gleichheit im bürgerlichen Recht im Hinblick auf die Frauen für problematisch; ist doch „so vielfache Ungleichheit zwischen dem Manne und der Frau, so große Verschiedenheit ihrer Lebensaufgaben und ihrer Kräfte, also auch ihrer Rechtsverhältnisse, schon durch die Natur selbst bestimmt". Wohlwissend, daß die „Stimme der Natur nicht so ganz leicht verständlich für Alle spricht" und daß „die Gewohnheit bisheriger Zustände, Vorurtheile und die Interessen der Stärkeren hier, wie überall, bei despotischen und aristokratischen Verhältnissen das Urtheil auch der besten Forscher bestechen", hält er es nur nach eingehender Prüfung für erlaubt, den Frauen die nach der naturrechtlichen Staatstheorie geforderte

Rechtsgleichheit vorzuenthalten. So bemüht er „die Geschichte und das übereinstimmende Urtheil aller achtbaren Stimmen", um erstens den Zusammenhang zwischen dem Fortschritt der Zivilisation auf der einen und der „gerechtere(n), würdigere(n) Behandlung der Frauen" und den „würdigere(n) Familienverhältnisse(n)" auf der anderen Seite zu konstatieren, dann die Realisierung dieses Zusammenhanges in der christlichen Kultur aufzuzeigen und schließlich auf „die Natur der beiden Geschlechter und ihres Verhältnisses einzugehen", um dann zu folgern, daß die in der christlichen Kultur geschaffene Stellung der Frau und Familie „selbst auf der höchsten Stufe vernünftiger Civilisation" fortdauern müsse.

> „Kaum bedarf es nun wohl noch besonderer Beweisführungen, daß bei solchen Verschiedenheiten der Geschlechter, bei solcher Natur und Bestimmung ihrer Verbindung, eine völlige Gleichstellung der Frau mit dem Manne in den Familien- und in den öffentlichen Rechten und Pflichten, in der unmittelbaren Ausübung derselben, der menschlichen Bestimmung und Glückseligkeit widersprechen und ein würdiges Familienleben zerstören würde, daß dabei die Frauen ihrer hohen Bestimmung im häuslichen Kreise und für die Bildung der nachfolgenden Geschlechter, daß sie dem Schmucke und der Würde der Frauen, der wahren Weiblichkeit und ihrem schönsten Glücke entsagen und sich den größten Gefahren bloßstellen müßten ... Jene Theorien, die gleichgültig gegen die Rechte der Frauen dieselben despotisch als Mittel für die Männer und ihren Verein mißbrauchten, mußten auf das edelste Gut für die Männer und den Staat, auf ein häusliches oder Familienleben und sittliche Familienerziehung der Kinder, verzichten. Die, welche, bei einseitiger Verfolgung einer abstracten Gleichheitsregel die Gesetze und Schranken der Natur übersehend, für die Frauen mehr Rechte in Anspruch nahmen, als diese nach jenen Gesetzen und Schranken nur wollen können, zerstören diese heiligste, festeste Grundlage menschlicher und bürgerlicher Tugend und Glückseligkeit aufs Neue." (ebd., S. 644f)

Zu den Letztgenannten zählt Welcker ausdrücklich die Verfechter der Frauenemanzipation und die Sozialisten und Kommunisten.

Noch deutlicher tritt das Herrschaftselement im letzten Drittel des 19. Jahrhunderts zutage, als die natürliche Wesensbestimmung der Frauen mit großer Vehemenz gegen die konkreten Emanzipationsforderungen der jetzt organisierten Frauenbewegung ins Feld geführt wird. So wird beispielsweise die Forderung, Frauen zur Gymnasial- und Universitätsausbildung zuzulassen, als Gefährdung der Mutterschaft oder als Widersinn angesichts des „physiologischen Schwachsinns des Weibes" (Möbius 1900)[...] bekämpft. Die Ende des 18. Jahrhunderts betonte Gleichwertigkeit von Mann und Frau tritt in derartigen Argumentationen völlig zurück. Das hohe Ideal der Weiblichkeit nimmt über der Heftigkeit solcher Verweigerungskämpfe deutlich Schaden und die in der Romantik stilisierte „Mütterlichkeit" bedeutet dann häufig nichts anderes als das durch Brutpflege definierte Geschlechtswesen.[9]

Die Beispiele dafür, daß die „Geschlechtscharaktere" als Herrschaftsideologie entwickelt und benutzt wurden, lassen sich unschwer vermehren. Aber es wäre mißlich, die Analyse auf diesen einen Aspekt einzuengen und dabei zu übersehen, daß die Herrschaftsfunktion nur eine Komponente des sehr viel komplexeren Aussagesystems ist und daß gleichzeitig darin Verweise auf weitere und qualitativ andere Elemente der Gesellschafts- und Familienverhältnisse enthalten sind. Eine historisch stärker differenzierende Interpretation kann über den Grundtatbestand der patriarchalischen Herrschaft hinaus signifikante Veränderungen dieses Herrschaftsverhältnisses in Gesellschaft und Familie konstatieren. Interpretationswürdig ist in dieser Hinsicht vor allem, daß die Hauptkriterien der normativen Positionszuschreibung für die Geschlechter nicht länger die Befähigung zur Herrschaft auf der einen und die zur Unterordnung auf der anderen Seite sind. Vielmehr wird bei häufig ausdrücklicher Zurückweisung der Herrschaftsqualität mit den um die Merkmalsgruppen Aktivität-Rationalität für den Mann und Passivität-Emotionalität für die Frau gruppierten Eigenschaften der Mann eindeutig und explizit für die Welt und die Frau für das häusliche Leben qualifiziert. Damit wiederholt sich in den kontrastierten „Geschlechtscharakteren" die Polarisierung von „Heim" und „Welt". Zugleich ist das Wesen von Mann und Frau so konzipiert, daß nur beide zusammen die Summe aller menschlichen Fähigkeiten und Bedürfnisse zu realisieren vermögen. Mann und Frau sind nach Natur und Bestimmung auf Ergänzung angelegt und demgemäß ist es einem einzelnen Menschen unmöglich, sich zur harmonischen Persönlichkeit zu entwickeln. Diese in der Literatur der Klassik und Romantik hochstilisierte Idee der Ergänzung verallgemeinert und steigert den in der Sexualität angelegten Gattungszweck zur psychischen Verschmelzung in der Seelengemeinschaft. Für die Polarisierung der Geschlechtscharaktere scheint die Idee der Ergänzung der Definitionsgrund gewesen zu sein. Um noch einmal Welcker zu zitieren:

> „Denn das Wesen und die Bestimmung, die Vollkommenheit der höheren Menschheit, stellen sich in beiden (Geschlechtern, K. H.) nicht etwa auf verschiedenen höheren oder niederen Stufen ..., sondern nur in verschiedenen einander ergänzenden Richtungen dar. Sie werden also nur durch die Gemeinsamkeit beider, nur durch die Behauptung ihrer Besonderheit und zugleich durch ihre gegenseitige Verbindung und Ergänzung verwirklicht." (1838, S. 642)

Da „die gegenseitige Ergänzung in der allgemeinen Naturbestimmung beider Geschlechter" (Ersch/Gruber 1856, S. 39f.) angesiedelt und eben daraus die Chance zu höherer Humanität hergeleitet wird, erscheint es erstrebenswert, das unterschiedliche Wesen der Geschlechter als Voraussetzung für die erwünschte Ergänzung immer präziser herauszubilden.

Im Sinne dieser Ergänzung ist es konsequent, wenn unabhängig davon, ob nun die psychischen Geschlechtsunterschiede als natürliche oder durch Erziehung und soziale Position bedingte erachtet werden, die Vermischung der „Geschlechtscharaktere" zum „Männling" oder „Weibling" als Herabsinken der Humanität eingestuft wird (ebd., S. 40). „Vollendet ist in beiden Geschlechtern die Menschlichkeit, wenn sich die beiderlei Tugenden, die Männlichkeit und die Weiblichkeit miteinander vermählen, ohne dabei das Geschlecht zu verleugnen oder aufzuheben" (Brockhaus 1854, S. 557). Unter dem Regulativ der Ergänzung wirkt die Entgegensetzung der Geschlechter nicht antagonistisch, sondern komplementär. Die Gegensätze ergänzen sich zur harmonischen Einheit. Die Idee der Ergänzung aber hält mit den Geschlechtern zugleich die jeweils für den Mann und die Frau als wesensgemäß erachteten sozialen Betätigungsfelder Öffentlichkeit und Familie in Harmonie zusammen. So wird es mittels der an der „natürlichen" Weltordnung abgelesenen Definition der „Geschlechtercharaktere" möglich, die Dissoziation von Erwerbs- und Familienleben als gleichsam natürlich zu deklarieren und damit deren Gegensätzlichkeit nicht nur für notwendig, sondern für ideal zu erachten und zu harmonisieren.

Die Harmonisierung der Tätigkeitsbereiche ist um 1800 zunächst in der Definition der Geschlechtscharaktere nur implizit als Zuordnung charakteristischer Eigenschaften enthalten. Im Laufe der folgenden Jahrzehnte aber wird immer nachdrücklicher expliziert, daß die Ergänzung des vom Manne bestimmten öffentlichen Erwerbs- und Staatslebens durch das von der Frau gestaltete Ehe- und Familienleben unabdingbar ist, um den humanen Bedürfnissen Rechnung zu tragen. „Ohne Weib wäre für jede feinfühlende Seele das heutige Leben nicht zu ertragen" schreibt Gervinus (1853, S. 302); denn es ist das Weib,

> „das in der neuen Zeit die poetische Seite der Gesellschaft bildet ... weil das Weib heute, wie einst der griechische Bürger, den gemeinen Berührungen des Lebens entzogen, weil es den Einwirkungen des Rangsinnes, den Verderbnissen durch niedrige Beschäftigung, der Unruhe und Gewissenlosigkeit der Erwerbssucht nicht ausgesetzt, und weil von Natur schon das Weib mehr als der Mann gemacht ist, mit der höchsten geselligen Ausbildung den Sinn für Natürlichkeit und die ursprüngliche Einfalt des Menschen zu vereinen." (ebd.; zustimmend Ersch/Gruber 1856, S. 36)

Das Bild des von des Tages Arbeit mühsam beladen heimkehrenden Mannes, der über die Schwelle des Hauses tretend von der Frau mit Liebe und Frieden bedacht wird, wie es u. a. L. von Stein (bes. 1890, S. 1-3, 33-35, 51-56 und 1886, 93f.) benutzt[10], zeigt überdeutlich, wie mit der Haus-Ideologie eine Spaltung von feindlicher Welt und freundlichem Haus einhergeht. Trotz dieser zunehmend negativen Bewertung der Außenwelt hält man weiterhin daran fest, daß der „Geschlechtscharakter" des Mannes durch die Bestimmung für eben diese Welt definiert ist.

Allerdings wird die anfangs emphatisch beschworene Harmonie in der zweiten Hälfte des 19. Jahrhunderts zunehmend prekär, als das Ideal der mütterlichen und liebenden Frau im Frieden des Hauses und damit im Windschatten der Gesellschaft immer weniger gedeihen wollte, zugleich aber das von der Frau kultivierte Refugium erstrebenswerter denn je erschien und die Welt des Mannes zunehmend kulturkritisch in Frage gestellt wurde. Prototypisch für dieses Problembewußtsein ist die zuerst 1887 erschienene Analyse „Gemeinschaft und Gesellschaft" von Ferdinand Tönnies. Bezeichnenderweise fußen auch dessen Überlegungen auf den kontrastierten „Geschlechtscharakteren", wenn er den weiblichen „Wesenswillen" eingehen läßt in die organische Gruppenverbindung der Kategorie Gemeinschaft und wenn er dieser die ideelle und mechanische Gruppenverbindung der Gesellschaft gegenüberstellt, die geprägt sein soll von der „Willkür" des Mannes. Für Tönnies verkörpert das Weib mit seinem unmittelbaren Verhältnis zu den Personen und Dingen den natürlichen, der Mann hingegen als der Berechnende den künstlichen Menschen, der in seiner fortgeschrittensten Ausprägung als Kaufmann selbst seine Mitmenschen wie Mittel und Werkzeuge zum Zwecke der Bereicherung einsetzt. Die von ihm diagnostizierte, im Zuge der Vergesellschaftung fortschreitende Zurückdrängung der Gemeinschaft bedroht jedoch auf lange Sicht die Familie und damit auch die fraulichen Qualitäten. Denn eine Frau, die wie eine Fabrikarbeiterin den Einflüssen der Gesellschaft direkt ausgesetzt ist, „wird aufgeklärt, wird herzenskalt, bewußt. Nichts ist ihrer ursprünglichen Natur fremdartiger, ja schadhafter" (Tönnies 1912, S. 197). Offenbar war die Orientierung an einem auf der Geschlechterpolarität aufbauenden Gesellschaftsmodell, wie es Tönnies ausformuliert hat, weit verbreitet. Aufschlußreich und zugleich ein Indiz für die mögliche soziale Relevanz solcher Vorstellungen ist die Tatsache, daß selbst die bürgerliche Frauenbewegung am Ende des 19. Jahrhunderts diese Vorstellungen teilte. Ihre Forderungen nach bildungsmäßiger und politischer Gleichberechtigung begründeten diese Frauen seit Ende der siebziger Jahre damit, daß es die „Kulturaufgabe" der Frauen sei, in der inhumanen Männerwelt durch Weiblichkeit mehr Humanität zu verwirklichen. Ihres Erachtens hat das bislang allein im häuslichen Kreis der Familie wirkungsmächtige weibliche Wesen jetzt eine Mission in der menschenfeindlichen Welt zu erfüllen (u. a. Lange 1907, S. 118; Programm des Bundes deutscher Frauenvereine 1919).[11] (...)
...[E]ine ... am Prinzip der Ergänzung ansetzende gesellschaftlich weit ausholende Interpretation macht einsichtig, warum das Orientierungsmuster der polarisierten „Geschlechtscharaktere" im Laufe eines durch erhebliche gesellschaftliche Strukturveränderungen gekennzeichneten Jahrhunderts an Attraktivität eher gewann als verlor. Ehe und Familie und die Frau als Personifizierung der speziellen familialen Qualitäten wurden in dem Augenblick anhand einer Reihe von erstrebenswerten Eigenschaften definiert, als in den sich herausbildenden außerfamilialen Gesellschaftsstrukturen und für den

unter diesen Strukturen zum Reüssieren verpflichteten Mann eben diese Eigenschaften jeglichen Wert verloren und als Störfaktoren eliminiert wurden. Die exklusive Zuweisung der Eigenschaftskomplexe Rationalität-Aktivität für den Mann und Passivität-Emotionalität für die Frau ist demnach zu verstehen als Reaktion auf und zugleich Anpassung an eine Gesellschaftsentwicklung, die dem in der Aufklärung ausgearbeiteten Ideal der autonomen, harmonisch entfalteten Persönlichkeit zunehmend den Wirklichkeitsgehalt entzieht.[12]

4. Im letzten Abschnitt wurde von sozialen Vorstellungen auf die soziale Realität geschlossen. Eine solche im Sinne der traditionellen Geistesgeschichte vorgenommene Interpretation stößt mit Recht auf Skepsis, da einerseits die möglicherweise nur partielle soziale Geltung überlieferter Aussagen verallgemeinert wird und zum andern Bewußtsein oder auch Wirklichkeitsdeutung allzu direkt als Ausdruck von Sein oder Wirklichkeitserfahrung genommen wird. Um diesen Einwänden Rechnung zu tragen, ist es notwendig, nachdrücklicher als bisher die Frage nach dem Realitätsgehalt und der Realitätsrelevanz der normativen und ideologischen Aussagen über die „Geschlechtscharaktere" zu stellen. Hierbei können die deutliche Trennung zwischen öffentlich-beruflichem und privat-familiärem Lebensbereich sowie die jeweils den Mann und die Frau charakterisierenden Eigenschaften als Orientierungshilfen dienen. Zunächst einmal dürfte die Annahme kaum auf Zweifel stoßen, daß sich die allgemeinen Aussagen über den Mann und die Frau im 18. Jahrhundert schwerlich auf Bauern bezogen haben; denn deren Lebens- und Wirtschaftsverhältnisse wurden nach wie vor und noch auf lange Zeit mit der traditionellen Rollenzuschreibung adäquat erfaßt. Interessanterweise wird im Anschluß an Beobachtungen von Riehl in der zweiten Hälfte des 19. Jahrhunderts sogar ausdrücklich festgestellt, daß beim Landvolk

> „der Beruf in vieler Hinsicht derselbe ist ..., daß Stimme, Gesichtszüge und Benehmen der beiden Geschlechter in dieser niederen Schicht sich sehr ähnlich sind, der charakteristische Unterschied also erst in der Atmosphäre der höheren Bildung sich auch schärfer ausprägt" (Schmidt u. a. 1878, S. 1018).

Weniger eindeutig läßt sich hypothetisch entscheiden, inwiefern die Charakterbestimmung der Geschlechter für die Lebensverhältnisse von Lohnarbeitern relevant werden konnten. Gewiß ist wohl, daß zu Zeiten des Hausgewerbes und im Übergang zur zentralisierten Industrieproduktion, als das Einkommen des Mannes allein nicht ausreichte, um den Familienbedarf zu decken, und deshalb weder Haus- noch Erwerbsarbeit geschlechtsexklusiv ausgeführt werden konnten, nicht nur die spezifische Kontrastierung der Geschlechtscharaktere irrelevant war, sondern selbst die geschlechtsspezifische Arbeitsteilung sich der festen Normierung entzog.[(...)] Für eine eindeutigere Abgrenzung der Geschlechterrollen und damit für eine Rezeption der

Wesensbestimmung von Mann und Frau waren die sozio-ökonomischen Voraussetzungen jedoch möglicherweise dann gegeben, als mit der Entwicklung des Industriekapitalismus die Industriearbeit räumlich und qualitativ eindeutig von der Hausarbeit getrennt und als zumindest im orientierenden Vorbild der Mann als Alleinverdiener der Familie betrachtet werden konnte. Einer Rezeption der Aussagen über „Geschlechtscharaktere" dürfte allerdings weiterhin entgegen gestanden haben, daß immer auch Frauen und Töchter von Arbeitern Lohnarbeit, wenngleich eine von der Männerarbeit zunehmend unterschiedene Frauenarbeit, leisteten, und daß damit de facto von einer ausschließlichen Zuständigkeit der Frau für die Familie niemals die Rede sein konnte. Immerhin hat es im 19. Jahrhundert nicht an Versuchen gefehlt, auch bei den Arbeitern den „richtigen" Familiensinn zu pflegen und vor allem die Frauen des „niederen" Volkes auf ihre „Bestimmung als Gattin, Hausfrau und Mutter" durch eine entsprechende psychologische und praktische Ausbildung vorzubereiten. Da in der Restabilisierung der Familienverhältnisse ein sicherer Weg zur Lösung der „sozialen Frage" gesehen wurde, ist anzunehmen, daß man besonders intensiv versuchte, die Lehre von den „Geschlechtscharakteren" als Kernelement der Vorstellungen vom wahren Familienleben bei den Arbeitern zu popularisieren.[13]

Mit Phänomenen der gesellschaftlichen Realität korrespondierte die Polarisierung der Geschlechter zunächst ganz offensichtlich einzig und allein dort, wo sie um die Wende zum 19. Jahrhundert entwickelt wurde, nämlich im gebildeten Bürgertum. Geht man davon aus, daß dessen Berufsfeld vorwiegend die staatliche bzw. die ständische Verwaltung, das Bildungswesen und die Seelsorge war, so gibt es eine Reihe von Anhaltspunkten, um diese Hypothese zu stützen. Zunächst einmal beziehen sich die der Frau zugeschriebenen Qualitäten zu einem großen Teil auf deren Fürsorge für die Kinder. Mütterlichkeit in diesem Sinne kann sich aber nur dort entwickeln, wo dem Nachwuchs bereits der Sonderstatus der Kindheit eingeräumt worden ist. Vor allem im Bildungsbürgertum aber erhielt die Kindererziehung entsprechend der vom Vater vorgezeichneten Berufsperspektive großes Gewicht. Ein weiterer Anhaltspunkt ergibt sich daraus, daß im Aussagesystem der „Geschlechtscharaktere" Öffentlichkeit und Familie, Erwerbsarbeit und Hausarbeit als Kontrast angesprochen werden. Die Trennung beider Bereiche aber hat sich wohl zuerst und am intensivsten bei der Gruppe der Beamten angebahnt. (...) Aber für die hier versuchte Argumentation ist die allmählich durchgesetzte Trennung von Privatleben und Berufsarbeit von größerem Interesse.[14] Diese Trennung wird um die Wende zum 19. Jahrhundert mit der verallgemeinerten Durchsetzung bürokratischer Prinzipien im Instanzenzug der Behördenorganisation und im Berufsbeamtentum erheblich beschleunigt. Neben der räumlichen Konzentration der Arbeit in der Behörde sind hier vor allem das Aufkommen fester Ausbildungs-, Prüfungs-

und Laufbahnvorschriften und die Durchsetzung regelmäßiger, zunehmend ausschließlich in Geld ausgezahlter Einkommen und der Pensionsanspruch zu nennen.[15] Für den Beamtenhaushalt bedeutet diese Entfaltung des bürokratischen Systems u. a., daß im Unterschied zu bäuerlichen und gewerblichen Haushalten Konsum und Erwerb voneinander getrennt erscheinen und beim Gelderwerb das Zusammenwirken der Eheleute prinzipiell nicht mehr vorgesehen ist. Gewiß ist noch im gesamten 19. Jahrhundert das von der Frau in die Ehe eingebrachte Vermögen bzw. ihre sparsame Hauswirtschaft von nicht zu unterschätzender Bedeutung für das „standesgemäße Auskommen" der Familie. Doch mit seinem sicheren und im Laufe der Karriere steigenden Gehalt weist sich der Mann als „Ernährer der Familie" aus; denn Staatsdienst ist als Quelle für den Gelderwerb exklusiv dem Manne vorbehalten.[16] Eine weitere Beobachtung ist in diesem Zusammenhang interessant. Zur Kontrastierung von Erwerbs- und Familienleben in den „Geschlechtscharakteren" werden Aspekte der Kindererziehung und der Erwerbstätigkeit in Charaktereigenschaften umgesetzt, unberücksichtigt bleiben demgegenüber Aspekte der Hauswirtschaft, die immer ausschließlicher in den Zuständigkeitsbereich der Frau fällt. Eine mögliche Erklärung hierfür wäre, daß hauswirtschaftliche Arbeit in dem Moment nicht mehr als relevant erscheint, wie sie ihren direkten Zusammenhang mit der Erwerbsarbeit einbüßt. Eine daran anschließende Deutung, die stärker die im 19. Jahrhundert betonte Refugium-Funktion von Familie und Frau berücksichtigt, aber auch an explizierte Vorstellungen der deutschen Klassik anknüpfen kann, würde hervorheben, daß offenbar der Bereich der Arbeit mit seiner abverlangten Aktivität kontrastiert wird mit einem von Arbeit scheinbar freien Bereich des Lebens und dessen Entfaltung in Passivität.

Den letzten und zugleich entscheidenden Hinweis auf das gebildete Bürgertum liefert die Kontrastierung von Rationalität und Emotionalität in den „Geschlechtscharakteren". Rationalität muß als spezifisch menschliches Leistungsvermögen ausgebildet sein und als Wert erachtet werden, bevor es sinnvoll ist, Emotionalität als konträre Verhaltensweise davon abzugrenzen. Diejenigen aber, die bis zum 19. Jahrhundert den Luxus und die Mühsal der formalen außerhäuslichen Bildung kennen und schätzen gelernt hatten, waren von Ausnahmen abgesehen Männer aus Adel und Bürgertum. Lateinschulen, Akademien und Universitäten blieben den Frauen verschlossen. Mädchen wurden auch im 18. Jahrhundert weiterhin im Hause, in vermögenden Familien durch Hauslehrer und Gouvernanten, meistens aber durch sukzessive Übernahme häuslicher Aufgaben nach dem Vorbild der Mutter ausgebildet. Ziel und Ergebnis einer solchen Ausbildung konnte nicht „Rationalität" sein; wenn darunter das durch Schulung entwickelte Abstraktionsund Formalisierungsvermögen des Denkens und ein auf den Zweck hin kalkuliertes selbstbeherrschtes Verhalten zu verstehen ist. Die seit dem 16. Jahrhundert auf die Männer konzentrierten und speziell im Bürgertum als

direkte Voraussetzung für die Berufsarbeit unternommenen Bildungs-
bemühungen haben mit größter Wahrscheinlichkeit dazu geführt, daß es im
18. Jahrhundert beim Bürgertum tatsächlich hinsichtlich der Rationalität
zwischen Mann und Frau erhebliche, anerzogene Wesensunterschiede gab.⁽⁾
Die auf traditionelle Weise im Hause sozialisierten Frauen hatten offenbar
Verhaltensweisen konserviert, die als irrational, emotional, spontan, unbe-
herrscht etc. von denen der formal ausgebildeten Männer abstachen und in
dem Moment, wo der Rationalismus sich als allgemeines Prinzip durchzu-
setzen begann, nicht mehr als Selbstverständlichkeit hingenommen, sondern
als bemerkenswertes Phänomen hervorgehoben wurden. Bezeichnenderweise
wird es seit dem späten 18. Jahrhundert bei den Gebildeten üblich, das eigene
Verhalten als Mann zum Maßstab für Verhalten von Erwachsenen überhaupt
zu nehmen und daran gemessen die Verhaltensweisen der Frau mit denen
von Kindern oder auch Naturmenschen gleichzusetzen.[17] Aber nicht nur
aufgrund von Ausbildung, sondern auch durch ihre aktuellen Tätigkeitsbereiche entwickeln sich die Verhaltensweisen von Mann und Frau im 18. Jahrhundert deutlich auseinander. Charakteristisch für die in der Familie
zentrierte generative und konsumtive Reproduktion ist die fortdauernde
Vielseitigkeit der Arbeit und deren Konzentration auf die Bedürf-
nisbefriedigung der zu diesem Haushalt vereinigten Menschen. Demgegenüber wird dem Mann in der zunehmend spezialisierten Produktions-, Distri-
butions- und Verwaltungstätigkeit ein immer nachdrücklicher durchgesetztes
diszipliniertes und rationales Berufsverhalten „ohne Ansehen der Person"
abverlangt. Die Verschiedenartigkeit der Betätigungsfelder für Mann und
Frau dürften sich besonders scharf im Staatsdienst und dort vor allem in der
Verwaltung ausgeprägt haben, wo die Rationalität des bürokratischen Prin-
zips seit dem ausgehenden 18. Jahrhundert verstärkt zum Zuge kommt und
die Pflichterfüllung für ein größeres und damit abstrakteres Ganzes der
Motor zu der in der Karriere honorierten Leistung wird. Ob zu diesem Zeitpunkt eine solche Kontrastierung der Arbeitsgebiete auch im gewerblichen
und kaufmännischen Großbürgertum zutrifft, bleibt zu prüfen. Ein wichtiges
in diese Richtung weisendes Indiz wäre es, wenn es zutrifft, daß mit der seit
dem 14. Jahrhundert einsetzenden Trennung von Geschäfts- und Familien-
budgets die Ehefrauen ihre Geschäftsfähigkeit und damit ihre Zuständigkeit
für das am Markt orientierte Wirtschaften verloren haben.⁽⁾ Aber prinzipiell
bleibt anders als für die Beamten das Zusammenwirken der Eheleute im
Geschäft möglich und im Kleinhandel und Kleingewerbe bis ins 20. Jahrhundert hinein eine ökonomisch notwendige Realität. (...)
   Wenn im Laufe des 19. Jahrhunderts die Polarisierung der „Geschlechtscharaktere" im Bürgertum eine immer größere Verbreiterung fand, so ist die
Ursache hierfür nicht allein in den immer deutlicher ausgeprägten Unterschieden der häuslichen und außerhäuslichen Arbeitsbereiche zu suchen.
Mindestens ebenso wichtig, wenn nicht wichtiger, ist der Umstand, daß

gleichzeitig auch die Bildungspolitik darauf hinwirkte, die Unterschiede zwischen den Geschlechtern zu vertiefen.[18] Alles was zunächst offenbar unbewußt und planlos als verschiedenartige Verhaltensweisen von Mann und Frau zustandegekommen war, wird seit dem späten 18. Jahrhundert immer bewußter als Bildungsziel proklamiert. Die Definition der „Geschlechts-charaktere" ist zugleich die Formulierung eines Bildungsprogrammes. Als man daran ging, auch den Mädchen eine planvolle Ausbildung zukommen zu lassen, stand das Urteil über das „Wesen" der Frau bereits fest. Ausbildung zielte einzig und allein darauf ab, dieses Wesen eindeutiger herauszubilden und so die Frau besser ihrer Bestimmung zuzuführen. Für den Ausbau des Mädchenschulwesens, sofern es nicht um die notfalls auch koedukativen Volksschulen, sondern um die schulische Ausbildung der „höheren Töchter" ging, hatten diese Prämissen weitreichende Konsequenzen. Töchterbildung zielte darauf ab, zum einen die gesellschaftsfähige junge Dame mit Talent und Geschmack und zum andern, teilweise konkurrierend zu ersterem, die zu ihrem „natürlichen Beruf" bestimmte Frau mit den Qualitäten der „Häuslich-keit" und „Mütterlichkeit" auszubilden. Diese allein für den Ehe- und Fami-lienzweck konzipierte Ausbildung galt als Familienangelegenheit ohne direktes öffentliches Interesse. Dementsprechend ließ die staatliche Instituti-onalisierung des höheren Schulwesens für Mädchen bis zum Ende des 19. Jahrhunderts auf sich warten. Die für Bürgertöchter vorhandenen Schulen entstanden durch Privatinitiative als Wirtschaftsunternehmen oder Selbsthil-feeinrichtungen interessierter Bürger und z. T. auch Kommunen. In der bildungspolitischen Diskussion erschienen selbst diese Einrichtungen biswei-len als suspekter Notbehelf, wenn nämlich die für Mädchen einzig angemes-sene Ausbildungsstätte an der Seite der Mutter in der Familie gesehen wurde (z. B. v. Raumer 1857, S. 450ff.). Was die Bildungsinhalte anbelangt, so war die Meinung einhellig, daß von Mädchen strikt alles fernzuhalten sei, was der Emotionalität Abbruch tun könne. Unter dieses Verdikt fiel vor allem die Mathematik, da sie anstelle von Gemüt die Rechenhaftigkeit des Geistes befördere.[(...)] Vermieden werden sollte außerdem jeglicher Anreiz für Leis-tungsstreben, was einer sicher nicht unwirksamen Vorkehrung zur Erhaltung „weiblicher Passivität" gleichkam.[19] (...) Berücksichtigt man ..., daß im 19. Jahrhundert parallel zur Erziehung der „höheren Töchter" die staatlich orga-nisierte formale Ausbildung der Bürgersöhne rapide intensiviert und gemäß den Erfordernissen der Berufswelt spezialisiert wurde, so spricht manches für die Vermutung, daß im Laufe des 19. Jahrhunderts die Verschiedenartigkeit der „Geschlechtscharaktere" zumindest als Verhaltenszumutung eher ver-stärkt als vermindert wurde. Die Disponierung der Frauen für die Funktion als Gattin, Hausfrau und Mutter, also für ihren Einsatz „zur Ver-vollkommnung des Privatlebens" (v. Mohl 1844, S. 484) avancierte zum reflektierten Erziehungsprogramm während bei der Ausbildung der Männer die spätere außerhäusliche Berufsfunktion immer perfekter die Funktion des

Gatten, Hausherrn und Vaters überdeckte. Als Bekräftigung ebenso wie als Konsequenz dieser Kontrastierung von Mann und Frau dürfte es gewirkt haben, daß auf der einen Seite immer weniger Männer als häusliches Personal eingestellt wurden (Engelsing 1973, S. 235) und auf der anderen Seite im Ausnahmefall der ökonomischen Notwendigkeit bürgerliche Frauen außerhalb des Hauses nur in den für Frauen als wesensgemäß und familienähnlich erachteten erzieherischen und pflegerischen Bereichen berufstätig werden konnten. Problematisiert wurde diese Ausgrenzung eines „weiblichen" Berufsfeldes erst, als sich am Ende des 19. Jahrhunderts zwischen den als weiblich erachteten Berufen und der als unweiblich verpönten Industriearbeit auf dem Arbeitsmarkt der neue Beruf der Angestellten für unverheiratete bürgerliche Frauen offensichtlich als attraktiv erwies.[20] Nach dem bisher Gesagten war das Aussagesystem der „Geschlechtscharaktere" offensichtlich für bestimmte und wahrscheinlich im Laufe des 19. Jahrhunderts größer werdende Gruppen des Bürgertums von beträchtlichem Realitätsgehalt und von vermutlich zunehmender Realitätsrelevanz. (...)

Anmerkungen

[*]   Gestrichene Anmerkungen sind mit (...) gekennzeichnet.

[1]   Außer diversen Lexika wurden medizinische, pädagogische, psychologische und literarische Schriften ausgewertet.

[2]   Diese selbstverständliche Gleichsetzung findet sich z. B. bei Schlözer (1793, S. 31): „Der Mensch war eher, als der Untertan ... und ehe er sich in eine Stats-Gesellschaft begab, oder hineingeriet, hatte er schon als Ehe-Mann, Vater, Haus-Herr, und Bürger, die Freuden und Leiden des geselligen Lebens gekostet."

[3]   1791/92 forderte A. Condorcet, Sur L'instruction publique, gleiche Bildung für beide Geschlechter. 1792 erschienen Th. G. v. Hippel, Über die bürgerliche Verbesserung der Weiber, und M. Wollstonecraft, A Vindication of the Rights of Women, deutsch 1793/94. Vgl. K. M. Grass, R. Koselleck, Artikel „Emanzipation", in: Geschichtl. Grundbegriffe, Bd. 2, S. 153-197, Abschnitt „Frauenemanzipation", S. 185-191.

[4]   Die Art der im späten 18. Jahrhundert beschleunigten Entfaltung der psychologischen Wissenschaft bekräftigt die Vermutung, daß dem Pietismus für die Schaffung und Durchsetzung des neuen Orientierungsmusters erhebliche Bedeutung zukommt. (...)

[5]   Zur selben Zeit erschienen in Schillers „Horen" Humboldts Aufsätze „Über den Geschlechtsunterschied und dessen Einfluß auf die organische Natur" und „Über die männliche und weibliche Form".

[6]   Die erste Abhandlung dieser Art ist offenbar Meiners (1788-1800).

[7]   Besonders ausführlich fällt diese Argumentation aus in Ersch/Gruber (1856), vgl. auch Biedermann (1856), oder als Variante die Begründung einer „gesunden historisch aufbauenden Socialpolitik" von Bücher (1882, S. 55ff.), demzufolge ein „mächtiger Zug" der Geschichte dahin wirkt, „die Frau mehr und mehr von der schweren aufreibenden Mühsal des Erwerbs zu entlasten".

[8] Diese in ... von der Frauenbewegung vorgebrachte Interpretation wurde u. a. ausgeführt von de Beauvoir (1968), Firestone (1970) und Millett (1970).

[9] Besonders taten sich in der Verteidigung ihrer Domäne die Mediziner hervor; vgl. z. B. Ander (1913, bes. S. 28); 1899 wurden auf Beschluß des Bundesrates Frauen zur medizinischen und pharmazeutischen Staatsprüfung zugelassen.

[10] Desgl. Biedermann (1856, S. 9): „Daß der Mann, so oft er, ermüdet, Erholung suchend, von seinen schweren Berufsgeschäften zum heimischen Herde zurückkehrt, hier auch wirklich Erholung finde, daß das Gefühl häuslichen Behagens, wohltuender Fürsorge für seine gewohnten Bedürfnisse, harmonischen Einklanges aller seiner Umgebungen ihn anmutend und erheiternd umfange und sich beruhigend über sein, oft verstimmtes, oft aufgeregtes Gemüt lege, wie Oel, in die stürmende Flut gegossen, daß er für seinen abgespannten Geist die heilsame und notwendige Anregung eines zugleich inhaltvollen und zutraulichen Gesprächs, für seine, draußen vielleicht verletzte Empfindung den Balsam freundlicher, aus tiefem Verständnis und sicherer Würdigung seines Wesens geschöpfter Zusprache, für seine mancherlei Berufs- und Lebenssorgen den tröstenden Beirat eines, das Leben mit einfach klarem, darum oft richtigerem Blicke anschauenden Frauengemüts nicht entbehre. Das zu leisten vermag nur ein gebildetes Weib."

[11] Noch 1928 wirbt G. Bäumer (1928, S. 193) in ihrem Wahlaufruf für Ziele, „die aus dem Kulturideal der Frauen abgeleitet sind", und damit für die Vertretung „objektiver Werte im sozialen Leben ... Leben gegen Besitz-Menschentum gegen Sachgüter – Kultur, d. h. inneres Sein, gegen Zivilisation"; vgl. zur Argumentationsfigur im 20. Jahrhundert Zinnecker (1973, S. 123ff.).

[12] Das Ineinssetzen von Familie und Frau und die Furcht, mit einer Veränderung der gesellschaftlichen Position der Frauen die Möglichkeiten von humanen Beziehungen bzw. die realen Anhaltspunkte für so gerichtete Wunschphantasien überhaupt zu verlieren, wird seit der Wende zum 20. Jahrhundert deutlich ausgesprochen. 1902 bekräftigt der Preuß. Kultusminister Studt im Abgeordnetenhaus anläßlich des Vorhabens, Frauen zu Abitur und Studium zuzulassen: „Der deutschen Familie soll die eigenartig ideale Stellung der deutschen Frau nach Möglichkeit erhalten bleiben" (zit. nach Zinnecker 1973, S. 88). Die deutsche Frau in der deutschen Familie als Kontrastprogramm zum „Arbeits- und Berufsmenschentum" in der „Rücksichtslosigkeit und Brutalität des wirtschaftlichen Konkurrenzkampfes" wird, wenngleich weniger optimistisch als vor 1914, auch in den zwanziger Jahren beschworen. (z. B. Steinhausen 1913, S. 495 und 1931, S. 471ff.)

[13] Die „niederen Klassen" in diesem Sinne auszubilden empfiehlt z. B. v. Stein (1880, S. 125ff.); vgl. auch das Vorwort zu: Das häusliche Glück. Vollständiger Haushaltungsunterricht nebst Anleitung zum Kochen für Arbeiterfrauen, 11. Aufl. M.-Gladbach/Leipzig 1882, Neudruck München 1975. Eine unter dieser Fragestellung durchgeführte Analyse des Volksschulwesens im 19. Jahrhundert dürfte aufschlußreich sein für die Popularisierung der bürgerlichen Normen.

[14] So eine bei Weiss (1971, S. 180) zitierte Maxime von Montgelas: „strenge Trennung von Dienstlichem und Privatem".

[15] Zur Kategorie bürokratischer Verwaltung vgl. Weber (1922, S. 124ff. und S. 650ff.); zur Entwicklung vom ständischen zum Berufsbeamtentum siehe Hintze (1964); materialreich auch Isaacsohn (1874-1884); bes. für das 19. Jahrhundert Bleek (1972).

[16] Zur möglichen Haushaltssituation vgl. Freudenthal (1934). Auf die Ernährerfunktion des Mannes beziehen sich u. a. auch die seit dem 18. Jahrhundert übliche obrigkeitliche Ehebewilligung für Staatsbeamte und die späteren Eheverbote für Beamte im Vorbereitungsdienst, vgl. Schwab (1967, S. 198 und 235). Der Heiratsaufschub bis zur Bekleidung eines Amtes, das den „standesgemäßen Unterhalt" einer Familie erlaubt, ist eine bekannte Erscheinung. Interessant ist folgender Kommentar eines Göttinger Professors zu der für akademische Lehrer niedriger Herkunft besonders prekären Sorge für den Familienunterhalt: „Die wenigsten Professoren besitzen oder erheirathen, oder erben ein beträchtliches Vermögen. Die Meisten dürfen daher ihr ganzes Leben durch nicht im unabläßigen Arbeiten nachlassen, weil sie sonst nicht im Stande seyn würden, die immer steigenden Bedürfnisse ihrer Familie zu bestreithen. Eine unausbleibliche Folge also der Bildung und Lage der meisten Professoren ist eine gewisse Einseitigkeit, vermöge deren nur ein Theil ihrer Selbst, nämlich ihr Geist auf Unkosten des Cörpers, des Herzens und der Anlagen für das gesellige Leben geübt, und gestärkt wird" (Meiners 1970, S. 12).

[17] Von der Kindnatur der Frau spricht u. a. Hegel (1821, § 165) und Schopenhauer (1851, §§ 364 und 366); Comte (1893, S. 456) hält 1839 „une sorte d'état d'enfance" deshalb für das entscheidende Charakteristikum der Frauen, weil sie nicht wie die Männer imstande seien, die „facultés intellectuelles" auf Kosten der „facultés affectives" auszubilden. Entsprechend heißt es bei dem Radikalen Fröbel (1847, S. 226), wenngleich mit entgegengesetzten, nämlich emanzipatorischen Schlußfolgerungen: „Dem Manne, welcher eben erst den Weg der Reflexion und der reflectiven Lebenspraxis betreten hat, muß das auf dem Standpunkt der Natürlichkeit verharrende Weib als bloßes Mittel, eines der Güter des Lebens, als Besitz oder Eigenthum erscheinen ...". Firestone (1970, S. 99) verweist auf interessante Parallelen zwischen dem Mythos der Kindheit und dem der Weiblichkeit.

[18] Bemerkenswert ist, daß bis ca. 1740 die Moralischen Wochenschriften auch für die Frau den Umgang nicht nur mit den schönen, sondern auch mit den nützlichen Wissenschaften als erstrehenswert erachteten und daß sie das Lernen aus Erfahrung ergänzt wissen wollten um das durch Wissen (Martens 1968, S. 520-542).

[19] Für die „höheren Töchter" endete die Schulbildung nach 8-10 Schuljahren im Alter von 14-16 Jahren; der Unterricht nach Jahrgangsklassen war nicht konsequent durchgesetzt und von dem für Jungenschulen maßgeblichen Berechtigungssystem waren die Mädchen bis zum Ende des 19. Jahrhunderts ohnehin ausgeschlossen.

[20] Deutlich wird die Schwierigkeit, die weiblichen Angestellten in das Weiblichkeitsschema einzuordnen, in den von der Frauenbewegung publizierten Schriften über Frauenberufe (Levy-Rathenau 1917).

Literatur

Adelung, J. Chr.: Versuch eines vollständigen grammatisch-kritischen Wörterbuchs der hochdeutschen Mundart, Bd. 2. Leipzig 1796

Ander, A. (Dr. med.): Mutterschaft oder Emancipation. Eine Studie über die Stellung des Weibes in der Natur und im Menschenleben. Berlin 1913

Bäumer, G.: Die Frau, Bd. 35. 1928

Biedermann, K.: Frauen-Brevier. Kulturgeschichtliche Vorlesungen. Leipzig 1856

Bleek, W.: Von der Kameraausbildung zum Juristenprivileg. Studium, Prüfung und Ausbildung der höheren Beamten des allgemeinen Verwaltungsdienstes im 18. und 19. Jahrhundert. Berlin 1972

Brockhaus: Conversations-Lexikon oder Handwörterbuch für die gebildeten Stände, Bd. 4, 3. Aufl., Leipzig/Altenburg 1815

Brockhaus: Kleineres Bockhaussches Conversations-Lexikon f. d. Handgebrauch, Bd. 2. Leipzig 1854

Bücher, K.: Die Frauenfrage im Mittelalter. Tübingen 1882

Comte, A.: Cours de Philosophie Positive, Bd. 4., 5. Aufl. Paris 1893

de Beauvoir, S.: Das andere Geschlecht. Sitte und Sexus der Frau. Reinbek 1968

Dessoir, M.: Geschichte der neueren deutschen Psychologie. 2. Aufl. Berlin 1902

Engelsing, R.: Das häusliche Personal in der Epoche der Industrialisierung. In: Ders., Zur Sozialgeschichte deutscher Mittel- und Unterschichten. Göttingen 1973

Ersch, J. S./Gruber, J. G.: Allgemeine Encyclopaedie der Wissenschaften und Künste, 1. Sect., 63. Theil. Leipzig 1856

Fichte, J. G.: Grundlagen des Naturrechts nach den Prinzipien der Wissenschaftslehre, 1. Anhang: Familienrecht (1796). In: F. Medicus (Hg.), Werke, Auswahl in 6 Bänden, Bd. 2. Leipzig 1908

Firestone, S.: The Dialectic of Sex. New York 1970

Freudenthal, M.: Gestaltwandel der städtischen bürgerlichen und proletarischen Hauswirtschaft unter besonderer Berücksichtigung des Typenwandels von Frau und Familie, I. (einziger) Teil: 1760-1910, phil. Diss. Frankfurt a. Main/Würzburg 1934

Fröbel, J.: System der socialen Politik, 2. Aufl. Mannheim 1847

Gervius, G.: Geschichte der deutschen Dichtkunst, Bd. 1, 4. Aufl. Leipzig 1853

Hegel, G. W. F.: Grundlinien der Philosophie des Rechts. 1821

Hintze, O.: Der Beamtenstand (1911). In : ders., Soziologie und Geschichte, 2. Aufl. Göttingen 1964, S. 66-125

Hoffmann, J.: Die „Hausväterliteratur" und die „Predigten über den christlichen Hausstand". Weinheim/Berlin 1959

Humboldt, W. v.: Werke, A. Leitzmann (Hg.), Bd. 1. Berlin 1903

Isaacsohn, S.: Geschichte des preußischen Beamtentums, 3 Bde. Berlin 1874-1884

Kant, I.: Gesammelte Schriften. Kgl. Preuß. Ak. d. Wiss. (Hg.), Bd. 7. Berlin 1907

Kluckhohn, P.: Die Auffassung der Liebe in der Literatur des 18. Jahrhunderts und in der deutschen Romantik, 2. Aufl. Halle 1931

Krünitz, J. G.: Ökonomisch-technologische Encyklopädie oder allgemeines System der Staats-, Haus- und Landwirtschaft und der Kunst-Geschichte, Bd. 14. Berlin 1779

Lange, H.: Die Frauenbewegung in ihren modernen Problemen. Berlin 1907

Levy-Rathenau, J.: Die deutsche Frau im Beruf, 5. Aufl. Berlin 1917 (Handbuch der Frauenbewegung, Hg. H. Lange, G. Bäumer, Teil 5)

Martens, W.: Die Botschaft der Tugend. Die Aufklärung im Spiegel der deutschen Moralischen Wochenschriften. Stuttgart 1968

Meiners, Ch.: Geschichte des weiblichen Geschlechts, 4 Bde. Hannover 1788-1800

Meiners, Ch.: Über die Verfassung und Verwaltung deutscher Universitäten. Bd. 2, Göttingen 1801/02, Neudr. Aalen 1970

Meyer, J.: Das große Conversations-Lexikon, 1. Abt. 12. Bd. Hildburghausen 1848

Meyer, J.: Das großes Conversations-Lexikon, Bd. 7, 6. Aufl. Leipzig/Wien 1904

Millett, K.: Sexual Politics. New York 1970

Möbius, P.: Über den physiologischen Schwachsinn des Weibes. Halle 1900

Programm des Bundes deutscher Frauenvereine in der Neufassung von 1919, In: Jahrbuch des Bundes Deutscher Frauenvereine, Bd. 12 (1928-1931), Leipzig 1932

Schlözer, A. L.: Allgemeines Staatsrecht und Statusverfassungslehre. Göttingen 1793

Schopenhauer, A.: Über die Weiber, 27. Kapitel von Parerga und Paralipomena, 1851

Schmidt, K. A. u. a. (Hg.): Encyclopädie des gesammten Erziehungs- und Unterrichtswesens, bearb. v. einer Anzahl Schulmänner und Gelehrten, Bd. 2., 2. Aufl. Gotha 1878

Schwab, D.: Grundlagen und Gestalt der staatlichen Ehegesetzgebung in der Neuzeit. Bielefeld 1967

Schwab, D.: „Familie". In: O. Brunner u. a. (Hg.), Geschichtliche Grundbegriffe. Historisches Lexikon zur politisch-sozialen Sprache in Deutschland, Bd. 2. Stuttgart 1975, S. 253-301

Steinhausen, G.: Geschichte der deutschen Kultur, Bd. 2, 2. Aufl. Leipzig/Wien 1913.

Steinhausen, G.: Deutsche Geistes- und Kulturgeschichte von 1870 bis zur Gegenwart. Halle 1931

Tönnies, F.: Gemeinschaft und Gesellschaft. Grundbegriffe der reinen Soziologie, 2. Aufl. Berlin 1912

v. Mohl, R.: Die deutsche Policeiwissenschaft nach den Grundsätzen des Rechtsstaats, Bd. 1, 2. Aufl. Tübingen 1844

v. Raumer, K.: „Die Erziehung der Mädchen". In: Ders.: Geschichte der Pädagogik vom Wiederaufblühen klassischer Studien bis auf unsere Zeit, Bd. 3, 3. Aufl. Stuttgart 1857, S. 450-537

v. Stein, L.: Die Frau auf dem socialen Gebiet. Stuttgart 1880

v. Stein, L.: Die Frau auf dem Gebiete der Nationalökonomie, 6. Aufl. Stuttgart 1886

v. Stein, L.: Die Frau, ihre Bildung und Lebensaufgabe (1. Aufl. 1851), 3. Aufl. Dresden 1890

Weber, Marianne: Ehefrau und Mutter in der Rechtsentwicklung, Tübingen 1907, Neudr. Aalen 1971

Weber, Max: Wirtschaft und Gesellschaft. Tübingen 1922

Weininger, Otto: Geschlecht und Charakter. Wien 1903 (25. Aufl. 1925)

Welcker, C.: „Geschlechtsverhältnisse". In: K. Rotteck/C. Welcker (Hg.), Staatslexicon oder Encyclopädie der Staatswissenschaften Bd. 6, Altona 1838

Weiss, E.: Montgelas. 1759-1799. Zwischen Revolution und Reform. München 1971.

Wolff, Chr., Frh. v.: Vernünfftige Gedancken von dem gesellschaftlichen Leben der Menschen und insonderheit dem gemeinen Wesen (...). 2. Aufl. Frankfurt/Leipzig 1725

Zedler, J. H.: Großes vollständiges Universal-Lexikon, Bd. 9. Halle/Leipzig 1735

Zinnecker, J.: Sozialgeschichte der Mädchenbildung. Weinheim 1973

„Weiblichkeit als Kulturform". Zur Codierung der Geschlechter in der Moderne. In: Kultur und Gesellschaft. Verhandlungen des 24. Deutschen Soziologentags, des 11. Österreichischen Soziologentags und des 8. Kongresses der Schweizerischen Gesellschaft für Soziologie, Zürich 1988. Max Haller u. a. (Hg.), Frankfurt a. Main/New York: Campus 1989, S. 142-155

Im folgenden wird versucht, die soziologischen Fragen um weibliche und/oder männliche Kultur durch eine historische Perspektive zu ergänzen und zu präzisieren. Innerhalb von zwei zentralen Zeiträumen – um 1800 und um 1900 – soll die moderne Verschränkung von ‚Kultur' und ‚Geschlecht' als Produkt einer Dialektik von Alltagswissen und Wissenschaft, von Politik und Moral untersucht und auf unmittelbare wie paradoxe Folgen für gegenwärtige Thematisierungen geschlechtsspezifischer Kulturen hingewiesen werden. Ein etwas größerer historischer Bogen scheint nützlich bei einem Thema, wo jeder und jede glaubt, als erster und erste das Problem – sozusagen in vorwissenschaftlicher Unschuld – ganz aus sich selbst zu schöpfen und zu erschöpfen. Es scheint nicht unangebracht, auf die Historizität so mancher ‚überzeitlicher Wahrheit' hinzuweisen. Denn es gibt wohl kaum ein anderes Gebiet der theoretischen Reflexion, in dem neben den Tücken der Alltagserfahrung die scheinbare „‚Natürlichkeit' des Kulturellen" (Arnold Gehlen) so schöne Stilblüten treibt wie das der Geschlechter- und Kulturanalyse. ... Gehlen warnte:

> „Wer in der unmittelbaren Naivität und Reflexion, auch der gelehrten, Aussagen über den Menschen, das Weib, (...) usw. machen will, läuft Gefahr, zunächst einmal seine eigenen kulturellen Selbstverständlichkeiten zu verallgemeinern. Eine hier durchgreifende Erkenntnistheorie müßte außer der Subjektbefangenheit auch die Kulturbefangenheit einrechnen." (1961, S. 79f.)

Nichts liegt mir nun ferner als die Anmaßung, eine hier „durchgreifende Erkenntnistheorie" vorlegen zu wollen. Es geht mir lediglich darum, durch die Analyse des Entstehungskontextes eine bestimmte Definition von ‚Kultur', von ‚Geschlecht' und von ‚Geschlecht und Kultur' als kulturelle Selbstverständlichkeit zu decodieren.

Ich möchte ... die kultursoziologisch belehrte ‚Rehistorisierung' der Geschlechter- und Kulturanalyse mit folgender These einleiten: Kultur und Geschlecht im modernen Sinne sind gleich ursprünglich. Sie verdanken ihre Entdeckung derselben kulturellen Lage und sozialpolitischen Konstellation; ihrer Systematisierung und Ausdifferenzierung liegen ähnliche Erkenntnisinteressen und Wissensverschiebungen zugrunde.

Was den Begriff der Kultur anbelangt, so herrscht weitgehend Einigkeit: er ist ein Produkt des ausgehenden 18. Jahrhunderts. „Erst bei Herder findet sich der moderne Kulturbegriff", heißt es im *Historischen Wörterbuch der Philosophie*.[1] In seinem Aufsatz „Die Aufgaben der Kultursoziologie" resümiert Friedrich Tenbruck:

> „Herder hat die universalistische Fortschrittsidee der Aufklärung mit der folgenreichen Erkenntnis durchbrochen, daß die Völker geschichtlich gewordene Kulturen von unverwechselbarer Eigenart seien, und die Geisteswissenschaften haben diesen Kulturbegriff durch ihre historische und systematische Arbeit vertieft." (1979, S. 411)

Kultur wurde so zu einem zentralen Untersuchungsgegenstand der neuen Wissenschaften vom Menschen; sie wurde aber auch bestimmend für die Selbstthematisierung des gebildeten Bürgertums.

Gäbe es auch eine historische Analyse der Kategorie ‚Geschlecht', so würde sich für deren moderne Fassung unschwer ein zeitgleicher kognitiver Impetus ausmachen lassen. Bereits Herder, der die Historizität der Kultur betonte, hat Kulturniveau und Stellung der Frau aufs innigste miteinander verknüpft. Alle „unkultivierten Nationen" zeichnen sich danach durch eine „Geringschätzung der Weiber" aus, und es ist der Fortgang der Kultur, der die Frauen aus der Sklaverei befreit und durch „vernünftige Bildung dem Manne gleichgesetzt" hat. Die gleichen oder ähnliche Überlegungen zum „Fortgang der Kultur" (Kant) im Hinblick auf die Stellung der Frau finden sich auch etwa in der Kantischen Anthropologie und bei vielen anderen Schriftstellern um 1800.[2] Bei den meisten Autoren, so auch bei Herder, verbindet sich zudem mit dieser analytischen Feststellung die moralisierende Warnung vor den geschlechtsspezifischen Folgen eines möglichen „Mißbrauchs der Kultur" (Herder), d. h. der Verweis auf eine spezifisch weibliche Form der Korruption durch einen „Überhang an Kultur". Die Folgen sind dann etwa Müßiggang, Fortpflanzungsträgheit, Vernachlässigung der Mutterpflichten, leere Gelehrsamkeit und gesellschaftliche Herrschsucht.

Um diesen Zusammenhang zu verstehen, müssen wir uns den sozialpolitischen Ort vergegenwärtigen, in dem die bürgerliche Gesellschaft sich als ‚Kulturgesellschaft' zu definieren und den Wert des Individuums durch Partizipation an dieser zu bestimmen beginnt. Der Siegeszug des Kulturbegriffs verdankt sich nämlich einem weit verbreiteten ‚Unbehagen in der Zivilisation' – und diese Zivilisation gilt dem aufstrebenden Bürgertum nicht nur als adlig, vorwiegend französisch, respektive pariserisch inspiriert, sondern eben auch als weibisch und von Weibern dominiert. In Deutschland ist diese – sicher schon bei Rousseau angelegte – Ansicht beinahe allgegenwärtig. Es findet sich nun in den damaligen Zeitgeist-Analysen durchaus eine, wie wir heute sagen würden, historisch-genetische Perspektive: in einem ersten Zivilisierungsschub seien die europäischen Höfe entstanden, die einen weitreichenden Einfluß auf Kultur wie Geschlechterverhältnis ausgeübt hätten. Und zwar folgendermaßen:

> „Die immer zunehmende Pracht und Verschwendung der Höfe, das Zusammendrängen und beständige Zusammenleben des vornehmsten Adels von beyderley Geschlecht an den Höfen der Könige und Fürsten, die Entfernung der großen Gutsbesitzer von ihren Gütern und Unterthanen; und der unaufhörliche Wirbel von Vergnügungen und Zerstreuungen, in welchem die Hofleute und Hofdamen umhergetrieben wurden, brachten zuerst in den Verhältnissen und Sitten beider Geschlechter, dann aber in Sprache, und Geschmack, im gesellschaftlichen Leben, und selbst in der Behandlung von öffentlichen Angelegenheiten die wichtigsten Veränderungen hervor." (Meiners 1788-1800, Bd. 4, S. 163f.)[3]

Die historische Analyse fährt dann fort und diagnostiziert in der immer größer gewordenen Macht der Frauen den unaufhaltsamen und notwendigen Niedergang der höfischen Zivilisation. Dagegen richtet sich nun der zweite Zivilisierungsschub und die bewußtere Formierung der neuen Kultur als ‚Männerkultur'. Der damalige pathetische Rekurs auf die Griechen zur Wiedererweckung ‚wahrer Männlichkeit' gehört ebenso hierher wie die verzweifelte Suche nach ‚wahrer Weiblichkeit'. Der soziale Ort der bürgerlichen Intelligenz um 1800 ist eben noch durchaus labil. Die Mediziner sind als Hausärzte oft lebenslänglich, die Gelehrten als Haushofmeister zumindest lange Jahre nicht nur von einem Patronage-System[4], sondern vor allem von einem Matronage-System abhängig, das nicht frei war von Demütigungen und sonstigen, auch amourösen Gefahren der Verstrickung. In zahllosen Pamphleten wird der Kampf gegen die gemischte Form der Geselligkeit theoretisch-literarisch aufgenommen. Praktiziert aber wird er in den neu entstehenden Männerzirkeln und Männerklubs sowie in den Geheimbünden. Hier bildet sich eben jener „‚Kitt' der Brüderlichkeit" (Reinhart Koselleck), der sich dann in der Konstituierung der bürgerlichen Öffentlichkeit als ‚Männerbund' erst voll entfalten wird.

Um dies etwas plastischer zu gestalten, zitiere ich einige Passagen aus einem 1787 anonym erschienenen Buch mit dem Titel *Über die Weiber*, das in Deutschland eines der ersten war, das sich explizit der Neucodierung der Geschlechterrollen gewidmet hat.[5] Das Buch ist zunächst eine Art Paraphrase von Rousseaus *Brief an d'Alembert*. Die „unsystematischen Betrachtungen" über die Weiber richten sich gegen die Frauen als die „übermüthigen Beherrscherinnen der Welt", gegen „weibliche Prätensionen", vor allem gegen die „weibliche Independenz in der Societät", die den allgemeinen Sittenverfall herbeigeführt habe. Die Diagnose lautet:

> „Eben das, worauf Wir cultivierten Völker so stolz sind, es als den Gipfel der Cultur ansehen, daß die Weiber in die Gesellschaft gezogen worden, darinn den Ton angeben, hat den Verfall der Sitten bewirkt, und die Weiber von ihrem wahren Standpunkt abgeführt. Sie, die von der Natur nicht dazu be-

stimmt sind, die erste Rolle zu spielen, stehen bey Uns in der Gesellschaft nicht auf ihrer rechten Stelle. Von der Natur war ihnen eine andere untergeordnete Bestimmung angewiesen. Auch das war der Fall bey den cultivierten Völkern des Altherthums." (Brandes 1787, S. 22f.)

Die Kultur Athens war eine gute, weil die Frauen der Sozietät ferngehalten wurden. Die Kultur ist dann gut, wenn sie den Ruf der Natur nach Geschlechtersegregation befolgt. Und folglich wird „die bürgerliche Gesellschaft immer verderbter werden, je mehr sie sich von den Vorschriften der Natur entfernt". In den gemischten Gesellschaften werde die männliche Begierde ständig gereizt, ohne befriedigt zu werden, der männliche Verstand ständig verwirrt und zur Führung der bürgerlichen Geschäfte untauglich gemacht. Als geeignetes Medium zur Beförderung von Urbanität und Kultur gilt dem Autor allein die kleine Männergesellschaft – nicht die große, die allzu leicht in Bacchanalien ausarte. Hier findet sich also die pessimistische Variante von Herders Verknüpfung von Kulturniveau und Stellung der Frau: nämlich die Feststellung, daß der Geist und die Kultur eines Volkes in dem Maße herabsänken, je höher die Achtung vor den sogenannten Damen steige. Der deutsche Autor resümiert 1787: „Man sehe auf Frankreich, und zweifle, wenn man kann." In Deutschland wird das Problem dann tendenziell so gelöst, daß eine echte, maskulinisierte, hohe (im Zweifelsfall deutsche) Kultur der falschen, effeminierten, französischen Zivilisation entgegengesetzt wird.[6]

Die Thematisierung der Kultur ist also von Anfang an doppeldeutig: das Kulturniveau bemißt sich auch oder vor allem an der Stellung der Frau, aber es gibt von Anfang an zwei Kulturen: die überzivilisierte, weiblich dominierte falsche und die mäßig zivilisierte, männlich dominierte richtige Kultur. In diesem Zusammenhang mußte natürlich sofort die Frage auftauchen, inwieweit und inwiefern die Frauen, d. h. genauer die Frauen des Bürgertums, an der richtigen Kultur würden partizipieren können, sollen, müssen und dürfen. Die Frage nach der Bedeutung der Frauen für die Kultur wird – damals schon – aufgeteilt in die Frage nach Kulturverwaltung und Kulturgestaltung. Bei der Verwaltung spielen die Frauen eine zentrale Rolle: sie müssen die Vermittlung übernehmen, zwischen den Generationen, zwischen den starren Männerinstitutionen wie Kirche und Staat, zwischen Gelehrten und Volk, zwischen Adel und Bürgertum, zwischen Tradition und Aufklärung. Ohne ihre Transmissionsfunktion läuft nichts, erstarrt die Kultur.

Die Frage nach der Kulturgestaltung (und nach der Schöpfung durch ein Originalgenie – ein sich zunehmender Beliebtheit erfreuender Terminus) ist eine andere. Die Antwort wird hier zunächst auf historisch-komparativen Pfaden gesucht. Es tauchen zahlreiche Untersuchungen auf über große Frauen in Staat, Wissenschaft, Kunst usw. Bei den sogenannten Großen Königinnen gehen die Wertungen wild durcheinander; bei den Vergleichen in Wissenschaft und Kunst hingegen stehen meist Newton und Michelangelo als erratische Groß-Männerblöcke, an denen die kleinen Weibergeister hoffnungslos zerschellen, während in der Dichtung von Sappho bis zur Karschin gelegentlich ein weibliches Naturgenie überwintern darf (Bovenschen 1979, S. 150ff.). Aber obwohl das Pendel der männlich-kulturellen Selbstverständigung eindeutig zugunsten der Giganten ausschlägt, ist die Debatte um den weiblichen Beitrag zur Kulturgestaltung vor 1800 noch keineswegs endgültig geklärt. Die sich im 19. Jahrhundert festsetzende, prinzipialistisch gewendete These, daß Frausein und Hohe Kultur sich ausschlössen, hatte neben den bekannten sozial-organisatorischen und wissenschaftspolitischen Verfahren (wie etwa dem Fernhalten der Frauen von formalisiertem Wissen) noch eine weitere eher kognitiv-kulturelle Voraussetzung: nämlich die zunehmend systematisch betriebene Suche nach der organischen Disposition von kultureller Leistung und Genialität im Rahmen der Wissenschaften vom Menschen.

Genese und Ausdifferenzierung der *Sciences de l'homme* oder, wie sie im deutschen Sprachraum häufiger genannt wurden, der medizinisch-philosophischen Anthropologien haben so für die moderne Codierung des Verhältnisses von Geschlecht und Kultur eine zentrale Rolle gespielt. Zu heuristischen Zwecken lassen sich einige epistemologische Wandlungen isolieren, die die Entstehung der Wissenschaften vom Menschen in der Aufklärungszeit begünstigt haben (nach Moravia 1980):

– die erkenntnistheoretische Befreiung vom Primat der Mathematik und von nomologischen Erklärungsmodellen,
– der Versuch, den ganzen Menschen auf die Erde zu holen,
– die Rehabilitierung der menschlichen Körperlichkeit,
– die Entdeckung der Umwelt,
– die geographische und anthropologische Öffnung gegenüber dem Anderen,
– die Verwissenschaftlichung der Differenz.

Damit verbunden sind eine Vervielfältigung der kognitiven Strategien und ein Wille zur Empirie sowie eine Vorliebe für induktive Verfahren. In diesen Zusammenhang gehören das Prinzip der Analogie, eine Epistemologie des Auges (die Foucault in seiner *Archäologie des ärztlichen Blicks* beschrieben hat) und schließlich die vergleichende Methode. Diese drei Kernstücke im geistigen Rüstzeug der neuen Wissenschaften vom Menschen: also der Analogismus, die eminente Bedeutung des empirischen Tatsachenblicks und der Primat vergleichender Betrachtung erfassen nicht nur die Wilden, die Mohren, die Kranken und Irren, sondern auch die Frauen – nicht als erste übrigens, sondern eher als letzte.

Foucault hat auf den zentralen Platz der Medizin in der Gesamtarchitektonik der Humanwissenschaften hingewiesen. Sie vor allem inthronisiert die neue sinnkonstituierende Funktion der leiblichen Räumlichkeit (Foucault 1973). Nun erst wird vom Körper in einem einzigen großen Verweisungs- und Bedeutungszusammenhang ‚abgelesen': in Analogiespiralen meist von unten nach oben, stets quantifizierend und vergleichend. An der Systematisierung der Wissenschaften vom Menschen mit ihrer Vorliebe für Verfahren der analogen Induktion läßt sich die allmähliche Ausgliederung der Frauen aus der ‚Kulturtheorie' verfolgen.

Die ersten Anthropologien um die Mitte des 18. Jahrhunderts kennen noch keinen irgendwie klar verorteten Geschlechtsunterschied. Die ‚Entdeckung des Weibes' im Universum der Wissenschaften vom Menschen läßt sich ziemlich genau datieren: es sind die letzten zwei, drei Jahrzehnte des 18. Jahrhunderts. Zunächst beschäftigt man sich mit dem fundamentalen Gerüst, dem Knochenbau. In Deutschland etwa entdeckt Sömmerring das weibliche Skelett. Die früheren Skelettdarstellungen waren menschliche Idealtypen gewesen – gefertigt freilich nach männlich-antikisierendem Vorbild. Kurz darauf unternimmt es dann sein Schüler Jakob Fidelis Ackermann als erster, die Anatomie der Geschlechter systematisch zu vergleichen. In seiner Abhandlung *Über die körperliche Verschiedenheit des Mannes vom Weibe ausser den Geschlechtstheilen* referiert er detailliert und äußerst liebevoll seine minutiösen Vergleiche zwischen allen menschenmöglichen Knochen, Knöchelchen, Fasern und Strängen. Er errichtet damit den Grundstock, auf dem sich die Psycho-Physiologie alsbald in ungeahnte Höhen aufschwingen wird. Dieser frühe Anatom enthält sich weitgehend psycho-sozialer Induktionen. Es gibt am Schluß des Buches nur eine einzige: die organische Disposition zur Wissenschaft nämlich schreibt Ackermann eindeutig eher dem weiblichen Gehirn zu. Aber es ist freilich nicht diese Induktion, die ihren Weg machen wird im 19. Jahrhundert.

Um 1800 vollzieht sich also eine folgenreiche Fokussierung des wissenschaftlichen Blicks auf das weibliche Geschlecht. Nun gibt es plötzlich in jeder philosophischen, in jeder medizinischen Anthropologie und in jedem gynäkologischen Lehrbuch Passagen und Kapitel zur weiblichen Psycho-Physiologie, zum Einfluß des organischen Geschlechtsunterschieds auf Begriffe, Leidenschaften usw. Während in der Allgemeinen Anthropologie die Ansätze zu differieren beginnen, es Schulenbildung gibt und heftige Auseinandersetzungen etwa zwischen rein physiologischen Ansätzen und der von Kant initiierten Richtung der pragmatischen Anthropologie, zwischen dem – in Deutschland gern so genannten „materialistischen Reduktionismus" der Franzosen und der deutschen Naturphilosophie, vereinheitlicht sich die weibliche Sonderanthropologie zusehends. Allein die Charakterkunde des Weibes scheint ohne Reibungsverluste ganz auf organische Physiologie reduzierbar zu sein. Und damit erst steht das Freudsche Diktum in der kulturellen Welt: „Anatomie ist Schicksal".

Über dieses allgemeine, nationale Wissenschaftskulturen transzendierende Phänomen wundert sich dann 1874 Hedwig Dohm. In ihrer Auseinandersetzung mit dem Anatomen von Bischoff, einem dezidierten Gegner des Frauenmedizinstudiums, schreibt sie:

„Diesen körperlichen Vorgang, dem die Frau monatlich unterworfen ist, nennt Herr von Bischoff ihren ‚eigentlichsten Beruf in der menschlichen Gesellschaft'. Nicht die Encyclopädisten in ihren verwegensten Ausschreitungen, nicht La Mettrie in seinem verrufenen Buch: *L'homme machine* ist so weit gegangen wie unser conservativer deutscher Professor. Die Materialisten des vorigen Jahrhunderts sind nur Zwerge im Vergleich zu diesem materialistischen Goliath, Herrn von Bischoff, der den Daseinszweck der Hälfte des menschlichen Geschlechtes in einer animalischen Funktion sieht." (Dohm 1874, S. 144f.)

Dieser deutsche Professor, der sich übrigens explizit auf die beinahe hundert Jahre zuvor entstandene pragmatische Vergleichsstudie von Ackermann beruft, freilich dessen kleine geistige Induktion kraß mißachtend, mag politisch konservativere Ansichten gehegt haben als andere. Die sie legitimierende Psycho-Physiologie hat er nicht erfunden.

Zwischen 1790 und 1850 gibt es kaum ein Werk der integrierten Anthropologie, das sich nicht ausführlichst mit der weiblichen Psycho-Physiologie beschäftigt hätte. Ob romantisch oder empiristisch, rein physiologisch oder mehr philosophisch, jede Menschenkunde umfaßt den Ort der Frauen, ihren Sonderleib, ihre Sonderart, Sondermoral, Sonderkultur. Diese Werke und ihre Autoren sind heute weitgehend vergessen – abgesehen vielleicht von den Ausführungen zum Geschlechtscharakter in Kants *Anthropologie in pragmatischer Hinsicht* und in Wilhelm von Humboldts *Plan einer vergleichenden Anthropologie*. Das ist zum einen ein Problem historiographischer Lücken respektive Abgründe, die darum klaffen, weil die Wissenschaftshistoriker diesen Gegenstand offenbar bislang für unter ihrer theoretischen Würde liegend erachtet haben. Diese Unkenntnis ist aber zum anderen auch die Folge einer radikalen Umorganisation der wissenschaftlichen Disziplinen selbst. Denn um die Mitte des 19. Jahrhunderts verschwindet die Frau sozusagen (wieder) aus den kulturell hochbewerteten Sphären des wissenschaftlichen Universums. Nun scheint es die Frau als Untersuchungsobjekt der neuen Human- und Geisteswissenschaften nicht mehr zu geben. Von der Mitte des 19. Jahrhunderts an verliert die Anthropologie als integrierte Wissenschaft vom Menschen ihre Bedeutung. Die Humanwissenschaften haben sich ausdifferenziert. Deren hehre Abteilungen kümmern sich fortan ausschließlich um den Menschen als Mann, während die Frauen – und das ist sehr wichtig – zur Biologie und zur Gynäkologie gehören – und eventuell noch zur Volkskunde. Im akademischen Universum des späten 19. Jahrhunderts ist es dann wie selbstverständlich der Gynäkologe, der über Themen wie „Die Stellung der Frau im modernen Leben" oder „Zur Soziologie der Frau" und ähnliches liest.

Auf der Basis dieser sozusagen interdisziplinären und kulturtheoretischen ‚Biologisierung der Weiblichkeit' entwickeln sich die polaren Geschlechtertheorien des 19. Jahrhunderts, deren immer wiederkehrende Duale ja hinreichend bekannt sind. Diese Duale springen übrigens gerne zwischen den wissenschaftlichen Disziplinen hin und her, wobei die Naturwissenschaften das scheinbar objektive Arsenal abgeben, aus dem sich Alltagswissen wie systematisierendes Denken großzügig bedienen.

Für diesen sehr speziellen Wissenschafts-Transfer sollen hier zwei Beispiele angeführt werden: zunächst zu den beiden Begriffen Irritabilität und Sensibilität. Diese zuerst von Albrecht von Haller im Zusammenhang mit der Frage nach der Bewegung tierischer Körper entwickelten Begriffe tauchen in der Medizin des späten 18. Jahrhunderts geschlechtsneutral auf, um das Überwiegen der Muskel- respektive Nerventätigkeit innerhalb eines Organismus zu bezeichnen. Im frühen 19. Jahrhundert wird das Gespann ungleich auf die beiden Geschlechter verteilt: in der männlichen Konstitution überwiege das muskulöse, im weiblichen Körper das nervöse System. Obwohl es anschließend in der Medizin an Bedeutung verliert, taucht das Dual in den Sozialwissenschaften wieder auf, etwa 1887 bei Ferdinand Tönnies, und zwar als Basis-Differenz, aus der der männliche Kürwille zur Gesellschaft und der weibliche Wesenswille zur Gemeinschaft und anderes mehr deduziert werden (Tönnies 1979).

Noch ein Beispiel für die langfristigen Wechselwirkungen zwischen den Wissenschaften. Eine zentrale Annahme in Georg Simmels polarer Theorie oder Metaphysik der Geschlechter ist diejenige von der geringeren Differenzierung der Frau im Verhältnis zum Mann, die durchaus ihren Ort im Gesamtzusammenhang der Simmelschen Theoriearchitektonik haben mag. Dieser wird aber zumindest relativiert, wenn wir bedenken, daß die Kategorie der Differenzierung eine sehr lange Tradition in der Medizin hat. In der zweiten Hälfte des 19. Jahrhunderts verdichtet sich diese Tradition in der physiologischen Annahme von der geringeren Differenzierung der weiblichen Zelle. Mit der gehörigen Metaphorik überhöht finden sich alle möglichen Schlußfolgerungen aus dieser Hypothese der Zellularpathologie bereits in einem Aufsatz von Lou Andreas-Salomé von 1899 mit dem neckischen Titel „Der Mensch als Weib". Lou Andreas-Salomé, physiologisch und nietzscheanisch inspiriert, kommt im übrigen zu ähnlichen, aber – das Verhältnis von Frau und hoher Kultur betreffend – noch pessimistischeren Schlußfolgerungen wie kurz darauf Georg Simmel.

Um 1900 gibt es wieder ein Unbehagen in der Zivilisation, aber – im Unterschied zu 1800 – gilt diese nun als strikt und ausschließlich männlich. Und bekanntlich gibt es nun auch ein ‚Unbehagen in der Kultur', die nicht mehr einfach als große Retterin erscheinen mag. Im Gegenteil: Die Rede ist von der „Krisis der Kultur" (Gertrud Bäumer), von der „Tragödie der Kultur" (Georg Simmel), von Kulturöde und Kulturverfall. Beklagt werden nun allenthalben die Kosten der Kultur. Kulturkritik ist das Stichwort der Zeit; eine permanent lancierte Umwertung der Werte ihr Signum. In dieser Zeit wird die Frage nach der Kulturbedeutung der Frauen wieder, die Frage nach der Kulturbedeutung der Frauenbewegung erstmals akut.

Hatten um 1800 viele, Männer wie Frauen, die Rettung Europas durch die Rückführung der Frauen zu einfacherer Sinnesart als Kulturmission des weiblichen Bürgertums proklamiert (etwa Wieland) oder allgemein die Verfeinerung der Kultur durch die Frauen noch schlicht als Zweck der Natur ausgemacht (Kant), so ist um 1900 Nietzsches Warnung vor dem Untergang Europas durch die „beinahe maskulinische Dummheit" der Frauenemanzipation und durch die „Entzauberung des Weibes" von vielen vernommen worden.

Es tobt in dieser Zeit ja eine Geschlechterdebatte, der man im nachhinein sozialpathologische Züge kaum absprechen kann. Der Biologismus ist längst nicht mehr nur latentes Strukturierungsprinzip der kulturellen Thematisierung der Geschlechterdifferenz. Es ist die Zeit von Lombroso, Möbius, Weininger, des Sozialdarwinismus, der Rassenkunde, und es ist die Hoch-Zeit der Gynäkologie als integrierter Wissenschaft vom Weibe.[7] Dennoch scheinen die kognitiven Strategien zur Bewältigung von neuer Kulturkrise und neuer, damals neuer Frauenbewegung weitgehend die alten psychophysiologischen geblieben zu sein. Da sind weiterhin die totalen Differenztheoretiker wie beispielsweise Heinrich Rickert (1921, S. 403f.), dem der Mann als „unendliche Totalität", das Weib als „voll-endliche Partikularität" erscheint, oder Max Scheler (1919, S. 205), der den Geschlechtsunterschied in seiner ganzen Tiefe bis in die metaphysischen Wurzeln aller belebten und beseelten Existenz verfolgt sehen möchte. Denn: „Die geschlechtliche Differenz ist *geistig* ebenso *ursprünglich* wie sie es leiblich und biologisch ist." Auch Scheler hält diese Einsicht für etwas ganz Neues, erst durch moderne Wissenschaft und modernes Kulturleben zur richtigen Erkenntnis gereift. Er deduziert dann aus dieser Einsicht die eminente Kulturbedeutung der Frauenbewegung – freilich im kulturpessimistischen Sinne einer Zunahme beharrender und konservativer Tendenzen. Im übrigen aber sieht er keine Veranlassung, diese geschlechtliche Totaldifferenz in seine allgemeinen theoretischen Erörterungen über die Stellung des Menschen im Kosmos einzubauen (Scheler 1928). Dadurch eben unterscheidet sich die neuere philosophische Anthropologie von den Anthropologien der ersten Hälfte des 19. Jahrhunderts.

Um 1900 gibt es sodann weiterhin die Polaritätstheoretiker. Der damals und heute bekannteste ist sicher der Soziologe Georg Simmel, der, mit den Worten Marianne Webers, „der Betrachtung, welche die Besonderheiten der Frau ins Bewußtsein rückt und als Material ihrer Selbstgestaltung wertet", die tiefste Form gegeben habe, die „durch psychologische Feinheit und Fülle alle früheren Deutungen weit hinter sich zurückläßt" (1919, S. 98). Simmels Polarisierung der geschlechtsspezifischen Sondergüter bündelt noch einmal die Linien von Kant und deutscher Klassik über Schleiermacher, Hegel, Schopenhauer und Nietzsche bis hin zu den Selbstverständigungsversuchen der Frauenbewegung. Der Mann als der Schöpfer der objektiven Kultur ist dazu bestimmt, das Allgemein-Menschliche aus sich herauszustellen und zu repräsentieren. Bestimmung der Frau ist es dagegen, die verborgene Einheit des Seins vor seiner Spaltung in die Vielzahl der Dinge darzustellen, ein Symbol der Welttotalität zu sein. Als genuin weibliche Kulturleistung gilt die häusliche, subjektive Kultur, denn hier allein kann sich das selbständige Weibwesen manifestieren, dessen Tun und Sein immer an die Geschlechtsbestimmtheit gebunden bleibt. Dies aber begründet zugleich, so Simmel, „wieso das Frauentum, trotz seiner inneren Absolutheit, dem männlichen Prinzip die übergeschlechtlich objektive Welt, die theoretische und die normative, die dem Ich gegenübersteht, zu stiften überlassen muß" (1983, S. 73).

Damit die beiden Pole nicht in einem ‚kulturellen Relativismus' auseinanderdriften, konstruiert Simmel geschlechtsspezifische Absolutheiten: den Mann als Träger der Idee und die Frau als Trägerin des Seins; von Männern gesetzte allgemein menschliche Werte und Normen als „übergeschlechtlich Objektives", dem ein „übergeschlechtlich Fundamentales" Weibliches korrespondiert, von dem niemand genau weiß, was es ist, was es will, was es sein soll und sein wird.

Und in dieser Unbestimmtheit des spezifisch Weiblichen treffen sich weibliche mit männlichen Thematisierungen der Geschlechterdifferenz. Gerade deswegen, und gesamtkulturell gut abgefedert, wird das neue Konzept der Mütterlichkeit, wie es von der Frauenbewegung in die Kulturdebatte um 1900 geworfen wird, so enorm erfolg- und folgenreich: metaphysisch ebenso aufgeladen wie taktisch vielseitig verwendbar. Die Mütterlichkeit als ‚organisches Sonderprinzip' wird ja gerade dazu eingesetzt, sämtliche Sonderregelungen zu beseitigen, d. h. eine kulturell dominante Differenzkategorie wird zum Einklagen von Gleichheit verwendet. Die Mütterlichkeit, zu ihr kann nicht erzogen werden, denn sie ist immer schon da, daher bedarf es keiner weiblichen Sonderpädagogik. Die Mütterlichkeit ist allgemeinweiblich, daher ermöglicht sie im Prinzip die Trennung von biologischer Mutterschaft und Primärsozialisation. Die Mütterlichkeit will zudem nicht ergänzungstheoretisch mißverstanden werden, denn sie ist weniger auf den Mann, als vielmehr auf das Kind und auf das ‚Leben als solches' bezogen. Daher legitimiert sie keine familiale und soziale geschlechtsspezifische Arbeitsteilung und eigentlich auch keine Aufteilung der Kultursphären. Denn die Mütterlichkeit muß alles durchdringen. Als ein quasi angeborener ‚geistiger Habitus' ist sie nicht auf eine bornierte Kulturform wie das Haus zu beschränken. Sie darf nicht länger ‚eingehäuselt' verkümmern, sondern sie muß hinaus ins feindliche Leben, muß alles erfassen, sich in alles einmischen: Beruf, Staat, Gesellschaft, Politik, Kultur. Nur so wird das Abendland dem Untergang – unter Umständen – entgehen: „Wir stellen uns deshalb die Aufgabe", schreibt Marianne Weber 1904, „die ganze Kultur mit unserem Frauentum zu durchwirken." Die Mütterlichkeit ist das weibliche Formprinzip, angeboren, un-veräußerlich, blind waltend. Mit den Worten Helene Langes (1923): „Es er-greift den geistigen Stoff, formt ihn nach seinen Gesetzen, assimiliert ihn."

Viele Theoretikerinnen der Frauenbewegung übernehmen so teilweise Simmels Trennung von objektiv-männlicher und subjektiv-weiblicher Kultur. Nur wenige lehnen die permanent generalisierende und vergleichende Me-thode ab und betonen neben ‚Frauentum' auch Individualität und allgemeine Kultur (am konsequentesten wohl Helene Stöcker und Rosa Mayreder). Die meisten beteiligen sich an der damals beliebten Umwertung der Werte, indem sie die Pole umpolen. Die Krise der Kultur ist nun eine Krise der männlichen Zivilisation, bedingt durch die Verdrängung der Seele aus der Arbeit, durch Arbeitsteilung, Zersplitterung, Versachlichung, Künstlichkeit, Maschinen-zeitalter, Warenwirtschaft, Kapitalismus. Da gibt es nur eine Lösung. Gertrud Bäumer schreibt 1926 in *Die Frau in der Krisis der Kultur*:

> „Mit dem Mutterinstinkt von Ewigkeit her, und der rationellen Kraft, die sie gewonnen hat, kann die Frau dieser Entartung der Kultur entgegenwirken. Gewiß, an dieser Wegscheide ihrer eigenen Entwicklung könnte sie gerade so gut dem zivilisatorischen Fluch verfallen, wie ihn überwinden. Aber noch wäre es wirklich zu früh, um sich als geschlagen zu bekennen." (1926, S. 39)

Die Rettung wird vielleicht gelingen, wenn sich die Kultur der Persönlich-keiten gegen die Kultur der Sachen, die Unteilbarkeit des Menschen gegen das Fachmenschentum, die Seinsvollendung gegen die Werksvollendung zu behaupten vermögen. Es geht also um die *neuen* Kulturwerte einer auch im Gemeinschaftsleben zur Geltung gebrachten Mütterlichkeit gegen die weibli-chen Kulturaufgaben *alten* Stils, die da waren: Ästhetisierung, gesell-schaftliche Repräsentation und hauswaltendes Weib – wie Rosa Mayreder dies formuliert hat. So kommt es dann zu dem folgenden Resümee der deut-schen Entwicklung, rückblickend aus dem Jahre 1923. In ihrem Aufsatz über „Phasen des weiblichen Kulturbewußtseins" schreibt Helene Lange 1923 zur Polarität der Geschlechter:

> „Und die Überzeugung wuchs, daß diese beiden im Leben der Familie tätigen und sich ergänzenden Kräfte der Geschlechter ihre Sonderaufgaben auch im Gemeinschaftsleben zu lösen hätten, das eine erste naive, aber auch ge-schichtlich bedingte Teilung der Einflußsphären ausschließlich dem Manne überlassen mußte und das er nur einseitig gestalten konnte. (...) Diese Über-zeugung Außenstehende klar zu machen, ist nicht leicht. Wenn ihr's nicht fühlt, ihr werdet's nicht erjagen. Sie ist theoretisch schwer zu verteidigen, denn sie wurzelt ja im Grunde gar nicht in Theorien und kann sich nicht voll in ihnen ausdrücken, sondern sie ist das Bewußtsein und die Selbstbehaup-tung der weiblichen Art in einer neuen Sphäre: der Sphäre der außerhalb der Familie liegenden Kulturbeziehungen. Was die Frauen in dieser merkwürdi-gen Entwicklung zu sich selbst an Theorien benutzt haben: die Menschen-rechte, die humanistische Persönlichkeitsidee, den romantischen Subjekti-

vismus, das sind Hilfskonstruktionen, bloße Stützen für den lebendigen Baum, der eigenen Wuchses aus eigener Wurzel entsproß: Frauentum, Weiblichkeit als Kulturform, die sich auszuprägen vermag auf jedem Gebiet, das überhaupt der Gestaltung durch Kultur fähig ist." (1923, S. 331)

Damit hat das um 1800 in den Wissenschaften vom Menschen inthronisierte Verfahren der analogen Induktion seinen logischen Abschluß gefunden. Wenn den organischen Unterschieden, welche die anatomische und physiologische Recherche in mühevollster Kleinarbeit aussortiert hat, intellektuelle und moralische Differenzen korrespondieren, so ist es nicht einzusehen, wieso diese differente Weiblichkeit auf die häusliche Subkultur beschränkt sein sollte und werden könnte. Vielmehr liegt die Schlußfolgerung nahe, diese Differenz überall zur Geltung zu bringen und die bislang nur halbmenschliche Kultur zu totalisieren. Dies war die optimistische Antwort der alten Frauenbewegung – durchaus im Einklang mit der modernen Codierung der Geschlechter.

„Der Mann ist die Frage, die Frau die Antwort", meinte Marie Luise Enckendorff, alias Gertrud Simmel, im Jahre 1910. Heute hat die Frau viele Fragen, und der Mann scheint die Antwort nicht zu geben und nicht zu sein. Und Frage und Antwort in einem zu wollen, ist vielleicht tatsächlich zu viel der ‚Selbstreferenz'. Vielleicht ist die Vervielfältigung der Subkulturen die Antwort, ein fröhlicher Dualismus für alle die Lösung. Vielleicht aber bleibt uns nach all der Fragerei doch nur die foucaultianische Hoffnung, daß eines Tages nicht nur *der* Mensch, sondern auch *der* Mann und vor allem *das* Weib verschwinden werden wie am Meeresufer ein Gesicht im Sand.

Anmerkungen

[1] Für Herder war Kultur das spezifisch menschliche Werden zu sich selbst. Er schreibt 1785: „Wollen wir diese zweite Genesis des Menschen, die sein ganzes Leben durch geht, von der Bearbeitung des Ackers Kultur oder vom Bilde des Lichts Aufklärung nennen, so steht uns der Name frei; die Kette der Kultur und Aufklärung reicht aber sodann bis ans Ende der Erde." (Herder 1978, S. 194)

[2] Dieser Topos kehrt im 19. Jahrhundert häufig wieder, z. B. bei Herbert Spencer, nur heißt die Triebkraft nunmehr „gesellschaftliche Evolution" (Spencer 1887, § 324f.).

[3] Dieses Zitat, mit dem die meisten heute wohl sogleich den gedanklichen und sprachlichen Duktus von Norbert Elias assoziieren, stammt aus einer voluminösen *Geschichte des Weiblichen Geschlechts* von Christoph Meiners, Professor der Weltweisheit in Göttingen. Es handelt sich um eine Art von Kulturgeschichte, damals gelegentlich noch „Naturgeschichte" genannt, wie sie um 1800 ins Kraut zu schießen beginnt.

[4] Zum Patronage-System, d. h. zur Abhängigkeit der Ärzte von ihren reichen Patienten, sowie zu den Auswirkungen auf die medizinische Wissenschaft vgl. Jewson (1974). Erst im Verlauf des 19. Jahrhunderts führt die zunehmende Professionalisierung der Ärzteschaft schließlich zur absoluten „Dominanz der Experten" (Freidson

⁵ 1970).

Als Autor wird sich recht bald der Reformkonservative Ernst Brandes herausstellen, Geheimer Kanzleisekretär aus Hannover, später als Universitätsreferent zuständig für die Georgia Augusta in Göttingen.

⁶ Am bissigsten und eigentlich reichlich spät und national irgendwie umgedreht geißelt dann auch Arthur Schopenhauer das „Damenunwesen" und verdammt noch einmal die ganze gemischte Geselligkeit in Bausch und Bogen. Schopenhauer pointiert: „Die Dame, dies Monstrum Europäischer Zivilisation und christlich germanischer Dummheit" (1877, S. 660f.).

⁷ Als differentielle Geschlechterpsychologie versucht sie nun nichts Geringeres, als den „synthetischen Aufbau des seelischen Lebens auf biologischen Grundlagen" zu geben, freilich nur für das Weib, und deklariert diesen Versuch auch noch zu einem wissenschaftstheoretischen Novum (so z. B. Liepmann 1920).

Literatur

Ackermann, Jakob Fidelis: Über die körperliche Verschiedenheit des Mannes vom Weibe ausser den Geschlechtstheilen. Mainz 1788

Andreas-Salomé, Lou: Der Mensch als Weib. Ein Bild im Umriß. In: Neue deutsche Rundschau 10, 1899, S. 225-243

Bäumer, Gertrud: Die Frau in der Kulturbewegung der Gegenwart. Wiesbaden 1904

–: Die Frau in der Krisis der Kultur. Berlin 1926

Bischoff, Theodor Ludwig Wilhelm von: Das Studium und die Ausübung der Medicin durch Frauen. München 1972

Bovenschen, Silvia: Die imaginierte Weiblichkeit. Exemplarische Untersuchungen zur kulturgeschichtlichen und literarischen Präsentationsformen des Weiblichen. Frankfurt/Main 1979

Brandes, Ernst: Über die Weiber. Leipzig 1787

Dohm, Hedwig: Die wissenschaftliche Emanzipation der Frau. Berlin 1874

Enckendorff, Marie Luise: Realität und Gesetzlichkeit im Geschlechtsleben. Leipzig 1910

Foucault, Michel: Die Geburt der Klinik. Eine Archäologie des ärztlichen Blicks. Frankfurt a. Main/Berlin/Wien 1973

Freidson, Eliot: Dominanz der Experten. München 1975

Gehlen, Arnold: Anthropologische Forschung. Reinbek bei Hamburg 1961

Hausen, Karin: Die Polarisierung der ‚Geschlechtscharaktere'. Eine Spiegelung der Dissoziation von Erwerbs- und Familienleben. In: Werner Conze (Hg.), Sozialgeschichte der Familie in der Neuzeit Europas. Stuttgart 1976, S. 363-393

Herder, Johann Gottfried von: Ideen zu einer Philosophie der Geschichte der Menschheit. In: Werke, Bd. 4. Berlin/Weimar 1978

Honegger, Claudia: Überlegungen zur Medikalisierung des weiblichen Körpers. In: Arthur E. Imhof (Hg.), Leib und Leben in der Geschichte der Neuzeit. Berlin 1983, S. 203-213

–: Frauen und medizinische Deutungsmacht im 19. Jahrhundert. In: Alfons Labisch und Reinhard Spree (Hg.), Medizin und sozialer Wandel. Bonn 1989

Humboldt, Wilhelm von: Plan einer vergleichenden Anthropologie. In: Werke, hrag. von Albert Leitzmann, Bd. 1, Berlin 1903

Jordanova, Ludmilla: Natural Facts: A Historical Perspective on Science and Sexuality. In: Carol P. Mac Cormack/Mary M. Strathern (Hg.), Nature, Culture and Gender. Cambridge 1980, S. 42-69

Jewson, N. D.: Medical Knowledge and the Patronage System in Eighteenth Century Britain. In: Sociology 8, 1974, S. 369-385

Kant, Immanuel: Anthropologie in pragmatischer Hinsicht. In: Werke, hrsg. von Wilhelm Weischedel, Bd. 12, Frankfurt 1964

Lange, Helene: Phasen des weiblichen Kulturbewußtseins. In: Die Frau, August 1923, S. 323-335

Lepenies, Wolf: Das Ende der Naturgeschichte. Wandel kultureller Selbstverständlichkeiten in den Wissenschaften des 18. Und 19. Jahrhunderts. Frankfurt/Main 1978

Liepmann, Wilhelm: Psychologie der Frau. Berlin 1920

Mayreder, Rosa: Zur Kritik der Weiblichkeit. Jena 1905

–: Geschlecht und Kultur. Jena 1923

Meiners, Christoph: Geschichte des weiblichen Geschlechts, 4 Bände. Hannover 1788-1800

Moravia, Sergio: Beobachtende Vernunft. Philosophie und Anthropologie in der Aufklärung. München 1973

–: The Enlightenment and the Sciences of Man. In: History of Science 18, 1980, S. 247-268

Rickert, Heinrich: System der Philosophie, 1. Teil. Tübingen 1921

Scheler, Max: Zum Sinn der Frauenbewegung. In: Ders., Vom Umsturz der Werte, Bd. 2. Leipzig 1919

–: Die Stellung des Menschen im Kosmos. Darmstadt 1928

Schopenhauer, Arthur: Über die Weiber. In: Ders., Parerga und Paralipomena. Leipzig 1877, S. 649ff.

Simmel, Georg: Philosophische Kultur. Berlin 1983

Spencer, Herbert: Die Prinzipien der Soziologie, Bd. 2. Stuttgart 1887

Tenbruck, Friedrich: Die Aufgaben der Kultursoziologie. In: Kölner Zeitschrift für Soziologie und Sozialpsychologie 31, 1979, S. 399-421

Tönnies, Ferdinand: Gemeinschaft und Gesellschaft. Grundbegriffe der reinen Soziologie. Darmstadt 1979

Weber, Marianne: Frauenfragen und Frauengedanken. Tübingen 1919

–: Das alte und das neue Frauenideal. In: Ada Schmidt-Beil (Hg.), Die Kultur der Frau. Berlin 1931, S. 17-28

Phantasmatische Identifizierung und die Annahme des Geschlechts. In: Dies.: Körper von Gewicht. Die diskursiven Grenzen des Geschlechts. Berlin: Berlin-Verlag 1995, S. 147-162 (mit Auslassungen[*])

(...) Das Symbolische wird als die normative Dimension der Konstituierung des sexuierten Subjekts in der Sprache verstanden. Es besteht aus eine Serie von Forderungen, Tabus, Sanktionen, Einschärfungen, Verboten, unmöglichen Idealisierungen und Drohungen – performative Sprechakte gewissermaßen, die die Macht ausüben, das Feld kulturell lebenstüchtiger sexueller Subjekte herzustellen: mit anderen Worten, performative Akte mit der Macht, subjektivierende Wirkungen zu produzieren, oder zu materialisieren. Aber welche kulturelle Konfiguration der Macht organisiert diese normativen und produktiven Vorgänge der Subjekt-Konstitution?

Das „Geschlecht" wird immer als eine unentwegte Wiederholung vorherrschender Normen hergestellt. Diese produktive Wiederholung kann als eine Art Performativität gedeutet werden. Die diskursive Performativität produziert offenbar das, was sie benennt, um ihren eigenen Referenten zu inszenieren, um zu benennen und zu tun, zu benennen und zu machen. Paradoxerweise ist diese produktive Fähigkeit des Diskurses jedoch derivativ charakterisiert, eine Form kultureller Wiederholbarkeit oder Neuartikulation, eine Praxis der Resignifikation, nicht eine Schöpfung ex nihilo. Allgemeiner ausgedrückt, funktioniert eine performative Äußerung so, daß sie produziert, was sie deklariert. Als eine diskursive Praxis (performative „Akte" müssen wiederholt werden, um wirksam zu werden) konstituieren performative Äußerungen einen Locus *diskursiver Produktion*. Kein „Akt" kann unabhängig von einer geregelten und sanktionierten Praxis die Macht ausüben, das zu produzieren, was er deklariert. Tatsächlich kann ein performativer Akt unabhängig von einer laufend wiederholten und daher sanktionierten Reihe von Konventionen nur als ein vergeblicher Versuch erscheinen, Wirkungen zu erzeugen, die er keinesfalls erzeugen kann.

Für den Bereich des Lacanschen Symbolischen ist die Relevanz der dekonstruktiven Lesart juridischer Imperative zu berücksichtigen. Die Autorität/der Richter (nennen wir ihn „er"), der das Gesetz durch Benennen bewirkt, birgt die Autorität nicht in seiner Person. Als einer, der wirksam im Namen des Gesetzes spricht, bringt der Richter das Gesetz oder dessen Autorität nicht ursprünglich hervor; er „zitiert" vielmehr das Gesetz, er zieht das Gesetz zu Rate und beruft sich auf das Gesetz, und in dieser Wiederanrufung stellt er das Gesetz wieder her. Der Richter ist also in der Mitte einer signifizierenden Kette eingesetzt, das Gesetz entgegennehmend und rezitierend, und in diesem Rezitieren wiederholt er echogleich die Autorität des Gesetzes. Wenn das Gesetz als Anordnung oder Sanktion fungiert, verfährt es wie ein Imperativ, der dem Existenz verschafft, was er gesetzlich anmahnt und schützt.

Das performative Sprechen des Gesetzes, eine „Äußerung", die im rechtlichen Diskurs am häufigsten in ein Gesetzbuch eingeschrieben ist, funktioniert nur, indem es einige bereits unmittelbar wirksame Konventionen umformuliert. Und diese Konventionen gründen sich auf keine andere legitimierende Autorität als auf die aus echogleichen Wiederholungen bestehende Kette ihrer eigenen Wiederanrufung.

Paradoxerweise ist das, was von dem *beschworen* wird, der das Recht spricht oder einschreibt, *die Fiktion* eines Sprechers, der die Autorität innehat, seine Worte bindend zu machen, die Inkarnation der göttlichen Äußerung im Gesetz. Gleichwohl ist der Richter, wenn er das Gesetz zitiert, nicht selbst die Autorität, die das Gesetz mit seiner bindenden Kraft ausstattet. Er greift vielmehr zurück auf eine autoritative gesetzliche Konvention, die ihm vorhergeht. Sein Diskurs wird zu einem Ort der Rekonstitution und Resignifikation des Gesetzes. Woher bezieht allerdings das bereits bestehende Gesetz, das er zitiert, seine Autorität? Gibt es eine ursprüngliche Autorität, eine Primärquelle, oder liegt es vielmehr *in* der eigentlichen Praxis des Zitierens, die in ihrer Rückläufigkeit potentiell unendlich ist, daß der Grund der Autorität als ein dauerndes *Aufschieben* konstituiert wird? Anders gesagt, durch genau das unendliche *Aufschieben* der Autorität auf eine uneinholbare Vergangenheit wird Autorität selbst konstituiert. Dieses Aufschieben ist der wiederholte Akt, durch den Legitimation zustande kommt. Das Hinweisen auf einen Grund, der niemals eingeholt wird, wird zum grundlosen Grund der Autorität.(...)

Gleicht das „Annehmen" eines Geschlechts einem Sprechakt? Oder ist es oder gleicht es einer zitatförmigen Strategie oder resignifizierenden Praxis?

In dem Maße wie das „Ich" von seiner sexuierten Position abgesichert wird, können dieses „Ich" und dessen „Position" lediglich sichergestellt werden, indem sie *wiederholt* angenommen werden, wodurch die „Annahme" kein vereinzelter Akt oder vereinzeltes Ereignis ist, sondern vielmehr eine wiederholbare Praxis. Wenn eine sexuierte Position „anzunehmen" heißt, auf eine gesetzgebende Norm zurückzugreifen, wie Lacan behaupten würde, dann ist die „Annahme" eine Angelegenheit des *Wiederholens* dieser Norm, des Zitierens oder mimetischen Nachahmens der Norm. Und eine Zitierung wird zugleich eine Interpretation der Norm und ein Anlaß sein, die Norm selbst als eine privilegierte Interpretation aufzudecken.

Dies verdeutlicht, daß „sexuierte Positionen" keine räumlichen Stellen sind, sondern vielmehr zitatförmige Praktiken, die in einem juridischen Bereich instituiert sind – einem Bereich konstitutiver Zwänge. Die Verkörperung des Geschlechts wäre eine Art „Zitieren" des Gesetzes, doch läßt sich dabei weder vom Geschlecht noch vom Gesetz sagen, sie existierten vor ihren unterschiedlichen Verkörperungen und Zitierungen. Wo das Gesetz aus einer Zeit vor seiner Zitierung zu stammen scheint, hat sich ein gegebenes Zitat als „das Gesetz" etabliert. Zudem wäre das Fehlschlagen, das Gesetz richtig oder vollständig zu „zitieren" oder zu exemplifizieren, die mobilisierende Bedingung einer solchen Zitierung und zugleich ihre strafbare Folge. Da das Gesetz wiederholt werden muß, um ein autoritatives Gesetz zu bleiben, instituiert das Gesetz andauernd wieder die Möglichkeit seines eigenen Fehlschlagens.

Die maßlose Macht des Symbolischen wird selbst durch den zitatförmigen Einzelfall *erzeugt*, von dem das Gesetz verkörpert wird. Das symbolische Gesetz, die Normen, die die sexuierten Positionen beherrschen (durch Strafandrohungen), sind für sich genommen nicht umfassender und mächtiger als irgendeiner der imaginären Versuche, sich mit ihnen zu identifizieren. Denn wie sonst sollten wir erklären können, wie das Symbolische mit Macht ausgestattet wird? Die imaginäre Praxis der Identifizierung muß als eine doppelte Bewegung verstanden werden: im Zitieren des Symbolischen führt eine Identifizierung das symbolische Gesetz (wieder) an und investiert es (wieder), sie greift auf das symbolische Gesetz als eine konstituierende Autorität zurück, die ihrer imaginären Einzelfallbildung vorhergeht. Die Priorität und die Autorität des Symbolischen wird *durch* diese rekursive Hinwendung geschaffen, so daß jene Zitierung, hier wie im obengenannten Fall, der gleichen prioritären Autorität effektiv zum Dasein verhilft, der sie sich dann beugt. Die Unterordnung der Zitierung unter ihren (unendlich aufgeschobenen) Ursprung ist somit eine List, eine Verschleierung, womit sich die prioritäre Autorität *abgeleitet* erweist aus dem zeitgleichen Einzelfall ihrer Zitierung. Es gibt keine prioritäre Position, die den unterschiedlichen Versuchen, jene Position zu verkörpern oder zu exemplifizieren, das Gesetz gibt, sie initiiert oder motiviert. Diese Position ist eine Fiktion, die im Laufe ihrer Exemplifizierungen erzeugt wird. In diesem Sinn erzeugt der Einzelfall die Fiktion der Priorität sexuierter Positionen.

Die Frage, die sich aus der Diskussion der Performativität ergibt, lautet, ob nicht das Symbolische genau die Art von Gesetz ist, auf die sich die zitationsförmige Praxis des Geschlechts bezieht, die Art „prioritärer" Autorität, die im Grunde genommen als die Wirkung der Zitierung selbst hergestellt wird. Außerdem wäre zu fragen, für den Fall, daß dies so ist, Zitierung notwendigerweise eine Verwerfung verlangt, sich über eine Reihe von Verwerfungen vollzieht und ob sie dann nicht der heterosexuellen Norm durch den Ausschluß anderer in Frage kommender Möglichkeiten beschwörend Geltung verschafft.

Wenn die Figuren homosexualisierter Verworfenheit zurückgewiesen werden *müssen*, damit sexuierte Positionen angenommen werden können, dann wird die Wiederkehr jener Figuren als Orte erotischer Kathexis den

Bereich umstrittener Positionalitäten im Symbolischen neu figurieren. Insofern jede *Position* durch Differenzierung gesichert wird, würde keine dieser Positionen in einfachem Gegensatz zur normativen Heterosexualität existieren. Ganz im Gegenteil, sie würden die konstitutiven Bestandteile des Symbolischen neu figurieren, umverteilen und resignifizieren und in diesem Sinn eine subversive Neuartikulation jenes Symbolischen darstellen.

Foucaults (1977) Argument in *Sexualität und Wahrheit 1 (Der Wille zum Wissen)* war allerdings noch schärfer: Das juridische Gesetz, das regulative Gesetz trachtet danach, eine Reihe von Handlungen, Praktiken, Themen einzuschränken, zu begrenzen oder zu verbieten, aber im Prozeß des Artikulierens und Ausarbeitens dieses Verbots liefert das Gesetz *den diskursiven Anlaß* für einen Widerstand, eine Resignifikation und eine potentielle Selbstzersetzung des Gesetzes. Foucault versteht den Prozeß der Signifikation, der juridische Gesetze regiert, generell so, daß er über deren vermeintliche Ziele hinausgeht. Demzufolge erzeugt ein verbietendes Gesetz, indem es eine gegebene Praktik im Diskurs hervorhebt, die Gelegenheit für eine öffentliche Anfechtung, die möglicherweise unbeabsichtigt das gleiche soziale Phänomen ermöglicht, neu figuriert und unkontrolliert vermehrt, das dieses Gesetz einschränken will. In Foucaults Worten:

> „Ganz allgemein würde ich sagen, daß das Verbot, die Ablehnung, die Prohibition, weit davon entfernt, wesentliche Formen der Macht zu sein, nur deren Grenzen, deren abgenutzte oder extremste Formen sind. Die Machtbeziehungen sind vor allem produktiv." (Foucault 1978, S. 188)

Im Falle der Sexualität, die kein gewöhnlicher Fall ist, läuft das verbietende Gesetz Gefahr, gerade die Praktiken zu erotisieren, die unter die Prüfung des Gesetzes fallen. Die Aufzählung verbotener Praktiken bringt solche Praktiken nicht nur in einen öffentlichen, diskursiven Bereich ein, sondern produziert sie dadurch auch als potentiell erotische Unternehmungen und investiert so erotisch in jene Praktiken, wenn auch in einer negativen Art und Weise. Außerdem können Verbote selbst zu Objekten der Erotisierung werden, so daß unter die Zensur des Gesetzes zu fallen, zu dem gerät, was Freud eine notwendige Bedingung für Liebe nannte (Freud 2000).

In der obenstehenden Analyse des Symbolischen haben wir überlegt, daß bestimmte eigenwillige Identifizierungen in jener Ökonomie als Figuren für eben die Strafen fungieren, mit denen die Annahme der sexuierten Positionen erzwungen wird. Die phallisierte Lesbe [*dyke*] und der verweiblichte Schwule [*fag*] waren zwei Figuren für diese Geschlechter-Bestrafung, aber es gibt fraglos mehr dieser Figuren: die lesbische *femme*, die Männer ablehnt, der maskuline schwule Mann, der die Anmaßungen der Heterosexualität herausfordert, und viele andere Figuren, deren Charakterisierungen durch herkömmliche Vorstellungen von Weiblichkeit und Männlichkeit infolge ihrer offenkundigen Komplexität durcheinandergebracht werden. Jedenfalls ist die heterosexuelle Unterstellung des symbolischen Bereichs, daß augenscheinlich invertierte Identifizierungen wirkungsvoll und ausschließlich *vielmehr* Verwerflichkeit *als* Lust signalisieren oder daß sie Verwerflichkeit signalisieren, ohne zugleich die Möglichkeit eines lustvollen Aufstandes gegen das Gesetz oder ein erotisches Wenden des Gesetzes gegen es selbst zu signalisieren. Die Unterstellung ist, daß das Gesetz sexuierte Subjekte gemäß der heterosexuellen Trennlinie in dem Maße konstituiert, wie seine Strafandrohung wirkungsvoll Angst einflößt, wobei das Objekt der Angst von homosexualisierter Verworfenheit figuriert wird.

Eine wichtige Rolle spielt, daß die erotische Wiedereinsetzung von Verboten und die Erzeugung neuer kultureller Formen für die Sexualität nicht eine vorübergehende Angelegenheit in einem imaginären Bereich ist, die sich unter der prohibitiven Kraft des Symbolischen unweigerlich verflüchtigen wird. Die Resignifikation schwuler und lesbischer Sexualität durch und gegen die Verwerflichkeit ist selbst eine unvorhergesehene Neuformulierung und ein Wildwuchs des Symbolischen ....

Daß diese Vision einer anders legitimierten sexuellen Zukunft von manchen als eine reine, nutzlose Einbildung ausgelegt wird, zeugt von der Dominanz einer heterosexuellen Psyche, die ihre homosexuellen Phantasien auf den Bereich kulturell unmöglicher oder kurzlebiger Träume und Launen beschränken will. Lacan liefert die Gewähr dafür, weil er den Heterosexismus der Kultur dadurch bewahrt, daß er die Homosexualität in das nicht realisierbare Leben vorübergehender Phantasie verweist. Die Nichtrealisierbarkeit der Homosexualität in jenem symbolischen Bereich als ein Zeichen von Schwäche zu bejahen bedeutet deshalb, die hinterhältigste Wirkung des Symbolischen fälschlicherweise für das Zeichen seiner Subversion zu halten. Auf der anderen Seite wird der Eintritt der Homosexualität in das Symbolische wenig ändern, wenn nicht das Symbolische selbst im Laufe jener Zulassung von Grund auf geändert wird. Und in der Tat wird die Legitimierung von Homosexualität der Macht der Normalisierung widerstehen müssen, damit eine Umdeutung des Symbolischen im Zeichen von *queer* die Normativität seiner Bestimmungen ausweiten und ändern wird.

Politische Zugehörigkeit jenseits der Logik der Verwerfung

In dieser Neuformulierung der psychoanalytischen Theorie werden sexuierte Positionen durch die Verwerfung und Verwerflichkeit von Homosexualität und die Annahme einer normativen Heterosexualität gesichert. Was bei Lacan „sexuierte Position" genannt werden würde und was einige von uns einfacher „soziales Geschlecht" [*gender*] nennen würden, wird offenbar durch die Hinterlegung nicht-heterosexueller Identifikationen im Bereich des kulturell Unmöglichen abgesichert, dem Bereich des Imaginären, der gelegentlich das Symbolische anficht, der aber letztlich durch die Kraft des

Gesetzes für illegitim erklärt wird. Was sich also außerhalb der Gesetzmäßigkeit, vor dem Gesetz befindet, wurde von einer und durch eine heterosexistische Ökonomie dorthin verbannt, eine Ökonomie, die anfechtende Möglichkeiten entmachtet, indem sie sie von Anfang an kulturell undenkbar und undurchführbar macht. Ich habe bislang von „normativer" Heterosexualität gesprochen, weil es nicht stets oder unbedingt der Fall sein muß, daß Heterosexualität in einer derart umfassenden Verwerfung und Ablehnung der Homosexualität wurzelt.

Die gleiche Logik der Verwerfung, die die Annahme des biologischen Geschlechts in diesem Schema regiert und destabilisiert, setzt eine heterosexuelle Relationalität voraus, die die homosexuelle Möglichkeit in den vergänglichen Bereich des Imaginären verbannt. Die Homosexualität wird nicht vollständig verworfen, weil sie weiter unterhalten wird, aber sie wird immer „Unterhaltung" bleiben, zugeschnitten auf die Figur des „Scheiterns" des Symbolischen, um dessen sexuierte Subjekte vollständig oder abschließend zu konstituieren, um aber auch dauernd eine untergeordnete Rebellion darzustellen, die zu machtlos ist, als daß sie die Bestimmungen des herrschenden Gesetzes neu formulieren könnte.

Was bedeutet aber die Behauptung, daß sexuierte Positionen um den Preis der Homosexualität oder vielmehr durch das Verwerflichmachen der Homosexualität angenommen werden? Diese Formulierung impliziert, daß es eine Verbindung von Homosexualität und Verwerflichkeit gibt, ja sogar eine mögliche Identifizierung *mit* einer verwerflichen Homosexualität im Innersten der heterosexuellen Identifizierung. Diese Ökonomie der Verwerfung legt nahe, daß Heterosexualität und Homosexualität einander ausschließende Phänomene sind, daß sie nur dazu gebracht werden können zusammenzustimmen, indem die eine kulturfähig und die andere zu einer vergänglichen und imaginären Angelegenheit gemacht wird. Das Verwerflichmachen der Homosexualität kann nur durch eine Identifizierung mit jener Verwerflichkeit erfolgen, eine Identifizierung, die verleugnet werden muß, eine Identifizierung, die man allein deshalb schon zu machen fürchtet, weil man sie bereits gemacht hat, eine Identifizierung, die jene Verwerflichkeit instituiert und aufrechterhält.

Die Antwort auf dieses Schema besteht nicht einfach darin, verstärkt „Positionen" innerhalb des Symbolischen zu vermehren, sondern vielmehr die ausschließenden Schritte zu befragen, durch die die „Positionen" selbst ausnahmslos angenommen werden; das heißt die Akte der Verwerfung, die die Art eines normativen „Zitierens" sexuierter Positionen ermöglichen und aufrechterhalten, wie sie zuvor bereits deutlich wurde. Die Logik der Verwerfung, die diese normativierende Heterosexualität beherrscht, ist jedoch eine Logik, die andere „sexuierte Positionen" genauso beherrschen kann. Die Heterosexualität hat kein Monopol auf ausschließende Logiken. Sie können in der Tat auch schwule und lesbische Identitätspositionen charakterisieren und aufrechterhalten, die sich durch die Erzeugung und Verwerfung eines heterosexuellen Anderen konstituieren. Diese Logik wird in dem Versäumnis, Bisexualität anzuerkennen, ebenso dauernd wiederholt wie in der normativierenden Interpretation der Bisexualität als einer Art von fehlender Loyalität oder mangelnder Festlegung – zwei grausame Strategien der Auslöschung.

Welche ökonomische Prämisse liegt in der Annahme vor, eine Identifizierung sei auf Kosten einer anderen erkauft? Wenn die heterosexuelle Identifizierung *nicht* durch die Ablehnung erfolgt, sich als homosexuell zu identifizieren, sondern *durch* eine Identifizierung mit einer verwerflichen Homosexualität, die sich sozusagen niemals zeigen darf, können wir dann in einem weiteren Schritt schließen, daß normative Subjektpositionen im allgemeinen von einem Gebiet verwerflich gemachter Identifizierungen abhängig sind und vermittels dieses Gebiets artikuliert werden? Wie geht das vor sich? – wenn wir auf der einen Seite hegemoniale Subjektpositionen wie das Weißsein und die Heterosexualität betrachten und auf der anderen Seite Subjektpositionen in den Blick nehmen, die entweder ausgelöscht wurden oder in einem ständigen Kampf begriffen waren, einen artikulationsfähigen Status zu erlangen. Klar ist, daß die Machtdifferentiale, von denen solche Subjekte instituiert und aufrechterhalten werden, ganz verschieden sind. Gleichwohl besteht ein gewisses Risiko, daß, indem die Artikulation einer Subjektposition zu *der* politischen Aufgabe gemacht wird, einige der Strategien des Verwerflichmachens, die durch hegemoniale Subjektpositionen und von ihnen ausgeübt werden, die Artikulationskämpfe derer, die sich in untergeordneten oder ausgelöschten Positionalitäten befinden, längst strukturiert haben und im Zaum halten.

Obwohl schwule und lesbische Subjekte nicht die soziale Macht, nicht die signifizierende Macht haben, die Heterosexualität auf eine wirksame Weise verwerflich zu machen (jene ständige Wiederholung läßt sich nicht mit der messen, die die Verwerflichkeit der Homosexualität zur Regel gemacht hat), gibt es bei der schwulen und lesbischen Identitätsbildung dennoch zuweilen den Versuch, ein konstitutives Verhältnis zur Heterosexualität zu leugnen. Diese Leugnung wird als eine politische Notwendigkeit inszeniert, schwule und lesbische Identität gegenüber ihrem scheinbaren Gegensatz, der Heterosexualität, zu *spezifizieren*. Die gleiche Verleugnung gipfelt jedoch paradoxerweise in einer Schwächung eben der Personenkreise, die sie einigen soll. Eine solche Strategie schreibt der Heterosexualität nicht bloß eine falsche Einheit zu, sie verpaßt auch die politische Gelegenheit, sich die Schwäche in der heterosexuellen Subjektivierung zunutze zu machen und die Logik des gegenseitigen Ausschlusses zu widerlegen, mit der der Heterosexismus operiert. Darüber hinaus kann eine umfassende Leugnung jener Wechselbeziehung eine Ablehnung der Heterosexualität bedeuten, die bis zu einem gewissen Grad eine Identifizierung mit einer zurückgewiesenen Heterosexualität ist. Für diese Ökonomie ist die Weigerung, eine derartige Identifizierung, die sozusagen bereits gemacht ist, anzuerkennen, jedoch wichtig – eine Ablehnung, die absentistisch den Bereich einer spezifisch schwulen Melancholie kennzeichnet, einen Verlust, der nicht anerkannt und daher auch nicht betrauert werden kann. Damit eine schwule oder lesbische Identitätsposition ihre Erscheinung als kohärent wahren kann, muß die Heterosexualität an ihrem zurückgewiesenen und verworfenen Platz bleiben. Paradoxerweise müssen ihre heterosexuellen *Restbestände* genau durch den Nachdruck auf der nahtlosen Kohärenz einer spezifisch schwulen Identität *aufrechterhalten* werden. Hierbei sollte klar sein, daß eine radikale Weigerung, sich mit einer gegebenen Position zu identifizieren, verdeutlicht, daß auf irgendeiner Ebene eine Identifizierung bereits stattgefunden hat – eine Identifizierung, die gemacht und geleugnet worden ist, eine verleugnete Identifizierung, deren symptomatische Erscheinung der Nachdruck auf oder die Überdeterminierung der Identifikation ist, mit der schwule und lesbische Subjekte im öffentlichen Diskurs letztlich signifiziert werden. .

Dies wirft die politische Frage nach den Kosten der Artikulation einer kohärenten Identitätsposition auf, falls jene Kohärenz durch die Erzeugung, Ausschließung und Verwerfung verwerflich gemachter Gespenster erzeugt wird, die gerade jene Subjektpositionen bedrohen. Vielleicht ist Verbundenheit sogar nur dann möglich, wenn die Gefahr der *Inkohärenz* einer Identität eingegangen wird .... Denn, was nicht als eine konstitutive Identifizierung irgendeiner gegebenen Subjektposition zugegeben werden kann, läuft Gefahr, nicht bloß in einer entwürdigten Form externalisiert zu werden, sondern wiederholt verworfen und einer Politik der Verleugnung ausgesetzt zu werden. In einem bestimmten Umfang sind konstitutive Identifizierungen exakt diejenigen, die stets verleugnet werden, denn im Widerspruch zu Hegel kann das Subjekt nicht den Gesamtprozeß seiner Formierung reflektieren. Bestimmte Formen der Verleugnung kehren jedoch als äußere und nach außen projizierte Figuren der Verwerflichkeit zurück, die vom Subjekt immer wieder verworfen werden. Es ist diese wiederholte Verwerfung, mit der das Subjekt seine Grenze errichtet und den Anspruch auf seine „Integrität" konstruiert, die uns hier beschäftigt. Es handelt sich nicht um eine begrabene Identifizierung, die in einer vergessenen Vergangenheit zurückgelassen wurde, sondern um eine Identifizierung, die wieder und wieder niedergemacht und begraben werden muß, die zwanghafte Verwerfung, mit der das Subjekt unaufhörlich seine bzw. ihre Grenze aufrechterhält ....

Die Aufgabe besteht infolgedessen nicht darin, Subjektpositionen *im* existierenden Symbolischen, im derzeitigen Bereich der Kulturfähigkeit, zahlenmäßig zu vervielfachen, selbst wenn solche Positionen unverzichtbar sind, um verfügbare Stellen zur Ermächtigung innerhalb des liberalen Staats einzunehmen – um Empfänger von Leistungen des Gesundheitswesens werden zu können, um sich Partnerschaften rechtlich anerkennen zu lassen und um die ungeheure Macht der öffentlichen Anerkennung zu mobilisieren und ihr eine andere Richtung zu geben. Das Einnehmen solcher Positionen besteht jedoch nicht darin, zu vorher existierenden strukturellen Orten in einer gegenwärtigen symbolischen Ordnung aufzusteigen; vielmehr stellen bestimmte „Besitzergreifungen" grundlegende Weisen des Neuartikulierens im Sinne Gramscis dar, Möglichkeiten des Aussagens. Anders gesagt: es gibt keine „Subjektposition" vor der von ihr veranlaßten Aussage, da bestimmte Arten der Aussage die gleichen „Subjektpositionen" demontieren, von denen sie scheinbar ermöglicht werden. Zwischen der „Position" und der „Aussage" besteht kein Verhältnis radikaler Äußerlichkeit. Bestimmte Ansprüche erweitern die Grenzen des Symbolischen selbst, erzeugen eine Verschiebung im Symbolischen und des Symbolischen, indem sie das gesamte Vokabular von „Position" und „strukturellem Ort" temporalisieren. Denn wie sonst haben wir das Aussagen zu verstehen, das eine Position *errichtet*, wo keine war, oder das die Zonen des Ausschlusses und der Verschiebung markiert, vermittels deren verfügbare Subjektpositionen selbst errichtet und gefestigt werden?

In dem Maß, in dem Subjektpositionen in einer und durch eine Logik der Verwerfung und Verwerflichkeit hergestellt werden, wird die Spezifität der Identität durch den Verlust und die Verringerung von Verbundenheit erkauft, und die Landkarte der Macht, die Identitäten differentiell produziert und einteilt, kann nicht mehr gelesen werden. Die Vervielfachung von Subjektpositionen auf einer pluralistischen Achse hätte die Vervielfachung ausschließender und erniedrigender Schritte zur Folge, die lediglich noch größere Fraktionierung herstellen könnte, eine verstärkte Zunahme von Differenzen ohne irgendeine Möglichkeit, zwischen ihnen zu vermitteln. Zur Zeit lautet die politische Forderung an das Denken, die Wechselbeziehungen in allen Einzelheiten zu erfassen, die eine Vielfalt dynamischer und relationaler Positionalitäten innerhalb des politischen Feldes verbinden, ohne sie allzu simpel zu vereinen. Zudem wird es von entscheidender Bedeutung sein, einen Weg zu finden, solche Stellen einzunehmen *und* einer demokratisierenden Auseinandersetzung zu unterziehen, in welcher die ausschließenden Bedingungen ihrer Produktion fortwährend in Richtung auf einen komplexeren Koalitionsrahmen hin revidiert werden können (obgleich sie niemals ganz überwunden werden können). Wir müssen uns fragen, ob das politische Beharren auf kohärenten Identitäten jemals die Basis sein kann, auf der eine übergreifende Verschränkung im politischen Bündnis mit anderen untergeordneten Gruppen stattfinden kann, besonders dann, wenn eine derartige Bündniskonzeption darin scheitert zu verstehen, daß die fraglichen Subjektpositionen selbst wiederum eine Art „übergreifender Verschränkung" sind, daß sie selbst die gelebte Szene der Schwierigkeiten einer Koalition sind. Das Beharren auf kohärenter Identität als einem Ausgangspunkt setzt voraus, daß schon bekannt, schon festgelegt ist, was ein Subjekt ist, und daß jenes vorgefertigte „Subjekt" die Welt betreten kann, um seinen Platz neu auszuhandeln. Wenn allerdings das gleiche Subjekt seine Kohärenz auf Kosten der eigenen Vielschichtigkeit herstellt, den Verschränkungen der Identifizierungen, aus denen es sich zusammensetzt, dann schließt jenes Subjekt anfechtende Verbindungen, die sein eigenes Wirkungsfeld demokratisieren könnten, vorab aus.

Bei einer derartigen Reformulierung des Subjekts geht es um mehr als die Aussicht auf eine freundlichere, mildere psychoanalytische Theorie. Denn sie berührt die Frage der stillschweigenden Grausamkeiten, die eine kohärente Identität aufrechterhalten, Grausamkeiten, die Grausamkeit gegen sich selbst ebenfalls einschließen, die Demütigung, durch die Kohärenz fiktiv erzeugt und gewahrt wird. Dinge dieser Ordnung sind bei der Herstellung kohärenter Heterosexualität unverkennbar wirksam – genauso jedoch bei der Herstellung kohärenter lesbischer Identität, kohärenter schwuler Identität und in diesen Welten wiederum bei der Herstellung der kohärenten *butch,* der kohärenten *femme.* In jedem dieser Fälle wird Identität, wenn sie durch Entgegensetzung konstruiert wird, auch durch Zurückweisung konstruiert. Eine Lesbe, die absolut gegen Heterosexualität ist, könnte sich mehr in deren Macht befinden, als eine heterosexuelle oder eine bisexuelle Frau, die um ihre konstitutive Instabilität weiß oder sie lebt. Und wenn *butchness* einen strikten Gegensatz zu *femmeness* erfordert, ist das dann die Ablehnung einer Identifizierung oder eine Identifizierung mit *femmeness,* die bereits gemacht wurde, gemacht und geleugnet, eine die *butch* aufrechterhaltende verleugnete Identifizierung, ohne die die *butch* als *butch* nicht existieren kann?

Es geht nicht darum, ein Annehmen neuer und anderer Identifikationen vorzuschreiben. Ich setze keine letzte politische Hoffnung in die Möglichkeit, daß Identifizierungen eingestanden werden, die herkömmlicherweise geleugnet worden sind. Es trifft zweifellos zu, daß bestimmte Verleugnungen grundlegend befähigend sind und kein Subjekt tätig werden oder agieren kann, ohne bestimmte Möglichkeiten von sich zu weisen und sich zu anderen zu bekennen. In der Tat dienen manche Arten von Verleugnungen als konstitutive Zwänge, und sie können nicht weggewünscht werden. Aber hier ist eine Reformulierung angebracht, denn genaugenommen ist es nicht so, daß ein Subjekt seine Identifizierungen leugnet, sondern vielmehr so, daß bestimmte Ausschlüsse und Verwerfungen das Subjekt instituieren und als das dauernde oder konstitutive Gespenst seiner Destabilisierung weiterbestehen. Das Ideal, alle ausgeschlossenen Identifikationen in inklusive Merkmale umzuwandeln – allen Unterschied für eine Einheit zu vereinnahmen –, würde die Rückkehr zu einer Hegelschen Synthese kennzeichnen, die kein ihr Äußerliches hat und die zu einer Figur für den Imperialismus wird, da sie sich allen Unterschied als exemplarische Merkmale ihrer selbst aneignet, eine Figur, die sich auf dem Wege eines romantischen, heimtückischen und alles verzehrenden Humanismus einrichtet.

Allerdings müssen weiterhin die potentiellen Grausamkeiten durchdacht werden, die sich aus einer Verstärkung der Identifizierung ergeben, die es sich nicht leisten kann, die Ausschlüsse anzuerkennen, von denen sie abhängt, Ausschlüsse, die abgelehnt werden müssen, Identifizierungen, die abgelehnt, die verwerflich bleiben müssen, damit jene verstärkte Identifizierung existieren kann. Dabei handelt es sich um eine Ordnung der Ablehnung, die nicht nur in dem starren Einnehmen ausschließender Identitäten gipfelt, sondern dazu neigt, dieses Ausschlußprinzip auch allen aufzuzwingen, bei denen ein Abweichen von diesen Positionen beobachtet wird.

Wird einem vielfach konstituierten Subjekt, wie es jedes Subjekt ist, eine ausschließliche Identifizierung vorgeschrieben, dann ist das gleichbedeutend damit, eine Vereinseitigung und eine Lähmung zu erzwingen. Einige feministische Standpunkte einschließlich meines eigenen haben problematischerweise dem Geschlecht als dem identifikatorischen Ort der politischen Mobilisierung Vorrang gegeben auf Kosten der Rasse oder der Sexualität, der Klasse oder der geopolitischen Positioniertheit/Verschiebung.[1] Ich möchte nicht einfach das Subjekt als eine Pluralität von Identifizierungen würdigen, denn diese Identifizierungen sind ausnahmslos miteinander verfugt, sind das Vehikel füreinander: die Identifizierung mit einem sozialen Geschlecht kann erfolgen, um die Identifizierung mit einer Rasse zu verwerfen oder an ihr teilzuhaben; was als „Ethnizität" gilt, gestaltet und erotisiert Sexualität oder kann selbst eine sexuelle Markierung sein. Rasse und Sexualität und soziales Geschlecht sind also nicht aufeinander zu beziehen, als ob sie vollständig trennbare Achsen der Macht wären. Die pluralistisch theoretische Trennung dieser Begriffe als „Kategorien" oder sogar als „Positionen" beruht selbst auf ausschließenden Operationen, die ihnen eine falsche Einheitlichkeit zuschreiben und die den Regulierungszielen des liberalen Staates dienen. Wenn sie für analytisch eigenständig gehalten werden, ist die praktische Konsequenz eine fortlaufende Aufzählung, eine Vervielfachung, die in eine immer länger werdende Liste mündet, die das effektiv trennt, was sie angeblich verbinden will, oder die mit einer Aufzählung verbinden will, mit der ein Knotenpunkt, wie ihn Gloria Anzaldúa sich denkt, nicht berücksichtigt werden kann; den Knotenpunkt, an dem diese Kategorien aufeinander zulaufen und der kein Subjekt ist, sondern vielmehr die uneinlösbare Forderung, konvergierende Signifikanten im jeweils anderen und durch den jeweils anderen Signifikanten umzuarbeiten (Anzaldúa 1987, S. 77ff.).

Was im Rahmen einer solchen Aufzählung in Form von trennbaren Kategorien auftritt, sind vielmehr die Artikulationsbedingungen der einen Kategorie *für* die jeweils andere: Wie wird Rasse in der Modalität von Sexualität gelebt? Wie wird das soziale Geschlecht in der Modalität von Rasse gelebt? Wie wiederholen koloniale und neokoloniale Nationalstaaten das Geschlechterverhältnis in der Festigung von Staatsmacht? In welcher Weise sind die Demütigungen der Kolonialherrschaft als Entmannung (Fanon 1985) oder rassistische Gewalt als Sodomisierung (Jan Mohammed 1993) figuriert worden; und wo und wie ist „Homosexualität" zugleich die den Kolonisierten unterstellte Sexualität und das aufkommende Zeichen für westlichen Imperialismus (Williams 1986)? Auf welche Art ist der „Orient" als das verschleierte Weibliche figuriert worden (Lowe 1991; Chow 1991); und in welchem Ausmaß hat der Feminismus die „Dritte Welt" auf der Suche nach Beispielen für weibliche Viktimisierung geplündert, mit denen sich die These von einer universellen patriarchalen Unterordnung der Frauen stützen ließe (Mohanty 1988)?[2]

Und wie erklärt sich, daß die verfügbaren diskursiven Möglichkeiten bei einem „subalternen Weiblichen" – verstanden als eine Katachrese – auf ihre Grenzen stoßen, dessen Ausschluß von der Repräsentation zur Bedingung der Repräsentation selbst geworden ist (Spivak 1988)? Solche Fragen zu stellen heißt, nach wie vor die Frage nach der „Identität" zu stellen, aber nicht mehr nach der Identität als einer zuvor errichteten Position oder einer einheitlichen Entität, sondern als Teil einer dynamischen Landkarte der Macht, in der Identitäten gebildet und/oder ausgelöscht, eingesetzt und/oder lahmgelegt werden.

Die Verzweiflung, die bei einigen Formen der Identitätspolitik offenkundig ist, ist von der Erhöhung und Regulierung der Identitätspositionen *als* einem primären politischen Grundsatz gekennzeichnet. Wenn die Artikulation kohärenter Identität zu ihrem eigenen Politikgehalt wird, dann nimmt die Überwachung von Identitäten die Stelle einer Politik ein, in der die Identität dynamisch im Dienst eines größeren kulturellen Kampfs für die Neuartikulation und Ermächtigung von Gruppen steht, eines Kampfs, der versucht, die Dynamik der Verwerfung und des Ausschlusses zu überwinden, mit der „kohärente Subjekte" geschaffen werden.[3]

Nichts von alledem ist so gemeint, daß Identität geleugnet, überwunden, ausgelöscht werden soll. Niemand kann der Forderung, „überwinde dich selbst", ganz entsprechen. Die Forderung, die konstitutiven Zwänge, mit denen die kulturelle Lebenstüchtigkeit zustande gebracht wird, radikal zu überwinden, wäre eine eigene Form der Gewalt. Wenn allerdings eben diese Lebenstüchtigkeit die Folge einer Verwerfung, einer Unterordnung oder eines Ausbeutungsverhältnisses ist, dann wird die Aushandlung zunehmend komplex. Diese Analyse will deutlich machen, daß eine Ökonomie der Differenz Berechtigung hat, in der die Matrizen, die Knotenpunkte [*crossroads*], an denen unterschiedlichste Identifikationen gebildet und verschoben werden, ein Revidieren jener Logik des ausgeschlossenen Widerspruchs erzwingen, nach der die eine Identifizierung immer nur auf Kosten einer anderen erkauft wird. In Anbetracht der komplexen Vektoren der Macht, die den Personenkreis irgendeiner auf Identitätsbasis operierenden politischen Gruppe konstituieren, erzeugt eine Koalitionspolitik, die eine Identifizierung auf Kosten einer anderen erforderlich macht, zwangsläufig einen gewaltsamen

Riß, einen Dissens, der darauf hinauslaufen wird, die durch die Gewalt der Ausschließung hervorgebrachte Identität auseinander zu reißen.

Von zweifellos entscheidender Bedeutung ist die Fähigkeit, die Zeichen einer untergeordneten Identität in einem öffentlichen Bereich zu setzen, der seine homosexuellenfeindliche und rassistische Vorherrschaft durch die Auslöschung oder Domestizierung kulturell und politisch konstituierter Identitäten errichtet. Und insofern wir auf jenen Besonderheiten dringend bestehen müssen, um die Fiktionen eines imperialistischen Humanismus aufzudecken, der vermittels eines nicht markierten Privilegs arbeitet, bleibt das Risiko, daß wir die Artikulation von immer noch weiter spezifizierten Identitäten zum Ziel der politischen Betätigung machen. Daher muß jedes Beharren auf Identität an irgendeinem Punkt dazu führen, Bilanz zu ziehen, von den konstitutiven Ausschlüssen, die hegemoniale Machtdifferentiale wieder festigen, Ausschlüsse, zu denen jede Artikulation gezwungen war, um vor sich gehen zu können. Diese kritische Reflexion ist deshalb wichtig, damit nicht auf der Ebene der Identitätspolitik die gleichen ausschließenden Schritte noch einmal gemacht werden, die die Hinwendung zu spezifischen Identitäten allererst ausgelöst hatten.

Wenn die eitlen Zumutungen des liberalen Humanismus infolge ihrer Gewaltsamkeiten die Vervielfachung kulturell spezifischer Identitäten erzwungen haben, dann ist es um so wichtiger, in den Artikulationskämpfen dieser besonderen Identitäten, die aus einem und durch einen Belagerungszustand geschmiedet sind, jene Gewaltsamkeit nicht ohne einen bedeutenden Unterschied, und zwar reflexiv und präskriptiv, zu wiederholen. Daß Identifizierungen wechseln, bedeutet nicht notwendigerweise, daß eine Identifizierung zu Lasten einer anderen verworfen wird. Dieser Wechsel kann durchaus ein Hoffnungszeichen sein für die Möglichkeit, eine erweiterungsfähige Anzahl von Verbindungen anzuerkennen. Dies wird nicht einfach eine Angelegenheit des „Mitgefühls" mit der Position eines bzw. einer anderen sein, denn Mitgefühl beinhaltet eine Stellvertretung des anderen durch einen selbst, die ebensogut eine Kolonisierung der Position des anderen *wie* auch der eigenen sein kann. Und es wird nicht die abstrakte Schlußfolgerung einer Gleichwertigkeit sein, die auf einer Einsicht in den parteilich verfaßten Charakter jedweder sozialen Identität beruht. Nein, in dieser Sache wird es darum gehen, die Formen zu finden, in denen die Identifizierung in das verwickelt ist, was sie ausschließt, und es wird darum gehen, wegen der Landkarte eines zukünftigen Gemeinwesens, den Linien dieser Verwicklung zu folgen, die sich dabei abzeichnen könnte.

Anmerkungen

* Gestrichene Anmerkungen sind mit $^{(\ldots)}$ gekennzeichnet.

1 Zu einer Darstellung, weshalb subalterne „Positionen" zugleich Produktionen und Auslöschungen sind, siehe Spivak (1988, 17-19).

2 Die Frage, wie Rasse als Sexualität gelebt wird, gibt ... die Ausdrucksweise von Gilroy (1987) wieder, der argumentiert, „Rasse" sei kein Monolith, sondern werde in ungleichartigen Modalitäten von Klasse gelebt.

3 Bezeichnenderweise sind es seltener einzelne Autoren, oder Werke, die bei dieser komplizierten Arbeit erfolgreich sind, sondern Sammelbände, die die Betrachtung verschiedener Perspektiven in einem dynamischen Verhältnis zueinander fördern. Ein ganz ausgezeichnetes Beispiel für einen Fall kollektiver Autorenschaft dieser Art ist Morrison (1992).

Literatur

Alexander, Jacqui M.: Redrafting Morality. The Postcolonial State and the Sexual Offences Bill of Trinidad and Tobago. In: Chandra Talpade Mohanty/Ann Russo/Lourdes Torres (Hg.), Third World Women and the Politics of Feminism. Bloomington 1991, S. 133-152

Anzaldúa, Gloria: Borderlands. La Frontera. San Francisco 1987

Chow, Rey: Women and Chinese Modernity. The Politics of Reading between East and West. Minnesota 1991

Gilroy, Paul: ‚Race', Class and Agency. In: There Ain't No Black in the Union Jack: The Cultural Politics of Race and Nation. London 1987, S. 15-42

Fanon, Franz: Schwarze Haut, weiße Masken. Frankfurt/Main 1985

Foucault, Michel: Der Wille zum Wissen. Sexualität und Wahrheit 1. Frankfurt/Main 1977

–: Nein zum König Sex, Gespräch mit Bernhard-Henry Lévy. In: Dispositive der Macht. Michel Foucault über Sexualität, Wissen und Wahrheit. Berlin 1978

Freud, Sigmund: Bemerkungen über die Übertragungsliebe. In: Studienausgabe, Ergänzungsband, Schriften zur Behandlungstechnik. Frankfurt/Main 2000 [1915], S. 217-230

–: Beiträge zur Psychologie des Liebeslebens. In: Studienausgabe, Bd. V. Frankfurt/Main 2000 [1910; 1912], S. 185-228

Jan Mohammed, Abdul: Sexuality on/of the Racial Border. Foucault, Wright and the Articulation of ‚Racialized Sexuality'. In: Domna Stanton (Hg.), Discourses of Sexuality. Ann Arbor 1993, S. 94-116

Lowe, Lisa: Critical Terrains. French and British Orientalisms. Ithaka 1991

Mohanty, Chandra Talpade: Aus westlicher Sicht: Feministische Theorie und koloniale Diskurse. In: beiträge zur feministischen theorie und praxis 23, 1988, S. 149-162

Morrison, Toni (Hg.): Race-ing Justice, En-gendering Power. Essays on Anita Hill, Clarence Thomas, and the Construction of Social Reality. New York 1992

Spivak, Gayatri Chacravorty: Subaltern Studies. Deconstructing Historiography. In: Ranajit Guha/Gayatri Chacravorty Spivak (Hg.), Selected Subaltern Studies. London 1988

Williams, Walter L.: The Spirit and the Flash: Sexual Diversity in American Indian Culture. Boston 1986

Die männliche Herrschaft.

In: Ein alltägliches Spiel. Geschlechterkonstruktion in der sozialen Praxis. Irene Dölling/Beate Krais (Hg.), Frankfurt a. Main: Suhrkamp 1997, S. 153-217, hier S. 153, 158-173

Der Verdacht, den die feministische Kritik häufig von vornherein gegen die Beiträge männlicher Autoren zum Geschlechterunterschied richtet, ist begründet. Denn der Analytiker, der in dem gefangen ist, was er zu verstehen glaubt, gibt, da er, ohne es zu wissen, Rechtfertigungsabsichten gehorcht, nur allzuleicht für Enthüllungen über die Vorannahmen und Vorurteile der Akteure die Vorurteile und Vorannahmen aus, die er selbst an den Gegenstand seiner Überlegungen herangetragen hat. Und da er es mit einer Institution zu tun hat, die seit Jahrtausenden in die Objektivität der sozialen Strukturen und in die Subjektivität der mentalen Strukturen eingeschrieben ist, neigt er vor allem dazu, Wahrnehmungs- und Denkkategorien als Erkenntnismittel zu verwenden, die er als Erkenntnisgegenstände zu behandeln hätte. Ich möchte hier ein Beispiel anführen, das, in Anbetracht des Autors, a fortiori zu argumentieren erlaubt: „Man kann sagen, daß dieser Signifikant [der Phallus] gewählt wird, weil er von dem, was sich am Sachverhalt der Kopulation erfassen läßt, das am meisten Hervorstechende und zugleich das im buchstäblichen (typographischen) Sinne des Wortes Allersymbolischste ist, da er hier gleichbedeutend ist mit der (logischen) Kopula. Man kann auch sagen, daß er in seiner Schwellfähigkeit das Sinnbild des Lebensstroms ist, wie er sich in die Zeugung ergießt" (Lacan 1975, S. 128). Man muß kein Anhänger jener Auffassung sein, die die Texte als Symptome lesen will, um hinter dem „Hervorstechenden" *(le saillant)* das Bespringen *(la saillie),* den gebieterischen und tierischen Sexualakt zu gewahren und hinter dem „Erfassen" den naiven männlichen Stolz angesichts der Unterwerfungsgeste, mit der die Frau nach dem Attribut, dem Objekt der Begierde und nicht eines bloßen Wunschs greift. Der Ausdruck Attribut ist hier ganz bewußt gewählt, um daran zu erinnern, wozu die Wortspiele – *hier Kopulation, Kopula* – gut sind, an denen die Wissenschaftsmythen oft zu erkennen sind. Diese geistreichwitzigen Worte, die, wie Freud (1905) gezeigt hat, immer auch Worte des Unbewußten sind, verleihen den sozialen Phantasmen jene sublimierte Form der logischen Notwendigkeit, ja der Wissenschaftlichkeit, in der allein sie an die Oberfläche treten können. (...)

(...)

Symbolische Gewalt: ein Zwang durch den Körper

Hinreichend abgesichert, bedarf die männliche Herrschaft keiner Rechtfertigung: Es genügt, wenn sie sich in Praktiken und Diskursen niederschlägt, die das Sein im Modus der Evidenz aussprechen und so daran mitwirken, daß es dem Sagen entspricht.[1] Die herrschende Sicht(weise) der Geschlechtertrennung drückt sich in Diskursen wie den Redensarten, den Sprichwörtern, den Rätseln, den Liedern, den Gedichten oder auch in graphischen Darstellungen wie dem Wandschmuck, den Verzierungen der Töpferwaren oder der Stoffe aus. Aber sie kommt genauso gut in technischen Gegenständen oder Praktiken zum Ausdruck: beispielsweise in der Struktur des Raumes, und insbesondere in den Aufteilungen des Innenraums des Hauses oder im Gegensatz zwischen dem Haus und dem freien Feld oder auch in der Einteilung der Zeit, des Tages oder des Agrarjahres, und im weiteren Sinne in allen Praktiken, die fast immer technisch und rituell zugleich sind, und ganz besonders in den Körpertechniken, den Haltungen, Verhaltensweisen, dem Auftreten.[2]

In der „Natur der Dinge" – wie man bisweilen sagt, wenn man von dem reden will, was normal, natürlich, also auch unvermeidlich ist – scheint diese Einteilung deshalb zu liegen, weil sie objektiviert – in der sozialen Welt und – inkorporiert – in den Habitus präsent ist, wo sie als ein universelles Prinzip des Sehens und Einteilens, als ein System von Wahrnehmungs-, Denk- und Handlungskategorien wirkt. Diese Übereinstimmung zwischen den objektiven und den kognitiven Strukturen macht jene Beziehung zur Welt möglich, die Husserl unter der Bezeichnung der „natürlichen Einstellung" oder der doxischen Erfahrung beschrieb, ohne indes die sozialen Bedingungen ihrer Möglichkeit zu benennen. Dieser Einklang zwischen der Verfassung des Seins und den Formen des Erkennens, zwischen den inneren Erwartungen und dem äußeren Lauf der Welt begründet die doxische Erfahrung. Jeder häretischen Infragestellung enthoben, ist diese Erfahrung die uneingeschränkteste Form von Anerkennung der Legitimität: sie faßt die soziale Welt und ihre willkürlichen Einteilungen, angefangen bei der gesellschaftlich konstruierten Einteilung der Geschlechter, als natürlich gegeben, evident und unabwendbar auf.

Die nicht thetischen „Thesen" der *doxa* sind jenseits oder diesseits der Infragestellung. „Entscheidungen", die als solche nicht gesehen werden können, werden als selbstverständlich hingestellt und sind vor jedem In-Beziehung-Setzen, das sie in Frage stellen könnte, geschützt: Die faktische Universalität der männlichen Herrschaft[3] schließt praktisch die „Entnaturalisierung" oder, wenn man das vorzieht, die Relativierung aus, die das Zusammentreffen mit anderen Lebensweisen historisch fast immer zur Folge hat. Mit diesen konfrontiert, können die traditionsbestimmten eigenen „Wahlen" als willkürliche, geschichtlich instituierte *(ex instituto),* in der Sitte oder dem Gesetz *(nomos, nomo)* und nicht in der *Natur (physis, physei)* begründete erkannt werden. Der Mann *(vir)* ist ein besonderes Wesen, das sich als allgemeines Wesen *(homo)* erlebt, das faktisch und rechtlich das Monopol auf das Menschliche, d. h. das Allgemeine, hat; das gesellschaftlich autorisiert ist, sich als Träger des menschlichen Daseins schlechthin zu fühlen.[4] Um dies zu verifizieren, genügt es, sich zu vergewissern, was in der Kabylei (und anderswo) die vollendete Form des Menschseins ist. Der Mensch von Ehre ist per definitionem ein Mann im Sinne des *vir*. Alle Tugenden, die ihn kennzeichnen und die in unauflöslicher Verknüpfung zugleich Vermögen, Gaben, Fähigkeiten, Pflichten oder Befugnisse sind, sind genuin männliche Attribute (die *virtus* ist die Qualität des *vir*). Dies ist der Fall des *nif,* des „point d'honneur", dessen Zusammenhang mit der heroischen Gewalt, dem kriegerischen Mut und ganz unmittelbar mit der sexuellen Potenz evident ist.

Das mythisch-rituelle System wird von eben den Praktiken, die es selbst bestimmt und legitimiert, unausgesetzt bestätigt und legitimiert. Denn es steckt ebenso in den Einteilungen der sozialen Welt oder, genauer, in den zwischen den Geschlechtern instituierten sozialen Herrschafts- und Ausbeutungsverhältnissen wie, in Form von Prinzipien der Vision und der Division, in den Köpfen; was zur Folge hat, daß alle Gegenstände der Welt und alle Praktiken nach Unterscheidungen klassifiziert werden, die auf den Gegensatz von männlich und weiblich zurückgeführt werden können. Von der offiziellen Einteilung auf die Seite des Drinnen, des Feuchten, des Gekrümmten, des Kontinuierlichen gestellt, sind den Frauen alle häuslichen, d. h. privaten und verborgen bleibenden, ja unsichtbaren und schimpflichen Arbeiten zugewiesen, wie die Aufzucht der Kinder und der Tiere, und ein gut Teil der Arbeiten außer Haus, vor allem jene, die mit dem Wasser, dem Gras und dem Grünzeug (wie das Jäten und die Gartenarbeit), der Milch, dem Holz zu tun haben, und ganz besonders die schmutzigsten (wie das Mistkarren), die monotonsten, die mühseligsten und die niedrigsten. Die Männer, die auf der Seite des Draußen, des Offiziellen, des Öffentlichen, des Aufrechten, des Trockenen, des Hohen, des Diskontinuierlichen stehen, beanspruchen alle kurz dauernden, gefährlichen und spektakulären Tätigkeiten für sich. Also alle jene, die wie das Schlachten des Rindes, das Pflügen oder das Ernten, nicht zu reden vom Töten und vom Kriegführen, Unterbrechungen im gewöhnlichen Lauf des Lebens sind und bei denen mit Feuer hergestelltes Werkzeug benutzt wird.

Für sich genommen willkürlich, wird die Einteilung der Dinge und der Tätigkeiten nach dem Gegensatz von männlich und weiblich zur objektiv und subjektiv notwendigen durch ihre Einreihung in ein System homologer Gegensätze: hoch/tief, oben/unten, vorne/hinten, rechts/links, gerade/krumm (und hinterlistig), trocken/feucht, hart/weich, scharf/fade, hell/dunkel usf. Da diese Gegensätze einander ähnlich sind im Unterschied, sind sie konkordant genug, um sich in und durch das unerschöpfliche Spiel von Umschreibungen und Metaphern gegenseitig zu stützen; und divergent genug, um jedem von ihnen eine Art semantischer Dichte zu verleihen, die aus der Überdeterminierung durch die Harmonie, die Konnotationen und die Entsprechungen hervorgeht.[5] Diese auf alles anwendbaren Denkschemata scheinen stets in der Natur der Dinge liegende Unterschiede zu registrieren (das gilt vor allem für den Geschlechtsunterschied); und sie werden durch den Lauf der Welt, insbesondere der biologischen und kosmischen Zyklen, geradeso wie durch die Übereinstimmung aller Köpfe, in denen sie sitzen, unablässig bestätigt. Es ist daher nicht zu sehen, wie das gesellschaftliche Herrschaftsverhältnis je zutage treten sollte, das ihnen zugrunde liegt und das, in einer vollständigen Verkehrung von Ursache und Wirkung, als eine Folge unter anderen eines von Kräfteverhältnissen gänzlich unabhängigen Systems von Sinnbeziehungen erscheint.

Die fortschreitende Somatisierung der fundamentalen, für die soziale Ordnung konstitutiven Beziehungen führt schließlich zur Institution von zwei unterschiedlichen „Naturen", d. h. von zwei Systemen naturalisierter sozialer Unterschiede. Beide sind gleichermaßen in die körperliche *hexis* – in Form von zwei entgegengesetzten und komplementären Klassen von Körperhaltungen, Gangarten, Weisen des Auftretens, Gesten usf. – und in die Köpfe eingelassen. Und diese nehmen sie ihrerseits gemäß einer Reihe von dualistischen Gegensätzen wahr, die auf wundersame Weise auf die von ihnen selber mitproduzierten Unterschiede abgestimmt sind. Wie den Unterschied zwischen dem Geraden oder dem Aufgerichteten und dem Krummen oder dem Gekrümmten, von dem aus sich alle in den Gebrauch des Körpers oder in die ethischen Dispositionen eingespeicherten Unterschiede wieder reproduzieren lassen.

Die symbolische Effizienz des *negativen Vorurteils,* in der sozialen Ordnung gesellschaftlich institutionalisiert, rührt zum großen Teil daher, daß es sich aus eigener Kraft bestätigt. Vermittelt durch *den amor fati,* der die Opfer dazu bringt, sich dem Schicksal, das ihnen gesellschaftlich zubestimmt ist, zu weihen und zu opfern, wirkt es als *self-fulfilling prophecy* (und das gleiche gilt offensichtlich für das positive Vorurteil, bei dem, auf den ersten Blick verständlicher, ein „Noblesse-oblige"-Effekt wirksam wird). Den kabylischen Frauen ist das Kleine, das Alltägliche und das Gebeugte zuteil geworden. Sie sind es, die, zum Boden gebeugt, die Oliven oder das Reisig aufsammeln, während den Männern, mit der Stange oder der Axt bewaffnet, das Abschneiden und Herunterholen zusteht. Und sie sind es, denen die gewöhnlichen Tätigkeiten der alltäglichen Haushaltsführung obliegen und die daher auch Gefallen zu finden scheinen an den Nichtigkeiten unserer Ökonomie des Kalküls, des Fälligkeitsdatums, des Zinses. Indes der Mann von Ehre für diese Arbeit, deren Früchte er genießt, Geringschätzung zeigen muß.[6] Daher entsprechen die kabylischen Frauen in Verhaltensweisen, die die Männer mit Hochmut oder Nachsicht betrachten, dem ihnen durch die männliche Sicht vermittelten Selbstbild. Und sie verleihen damit einer Identität, die ihnen gesellschaftlich aufgezwungen worden ist, den Anschein, in Natur fundiert zu sein. Die Antizipationen des im Zentrum der sozialen Ordnung verankerten negativen Vorurteils und die von ihnen geförderten Praktiken, die jene nur bestätigen können, verstärken sich gegenseitig. Männer und Frauen werden dadurch in einen Zirkel von Spiegeln eingeschlossen, die antagonistische, aber zur wechselseitigen Bestätigung geeignete Bilder unendlich reflektieren. Weil sie den Sockel geteilten Glaubens, der das Fundament des ganzen Spiels bildet, nicht freilegen können, können sie nicht sehen, daß die negativen Eigenschaften, wie die List, aber auch günstigere, wie die Intuition[7], die die herrschende Sicht den Frauen zuschreibt, ihnen in Wirklichkeit durch ein Gewaltverhältnis aufgezwungen worden sind, das sie eint und entzweit. Das gleiche trifft auf die – stets negativen – Tugenden zu, die die Moral für sie verbindlich macht. Als ob aus dem Gekrümmten das Listige notwendig folgte, kann die Frau, symbolisch zu Unterwerfung und Resignation verurteilt, in den häuslichen Auseinandersetzungen ein wenig Macht nur dadurch erlangen, daß sie sich einer unterworfenen Kraft, wie der List, bedient, die gegen den Starken dessen eigene Kraft zu wenden vermag. Indem sie z. B. als graue Eminenz handelt, die es hinnehmen muß, sich zurückzunehmen und als Machthaberin zu verleugnen, um Macht per Vollmacht auszuüben. Und wie ließe sich übersehen, daß die ihnen zuteil gewordene, gänzlich negative, folglich durch Verbote (mit ebenso vielen Gelegenheiten zur Übertretung) definierte Identität die Frauen vorab dazu verurteilte, beständig den Beweis für ihre Bösartigkeit zu liefern und damit wiederum die Verbote und das symbolische System, das ihnen eine unheilvolle Natur zuschreibt, zu rechtfertigen?[8]

Es ist klar, daß man diese besondere Form von Herrschaft nur unter der Bedingung adäquat zu erfassen vermag, daß die naive Alternative von Nötigung und Einwilligung, von Zwang und Zustimmung überwunden wird. Symbolische Gewalt übt einen Zwang aus, der durch eine abgepreßte Anerkennung vermittelt ist, die der Beherrschte dem Herrschenden zu zollen nicht umhinkann. Verfügt er doch, um jenen und sich selbst zu denken, nur über Erkenntnismittel, die er mit ihm teilt und die nichts anderes als die inkorporierte Form des Herrschaftsverhältnisses sind. Daran liegt es, daß die verkappten oder, besser, die (im Freudschen Sinne) *verleugneten* Formen der Herrschaft und der Ausbeutung für jede Art von Ökonomismus ein unüberwindliches Hindernis darstellen. Das gilt vor allem für diejenigen Formen, die wie die Beziehung zwischen den Eheleuten oder zwischen dem Ältesten und dem Jüngsten (oder der Jüngsten)[9], aber auch die Beziehung zwischen dem Herrn und dem Knecht oder dem sogenannten paternalistischen Unternehmer und dem Arbeiter, ihre Wirksamkeit zu einem Teil aus der spezifischen Logik der Verwandtschaftsbeziehungen erlangen, d. h. aus der Erfahrung und der Sprache der Verpflichtung und des Gefühls (die oft in der

Logik der effektiven Aufopferung vereint sind). In diesen Fällen ist eine andere Art von Ökonomie im Spiel, die der Kraft des Symbolischen, die sich, *wie durch Magie,* jenseits allen physischen Zwangs und – in ihrer scheinbaren Zweckfreiheit – im Widerspruch zu den gewöhnlichen Gesetzen der Ökonomie auswirkt. Dieser Schein löst sich indes auf, sobald man erkennt, daß die Wirkkraft des Symbolischen die Bedingungen ihrer Möglichkeit und ihr (in einem erweiterten Sinne des Wortes) ökonomisches Gegenstück in der immensen vorgängigen Arbeit der Prägung und fortdauernden Transformation der Körper findet, die zur Erzeugung der bleibenden, dauerhaften und übertragbaren Dispositionen notwendig ist, auf die sich die symbolische Aktion tatsächlich stützt und die sie wachruft oder auslöst.

Alle Macht hat eine symbolische Dimension: Sie muß von den Beherrschten eine Form von Zustimmung erhalten, die nicht auf der freiwilligen Entscheidung eines aufgeklärten Bewußtseins beruht, sondern auf der unmittelbaren und vorreflexiven Unterwerfung der sozialisierten Körper. Die Beherrschten wenden auf jeden Sachverhalt der Welt, insbesondere aber auf die Machtverhältnisse, denen sie unterliegen, und auf die Personen, die deren Träger sind, mithin auch auf sich selbst, nicht reflektierte Denkschemata an, die das Produkt der Inkorporierung dieser Machtbeziehungen sind. Unter der verwandelten Form eines Ensembles von als Wahrnehmungskategorien fungierenden Gegensatzpaaren (hoch/niedrig, groß/klein usf.) konstruieren diese Schemata die Machtverhältnisse, indem sie sie vom Standpunkt derjenigen aus als natürliche erscheinen lassen, die in ihnen ihre Herrschaft behaupten. So nimmt z. B. ein Beherrschter jedesmal, wenn er, um sich zu beurteilen, eine der für die herrschende Einteilung konstitutiven Kategorien (wie brillant/ernsthaft, distinguiert/vulgär, einmalig/gewöhnlich) verwendet, in bezug auf sich selbst, ohne es zu wissen, den herrschenden Standpunkt ein und übernimmt damit in gewissem Sinne für die Selbstbewertung die Logik des negativen Vorurteils. Und noch die Sprache der Kategorien verbirgt aufgrund ihrer intellektualistischen Konnotationen nur allzu leicht, daß symbolische Herrschaft ihre Wirkung nicht in der reinen Logik des erkennenden Bewußtseins, sondern im Dunkel der praktischen Schemata des Habitus entfaltet, wo, dem Zugriff der Selbstreflexion und der Willenskontrolle oftmals entzogen, die Herrschaftsbeziehung verankert ist.

Die Somatisierung der Herrschaftsverhältnisse

Daher ist es nicht möglich, der symbolischen Gewalt, die eine Dimension aller Herrschaft ist und das Essentielle der männlichen Herrschaft ausmacht, auf die Spur zu kommen, ohne den Habitus einzuführen. Und man muß zugleich nach den sozialen Bedingungen seiner Produktion fragen, da diese, wie die Analyse letztlich erweist, die verborgene Voraussetzung für die reale Wirksamkeit dieses scheinbar magischen Vorgangs sind. Man muß daher die

Bildungs- und Formungsarbeit beschreiben, in der, sei es durch Eingewöhnung in eine symbolisch strukturierte Welt, sei es durch einen mehr impliziten als expliziten kollektiven Prägungsprozeß (zu dem vor allem die großen kollektiven Rituale gehören), eine dauerhafte Transformation des Körpers und der üblichen Umgangsweise mit ihm erzielt wird. Dieser Vorgang, der in seiner Grundstruktur allen praktischen oder diskursiven Therapieformen sehr ähnlich ist, reduziert sich nicht auf die Einprägung von Wissen und Erinnerungen. Vom Habitus reden heißt einen Modus des Festhaltens und des Hervorrufens der Vergangenheit erfassen, den die alte Bergsonsche Alternative von Bildgedächtnis und Gewohnheitsgedächtnis, „geistig" das eine, „mechanisch" das andere, schlicht und einfach nicht zu denken erlaubt. Der Boxer, der einem Schlag ausweicht, der Pianist oder der Redner, der improvisiert, oder ganz einfach der Mann oder die Frau, die gehen, sich setzen, die ihr Messer (in der rechten Hand ...) halten, ihren Hut lüften, oder den Kopf zum Gruß neigen, rufen nicht eine Erinnerung wach, ein geistiges Bild, in dem z.B. die erste Erfahrung der Handlung, die sie soeben ausführen, festgehalten ist; und genausowenig setzen sie auf lediglich materielle Mechanismen, physische oder chemische in Gang. Es ist ja kein Zufall, daß es heute so große Schwierigkeiten bereitet, einen Sprecher (durch Roboter) nachzuahmen, der *einen* der einfachen, aber wirklich angemessenen Sätze sagt, die in jeder Situation möglich sind – jedenfalls (ganz im Gegensatz zu der von Bergson implizit aufgestellten Hierarchie) größere, als das *Bild* eines selbst so komplexen Ereignisses wie einer Theateraufführung oder einer politischen Kundgebung zu reproduzieren. All diese Akteure verwenden globale Formen, generative Schemata, die, entgegen der Alternative, auf die Mechanizismus und Intellektualismus sie bringen wollen, weder die Summe mechanisch aggregierter lokaler Reflexe noch das kohärente Ergebnis eines rationalen Kalküls sind. Diese Schemata mit einem ganz generellen Anwendungsbereich erlauben es, und zwar durch eine praktischer gleichsam körperliche Antizipationsleistung, die Situation als eine sinnhafte Totalität zu konstruieren und eine adäquate Antwort hervorzubringen, die sich, ohne jemals die einfache Ausführung eines Modells oder Plans zu sein, als ein integriertes und unmittelbar verständliches Ganzes präsentiert.

Dieser Exkurs war notwendig, um mißverständlichen Lesarten vorzubeugen, zu der die Anwendung von Gegensätzen auf meine Analyse führen könnte, die bis heute und wohl noch für lange Zeit im akademischen Gedächtnis und Habitus mitgeschleppt werden. Sicherlich weil sie durch die Bildungsinstitutionen eingeprägt werden, aber auch aufgrund ihrer Affinität zu den Hauptgegensätzen der gesellschaftlichen Arbeitsteilung (Theorie/Praxis, Konzeption/Ausführung, geistig/körperlich usf., d. h. vornehm/vulgär). Nun aber kommt es darauf an, die eigentümliche Wirkungsweise des vergeschlechtlichten und vergeschlechtlichenden Habitus und die Bedingungen seiner Ausbildung herauszuarbeiten. Der Habitus erzeugt gesellschaftlich vergeschlechtlichte Konstruktionen der Welt und des Körpers, die zwar keine geistigen Repräsentationen, doch darum nicht weniger aktiv sind. Desgleichen bringt er synthetische und passende Antworten hervor, die, obschon sie keineswegs auf dem expliziten Kalkül eines das Gedächtnis mobilisierenden Bewußtseins basieren, in keiner Weise das Produkt eines blinden Wirkens physischer oder chemischer Mechanismen sind, die den Geist zu beurlauben vermochten. Durch eine permanente Formierungs-, eine *Bildungs*arbeit[10], konstruiert die soziale Welt den Körper als vergeschlechtlichte Wirklichkeit und in eins als Speicher von vergeschlechtlichenden Wahrnehmungs- und Bewertungskategorien, die wiederum auf den Körper in seiner biologischen Realität angewendet werden.

Die soziale Welt behandelt den Körper wie eine Gedächtnisstütze.[11] Sie prägt in ihn, vor allem in Form sozialer Einstellungsprinzipien, die die Umgangssprache in Gegensatzpaare verdichtet, die fundamentalen Kategorien einer Weltsicht (oder, wenn man das vorzieht, eines Wert- oder Präferenzsystems) ein. Indem sie ihm auferlegt, zum Tier zu werden, zu „verdummen", wie Pascal es einschärfte, bietet sie ihm eine gewisse Chance, zum Engel zu werden oder, stets mehr oder weniger gegen die (biologische) Natur, jede kulturelle Identität anzunehmen, die sie ihm abverlangt. Das Tier sozialisieren, die Natur kultivieren in und durch die Unterwerfung des Körpers unter die oft impliziten, weil unsäglichen oder unaussprechlichen Imperative der sozialen Ordnung, heißt dem Tier Gelegenheit bieten, seiner eigenen Logik gemäß zu denken. Und die ist nicht diejenige, die wir nach zwei Jahrtausende lang verbreitetem Platonismus mit der Idee des Denkens verbinden. Es bedeutet, ihm die Fähigkeit zu verleihen, *sich* zu denken, den Körper und die Praxis in einer Perspektive, der der Praxis nämlich, zu denken, die zu denken wir Mühe haben. Schon weil es von der Sache her schwierig ist, aber auch weil wir in unseren Köpfen oder unseren gebildeten Habitus als Erbteil der von Descartes begründeten Tradition eine ganz spezielle Vorstellung von Reflexion mitschleppen, eine Vorstellung von der Handlung der Reflexion, die die Möglichkeit der Reflexion beim Handeln ausschließt.

Der Gewaltstreich aber, den die soziale Welt gleichwohl gegen jedes ihrer *Subjekte* ausführt, besteht eben darin, daß sie in seinen Körper ein regelrechtes Wahrnehmungs-, Bewertungs- und Handlungsprogramm prägt (die Metapher des Charakters[12] wird hier in ihrem ganzen Sinn erhellt). Ein Programm, das in seiner vergeschlechtlichten und vergeschlechtlichenden Dimension, wie in allen anderen auch, wie eine (zweite, kultivierte) Natur funktioniert, d. h. mit der gebieterischen und (scheinbar) blinden Gewalt des (sozial konstruierten) Triebes oder Phantasmas. Indem es auf alle Dinge in der Welt angewendet wird, angefangen bei der biologischen Natur des Körpers (die alten Gascogner sprachen von „Natur" zur Bezeichnung des weiblichen Geschlechts ...), konstruiert – oder instituiert – dieses naturalisierte gesellschaftliche Programm den Unterschied zwischen den biologischen Geschlechtern den Einstellungsprinzipien einer mythischen Weltsicht entsprechend; Prinzipien, die wiederum das Produkt der willkürlichen Beziehung der Herrschaft der Männer über die Frauen sind, die als die fundamentale Struktur der sozialen Ordnung in die Realität der Welt eingeschrieben ist. Dadurch läßt sie den *biologischen* Unterschied zwischen dem männlichen und dem weiblichen Körper und ganz besonders den *anatomischen* Unterschied zwischen den Sexualorganen, der, wie jedes andere Ding in der Welt auch, für mehrere Konstruktionsarten (in bestimmten Grenzen) offen ist, als unanfechtbare Rechtfertigung des gesellschaftlich konstruierten Unterschieds zwischen den Geschlechtern *erscheinen.*

Der Sexismus ist ein Essentialismus: wie der ethnische oder der Klassenrassismus will er geschichtlich instituierte gesellschaftliche Unterschiede einer biologischen Natur zurechnen, die als eine Essenz fungiert, aus der unerbittlich alle Daseinsakte sich ableiten. Und unter allen Formen von Essentialismus ist er vermutlich am schwersten zu überwinden. Denn in diesem Fall findet die Transformation eines willkürlichen Produktes der Geschichte in Natur eine scheinbare Grundlage ebenso in den Erscheinungsformen des Körpers wie in den sehr realen Effekten, die, in den Körpern und in den Köpfen, d. h. in der Wirklichkeit und in den Vorstellungen von der Wirklichkeit, die jahrtausendealte Arbeit an der Vergesellschaftung des Biologischen und der Biologisierung des Gesellschaftlichen erzeugt hat. Diese Arbeit läßt, indem sie die Beziehung zwischen Ursache und Wirkung umkehrt, eine naturalisierte gesellschaftliche Konstruktion (die unterschiedlichen Habitus, produziert durch die gesellschaftlich konstruierten unterschiedlichen gesellschaftlichen Bedingungen) als die natürliche Rechtfertigung der willkürlichen Vorstellung von der Natur erscheinen, die sowohl der Realität wie der Vorstellung von der Realität zugrunde liegt.

Der Wissenschaftler, der darauf bedacht ist, das, was ist, nicht unter dem Anschein wissenschaftlicher Beschreibung zu *bestätigen,* sieht sich hier vor einer ganz großen Schwierigkeit. Im Falle der Frauen und allgemeiner aller ökonomisch und symbolisch beherrschten Gruppen (deren Grenzfall die Ethnien bilden, die aufgrund ihrer ethnischen oder religiösen Herkunft, ob an einem Zug ihrer körperlichen Erscheinung – wie z. B. der Hautfarbe – erkennbar oder nicht, stigmatisiert sind) kann er im Namen eines populistischen Humanismus bestimmte gesellschaftlich konstituierte und instituierte Unterschiede mit Schweigen übergehen. So verfahren z. B. einige amerikanische Anthropologen, die solche Unterschiede, mit Bezug auf die Schwarzen, unter den Begriff „Kultur der Armut" subsumierten, und das machen mehr oder minder bewußt auch diejenigen, die aus einem Rehabilitierungsbemühen heraus unbedingt von „Volkskultur" sprechen wollen. Sie befürchten, andernfalls dem Rassismus Waffen zu liefern, der eben diese kulturellen Unterschiede in der Natur der Akteure (der Armen) festzumachen pflegt, da er die Existenzbedingungen (die Armut), deren Produkt sie sind, ausklammert. Wodurch er dann in der Lage ist, „den Opfern die Schuld zuzuschieben" (wie man es auch beim Sexismus sieht, besonders wenn er, wie im Fall der Kabylei, gesellschaftlich instituiert ist).

Als Produkte der Einschreibung eines Herrschaftsverhältnisses in den Körper sind die strukturierten und strukturierenden Strukturen des Habitus das Prinzip praktischer Erkenntnis- und Anerkennungsakte der magischen Grenzlinie, die den Unterschied zwischen den Herrschenden und den Beherrschten, d. h. ihre soziale Identität erzeugt, die vollständig in dieser Beziehung enthalten ist. Dieses vom Körper vermittelte Wissen bringt die Beherrschten dazu, an ihrer eigenen Unterdrückung mitzuwirken, indem sie, jenseits jeder bewußten Entscheidung und jedes willentlichen Beschlusses, die ihnen auferlegten Grenzen stillschweigend akzeptieren oder gar durch ihre Praxis die in der Rechtsordnung bereits aufgehobenen produzieren und reproduzieren.

Daran liegt es, daß die Befreiung der Opfer symbolischer Gewalt nicht per Dekret geschehen kann. Es ist sogar zu beobachten, daß die inkorporierten Grenzen dann besonders deutlich werden, wenn die äußeren Zwänge beseitigt und die formalen Freiheiten (das Wahlrecht, das Recht auf Bildung, der Zugang zu allen Berufen, die politischen einbegriffen) erworben sind: der Selbstausschluß und die (negative wie positive) „Berufung- bzw. „Bestimmung" treten dann an die Stelle des ausdrücklichen Ausschlusses. Analoge Vorgänge lassen sich bei allen Opfern symbolischer Herrschaft beobachten. Etwa bei den Kindern ökonomisch und kulturell benachteiligter Familien, denen der Zugang zur Sekundarstufe oder zur höheren Bildung formell und real offensteht, oder bei den Angehörigen der an kulturellem Kapital ärmsten Schichten, wenn sie aufgefordert werden, von ihrem formellen Recht auf Bildung Gebrauch zu machen. Und auch bei so vielen Revolutionen mit der Verheißung eines „neuen Menschen" war zu sehen, daß die Habitus der Beherrschten häufig dazu tendieren, die zeitweilig revolutionierten Strukturen, deren Produkt sie sind, zu reproduzieren.

Das praktische Erkennen-Anerkennen der Grenzen schließt selbst die Möglichkeit der Überschreitung aus; sie wird spontan in den Bereich des Undenkbaren verwiesen. Und die einer starken Zensur unterworfenen Verhaltensweisen, die den Frauen, insbesondere in Gegenwart der Männer und an öffentlichen Plätzen, auferlegt sind, sind keine für die jeweilige Gelegenheit zurechtgelegten und zur Schau gestellten Posen und Haltungen. Es handelt sich vielmehr um habituelle Konstanten, von denen nur schwer auszumachen ist, ob sie die sie begleitenden subjektiven Erlebnisqualitäten, Scham, Bescheidenheit, Schüchternheit, Zurückhaltung, Ängstlichkeit, hervorrufen oder ob sie aus diesen resultieren. Diese körperlichen Emotionen, die auch in Situationen entstehen können, die sie nicht fordern, sind gleichermaßen Formen antizipierter Anerkennung des negativen Vorurteils, der, sei es auch unfreiwilligen, Unterwerfung unter das herrschende Urteil und der untergründigen, bisweilen zum inneren Konflikt und der Ichspaltung führenden Komplizenschaft eines Körpers, der sich den Direktiven des Willens und des Bewußtseins entzieht, mit der gesellschaftlichen Zensur.

Die Beharrungskräfte des Habitus lassen sich nicht durch eine einfache, auf die befreiende Bewußtwerdung gegründete Willensanstrengung aufheben. Wer sich der Schüchternheit nicht erwehren kann, der wird von seinem Körper verraten, der dort hemmende Verbote und Ordnungsrufe anerkennt, wo ein anderer Habitus, Produkt anderer Bedingungen, eher ausdrückliche Aufforderungen oder stimulierende Anregungen sähe. Und der Ausschluß von öffentlichen Plätzen, der, wenn er explizit ist wie bei den Kabylen, die Frauen in separierte Räume verbannt und zu einer unerbittlichen Zensur aller Formen öffentlichen – sei es verbalen, sei es körperlichen – Ausdrucks verurteilt und damit aus der Durchquerung eines den Männern vorbehaltenen Raums, wie der Eingänge zum Versammlungsort *(thajmaâth)*, eine schreckliche Prüfung macht, kann auch anderswo beinah ebenso wirksam sein. Er nimmt dann die Form einer Art von gesellschaftlich aufgezwungener *Agoraphobie* an, die die Aufhebung der sichtbarsten Verbote lange Zeit überdauern kann und die Frauen dazu bringt, sich selbst von der *agora* auszuschließen.

Man weiß daß Frauen auch heute noch bei Meinungsumfragen zu öffentlichen Angelegenheiten häufiger als Männer die Antwort verweigern (wobei der Abstand mit sinkendem Bildungsgrad wächst). Die einem Akteur gesellschaftlich zuerkannte Kompetenz ist ausschlaggebend für seine Neigung, die entsprechende fachliche Kompetenz zu erwerben, und damit die Chancen, diese tatsächlich zu besitzen. Wobei er vor allem Bereitschaft, sich diese Kompetenz *zuzusprechen,* zeigen muß, die von der offiziellen Anerkennung des Rechts auf deren Besitz hervorgerufen wird. Daher sind die Frauen in der Regel seltener als die Männer geneigt, sich die legitimen Kompetenzen zuzurechnen. So wollten bei den Befragungen zum Museumsbesuch viele Frauen, besonders unter denen mit niedrigerem Bildungsniveau, die Beantwortung der Fragen lieber ihren Männern überlassen. In dieser Selbstüberantwortung spielt immer auch Angst mit, was die Blicke der Frauen bezeugen, die für die Dauer des ganzen Gesprächs zwischen dem eigenen Mann und dem Interviewer hin und her gingen. Man müßte aber generell all die Verhaltensweisen erfassen, die die gleichsam physischen Schwierigkeiten belegen, die es den Frauen bereitet, in der Öffentlichkeit selbst zu handeln und sich von der Unterwerfung unter den Mann als Beschützer, Entscheidungsbefugten und Richter zu befreien (ich könnte hier, um a fortiori argumentieren zu können, an die Beziehung zwischen Simone de Beauvoir und Jean-Paul Sartre erinnern, wie sie Toril Moi in einem unveröffentlichten Text analysiert). Und in der Art der kabylischen Frauen, die die Prinzipien der herrschenden Sicht in eben den magischen Riten anwenden, die gerade die Umkehrung ihrer Effekte bewirken sollen (wie die Schließungs-Riten, die beim Mann Impotenz hervorrufen, oder die Riten der Liebesmagie, die den Geliebten ergeben und gefügig machen sollen), verraten noch die von der phallozentrischen Denkweise emanzipiertesten Frauen häufig die Unterwerfung unter deren Prinzipien dadurch, daß sie ihnen bis hinein in die Handlungen und Reden, die deren Auswirkungen bestreiten wollen, gehorchen (indem sie etwa so argumentieren, als ob bestimmte Eigenschaften an und für sich weiblich oder nicht weiblich seien).

Auch im Fall derjenigen, die zur Einnahme der herrschenden Positionen ausersehen sind, ist die Vermittlung der Habitus, die den Erben dazu disponieren, sein Erbe (des Mannes, des Ältesten, des Adligen) anzutreten, d. h. sein soziales Schicksal anzunehmen, unerläßlich; und im Gegensatz zur Illusion des gesunden Menschenverstands verstehen sich die Dispositionen, die dazu führen, diese oder jene Form von Herrschaft zu beanspruchen oder auszuüben, wie die männliche *libido dominandi* in einer phallozentrischen Gesellschaft, keineswegs von selbst. Sie müssen vielmehr erst in einer langwierigen Sozialisationsarbeit aufgebaut werden, die ebenso unerläßlich ist wie die, die zur Unterwerfung bereitmacht. Daß „Adel verpflichtet", besagt nichts anders, als daß der Adel, der in den Körper des Adligen in Form eines Ensembles von Dispositionen mit dem Anschein des Natürlichen (eine Haltung des Kopfes, eine Körperhaltung, eine Art zu gehen, ein aristokratisch genanntes Ethos etc.) eingeschrieben ist, den Adligen jenseits allen äußeren Zwangs beherrscht. Diese übergeordnete Macht, die ihn Akte als unvermeidlich oder selbstverständlich, d. h. ohne Überlegung oder Prüfung, hinnehmen läßt, die anderen als unmöglich oder undenkbar erscheinen, ist die Transzendenz des Sozialen, die Körper geworden ist und als *amor fati* wirkt, als körperliche Neigung, eine Identität zu verwirklichen, die als eine soziale Essenz konstituiert und damit in Schicksal verwandelt wurde. Der Adel im Sinne eines Ensembles von Dispositionen, die in einem bestimmten sozialen Universum als adlig gelten (Ehrgefühl, körperlicher und geistiger Mut, Großzügigkeit, Hochherzigkeit usf.), ist das Produkt einer sozialen Benennungs- und Einprägungsarbeit, in deren Verlauf eine soziale Identität, instituiert durch einen dieser allen bekannten und von allen anerkannten magischen Einschnitte, die die soziale Welt vornimmt, sich in eine biologische Natur eingräbt und zum Habitus wird.

Ist erst einmal die willkürliche Grenze gezogen, der *nomos,* der die beiden Klassen in der Objektivität instituiert, dann läuft alles so ab, als handle es sich darum, die dauerhaften Bedingungen für die Akzeptanz dieses *nomos* zu schaffen. Das heißt, dafür zu sorgen, daß er sowohl in den Köpfen - in Form von Wahrnehmungskategorien, die sich auf jedes Ding in der Welt, angefangen bei den Körpern unter ihrem im eigentlichen Sinne sexuellen Aspekt, anwenden lassen – als auch in den Körpern – in Form von sozial vergeschlechtlichten Dispositionen – instituiert wird. Der willkürliche *nomos* nimmt die Erscheinungsformen eines Naturgesetzes (man spricht gemeinhin von einer „widernatürlichen" Sexualität) nur nach der *Somatisierung gesellschaftlicher Herrschaftsverhältnisse* an. Nur mittels einer ungeheuren kollektiven Sozialisationsarbeit inkarnieren sich die unterschiedlichen Identitäten; welche der kulturelle *nomos* instituiert, in Form von Habitus, die sich dem herrschenden Einteilungsprinzip gemäß klar unterscheiden und die imstande sind, die Welt diesem Einstellungsprinzip entsprechend wahrzunehmen (In unseren sozialen Universen z. B. in Form der „natürlichen Distinktion" und des „Sinnes für Distinktion".).

Aus dem Französischen von Jürgen Bolder

Anmerkungen

[1] Es wäre gänzlich unangebracht, hier von *Ideologie* zu sprechen. Wenn die rituellen Praktiken und die mythischen Diskurse unbestreitbar eine Legitimationsfunktion erfüllen, so liegt ihnen doch, im Gegensatz zu den Behauptungen mancher Anthropologen, niemals die Absicht, die soziale Ordnung zu legitimieren, zugrunde, Es ist z. B. bemerkenswert, daß die kabylische Tradition, obschon sie in Gänze der hierarchischen Stellung der Geschlechter gemäß aufgebaut ist, praktisch keine rechtfertigenden Mythen dieses Unterschieds bietet (ausgenommen vielleicht den Mythos von der Geburt der Gerste (Bourdieu 1987, S. 140) – und den Mythos, der die „normale" Stellung des Mannes und der Frau beim Geschlechtsakt zu rationalisieren sucht ...). Bekanntlich hat die Konzeption, die die Legitimationseffekte intentional auf Rechtfertigung der bestehenden Ordnung gerichteten Aktionen zuschreibt, selbst für die differenzierten Gesellschaften keine Gültigkeit, in denen die effizientesten Legitimationshandlungen Institutionen wie dem Schulsystem überlassen werden und Mechanismen wie denen, die die Vererbung des kulturellen Kapitals gewährleisten. Sie ist aber niemals so falsch wie in bezug auf Universen, wo, wie in der Kabylei, die ganze Sozialordnung wie eine immense symbolische Maschine funktioniert, die auf der männlichen Herrschaft basiert.

[2] Zur Struktur des häuslichen Binnenraums vgl. Bourdieu 1987, S. 468ff.; zur Einteilung des Tages ebd., S. 441ff.; des Agrarjahres S. 390ff.

[3] Obschon nicht alle Gesellschaften untersucht sind und die, die es sind, nicht unbedingt so, daß die Natur der Geschlechterbeziehungen vollständig aufgeklärt wäre, kann man davon ausgehen, daß aller Wahrscheinlichkeit nach die männliche Suprematie weltweit verbreitet ist ....

[4] Das ist das, was die Sprache sagt, wenn sie mit „un homme" (= „ein Mann" und „ein Mensch" im Französischen) nicht nur das männliche menschliche Wesen bezeichnet, sondern das menschliche Wesen im allgemeinen, und wenn sie das Maskulinum benutzt, um vom Menschlichen zu reden. Und die Macht der der *doxa* eigenen Evidenz zeigt sich in der Tatsache, daß diese heute erkannte grammatikalische Monopolisierung des Universellen sich in ihrer Wahrheit erst im Gefolge der feministischen Kritik herausgestellt hat.

[5] [Für e]ine detaillierte Aufstellung der Verteilung der Tätigkeiten zwischen den Geschlechtern vgl. Bourdieu 1987, S. 380.

[6] Die Gespräche und Beobachtungen m Rahmen unserer Untersuchungen über den Häuser- und Wohnungsmarkt boten uns häufig Gelegenheit zu der Feststellung, daß heute noch und ganz in unserer Nähe die Logik der Aufgabenteilung zwischen den

Geschlechtern in noble oder triviale oft zu einer Rollenverteilung führt, die es den Frauen überläßt, die undankbaren Schritte zu unternehmen, wie das Prüfen der Rechnungen, das Erfragen der Preise und Rabatte usf. (Bourdieu 1990, S. 34-51).

7   Diese „weibliche Intuition" ist zweifellos nur ein besonderer Fall der speziellen Hellsichtigkeit der Beherrschten, die selber mehr sehen, als man von ihnen sieht; nach Art jener niederländischen Frauen, die sich ... die Interessen der Herrschenden zu eigen machen und diese besser erfassen als jene selbst und die in der Lage sind, von ihrem Mann mit vielen Detailkenntnissen zu sprechen, während die Männer ihre Frauen nur mittels ganz allgemeiner Stereotypen beschreiben können, die auf „die Frauen im allgemeinen" zutreffen (van Stolk/Wouters 1987, S. 477-488). Dieselben Autoren verweisen darauf, daß die Homosexuellen, die, da als Heterosexuelle aufgezogen, den herrschenden Standpunkt verinnerlicht haben, diesen sich selbst gegenüber einnehmen können (was sie zu einer Art kognitiver und Bewertungs-Dissonanz verurteilt, mit der man ihre spezielle Hellsichtigkeit erklären kann) und die folglich die Sicht der Herrschenden besser verstehen als diese die ihre.

8   Man mag sich fragen, ob nicht, wie die Definition der Wörterbücher es nahelegt, heute noch die Tugend, sobald es sich um Frauen handelt („speziell ‚Frauen'", sagt der *Robert* ...), mit der „Keuschheit" oder der „Gefühls- bzw. ehelichen Treue" identifiziert wird. Wie immer ist die Beziehung zwischen Herrschenden und Beherrschten nicht symmetrisch: den Männern wird die Sexualkraft und deren legitime Betätigung um so mehr zuerkannt, je mächtiger sie sozial sind (ausgenommen vielleicht, wie einige neuere Skandale gezeigt haben, in den Vereinigten Staaten); während in den meisten Gesellschaften die Tugend der Frauen faktisch und rechtlich um so stärkeren Kontrollen unterliegt, je höher der soziale Rang ist, den sie einnehmen.

9   Zu dieser Beziehung und ihren Funktionsbedingungen vgl. Bourdieu 1987, S. 297-301.

10   *Bildung* im Original deutsch [A. d. Ü.].

11   Ich habe diesen Punkt bereits in *Entwurf einer Theorie der Praxis* (1979), insbesondere S. 198ff., und *Sozialer Sinn*, insbesondere S. 126ff., entwickelt: „(...) das Erstlernen (...) das den Leib in typisch Pascalscher Logik wie eine Gedächtnisstütze, wie einen Automaten, ›der den Geist mitzieht, ohne daß dieser daran denkt‹ und wie einen Speicher zur Aufbewahrung der kostbaren Werte behandelt ...".
Gedächtnisstütze in frz. *pense-bête*, wörtlich: Denktier und zugleich denkdumm. In den nächsten Sätzen folgen unübersetzbare Wortspiele mit diesen beiden Bedeutungen des Wortes „bête" [A. d. Ü.].

12   Die ursprüngliche Bedeutung von Charakter ist: eingraviertes Schriftzeichen. [A. d. Ü.].

Literatur

Lacan, Jacques: Schriften II. Olten und Freiburg 1975
Bourdieu, Pierre: Sozialer Sinn. Frankfurt/Main 1987
–: Entwurf einer Theorie der Praxis. Frankfurt/Main 1979
–: „Un contrat sous contrainte". In: Actes de la recherche en sciences sociales 81-82 (1990), S. 34-51
Stolk A. van/Wouters C.: Power changes and self-respect: a comparison of two cases of established-outsiders relations". In: Theory, Culture and Society 4 (1987), 2/3, S. 477-488

IV. Kritisches Bündnis:
Feminismus und Wissenschaft
(Sabine Hark)

„Man wird erst wissen, was die Frauen sind, wenn ihnen nicht mehr vorgeschrieben wird, was sie sein sollen", schrieb Rosa Mayreder, eine Aktivistin und Theoretikerin des „radikalen" Flügels der ersten österreichischen Frauenbewegung, bereits 1905 in ihrem Buch *Zur Kritik der Weiblichkeit* (1905, S. 155). Mayreder zielte hier nicht darauf, dass es ein ‚eigentliches' Wesen der Frauen gibt, dass sich zeigen wird, sobald ihnen nicht mehr vorgeschrieben wird, was sie sein sollen; ihre Kritik richtete sich vielmehr gegen jegliche Form der bis dato stereotypisierenden und festschreibenden Darstellungen von „Weiblichkeit" – und damit implizit auch „Männlichkeit". Mayreder plädierte dafür, wie Gudrun-Axeli Knapp in ihrem hier dokumentierten Aufsatz „Die vergessene Differenz" schreibt, nicht nur „bedachter mit definitorischen Verallgemeinerungen über Frauen" zu sein, sondern auch nach einer Begrifflichkeit zu suchen, die Differenzierungen auszudrücken erlaubt.

Die erneute Zurückweisung der „ikonisierenden" (Knapp) und Herrschaft verschleiernden (wissenschaftlichen) Sichtweisen von „Weiblichkeit" und „Männlichkeit", der Geschlechterdifferenz und des Verhältnisses zwischen den Geschlechtern stand auch am Anfang der zweiten Frauenbewegung.[1] In den ab Anfang der 1970er Jahre entstehenden *Consciousness-Raising-*beziehungsweise Selbsterfahrungsgruppen[2] hatten Frauen begonnen, eigenes Wissen über den „weiblichen Lebenszusammenhang" (Prokop 1976), über Liebe und Sexualität, Gewalt und Herrschaft, Haus- und Berufsarbeit, Sozialisation und Gesellschaft, zu produzieren.

Die Erfahrung der selbstreflexiven Arbeit in diesen Gruppen sowie das dort produzierte Wissen waren der Grundstock für die frühe Kritik feministisch

---

1 Zur Geschichte der Frauen- und Geschlechterforschung in der BRD siehe auch Hagemann-White 1995, S. 12-43, Schmerl 1999, S. 7-26, Hof 2005 sowie Hark 2005.

2 Zur Geschichte, dem Prinzip und der Arbeitsweise von *Consciousness-Raising-*Gruppen am Beispiel der Gruppen in Frankfurt am Main siehe die Studie von Dackweiler 1995, insbs. S. 204ff.

aktiver Wissenschaftlerinnen an den bald als „androzentrisch" bezeichneten theoretischen und methodischen Traditionen und Wissensbeständen ihrer jeweiligen Disziplinen.[3] Die Geschichte der akademischen feministischen Theorie beginnt also mit der neuen politischen Frauenbewegung der späten 1960er und 1970er Jahre und sie ist bis heute bestimmt von der daraus entstehenden Spannung zwischen wissenschaftlichem Erkenntnisinteresse und dem politischen Anspruch der Transformation herrschaftsförmiger Verhältnisse zwischen den Geschlechtern. Am „debattenförmigen Verlauf der Geschichte der Frauen- und Geschlechterforschung" (Becker-Schmidt/Knapp 2000, S. 8), in der die Fundamente des Feminismus immer wieder umgearbeitet wurden, lässt sich dieses Spannungsverhältnis nachvollziehen. Nicht zuletzt waren es die Konflikte und Oppositionen innerhalb der politischen Bewegung – etwa zwischen weißen und schwarzen, eingewanderten und einheimischen oder heterosexuellen und lesbischen Frauen oder auch zwischen Theorie und Praxis, Separatismus oder Integration, Gleichheit oder Differenz[4] –, die oft entscheidend zur Reflexion und Korrektur des jeweiligen feministischen Wissens beitrugen.

Das durchaus kühne Programm der ersten Jahre beschränkte sich dabei nicht nur auf Skepsis und Kritik am existierenden Wissen; Feministinnen zielten auch auf die Generierung eigener, neuer Forschungsfragen, eine eigene Empirie, die Suche nach und der reflektierte Einsatz von wissenschaftlichen Methoden, die den Lebensverhältnissen von Frauen Rechnung tragen, sowie die Reflexion des eigenen Standorts als analysierende Wissenschaftlerinnen. So schrieben die Herausgeberinnen im Editorial der ersten Nummer der ersten deutschsprachigen feministisch-wissenschaftlichen Zeitschrift, *beiträge zur feministischen theorie und praxis*:

> „Wenn wir versuchen, feministische Fragestellungen in die Wissenschaft einzuführen, dann stoßen wir notwendigerweise an die Grenzen des herrschenden Wissenschaftsverständnisses, der anerkannten Forschungskonzepte und Forschungsmethoden. Das gilt insbesondere, wenn wir unsere Betroffenheit als Frauen an unserem Arbeitsplatz in der Praxis, in Forschung und Lehre nicht verleugnen. Wir werden daher nicht umhin können, nach neuen, unserer Zielsetzung angemessenen Forschungskonzepten, Methoden und wissenschaftstheoretischen Grundlagen zu suchen. Das beinhaltet gleichzeitig die Erarbeitung einer die Frauenfrage umfassenden Gesellschaftstheorie" (Editorial Heft 1/1978, S. 10f.).

---

3 Einen Eindruck von der unglaublichen Dynamik und Produktivität feministischer Theoriebildung in diesen Jahren bieten die auch heute noch lesenswerten Dokumentationen der „Berliner Sommeruniversitäten", die zwischen 1976 und 1984 jährlich stattfanden. Viele der heute als Klassiker geltenden Texte der frühen Frauenforschung, etwa der Aufsatz von Gisela Bock und Barbara Duden, „Arbeit aus Liebe – Liebe als Arbeit. Zur Entstehung der Hausarbeit im Kapitalismus" aus dem Jahre 1976 entstanden im Kontext dieser Sommeruniversitäten. Dieser Text ist in Auszügen dokumentiert in Band 1 der Lehrbuchreihe.
4 Siehe hierzu auch de Lauretis 1993 sowie Becker-Schmidt/Knapp 2000, S. 7-13, Knapp/Wetterer 2003, Hark 2005, Aulenbacher/Bereswill/Löw et al. 2006, Dietze/Hark 2006.

Die „feministische Kritik am wissenschaftlichen Androzentrismus" (Woesler de Panafieu 1987), war mithin nur der erste Schritt in der Geschichte des kritischen und konflikthaften Bündnisses zwischen Feminismus und Wissenschaft. Ging es zunächst darum, die Geschlechterfrage an die Wissenschaft heranzutragen, den bisherigen Kanon in Frage zu stellen und die „Verzerrungen" im existierenden Wissen aufzudecken, so bestand der zweite Schritt darin, die epistemischen Voraussetzungen sowie die Bedingungen der Wissensherstellung selbst zu verändern, um überhaupt neues, anderes Wissen generieren zu können. Denn die feministische Kritik wollte nicht nur neues, anderes Wissen über Frauen und Männer gewinnen, auch die dominanten Vorstellungen zum Beispiel von Universalität, Objektivität und Neutralität des wissenschaftlichen Wissens wurden im Kontext des Geschlechterverhältnisses dekodiert und neu interpretiert. Als nächster Schritt stand dann die Integration dieses neuen Wissens in die bestehenden wissenschaftlichen Disziplinen und Institutionen auf dem Programm.

Diese Schritte sind allerdings nicht als zeitlich aufeinanderfolgende Phasen zu verstehen. Die Kritik an und Infragestellung von bestehenden Wissensbeständen, die Generierung neuen Wissens und dessen Etablierung sind vielmehr parallel verlaufende Prozesse, die zudem von vielen Ungleichzeitigkeiten geprägt sind. So kann für einige Fächer, wie die Soziologie, die Pädagogik oder die Literaturwissenschaften, durchaus davon gesprochen werden, dass feministische Theorien die Geschlechterindifferenz jener Fächer durchbrochen haben; dagegen waren andere Disziplinen, insbesondere die naturwissenschaftlichen und technischen Fächer, aber auch weite Teile zum Beispiel der Wirtschaftswissenschaften, bisher erfolgreicher darin, sich gegen die feministische Kritik zu immunisieren. Von einer genuinen Berücksichtigung von Fragen der Vergeschlechtlichung in politischen, sozialen, kulturellen und psychischen oder technologischen und naturwissenschaftlichen Prozessen ist die Mehrzahl der Disziplinen jedenfalls noch weit entfernt (ausführlich hierzu vgl. Hark 2005, S. 118-131).

Der Weg von der Androzentrismuskritik über die Produktion eigenen Wissens zur Implementation und Integration dieser Wissensbestände zwar nicht in allen, aber doch in einigen Disziplinen, lässt sich anhand der Titel einiger ausgewählter feministischer Publikationen illustrieren: Mitte der 1980er Jahre suchten Wissenschaftlerinnen unter dem Titel „Wie männlich ist die Wissenschaft?" (Hausen/Nowotny 1986) das (männliche) Geschlecht des Wissens zu erfassen, Anfang der 1990er Jahre beschäftigten Wissenschaftlerinnen sich unter Titeln wie „Das Geschlecht der Natur" (Orland/Scheich 1995) oder „Das Geschlecht des Wissens" (Harding 1995) mit der Problematik des Ausschlusses von Geschlecht als Erkenntnisgegenstand und -perspektive aus dem *male stream* des wissenschaftlichen *mainstreams*, und ab Ende der 1990er Jahre finden sich unter Titeln wie „Erkenntnisprojekt Geschlecht" (Dausien et al. 1999), „Frauen über Wissenschaften" (Janshen 1999) „Gender@Wissen" (Braun/Stephan 2005) oder „Geschlechterforschung und Naturwissenschaften" (Ebeling/Schmitz 2006) Bände mit Überblicksaufsätzen zu aktuellen Debatten, Forschungsbedarf und Perspektiven der Frauen- und Geschlechterforschung in den jeweiligen Fachdisziplinen[5].

Feministische Wissenschaftlerinnen suchten das Bündnis mit der Wissenschaft jedoch nicht nur, um die verschiedenen Dimensionen geschlechtlich bestimmter Herrschaft verstehen zu können. Ebenso entscheidend ist die kritische wissenschaftliche Reflexion der im Feminismus selbst produzierten Stereotypisierungen und verdinglichenden Fest-Stellungen sowie die permanente Durcharbeitung der eigenen theoretischen und methodischen Fundamente. Denn auch feministische Theorie, sofern sie *kritische* Theorie sein will, steht vor der schwierigen Aufgabe, im eigenen Wissen nicht neue Stereotypisierungen und Verallgemeinerungen zu produzieren.

Es galt und gilt mithin, nicht nur die Geschlechterfrage in die Wissenschaft zu tragen, sondern auch die Wissenschaftsfrage im Feminismus immer wieder neu zu stellen, und die analytischen Kategorien und theoretischen Beschreibungen des Geschlechterverhältnisses für zukünftige Revisionen und Anfechtungen offen zu halten. Das aber erfordert es, reflexiv mit den eigenen *Erkenntnismitteln* umzugehen, diese selbst immer wieder zu *Erkenntnisgegenständen* zu machen, sowohl ihre Entstehungsgeschichte und Kontextbindungen sowie das in sie eingegangene naturalisierte Alltagswissen kritisch zu befragen. Denn, worauf Irene Dölling im Anschluss an Pierre Bourdieu hingewiesen hat, habe „sich ein Begriff erst einmal diskursiv etabliert" und gerieten die Kontexte und Bedingungen, unter denen er konstruiert wurde, aus dem Blick, würde „im Alltagsgeschäft sozialwissenschaftlichen Forschens und Lehrens" allzu leicht der Neigung nachgegeben, „Erkenntnismittel zu verwenden, die als Erkenntnisgegenstand zu behandeln wären ... " (Dölling 1999, S. 21).

Die in diesem Komplex versammelten Texte stehen nun für den Versuch, die zwei Impulse kritischer (feministischer) Wissensproduktion, die Generierung neuen Wissens sowie die selbstkritische Reflexion auf dieses neue Wissen, miteinander zu verbinden. Denn feministische Theorie entwickelte sich nicht nur aus einer Reihe von kritischen Analysen gegenüber geschlechtlich organisierten sozialen Ungleichheiten und Ausschlüssen sowie dominanten Diskursen und Repräsentationen, sondern auch in beständiger selbstkritischer Reflexion des eigenen Standorts und Wissens.

Feministische Theorie ist demnach situiert innerhalb einer Perspektive, die Wissenschaft als eine in die Gesellschaft eingebettete Tätigkeit begreift. Ihr Wandel über die Zeiten sagt daher nicht, dass wir näher an die absolute Wahrheit herantreten, sondern zeugt von der Veränderung kultureller, technologischer sozialer, politischer und ökonomischer Kontexte und Verhältnisse, die die Wissenschaft stark beeinflussen und selbst von dieser beeinflusst

---

5 Für einen Überblick zum Stand der Frauen- und Geschlechterforschung in einzelnen Disziplinen vgl. u. a. Braun/Stephan 2000, Becker/Kortendiek 2004, zu Geistes-, Kultur- und Sozialwissenschaften Bußmann/Hof 2005, zu den Lebenswissenschaften Palm 2005.

werden. „Science is a product of human imagination", kommentiert die feministische Biologin Ruth Hubbard (1990, S. 50).

Der erste Text, der Aufsatz der US-amerikanischen Physikerin, Biologin und Wissenschaftshistorikerin Evelyn Fox Keller, „Feminismus und Wissenschaft", der bereits 1982 erschien, widmet sich dem Dilemma, das aus der angesprochenen Spannung zwischen Wissenschaft und Politik entsteht. Vor diesem Hintergrund fragt Fox Keller, ob zwischen dem Bekenntnis zum Feminismus und den Verpflichtungen als Wissenschaftlerinnen ein Konflikt besteht und beantwortet diese Frage mit der provokanten These, „daß jene Elemente der feministischen Kritik, die dem traditionellen Verständnis von Wissenschaft so radikal zu widersprechen scheinen, in Wahrheit ein befreiendes Potential für die Wissenschaft implizieren".

Fox Keller unternimmt in ihrem Werk, vor allem in ihrem für die feministische Theorie epochalen Werk *Liebe, Macht und Erkenntnis. Männliche oder weibliche Wissenschaft* (1986), den Versuch einer „interdisziplinären und multidimensionalen Analyse naturwissenschaftlichen Denkens" (Orland/Rössler 1995, S. 43). Geschichte, Psychologie und Metaphorik der Naturwissenschaften sind Fox Kellers zentrale Untersuchungsfelder und hier insbesondere die Frage, wie bei der Entstehung der neuzeitlichen Wissenschaft die Vorstellung einer hierarchisch organisierten Geschlechterbeziehung zum Modell für das Verhältnis des Forschers zur Natur werden konnte.

Als Ausgangspunkt für eine feministische Kritik der Naturwissenschaft bestimmt Fox Keller die Frage, wie der männliche Geist zugleich als männlich und als körperlos angesehen werden konnte: Wie kann Denken als „objektiv", das heißt als ein unpersönliches und vom Selbst losgelöstes Denken und gleichzeitig als das „Denken eines Mannes" verstanden werden? Die Assoziation von Wissenschaft, Objektivität und Männlichkeit bestimmt sie dabei als eine Behauptung über die Welt, die nicht auf die körperlichen und geistigen Fähigkeiten von Männern und Frauen verweise, sondern auf ein kollektives Bewusstsein; ein Muster von Überzeugungen, dessen Realität nicht in Körpern liegt, sondern in der Sprache, die die Macht hat, in Worte zu fassen, was einzelne Männer und Frauen denken und tun können.

Ist der Schwerpunkt von Fox Kellers Kritik die dominante Naturwissenschaft, so befragt die Soziologin Gudrun-Axeli Knapp in ihrem Text von 1988, „Die vergessene Differenz", aus ideologiekritischer Perspektive die feministische Wissenschaft und hier insbesondere feministische Sozialwissenschaft. Knapps Frage zielt darauf, ob Wissenschaftlerinnen selber Weiblichkeitsstereotypen vertreten, die zur Verfestigung von Geschlechtsstereotypen – etwa von „weiblichem Arbeitsvermögen" oder „weiblicher Moral" – beitragen. Jene bestimmt sie im Anschluss an Maurice Godelier als Formen „ideeller Gewalt". Knapp fragt nun, auf welche Weise und mit welchen Mitteln die feministische Wissenschaft in den fortgesetzten Prozess der „Platzanweisung" der Geschlechter eingreift, welche Vorstellungen über Frauen feministische Wissenschaft den herrschenden Bildern entgegenzusetzen hat, welche Realität sich darin ausdrückt und worin ihr kritisches Potential besteht. Der auch in der feministischen Theorie anzutreffenden Gefahr „identifizierender

Begrifflichkeit" setzt Knapp ein konflikttheoretisch orientiertes, negatives und an Widersprüchen geschultes Denken entgegen, das sich gerade den „Versämtlichungen" und voreiligen Generalisierungen widersetzen könne. Wider Versämtlichung und Generalisierung könnte auch das Motto des Textes von Antke Engel, „Entschiedene Interventionen in der Unentscheidbarkeit. Von queerer Identitätskritik zur VerUneindeutigung als Methode" aus dem Jahr 2006 sein. Engel sucht queere und feministische Perspektiven in einem Projekt „queer/feministischer" Theorie zu verknüpfen ohne diese deckungsgleich zu machen. Heterogenität und Divergenz sind generell die Charakteristika dieses Theorietypus. Queer Theorie, so Engel, zeichne sich durch eine Kritik an Vereinheitlichungen und Verallgemeinerungen aus, was sich auch auf die epistemische Dimension beziehe. Engel fokussiert hier die Frage, wie und welche Methoden in einem queeren Theorieprojekt in Anschlag gebracht werden können, „die die Momente der Identitäts- und Heteronormativitätskritik aufgreifen und zur Delegitimierung und Umarbeitung naturalisierter und hegemonial normalisierter Konzepte von Identität (nicht nur bezogen auf Geschlechtlichkeit und Sexualität) beitragen".

Die feministische Biologin und Wissenschaftshistorikerin Donna Haraway schließlich widmet sich in ihrem, der Wirkung von Fox Keller für die feministische Theorie vergleichbarem Text, „Situiertes Wissen" der Thematik einer feministischen Epistemologie. Haraways Ausgangspunkt ist die Frage, aus welchen Positionen heraus Menschen Wissen produzieren und proklamieren und welcher Status diesem jeweils standortgebundenen Wissen zukommt. Der gesamte wissenschaftliche Erkenntnisprozess müsse als sozialer Prozess untersucht werden; dabei gälte es, nicht Forschung an sich in Frage zu stellen, sondern die soziohistorische Gebundenheit wissenschaftlichen Wissens wahrzunehmen, um darüber zu adäquateren Beschreibungen der Welt zu gelangen. Wissen müsse historisiert und für Veränderungen geöffnet werden und die eigenen Praxen der Produktion von Bedeutungen kritisch untersucht werden.

Haraway ist es dabei nicht darum zu tun, Begriffe wie Objektivität zu verabschieden, vielmehr zielt ihr Projekt eines „situierten Wissens" auf dessen Reformulierung: Objektivität gibt es nur als spezifische und partikulare Verkörperung; nur eine partiale Perspektive, die sich ihrer eigenen Partialität bewusst ist, verspricht einen objektiven Blick.

Literatur

Aulenbacher, Brigitte/Bereswill, Mechthild/Löw, Martina/Meuser, Michael/Mordt, Gabriele/Schäfer, Reinhild/Scholz, Sylka (Hg.): FrauenMänner Geschlechterforschung. State of the Art. Forum Frauen- und Geschlechterforschung 19, Münster: Westfälisches Dampfboot 2006
— Braun, Christina von/Stephan, Inge (Hg.): Gender Studien. Eine Einführung. Stuttgart/Weimar: Metzler Verlag 2000

Braun, Christina von/Stephan, Inge (Hg.): Gender@Wissen. Ein Handbuch der Gender-Theorien. Köln: Böhlau 2005

Becker, Ruth/Kortendiek, Beate (Hg.): Handbuch Frauen- und Geschlechterforschung. Theorie, Methoden, Empirie. Wiesbaden: VS 2004

Becker-Schmidt, Regina/Knapp, Gudrun-Axeli: Feministische Theorien zur Einführung. Hamburg: Junius 2000

beiträge zur feministischen theorie und praxis Heft 1, 1978

Bourdieu, Pierre/Waquant, Loic J.: Reflexive Anthropologie. Frankfurt a. Main: Suhrkamp 1996

Bußmann, Hadumod/Hof, Renate (Hg.): Genus. Geschlechterforschung/*Gender Studies* in den Kultur- und Sozialwissenschaften. Stuttgart: Kröner 2005

Dackweiler, Regina: Ausgegrenzt und eingemeindet. Die neue Frauenbewegung im Blick der Sozialwissenschaften. Münster: Westfälisches Dampfboot 1995

Dölling, Irene: „Geschlecht" – eine analytische Kategorie mit Perspektive in den Sozialwissenschaften? In: Potsdamer Studien zur Frauen- und Geschlechterforschung 1/1999 (Neuauflage 2001), S. 21-32

Ebeling, Smilla/Schmitz, Sigrid (Hg.): Geschlechterforschung und Naturwissenschaften. Einführung in ein komplexes Wechselspiel. Wiesbaden: VS 2006

Hagemann-White, Carol: Frauenforschung – Der Weg in die Institution. Ideen, Persönlichkeiten und Strukturbedingungen am Beispiel Niedersachsen. Bielefeld: Kleine Verlag 1995

Haraway, Donna: Die Neuerfindung der Natur. Frankfurt a. Main/New York: Campus 1995

Harding, Sandra: Feministische Wissenschaftstheorie. Zum Verhältnis von Wissenschaft und sozialem Geschlecht. Hamburg: Argument Verlag 1990

Harding, Sandra: Das Geschlecht des Wissens. Frauen denken die Wissenschaft neu. Frankfurt a. Main/New York 1994

Hark, Sabine: Dissidente Partizipation. Eine Diskursgeschichte des Feminismus. Frankfurt a. Main: Suhrkamp 2005

Hassauer, Friederike: Homo. Academica. Geschlechterkontrakte, Institution und die Verteilung des Wissens. Wien: Passagen Verlag 1994

Hausen, Karin/Nowotny Helga (Hg.): Wie männlich ist die Wissenschaft? Frankfurt a. Main: Suhrkamp 1986

Hof, Renate: Einleitung: Geschlechterverhältnis und Geschlechterforschung – Kontroversen und Perspektiven. In: Genus. Geschlechterforschung/*Gender Studies* in den Kultur- und Sozialwissenschaften, hrsg. Von Hadumod Bußmann und dies., Stuttgart: Kröner 2005, S. 2-41

Hubbard, Ruth: The Politics of Women's Biology. London 1990

Janshen, Doris (Hg.): Frauen über Wissenschaften. Die widerspenstigen Erbinnen der Männeruniversität. Weinheim und München: Juventa 1999

Keller, Evelyn Fox: Liebe, Macht und Erkenntnis. Männliche oder weibliche Wissenschaft. München/Wien: Hanser Verlag 1986

Knapp, Gudrun-Axeli/Wetterer, Angelika (Hg.) Achsen der Differenz. Gesellschaftstheorie und feministische Kritik II. Forum Frauenforschung 16, Münster: Westfälisches Dampfboot 2003

Lauretis, Teresa de: Der Feminismus und seine Differenzen. In: Feministische Studien 11/2 1993

List, Elisabeth/Studer, Herlinde: Denkverhältnisse. Feminismus als Kritik. Frankfurt a. Main: Suhrkamp 1989, S. 7-34

Mayreder, Rosa: Zur Kritik der Weiblichkeit. Jena 1905

Orland, Barbara/Rössler, Mechthild: Women in Science – Gender and Science. In: Das Geschlecht der Natur. Feministische Beiträge zur Geschichte und Theorie der Naturwissenschaften, hrsg. von Barbara Orland und Elvira Scheich, Frankfurt/Main: Suhrkamp 1995, S. 13-63

Orland, Barbara/Scheich, Elvira (Hg.): Das Geschlecht der Natur. Feministische Beiträge zur Geschichte und Theorie der Naturwissenschaften. Frankfurt a. Main: Suhrkamp 1995

Palm, Kerstin: Lebenswissenschaften. In: Gender@Wissen. Ein Handbuch der Gender-Theorien, hrsg. von Christina von Braun und Inge Stephan, Köln: Böhlau 2005, S. 180-199

Schmerl, Christiane: Sisters in Crime? – Sisters in Science! In: Erkenntnisprojekt Geschlecht. Feministische Perspektiven verwandeln Wissenschaft, hrsg. von Bettina Dausien, Martina Herrmann, Mechthild Oechsle, Christiane Schmerl und Marlene Stein-Hilbers, Opladen: Leske + Budrich 1999, S. 7-26

Singer, Mona: Geteilte Wahrheit. Feministische Epistemologie, Wissenssoziologie und Cultural Studies. Wien: Löcker Verlag 2005

Woesler de Panafieu, Christine: Feministische Kritik am wissenschaftlichen Androzentrismus. In: Klasse Geschlecht. Feministische Gesellschaftsanalyse und Wissenschaftskritik, hrsg. von Ursula Beer, Bielefeld: AJZ-Verlag 1987, S. 84-115

Feminismus und Wissenschaft.

In: Denkverhältnisse. Feminismus und Kritik. Elisabeth
List/Herlinde Studer (Hg.), Frankfurt a. Main: Suhrkamp
1989 (i. O. 1982), S. 281-300

In den letzten Jahren hat in einer Reihe feministischer Schriften eine neue
Form der Wissenschaftskritik Gestalt angenommen. Aus der Optik feministischer Politik werden bestimmte maskulinistische Verzerrungen des Unter-
nehmens „Wissenschaft" sichtbar, die für jene von uns, die selbst als
Wissenschaftlerinnen tätig sind, ein potentielles Dilemma schaffen. Besteht
ein Konflikt zwischen unserem Bekenntnis zum Feminismus und unseren
Verpflichtungen als Wissenschaftlerinnen? Da ich selbst Feministin und
Wissenschaftlerin bin, sind mir die Irritation und die Abwehrhaltung, die ein
solcher Konflikt auslöst, mehr vertraut, als mir lieb ist. Wir haben als Wissenschaftlerinnen sehr reale Schwierigkeiten, mit jenen Problemen fertig-
zuwerden, die wir als Feministinnen aufwerfen. Diese Schwierigkeiten
könnten sich aber letztlich als produktiv erweisen. Im folgenden möchte ich
die Implikationen, die sich aus den neuen Ansätzen feministischer Wissenschaftskritik für das Verhältnis von Wissenschaft und Feminismus ergeben,
untersuchen. Führt diese Kritik zu einem Konflikt? Wenn ja, wie notwendig
ist dieser Konflikt? Meine These ist, daß jene Elemente der feministischen
Kritik, die dem traditionellen Verständnis von Wissenschaft so radikal zu
widersprechen scheinen, in Wahrheit ein befreiendes Potential für die Wissenschaft implizieren. Es könnte deshalb für Wissenschaftler von Nutzen
sein, die feministische Kritik ernst zu nehmen. Ich möchte darauf hinweisen,
daß feministische Überlegungen uns darüber hinaus dazu dienen könnten,
Aspekte der Grundlagen von Wissenschaft zu beleuchten und zu klären (die
möglicherweise historisch bedingte Verzerrungen aufweisen), in der Absicht,
zu bewahren, was uns die Wissenschaft gelehrt hat, um größere Objektivität
als bisher zu erreichen. Aber zunächst ist es nötig, einen Überblick zu geben
über die vielfältigen Kritikansätze, die Feministinnen formuliert haben.

Die Bandbreite ihrer Kritik ist groß. Obwohl sie alle behaupten, daß die
Wissenschaft eine starke androzentrische Voreingenommenheit zum Ausdruck bringt, weichen die Meinungen darüber, was dieser Vorwurf bedeutet,
doch beträchtlich voneinander ab.

Die unterschiedlichen Auffassungen lassen sich gut mit dem Spektrum der
politischen Positionen innerhalb der feministischen Bewegung vergleichen.
Dieses Spektrum reicht von rechts nach links, und ich beginne irgendwo
links von der Mitte mit der Position, die als liberal bezeichnet werden
könnte. Vom Standpunkt liberaler Kritik ergeben sich Vorwürfe bezüglich

des Androzentrismus, denen relativ leicht Rechnung getragen werden kann. Die radikalere Kritik schließt die Forderung nach entsprechend radikalerem Wandel ein; sie verlangt die Überprüfung grundlegender Voraussetzungen von wissenschaftlicher Theorie und Methode, die möglicherweise für die androzentrischen Vorurteile verantwortlich sind. Der Unterschied zwischen diesen Positionen wird jedoch oft durch die geradezu reflexartige Abwehrhaltung der Wissenschaftler verschleiert, die sie veranlaßt, jede derartige Kritik als ein und dasselbe wahrzunehmen – nämlich als einen Angriff auf die Wertneutralität der Wissenschaft. Einer der Punkte, die ich hier besonders hervorheben möchte, ist, daß die Vielfalt der Bedeutungen, die mit dem Vorwurf des Androzentrismus verbunden sind, höchst verschiedene Ebenen der Kritik reflektiert; einige von ihnen sollten sogar die konservativsten Wissenschaftler akzeptieren können.

Zunächst ist innerhalb jener Positionen, die ich als liberale Kritik bezeichnet habe, der Vorwurf des Androzentrismus im wesentlichen eine Kritik an unfairen Anstellungspraktiken. Sie geht von der Beobachtung aus, daß fast alle Wissenschaftler Männer sind. Diese Kritik ist liberal, insofern sie weder mit der herkömmlichen Auffassung von Wissenschaft noch mit der gängigen liberalen Politik in Widerspruch steht. Es ist tatsächlich eine rein politische Kritik, die von all jenen unterstützt werden kann, die für Chancengleichheit eintreten. Nach dieser Auffassung wird die Wissenschaft selbst durch die An- oder Abwesenheit von Frauen in keiner Weise berührt.

Ein etwas radikalerer Standpunkt kritisiert darüber hinaus, daß die Dominanz von Männern in den Wissenschaften zu Einseitigkeiten in der Auswahl und Definition der Probleme, mit denen sich Wissenschaftler beschäftigt haben, geführt hat. Dieses Argument wird am häufigsten in bezug auf die Medizin vorgebracht und läßt sich hier auch am leichtesten belegen. Es wird zum Beispiel festgestellt, daß der Empfängnisverhütung nicht jenes Maß an wissenschaftlichem Interesse entgegengebracht wird, das ihrer Bedeutung als Problem aller Menschen angemessen wäre, und daß sich überdies die Aufmerksamkeit in erster Linie auf solche Techniken der Empfängnisverhütung konzentriert hat, die von Frauen anzuwenden sind. Im selben Zusammenhang beklagen Feministinnen, daß Menstruationsbeschwerden, ein reales Problem für viele Frauen, von der Ärzteschaft niemals wirklich ernstgenommen worden sind. Vermutlich wären diese gravierenden Einseitigkeiten nicht entstanden, hätten Frauen die Inhalte medizinischer Forschung artikuliert.[1] Ähnliche Voreingenommenheiten innerhalb der Wissenschaften, die sich anderen Themen als dem weiblichen Körper widmen, sind schwerer zu lokalisieren – es mag sie aber durchaus geben. Selbst unter solchen Voraussetzungen berührt diese Art der Kritik nicht unser Verständnis von Wissenschaft, auch nicht unser Vertrauen in die Neutralität der Wissenschaft. Es mag sein, daß wir auf manchen Gebieten bestimmte Probleme ignoriert haben, unsere Definition von Wissenschaft schließt jedoch die Problemauswahl nicht ein, die zugestandenermaßen stets von sozialen Faktoren beeinflußt worden ist. Wir bewegen uns also noch auf liberalem Boden.

Weiter links in unserem Spektrum begegnen wir als nächstes dem Vorwurf, in der konkreten Gestaltung und Interpretation von Experimenten würde mit einseitig ausgewählten Faktoren gearbeitet. So wird z. B. darauf hingewiesen, daß fast alle Forschung über das Lernverhalten von Tieren bei Ratten an männlichen Ratten durchgeführt worden ist.[2] Obwohl dafür eine einfache Erklärung angeführt wird, nämlich daß weibliche Ratten einen Vier-Tage-Zyklus haben, der Experimente erschwert, wird die Kritik durch diese Erklärung kaum entkräftet. Denn natürlich wird implizit vorausgesetzt, daß die männliche Ratte die Gattung repräsentiert. Es gibt in der Psychologie viele ähnlich gelagerte Beispiele, in den biologischen Wissenschaften sind sie weniger offenkundig, obwohl zu vermuten ist, daß sie existieren. Auf dem Gebiet der Sexualforschung drängt sich dieser Verdacht geradezu auf. Hier scheint der Einfluß von tiefsitzenden Vorurteilen schier unvermeidlich zu sein. Obwohl das Vorhandensein solcher Vorurteile historisch ausführlich dokumentiert worden ist (Hall/Long 1977), steht der überzeugende Nachweis für einen entsprechenden Zugang in der Durchführung oder in der Interpretation von Experimenten noch aus. Ich denke, dieser Umstand kann als Beweis für die Wirksamkeit der derzeit geltenden Standards von Objektivität angesehen werden.

Dessen ungeachtet sind in den eher soziologisch orientierten Disziplinen Voreingenommenheiten bei der Interpretation von Beobachtungen und Experimenten evident. Ein Beispiel dafür ist die Primatenforschung. Während der letzten fünfzehn Jahre haben Frauen, die auf diesem Gebiet arbeiten, eine umfassende Überprüfung der theoretischen Konzepte vorgenommen, zumeist unter Verwendung von mehr oder weniger ähnlichen Methoden. Das Ergebnis dieser Bemühungen war eine Reihe radikal verschiedener Deutungen. Das Ausmaß an Differenzen läßt oft deutlich erkennen, wie sehr die Umgangssprache theoretische Formulierungen präjudiziert. Zur Analyse solcher störender Einflüsse liegt eine Vielzahl sehr interessanter Arbeiten vor (z. B. Haraway 1978). Wenn ich hier auch nicht genügend darauf eingehen kann, so möchte ich dennoch ein einzelnes Beispiel herausgreifen: Es ist die Beschreibung einer Horde, der nur ein Männchen angehört und die Jane Lancaster (1975) in ihrer Arbeit als Ersatz für den in diesem Zusammenhang gebräuchlichen Begriff „Harem" vorschlägt:

> „Für ein Weibchen sind Männchen eine Ressource in seiner Umwelt, die es
> für sein Überleben und das seiner Jungen nutzen kann. Sind die Umwelt
> bedingungen derart, daß die Rolle des Männchens minimal sein kann, dann
> ist das Auftreten von ‚Ein-Männchen-Gruppen' wahrscheinlich. Nur ein
> Männchen ist notwendig für eine Gruppe von Weibchen, wenn sich seine
> Rolle darauf beschränkt, sie zu befruchten." (1975, S. 34)

Kritik dieser Art, die behauptet, daß das Überwiegen von Männern in einem Forschungsgebiet ein Faktor ist, der die Theoriebildung substantiell beeinflußt, richtet sich fast ausschließlich gegen die sogenannten „weichen", gerade die „weichsten" wissenschaftlichen Disziplinen. Deshalb kann man ihnen noch innerhalb des traditionellen Bezugsrahmens mit dem einfachen Argument beikommen, daß solche Kritik, wenn sie gerechtfertigt ist, lediglich beweist, daß diese Fächer nicht wissenschaftlich genug sind. Man kann vermuten, daß ehrliche (oder wissenschaftlich motivierte) Wissenschaftler Feministinnen nach Kräften bei ihrem Versuch unterstützen können und sollten, Voreingenommenheiten in den Wissenschaften aufzudecken, an denen beide, Wissenschaftler und Feministinnen, wenn auch aus verschiedenen Gründen, Anstoß nehmen, um diese „weichen" Wissenschaften zu strengeren zu machen.

Sehr viel schwieriger ist es, der wirklich radikalen Kritik gerecht zu werden, die versucht, androzentrische Vorurteile sogar in den „harten" Wissenschaften, ja in der Ideologie der Wissenschaften selbst zu orten. Diese Richtung der Kritik führt uns aus dem Bereich des Liberalismus hinaus und nötigt uns, jene fundamentalen Voraussetzungen in Frage zu stellen, auf denen das Unternehmen Wissenschaft beruht: die Prinzipien der Objektivität und Rationalität.

Die Wahrheit und Notwendigkeit naturwissenschaftlicher Schlußfolgerungen zu problematisieren mit der Begründung, sie seien Ausdruck männlichen Denkens, heißt das Galileische Credo auf den Kopf stellen: Es ist nicht wahr, daß „die Schlußfolgerungen der Naturwissenschaften wahr und notwendig sind und daß das Urteilen von Menschen/Männern nichts mit ihrem Menschsein/Mannsein zu tun hat" (Galilei 1891, S. 57)[3]; es ist das Denken von Frauen, mit dem sie nichts zu tun haben.

Dieser Radikalisierungsschritt ist in doppelter Hinsicht motiviert. Zum einen wird er durch die Erfahrungen feministischer Forschung in anderen Wissenschaftsgebieten bestärkt. Immer wieder sahen sich Feministinnen, die versuchten, Frauen als Akteure und Subjekte wieder zur Geltung zu bringen, genötigt, die grundlegenden Forschungsprinzipien ihrer Disziplinen in Frage zu stellen. Also richtete sich ihre Aufmerksamkeit auf das Wirken patriarchaler Vorurteile auf immer verborgeneren Ebenen der sozialen Struktur, ja sogar des Denkens und der Sprache.

Aber die Möglichkeit der Ausweitung feministischer Kritik auf die Grundlagen des wissenschaftlichen Denkens wird auch durch neuere Entwicklungen innerhalb der Wissenschaftsgeschichte und Wissenschaftstheorie selbst geschaffen.[4] Solange man glaubte, daß der Fortgang wissenschaftlichen Denkens ausschließlich durch seine inneren logischen und empirischen Notwendigkeiten bestimmt ist, konnte in diesem Erkenntnissystem kein Platz sein für irgendeine persönliche Handschrift, sei es eine männliche oder eine andere. Außerdem konnte jeder Hinweis auf Geschlechterdifferenzen in unserer Reflexion über die Wirklichkeit nur allzu leicht als Argument für die weitere Ausschließung von Frauen aus der Wissenschaft benutzt werden.

In dem Maße jedoch, in dem die philosophischen und historischen Unangemessenheiten des klassischen Wissenschaftsbegriffs offenkundiger wurden und Historiker und Soziologen herauszufinden begannen, auf welche Weise die Entwicklung wissenschaftlicher Erkenntnisse durch ihren jeweiligen sozialen und politischen Kontext geformt wird, ist unser Verständnis von Wissenschaft als sozialem Prozeß gewachsen. Dieses Verständnis ist sowohl politisch wie intellektuell eine notwendige Voraussetzung für eine feministische Wissenschaftstheorie.

Die Verknüpfung feministischer Überlegungen mit anderen Formen soziologischer Wissenschaftsbetrachtung verspricht radikal neue Einsichten, fügt aber der bestehenden intellektuellen Gefahr eine politische Drohung hinzu. Die intellektuelle Gefahr liegt in einer Sichtweise von Wissenschaft als einem bloß sozialen Produkt; damit löst sich Wissenschaft in Ideologie auf, und die Idee der Objektivität verliert ihren eigentlichen Sinn. In dem sich daraus ergebenden kulturellen Relativismus wird der modernen Wissenschaft jede emanzipatorische Funktion abgesprochen, und die Entscheidung über Wahrheitsfragen wird dem Bereich der Politik überantwortet (z. B. Feyerabend 1976 und 1979). Vor diesem Hintergrund entsteht für Feministinnen die Versuchung, den Anspruch von Frauen, innerhalb der Wissenschaftskultur repräsentiert zu sein, aufzugeben und statt dessen zu einer Rückkehr zu einer rein „weiblichen" Subjektivität aufzufordern, die Rationalität und Objektivität in der männlichen Domäne beläßt, sie als Produkte rein männlichen Bewußtseins von sich weist.[5]

Viele Autoren und Autorinnen haben auf die Probleme, die ein totaler Relativismus aufwirft, hingewiesen (z. B. Rose/Rose 1979; Fee 1981); ich möchte hier nur einige Punkte erwähnen, die durch dessen feministische Variante hinzugekommen sind. Der feministische Relativismus ist im wesentlichen gerade die Art von Radikalisierung, durch die sich das politische Spektrum der Kritik in einem Zirkel schließt. Indem sie Objektivität als maskulines Ideal ablehnt, leiht sie ihre Stimme einem feindlichen Chor und verdammt Frauen zu einem Leben jenseits der Realpolitik der modernen Kultur: Sie verschärft gerade das Problem, das sie lösen will. Sie vernichtet auch das radikale Potential, das die feministische Kritik für unser Wissenschaftsverständnis birgt. Eine feministische Theorie der Wissenschaften hat m. E. eine zweifache Aufgabe: einmal zu unterscheiden, was an den Bestrebungen der Wissenschaften beschränkte, und was universelle Reichweite und Geltung hat und auf diese Weise für Frauen erneut zu fordern, was ihnen historisch verweigert worden ist; und dann darüber hinaus jenen Elementen der Wissenschaftskultur Recht zu verschaffen, die verleugnet wurden, eben weil sie als weiblich definiert sind.

Es ist wichtig zu erkennen, daß der Bezugsrahmen, der nahelegt, was man einen nihilistischen Rückzug nennen könnte, von eben jener Ideologie der Objektivität geliefert wird, der wir entkommen wollen. Gerade diese Ideologie behauptet einen Gegensatz zwischen (männlicher) Objektivität und (weiblicher) Subjektivität und verneint die Möglichkeit einer Vermittlung zwischen beiden. Deshalb besteht der erste Schritt einer feministischen Kritik an den Grundlagen des wissenschaftlichen Denkens in einer begrifflichen Rekonstruktion von Objektivität als einem dialektischen Prozeß. Erst dann wird es möglich sein, zwischen dem genuinen Bemühen um Objektivität und objektivistischen Illusionen zu unterscheiden. Hier gibt uns Piaget (1978) einen wichtigen Hinweis:

> „Die Objektivität besteht darin, daß man die tausenderlei Auswirkungen des Ich auf das Alltagsdenken und die tausenderlei Täuschungen – Täuschungen der Sinne, der Sprache, der Standpunkte, der Werte usw. –, die sich daraus ergeben, so gut kennt, daß man, bevor man sich ein Urteil erlaubt, zuerst die Fesseln des Ich abstreift. Der Realismus hingegen besteht darin, daß man nicht weiß, daß es ein Ich gibt, und deshalb die eigene Betrachtungsweise für unmittelbar objektiv und absolut hält. Der Realismus, das ist die anthropozentrische Illusion, das ist der Finalismus, das sind alle diese Täuschungen, von denen die Geschichte der Wissenschaften übervoll ist. Solange sich das Denken nicht des Ich bewußt wird, vermengt es ständig das Objektive mit dem Subjektiven, das Wahre mit dem Unmittelbaren." (1978, S. 39f.)

Kurz, statt das essentiell menschliche Bemühen um ein rationales Verstehen der Welt aufzugeben, wollten wir es läutern und verfeinern. Dazu müssen wir den bekannten Methoden rationaler und empirischer Forschung Prozesse kritischer Selbstreflexion hinzufügen. Der Empfehlung Piagets folgend, müssen wir „unseres Ich bewußt werden". Auf diese Weise können wir jene Merkmale des wissenschaftlichen Projekts klarer sehen, die seinen Anspruch auf Universalität Lügen strafen.

Die aus feministischer Sicht entscheidenden ideologischen Komponenten sind dort zu finden, wo Objektivität mit Autonomie und Maskulinität, und dementsprechend das Ziel von Wissenschaft mit Macht und Herrschaft in Zusammenhang gebracht wird. Viele Autoren haben die Verbindung zwischen Objektivität und sozialer und politischer Autonomie untersucht und dabei gezeigt, daß sie eine Vielfalt wichtiger politischer Funktionen erfüllt (Ravetz 1973; Rose/Rose 1969). Die Implikationen der Verbindung von Objektivität und Männlichkeit sind weniger umfassend erforscht. Auch sie dient entscheidenden politischen Funktionen. Aber ein Verständnis der soziopolitischen Bedeutung der ganzen Konstellation erfordert eine Untersuchung der psychischen Prozesse, durch die diese Verknüpfung internalisiert und perpetuiert wird. Hier eröffnet uns die Psychoanalyse eine unschätzbare Perspektive, und ich habe einen Großteil meiner Arbeit darauf verwendet, ihre Erkenntnisse einzubeziehen. In einem früheren Aufsatz habe ich zu zeigen versucht, wie psychoanalytische Theorien der Persönlichkeitsentwicklung die Struktur und Bedeutung von interagierenden Assoziationssystemen zu erhellen vermögen, durch die Objektivität (ein kognitives Merkmal) mit Autonomie (einem affektivem Merkmal) und Männlichkeit (einem Geschlechtsmerkmal) verknüpft wird (Fox Keller 1978). Hier möchte ich nur eine kurze Zusammenfassung meiner früheren Überlegungen geben und die Beziehung dieses Systems zu Macht und Herrschaft untersuchen.

Mit Nancy Chodorow (1985) und Dorothy Dinnerstein (1979) bin ich zu der Ansicht gekommen, daß jener Zweig der Psychoanalyse, der unter dem Namen „Objektbeziehungstheorie" bekannt ist, für ein Verständnis des erwähnten Zusammenhangs besonders nützlich ist. Indem die Objektbeziehungstheorie versucht, die Persönlichkeitsentwicklung sowohl aus angeborenen Trieben als auch aus konkreten Beziehungen zu anderen Objekten (d. h. Subjekten) zu erklären, erlaubt sie uns zu verstehen, in welcher Weise unsere frühesten Erfahrungen – Erfahrungen, die zum großen Teil bestimmt sind durch die sozial strukturierten Beziehungen, die den Kontext unseres Entwicklungsprozesses ausmachen – zur Formung unseres Verständnisses der Wirklichkeit und unserer Orientierung in ihr beitragen. Besonders unsere ersten Schritte in die Welt sind vorwiegend durch den Elternteil weiblichen Geschlechts geleitet – durch unsere Mütter; dieser Umstand legt einen Reifungsrahmen für unsere emotionale, kognitive und geschlechtsspezifische Entwicklung fest – einen Rahmen, der später mit kulturellen Erwartungen ausgefüllt wird.

Kurz, meine These ist folgende: Unsere frühe mütterliche Umwelt, zusammen mit einer kulturellen Definition von Männlichkeit (als das, was niemals weiblich sein kann) und von Autonomie (als das, was niemals mit Abhängigkeit vereinbar sein kann), führt zu einer Assoziation des Weiblichen mit den Freuden und Gefahren des Verschmelzens und des Männlichen mit den Annehmlichkeiten und der Einsamkeit des Getrenntseins. Die innere Unruhe und Besorgtheit des Jungen um sein Selbst und seine Geschlechtsidentität spiegelt sich in einer weitverbreiteten kulturellen Angst, die einen Habitus von Autonomie und Männlichkeit unterstützt, der seinerseits in der Tat dazu dienen kann, sich gegen solche Ängste zu sichern, wie auch gegen die Sehnsüchte, die diese Angst hervorrufen.

Letztlich gilt für alle von uns, daß unser Realitätssinn durch die gleichen Entwicklungsfakoren bestimmt wird. Wie Piaget und andere betont haben, entsteht die Fähigkeit zur kognitiven Differenzierung zwischen dem Selbst und dem Anderen (Objektivität) gleichzeitig mit und in wechselseitiger Abhängigkeit von der Entwicklung psychischer Autonomie; unsere kognitiven Ideale werden dabei Gegenstand der gleichen psychischen Einflüsse wie unsere emotionalen Ideale und unsere Geschlechtsrollenvorbilder. Gemeinsam mit der Autonomie wird gerade der Akt der Trennung des Subjekts vom

Objekt – Objektivität selbst – mit Männlichkeit assoziiert. Psychische und kulturelle Zwänge führen in Kombination zu einem sich wechselweise verstärkenden Vorgang der Übertreibung und Verhärtung aller drei Ideale – des affektiven, des geschlechtsspezifischen und des kognitiven.[6] Das Ergebnis ist schließlich die Untermauerung einer objektivistischen Ideologie und eine korrespondierende Entwertung der (weiblichen) Subjektivität.

Diese Analyse läßt viele Aspekte außer acht. Vor allem versäumt sie es, die psychischen Bedeutungen von Macht und Herrschaft zu diskutieren, und dem möchte ich mich im folgenden zuwenden. Eine zentrale These der Objektbeziehungstheorie ist die Erkenntnis, daß der Zustand psychischer Autonomie ambivalent ist: zum einen gibt er Anlaß für angenehme, lustvolle Empfindungen, zum anderen ist er Quelle potentieller Bedrohung. Die Werte der Autonomie stimmen mit den Werten der Kompetenz, des Herrschens überein. Tatsächlich ist Kompetenz selbst eine Vorbedingung für Autonomie und leistet bei der Festigung des Ichgefühls unschätzbare Dienste. Aber müssen die Entwicklung von Kompetenz und der Sinn für Beherrschung[7] zu Selbstentfremdung, Ablehnung von Beziehungen und defensiver Abgrenzung führen? Zu Formen von Autonomie, die als Schutzmaßnahmen gegen Bedrohung verstanden werden können? Die Objektbeziehungstheorie macht uns sensibel für die Bandbreite der Bedeutungen von Autonomie; gleichzeitig macht sie die Notwendigkeit deutlich, die korrespondierenden Bedeutungen von Kompetenz zu untersuchen. Unter welchen Umständen impliziert Kompetenz die Bewältigung des eigenen Schicksals und wann bedeutet sie Dominanz über das Schicksal eines anderen? Kurz gesagt: Sind Kontrolle und Herrschaft wesentliche Elemente der Kompetenz und gehören sie untrennbar zum Ich, oder sind sie die Korrelate eines entfremdeten Ich?

Eine Möglichkeit, diese Fragen zu beantworten, besteht darin, die Logik der oben zusammengefaßten Analyse aufzugreifen, um die Verlagerung von Kompetenz auf Macht und Kontrolle im psychischen, Haushalt des Kleinkinds zu untersuchen. Ausgehend von dieser Analyse kann der Drang zum Herrschen als eine natürliche Begleiterscheinung defensiver Abgrenzung interpretiert werden – wie Jessica Benjamin schreibt: „ ... als ein Weg, Gleichsein und Nähe mit bzw. Abhängigkeit von einer anderen Person abzulehnen, während man gleichzeitig versucht, die sich daraus ergebenden Gefühle des Alleinseins zu vermeiden".[8] Der Psychoanalytiker D. W. Winnicott (1973) hat einfühlsamer als jeder andere die Schwierigkeiten beschrieben, die das Kind beim Übergang von der Symbiose zum Erkennen des eigenen Ich und der anderen als autonomer Wesen durchlaufen muß. Er macht uns dabei auf eine Schwierigkeit aufmerksam, die andere übersehen haben – eine Gefahr, die aus der unbewußten Phantasie entsteht, daß das Subjekt tatsächlich das Objekt im Prozeß der Ablösung zerstört hat. So schreibt er:

„Wenn das Objekt etwas Äußeres ist, wird das Objekt vom Subjekt zerstört … der Position ‚das Subjekt steht in Beziehung zum Objekt' [folgt] die Position ‚das Subjekt zerstört das Objekt (das erst dadurch etwas Äußeres wird)'; erst dann kann die Position ‚das Objekt überlebt die Zerstörung durch das Subjekt' folgen. Es kann überleben, muß jedoch nicht." Wenn „das Objekt überlebt, kann das Subjekt ein Leben in der Objektwelt beginnen und dadurch unermeßlich viel für sich gewinnen; aber es hat dafür einen Preis zu zahlen, der darin besteht, in bezug auf Objektbeziehungen der fortwährenden Zerstörung in seiner unbewußten Phantasie nicht ausweichen zu können." (1973, S. 105)

Winnicott spricht hier natürlich nicht von tatsächlichem Überleben, sondern vom subjektiven Vertrauen auf das Überleben des anderen. Überleben in diesem Sinn verlangt, daß das Kind weiterhin die Beziehung aufrechterhält; ein Scheitern ruft unvermeidlich Schuldgefühle und Angst hervor. Das Kind schwebt über einem furchterregenden Abgrund. Auf der einen Seite lauert die Angst, das Objekt zerstört zu haben, auf der anderen Seite droht der Verlust des Selbst. Das Kind kann den Versuch unternehmen, seine prekäre Lage durch das Beherrschen des anderen abzusichern. Die Zyklen von Destruktion und Überleben wiederholen sich, während der andere sicher in Schach gehalten wird. Jessica Benjamin beschreibt dies folgendermaßen: „Die ursprüngliche Selbstbehauptung… wandelt sich vom harmlosen Beherrschen der Situation zum Herrschen über und gegen den anderen." (1989, S. 165) Psychodynamisch betrachtet ist diese besondere Lösung der präödipalen Konflikte ein Resultat der ödipalen Konsolidierung. Das (männliche) Kind erreicht seine endgültige Sicherheit durch die Identifikation mit dem Vater – eine Identifikation, die gleichzeitig mit einer Ablehnung der Mutter und der Umformung von Schuld und Angst in Aggression einhergeht.

Aggression hat natürlich viele Bedeutungen, viele Quellen und viele Ausdrucksformen. Hier möchte ich mich nur auf die Form beziehen, die dem Drang zur Herrschaft zugrunde liegt. Ich berufe mich auf die Psychoanalyse, um die Formen, in denen sich dieser Impuls in der Wissenschaft insgesamt ausdrückt und seine Beziehung zur Objektivierung im besonderen, zu klären. Die gleiche Frage, die ich in bezug auf das Kind stellte, kann ich auch an die Wissenschaft richten. Unter welchen Umständen bemüht man sich, wissenschaftliche Erkenntnis um der Erkenntnis willen, der größeren Kompetenz wegen und ob der leichteren (realen oder vorgestellten) Bewältigung unseres Schicksals zu erlangen, und unter welchen Umständen kann man gerechtfertigt behaupten, daß die Wissenschaft sich tatsächlich die Beherrschung der Welt zum Ziel gesetzt hat? Kann hier eine sinnvolle Unterscheidung getroffen werden?

In seinem Buch *The Domination of Nature* stellt William Leiss (1974) fest:

„Das notwendige Korrelat von Herrschaft ist das Bewußtsein der Unterordnung bei jenen, die den Willen des anderen befolgen müssen; also können
genau gesagt nur andere Menschen zu Objekten der Herrschaft werden."(1974, S. 122)

Leiss leitet daraus ab, daß wir uns nicht über die Dominierung der anorgani-
schen Natur Gedanken machen sollten, sondern über die Verwendung unseres Wissens über die anorganische Natur als Instrument der Herrschaft über
die menschliche Natur. Er hält deshalb Korrekturen bei der Anwendung von
Wissenschaft, nicht innerhalb der Wissenschaft selbst, für notwendig. In
diesem Punkt unterscheidet er sich von anderen Autoren der Frankfurter
Schule, die davon ausgehen, daß gerade die Logik der Wissenschaft die
Logik der Herrschaft ist. Ich stimme mit der grundlegenden These von Leiss
überein, ziehe aber eine etwas andere Schlußfolgerung. Ich möchte die
Auffassung vertreten, daß der Drang zur Herrschaft sich in den Zielen (und
sogar in den Theorien und der Praxis) der modernen Wissenschaft ausdrückt,
und des weiteren argumentieren, daß dieser Impuls dort, wo er deutlich wird,
als Projektion erkannt werden muß. Kurz gesagt: Ich behaupte, daß man
nicht nur in der Ablehnung einer Interaktion zwischen dem Subjekt und dem
anderen, sondern auch in der Verbindung von Herrschaftsansprüchen mit den
Zielen der Wissenschaft den Einfluß eines Ich bemerkt, das wir als Teil der
kulturbedingten Idee von Männlichkeit zu erkennen beginnen.

Der Wert des Bewußtseins besteht darin, daß es uns befähigt, Entscheidungen zu treffen – sowohl als Individuen wie als Wissenschaftler. Kontrolle
und Dominanz sind in Wirklichkeit weder dem Ichsein (d. h. der Autonomie)
noch der wissenschaftlichen Erkenntnis eigen. Vielmehr möchte ich vorschlagen, daß die spezielle Betonung dieser Funktionen von Erkenntnis
durch die westliche Wissenschaft mit dem objektivistischen Ideal verbunden
ist. Erkenntnis im allgemeinen und wissenschaftliche Erkenntnis im besonderen dient zwei Göttern: der Macht und der Transzendenz. Sie strebt abwechselnd die Herrschaft über die Natur und die Vereinigung mit ihr an.[9] Die
Sexualität dient ebenso diesen zwei Göttern: sie drängt nach Dominanz und
ekstatischer Vereinigung – kurz, Aggression und Eros. Und zu behaupten,
daß Macht, Kontrolle und Dominanz der Aggression entspringen, während
die Vereinigung einen rein erotischen Impuls befriedigt, kann kaum als eine
neue Einsicht gelten.

Es bedarf keiner großen Vorstellungskraft, um die in der Rhetorik westlicher Wissenschaft so vorrangige Betonung von Macht und Kontrolle als
Projektion eines spezifisch männlichen Bewußtseins zu identifizieren. De
facto ist dies bereits ein Gemeinplatz geworden. Vor allem wird diese Sicht
der Dinge von der Rhetorik nahegelegt, die die Beherrschung der Natur mit
dem hartnäckig bestehenden Bild von der Natur als weiblich verbindet; dies
ist nirgendwo offensichtlicher als in den Schriften von Francis Bacon. Für
Bacon sind Wissen und Macht eins; und das Ziel der Wissenschaft besteht

für ihn darin, „daß sie dir die Natur mit allen ihren Kindern untertan und zu deinem Sklaven macht" (Farrington 1951, S. 193ff., bes. S. 197), und dies mit Mitteln, die nicht nur „den Lauf der Natur auf sanfte Weise beeinflussen, sondern die mächtig genug sind, die Natur zu erobern und zu unterwerfen und sie bis in ihre Grundlagen zu erschüttern" (Bacon 1905, S. 506). Gemessen an der Vorstellung Bacons scheint die Konklusion Bruno Bettelheims unvermeidlich: „Nur mit Entstehung der phallischen Psychologie wurde die aggressive Manipulation der Natur möglich" (zit. in Brown 1959, S. 280).

Die Sicht der Wissenschaft als ödipales Projekt ist uns auch aus den Arbeiten von Herbert Marcuse (1967) und Norman O. Brown (1959) vertraut. Browns wie auch Marcuses Hauptanliegen ist jedoch – wie Brown dies ausdrückt – die „morbide" Wissenschaft. Folglich verbleibt für beide Autoren die Suche nach einer nichtmorbiden, einer „erotischen" Wissenschaft, ein romantisches Unterfangen. Dies deshalb, da ihr Bild von Wissenschaft unvollständig ist: sie übersehen die äußerst wichtigen, wenn auch weniger offensichtlichen erotischen Elemente, die in der wissenschaftlichen Tradition bereits vorhanden sind. Unsere eigene Suche, will sie realistisch statt romantisch sein, muß auf einem umfassenderen Verständnis der wissenschaftlichen Tradition in allen ihren Dimensionen basieren, und auch auf einem Verständnis davon, wie sich diese komplexe, dialektische Tradition zu einer monolithischen Rhetorik entwickelt. Weder dem ödipalen Kind noch der modernen Wissenschaft ist es in Wirklichkeit gelungen, sich von ihren präödipalen und im wesentlichen bisexuellen Sehnsüchten zu befreien. Mit dieser Einsicht hat die Suche nach einer anderen, nicht von männlichen Vorurteilen verzerrten Wissenschaft zu beginnen.

Die Anwesenheit gegensätzlicher Themen, einer Dialektik zwischen aggressiven und erotischen Motiven, kann sowohl innerhalb der Arbeit einzelner Wissenschaftler wie auch – sogar prägnanter – im Vergleich der Arbeiten unterschiedlicher Wissenschaftler beobachtet werden. Francis Bacon liefert uns ein Modell[10]; es gibt aber genügend andere. Als besonders bemerkenswerter Gegensatz läßt sich das Beispiel einer zeitgenössischen Wissenschaftlerin anführen, die darauf besteht, daß es wichtig ist, „das Material sprechen zu lassen", ihm zu erlauben, „einem zu sagen, was als nächstes zu tun sei" – jemand, der andere Wissenschaftler für den Versuch kritisiert, dem, was sie sehen, „eine Antwort aufzuzwingen". Gemäß dieser Wissenschaftlerin fallen Entdeckungen leichter, wenn man „ein Teil des Systems" wird, statt außerhalb zu bleiben; man muß ein „Gefühl für den Organismus" entwickeln (McClintock in privaten Interviews 1978 und 1979). Die Autorin dieser Bemerkungen entstammt nicht nur einer anderen Epoche und einer anderen Disziplin (Bacon war nach den üblichen Standards tatsächlich kein Wissenschaftler), sie ist auch eine Frau. Es gibt viele Gründe – einige habe ich bereits angedeutet – für die Annahme, daß die Geschlechtsidentität (selbst in einem ideologischen Kontext entstanden) tatsächlich Unterschiede im wissenschaftlichen Forschen bewirkt. Trotzdem möchte ich geltend machen, daß weder die Wissenschaft noch die Individuen total von der Ideologie abhängig sind. Es ist nicht schwierig, ähnliche Meinungen bei männlichen Wissenschaftlern anzutreffen. Betrachten wir beispielsweise folgende Bemerkungen: „Ich hatte oft Grund anzunehmen, daß meine Hände klüger als mein Kopf sind. Dies ist eine unbeholfene Art, die Dialektik des Experimentierens zu charakterisieren. Wenn es gelingt, ist es wie eine ruhige Konversation mit der Natur" (Wald 1968, S. 260). Möglicherweise beruht der Unterschied zwischen den Sichtweisen der Wissenschaft als „beherrschend" bzw. als „Gespräch mit der Natur" nicht primär auf einer Differenz zwischen Epochen und zwischen Geschlechtern. Vielmehr kann er als Ausdruck eines Dualismus interpretiert werden, der sich in der Arbeit aller Wissenschaftler, zu allen Zeiten, findet. Die beiden Pole dieser Dialektik sind in der Geschichte der Wissenschaft jedoch nicht gleichgewichtig. Folglich müssen wir uns auf den evolutionären Prozeß konzentrieren, in dem einer der beiden Aspekte als dominanter ausgewählt wird.

An anderer Stelle habe ich auf die Bedeutung eines anderen Selektionsprozesses hingewiesen (Fox Keller 1978). Zum Teil werden Wissenschaftler selbst durch die emotionale Anziehungskraft bestimmter (stereotyper) Vorstellungen von Wissenschaft ausgewählt. Ich möchte hier auf die Bedeutung der Selektion im Rahmen des wissenschaftlichen Denkens hinweisen – zunächst jener von bevorzugten Methodologien und Zielsetzungen und schließlich der von bevorzugten Theorien. Diese zwei Prozesse stehen in einem Zusammenhang. Selbst wenn Stereotype nicht verbindlich sind (d. h. sie beschreiben nicht alle oder vielleicht überhaupt keine Individuen) und dieser Umstand die Möglichkeit eines ständigen Konkurrenzkampfs innerhalb der Wissenschaft bedingt, beeinflußt der erste Auswahlprozeß ohne Zweifel das Ergebnis des zweiten. Das heißt, durch eine bestimmte Ideologie selektierte Individuen tendieren dazu, mit dieser Ideologie konsistente Themen zu wählen.

Das Schicksal interaktionistischer Theorien in der Geschichte der Biologie ist auf theoretischer Ebene ein Beispiel für diesen Vorgang. Betrachten wir den Wettstreit, der in diesem Jahrhundert zwischen partikularistischen und organismischen Auffassungen der Zellstruktur getobt hat – zwischen dem, was man als hierarchische und nicht-hierarchische Theorien bezeichnen könnte. Sowohl in der Debatte über die Vorrangstellung des Zellkerns oder der Zelle als ganzer, des Genoms oder des Zytoplasmas, haben sich die Vertreter des Hierarchie-Gedankens letztlich durchgesetzt. Ein Genetiker hat diesen Konflikt in explizit politischen Begriffen beschrieben:

> „Zwei Ansichten von genetischen Mechanismen haben während der Entstehung der modernen Genetik Seite an Seite existiert, wobei aber eine der beiden favorisiert wurde ... Die erste wollen wir als ‚Master-Molekül' Vorstellung bezeichnen ... Das ist im wesentlichen die im Sinne einer totalitären

Herrschaft interpretierte Theorie des Gens ... Den zweiten Ansatz wollen wir die Konzeption des ‚Fließgleichgewichts' (steady state) nennen. Mit diesem Begriff ... verbinden wir die Vorstellung einer dynamischen, sich selbst erhaltenden Organisation einer Reihe molekularer Arten, die ihre spezifischen Eigenschaften nicht den Charakteristika einer bestimmten Spezies von Molekül verdanken, sondern den funktionalen Beziehungen dieser molekularen Arten." (Nanney 1957, S. 136)

Kurze Zeit später fand die Debatte zwischen der Theorie der „Master-Moleküle" und dem dynamischen Interaktionismus durch die von DNA und dem „zentralen Dogma"[11] bewirkte Synthese ein Ende. Mit dem Erfolg der neuen Molekularbiologie wurden solche Theorien des „Fließgleichgewichts" (oder egalitäre Theorien) für beinahe alle Genetiker uninteressant. Heute gibt es jedoch Anzeichen für das Wiederaufleben des Konflikts – und zwar in der Genetik ebenso wie in den Entwicklungs- und den Immunsystem-Theorien.

Ich behaupte, daß – trotz gegenteiliger Popperscher Positionen – Methode und Theorie ein natürliches Kontinuum bilden können und daß die gleichen Selektionsprozesse gleichermaßen und gleichzeitig die Mittel und Ziele der Wissenschaft wie auch die konkret entstehenden theoretischen Beschreibungen beeinflussen können. Ich unterstelle dies zum Teil wegen der wiederkehrenden und auffallenden Übereinstimmung in der Arbeitsweise von Wissenschaftlern, ihrer Beziehung zum Forschungsobjekt und der von ihnen bevorzugten theoretischen Orientierung. Um das vorhin zitierte Beispiel weiterzuverfolgen: dieselbe Wissenschaftlerin, die sich erlaubte, „Teil des Systems" zu werden, deren Forschungen von einem „Gefühl für den Organismus" geleitet waren, entwickelte ein Paradigma, das ebenso radikal wie ihr methodologisches Vorgehen vom dominanten Paradigma ihrer Disziplin abwich.

Statt der linearen Hierarchie, wie sie vom zentralen Dogma der Molekularbiologie vertreten wird, wonach die DNA alle Instruktionen für die Entwicklung einer lebenden Zelle enkodiert und weiterleitet, entstand durch ihre Forschungen das Bild einer sich in sensibler Interaktion mit der Zellumgebung befindlichen DNA – eine organismische Sicht der Dinge. Wichtiger als das Genom als solches (d. h. die DNA) ist der „Organismus insgesamt". Ihrer Ansicht nach funktioniert das Genom „nur in Hinblick auf die Umgebung, in der es gefunden wird" (McClintock in einem privaten Interview 1978). In dieser Arbeit ist das von der DNA enkodierte Programm selbst Veränderungen ausgesetzt. Die entscheidende Kontrolle läßt sich nicht länger in einer einzelnen Komponente der Zelle finden; vielmehr wird die Kontrolle von den komplexen Interaktionen des gesamten Systems ausgeübt. Bei der ersten Präsentation wurde die dieser Vorstellung zugrundeliegende Arbeit nicht verstanden und fand keine Anerkennung (McClintock 1951). (...)

Das angeführte Beispiel legt nahe, das wir uns bei der Überlegung, wie eine durch ihr Streben nach Dominanz weniger beschränkte Wissenschaft aussehen könnte, nicht nur auf unsere Vorstellungskraft zu verlassen brauchen. Wir müssen vielmehr dem thematischen Pluralismus, wie er in der Geschichte unserer eigenen Wissenschaft entstanden ist, größere Aufmerksamkeit widmen. Es lassen sich viele andere Beispiele finden; es fehlt uns aber ein angemessenes Verständnis der ganzen Bandbreite von Einflüssen, die zum Akzeptieren bzw. der Ablehnung nicht nur gewisser Theorien, sondern verschiedener theoretischer Orientierungen überhaupt führen. Meine These ist folgende: werden gewisse theoretische Interpretationen anderen vorgezogen, kann gerade in diesem Selektionsprozeß der Einfluß der Ideologie im allgemeinen und der männlichen Ideologie im besonderen entdeckt werden. Die sich daraus ergebende Aufgabe für eine radikale feministische Kritik der Wissenschaft ist zunächst eine historische, letztlich aber eine auf Veränderung ausgerichtete. Durch die historische Aufarbeitung können Feministinnen eine ganze Reihe neuer Sensitivitäten einbringen, die zu einem gleichsam neuen Bewußtsein über die latent im wissenschaftlichen Unternehmen enthaltenen Möglichkeiten führen.

(Aus dem Amerikanischen von Elisabeth List, Herlinde Studer und Esther Tamm)

Anmerkungen

[1] Es wird nicht behauptet, allein die Anwesenheit von Frauen in der medizinischen Forschung sei ausreichend, solche Unausgewogenheiten auszugleichen. Vielmehr wird berücksichtigt, daß Frauen oder jedwede „Außenseiter" nur zu bereit sind, die Belange und Werte einer Gesellschaft zu internalisieren, der sie angehören möchten.

[2] Ich möchte Lila Brain dafür danken, daß sie mich auf diesen Punkt aufmerksam gemacht hat.

[3] Die deutsche Übersetzung von italien. „uomo", engl. „man" als „Mensch" bringt die Doppeldeutigkeit des Wortes „uomo", „man" (Mensch/Mann) nicht hinreichend zum Ausdruck. Deshalb zitieren wir hier nicht die deutsche Ausgabe, sondern folgen dem Wortlaut des Zitats bei Keller [A. d. Ü.].

[4] Die Arbeiten von Russell Hanson und Thomas S. Kuhn waren von zentraler Bedeutung, um unser Verständnis des wissenschaftlichen Denkens durch die Einbeziehung sozialer, psychischer und politischer Einflüsse zu vertiefen.

[5] Dieser Gedanke wird am stärksten von einigen der jüngeren französischen Feministinnen zum Ausdruck gebracht (Marks/de Courtivron 1980) und taucht gegenwärtig in den Arbeiten einiger amerikanischer Schriftstellerinnen auf (z. B. Griffin 1987).

[6] (…) Wenn ich mich auf die Beiträge der Individualpsychologie konzentriere, so will ich damit in keiner Weise eine einfache Trennung von individuellen und gesellschaftlichen Faktoren implizieren oder sie als alternative Einflüsse konstatieren. Individualpsychologische Merkmale entwickeln sich innerhalb eines

Gesellschaftssystems, und Gesellschaftssysteme ihrerseits verstärken und selektieren bestimmte Zusammenstellungen von individuellen Merkmalen. Wenn also bestimmte Entscheidungen innerhalb der Wissenschaft gewisse psychologische Impulse oder Persönlichkeitsmerkmale reflektieren, muß das so verstanden werden, daß durch einen bestimmten gesellschaftlichen Rahmen diese Entscheidungen zugunsten anderer ausgewählt werden.

7   Im Sinne von „Bemeisterung" [A. d. Ü.].

8   Jessica Benjamin (1989) hat in einer ausgezeichneten Untersuchung über den Stellenwert von Herrschaft in der Sexualität genau dieses Thema diskutiert.

9   Für eine Diskussion der verschiedenen Rollen, die diese beiden Impulse in den platonischen und den Baconschen Vorstellungen von Erkenntnis spielen, siehe Fox Keller (1979).

10 Für eine Diskussion der Präsenz dieser Dialektik in den Schriften von Francis Bacon siehe Fox Keller (1980).

11 Unter dem „zentralen Dogma" der molekularen Genetik versteht man nach F. C. H. Crick die Theorie, daß die genetische Information von der DNA über die RNA auf die Proteine übergeht [A. d. Ü.].

Literatur

Bacon, Francis: Description of the Intellectual Globe. In: J. H. Robertson (Hg.), The Philosophical Works of Francis Bacon. London 1905

Benjamin, Jessica: Herrschaft – Knechtschaft: Die Phantasie von der erotischen Unterwerfung. In: Elisabeth List/HerlindeStuder (Hg.), Denkverhältnisse. Feminismus und Kritik. Frankfurt/Main 1989, S. 511-538

Brown, Norman O.: Life against Death. New York 1959

Chodorow, Nancy: Das Erbe der Mütter. Psychoanalyse & Soziologie der Mütterlichkeit. München 1985

Dinnerstein, Dorothy: Das Arrangement der Geschlechter. Stuttgart 1979

Farrington, B.: Temporis Partus Masculus. An Untranslated Writing of Francis Bacon. In: Centaurus I, 1951

Fee, Elisabeth: Is Feminism a Threat to Objectivity? Vortrag, gehalten beim Treffen der American Association for the Advancement of Science, Toronto 4. Januar 1981

Feyerabend, Paul: Wider den Methodenzwang. Frankfurt/Main 1976

–: Erkenntnis für freie Menschen. Frankfurt/Main 1979

Fox Keller, Evelyn: Gender and Science. In: Psychoanalysis and Contemporary Thought I, 1978, S. 409-433

–: „Natur as ‚Her'". Vortrag, gehalten bei der Second Sex Conference, New York Institute of Humanities, September 1979

–: Baconian Science: A Hermaphrodite Birth. In: Philosophical Forum 11, 3, 1980, S. 229-308

Galilei, Galileo: Dialog über die beiden hauptsächlichsten Weltsysteme, das ptolemäische & das kopernikanische. Leipzig 1891

Griffin, Susan: Frau und Natur. Das Brüllen in ihr. Frankfurt/Main 1987

Hall, D.L./Long, Diana: The Social Implications of the Scientific Study of Sex. In: Scholar and the Feminist 4, 1977, S. 11-21

Haraway, Donna: Animal Sociology and a Natural Economy of the Body Politic, Part I: A Political Physiology of Dominance, und dies.: Animal Sociology and a Natural Economy of the Body Politic, Part II: The Past is the Contested Zone: Human Nature and Theories of Production and Reproduction in Primate Behavior Studies. In: Signs 4, Nr. 1, 1978, S. 21-60

Lancaster, Jane: Primate Behavior and the Emergence of Human Culture. New York 1975

Leiss, William: The Domination of Nature. Boston 1974

Marcuse, Herbert: Der eindimensionale Mensch. Neuwied 1967

Marks, Elaine/de Courtivron, Isabelle (Hg.): New French Feminisms. An Anthology. Amherst 1980

McClintock, Barbara: Chromosome Experience and Genetic Expression. In: Cold Spring Harbor Symposium of Quantitative Biology 16, 1951, S. 13-44

–: Modified Gene Expressions Induced by Transposable Elements. In: W. A. Scott/R. Werner/J. Schultz (Hg.), Mobilization and Reassembly of Genetic Information. New York 1980

Nanney, D. L.: The Role of Cytoplasm in Heredity. In: William D. McElroy/Bentley Glass (Hg.), The Chemical Basis of Heredity. Baltimore 1957

Piaget, Jean: Das Weltbild des Kindes. Stuttgart 1978

Ravetz, Jerome R.: Die Krise der Wissenschaft. Berlin 1973

Rose, Hilary/Rose, Steven: Science and Society. London 1969

–: Radical Science and Its Enemies. In: Socialist Register 1979, S. 317-335

Wald, G.: The Molecular Basis of Visual excitation. Les Prix Nobel en 1967. Stockholm 1968

Winnicott, D. W.: Vom Spiel zur Kreativität. Stuttgart 1973

Die vergessene Differenz.
In: Feministische Studien 6/1, 1988, S. 12-31
(mit Auslassungen)

Nach fast zwanzig Jahren Frauenforschung und Frauenbewegung in der
Bundesrepublik ist zumindest eine ihrer Einsichten weithin akzeptiert: „Geschlecht" ist (ähnlich wie „Klasse" oder „Rasse") ein sozialer Platzanweiser,
der Frauen und Männern ihren Ort in der Gesellschaft, Status, ihre Funktionen und Lebenschancen zuweist. Diese „Verortung" nach Geschlechtszugehörigkeit ist kein einfacher Akt unmittelbaren Zwangs, sondern ein
aufwendiges und konfliktträchtiges Zusammenspiel von Zwängen und Motiven, von Gewalt und ihrer Akzeptanz, von materiellen Bedingungen, ökonomischen Nötigungen und subjektiven Bedürfnissen, von kulturellen
Deutungssystemen, normativen Vorschriften, Selbstbildern und Selbst-
inszenierungen.

Innerhalb der komplizierten Prozesse der sozialen Reproduktion des Geschlechterverhältnisses als grundlegendem Teil gesamtgesellschaftlicher
Reproduktion spielen Vorstellungen darüber, wie Männer und Frauen „sind"
und in welcher Beziehung sie zueinander stehen, eine besondere Rolle. Zwar
streiten sich Frauenforscherinnen noch über das spezifische Gewicht von
ökonomischen, ideologischen und psychologischen Faktoren in diesem
Zusammenhang. Unübersehbar ist jedoch, daß „Denken" auf sehr grundsätzliche Weise Machtverhältnisse gegenüber Frauen und Dominanz von
Männern reproduziert: durch eine bestimmte Art, sie und ihr Verhältnis zueinander zu sehen.

Maurice Godelier hat in seiner eindrucksvollen Untersuchung über „Die
Produktion der Großen Männer" in einer Stammesgesellschaft in Neuguinea
Dimensionen der Gewalt gegen Frauen nachgezeichnet und er stellt fest, daß
„alle Formen faktischer Gewalt ... nur ab und zu im Leben einer Frau" auftauchen. „Die ideelle Gewalt dagegen existiert permanent innerhalb der
gesamten sozialen Organisation selbst, in jedem Aspekt ihrer Praxis" (Godelier 1987, S. 201).

Dies systemische Element ideeller Gewalt findet sich unter unseren Verhältnissen in der Geschlechterideologie wieder; sie steht in einem Vermitt-
lungszusammenhang mit ökonomischen Macht- und Ausgrenzungs-
strukturen, die sich gegenüber dem Willen der Einzelnen verselbständigt
haben und ihnen als Überhang an Objektivität entgegenstehen. Trotz der
eingeschränkten Vergleichbarkeit beider Gesellschaften können wir Gode-
liers Resümee ohne weiteres übernehmen:

„Die größte Stärke der Männer liegt in der Zustimmung der Frauen zu ihrer Herrschaft, und diese Zustimmung kann nur dadurch existieren, daß beide Geschlechter die Vorstellungen teilen, die die männliche Herrschaft legitimieren." (ebd.)

Die Frauenforschung hat zeigen können, wie im Zuge der Entwicklung des Kapitalismus und der Formierung bürgerlicher Gesellschaften die überkommenen Asymmetrien im Geschlechterverhältnis sich veränderten und neu begründet wurden. Das „Aussagesystem der Geschlechtscharaktere" (Karin Hausen) mit seinen fixierten Bildern von „Männlichkeit" und „Weiblichkeit" sowie die mit naturwüchsigen Geschlechtseigenschaften begründete Ideologie der Komplementarität, die sich allmählich herauskristallisierten, gehören zu solchen – der Idee nach auch klassenübergreifenden – „geteilten Vorstellungen", von denen Godelier spricht.

Mit diesem Erbe des 18. und 19. Jahrhunderts haben wir es noch immer zu tun. Trotz geringfügiger Einbußen an Überzeugungskraft haben sowohl die „Frauen sind"-Stereotype als auch die „Frauen sind nicht"-Stereotype Aktualität behalten als Deutungs- und Legitimationselemente, die zur Aufrechterhaltung des Machtgefälles und der Wertehierarchie zwischen Männern und Frauen dienen.[1]

Feministinnen haben sich von Anfang an mit dem normativen Gehalt der Frauen- und Männerbilder in unserer Gesellschaft auseinandergesetzt und die „Konstruktionen des Weiblichen" in den wissenschaftlichen Diskursen – von der Philosophie über die Literaturwissenschaft bis zur Psychoanalyse – kritisch beleuchtet (...).

An diese Tradition knüpfe ich an. Mein Interesse gilt allerdings nicht den Weiblichkeitskonzepten *männlicher* Wissenschaftler, sondern dem, was Frauen, die angetreten sind, die alten Klischees und Rollenzwänge zu sprengen, selbst über Frauen denken. Auf welche Weise und mit welchen Mitteln greift die feministische Wissenschaft auf dieser Ebene in den fortgesetzten Prozeß der „Platzanweisung" der Geschlechter ein? Welche Vorstellungen über Frauen haben wir den herrschenden entgegenzusetzen, welche Realität drücken sie aus, worin besteht ihr kritisches Potential, wo bleiben sie den Klischees verhaftet? Anlaß zu diesen Überlegungen ist ein wachsendes Unbehagen an dem (un)heimlichen Positivismus in einigen gängigen feministischen Aussagen zu „Weiblichkeit", „Mütterlichkeit", „weiblichem Arbeitsvermögen", in denen ich eine unbedachte Ideologisierung zu erkennen glaube. In wichtigen Zügen unterscheiden sich diese Entwürfe nicht von den sattsam bekannten männlichen Projektionen über Frauen. Die Vereinnahmung des wissenschaftlichen Konstrukts vom „weiblichen Arbeitsvermögen" im Kontext konservativer Politik, aber auch die parteiübergreifende Popularität der „Politik des Unterschieds" (Gisela Erler), die im Müttermanifest praktische Premiere feierte, können nach meiner Auffassung als Indizien dafür gesehen werden, daß Frauenforschung entgegen ihren

Absichten einen affirmativen Kern haben kann. Zwar hatte Anfang der siebziger Jahre die selbstbewußte Betonung und Neubewertung von „Weiblichkeit/Mütterlichkeit" und der damit assoziierten Eigenschaften zweifellos einen kritischen Impuls gegen die weitverbreitete Nicht-Anerkennung von Frauen und ihrer Arbeit; darüber hinaus war mit ihr eine politische Bindungskraft verbunden, aus der die Frauenbewegung wesentlich zehrt(e). Inzwischen liegen nach meiner Auffassung jedoch genügend Erfahrungen in der Frauenpolitik und Frauenforschung vor, die deutlich machen, daß uns eine mit bestimmten femininen „Eigenschaften" begründete Vereinheitlichung von Frauen langfristig nicht weiterbringt. Sie ist ihrer Struktur nach ideologisch und enthält eine „fixe Idee" über Frauen, die letztlich gegen Erfahrung von Widersprüchen und Differenzen immunisiert. Damit blockiert sie tendenziell eine produktive Verarbeitung jener Erfahrungen, die – wie feministische Analysen nachgewiesen haben – für den „weiblichen Lebenszusammenhang" (Ulrike Prokop) geradezu als charakteristisch gelten können (z. B. Prokop 1976; Becker-Schmidt u. a. 1983; Becker-Schmidt/Knapp 1985 und 1987).

Mich interessieren die spezifische Erkenntnis-Konstellation und der wissenschaftliche „Produktionszusammenhang", in dem solche Konzepte hervorgebracht werden. Ich gehe davon aus, daß sie sich nicht (nur) den Zufälligkeiten „spontaner Theoriebildung" und persönlicher Vorlieben verdanken, sondern daß sich systematische Gründe dafür benennen lassen, daß auch Frauenforscherinnen mit Weiblichkeitsstereotypen argumentieren.

Unter zwei Aspekten möchte ich dem nachgehen: zum einen, indem ich nach wissenschaftsimmanenten Problemen frage; zum anderen, indem ich auf das Spannungsfeld von Wissenschaft und Politik eingehe, in dem die feministische Wissenschaft steht. (...)

– Die Frauenforschung befindet sich in einer widersprüchlichen Position zwischen Tradition und Traditionsbruch. Einerseits legt sie die Facetten des Androzentrismus bisheriger Wissenschaft offen und geht in den radikalen Varianten der Kritik bis an die Wurzeln der szientifischen Erkenntnismethoden. In ihnen macht sie die Prinzipien jener Gewalt aus, der – in anderen Vermittlungszusammenhängen – Frauen wie Natur ausgesetzt sind (Woesler de Panafieu 1985; Scheich 1987; Keil 1983; Teubner 1987; Rübsamen 1983). Ich vermute, daß in der Praxis (vor allem in der empirischen Forschung) die meisten Frauenforscherinnen den Bruch mit der „herrschenden Wissenschaft" auf die Ebene der *Inhalte* konzentrieren: auf die Kritik der „blinden Flecken", „dark continents", „Leerstellen" und „Biases", die den überlieferten Bestand an „Wissen" als „männlich" ausweisen. Inhaltlich gibt es viel zu korrigieren und weitaus weniger, was übernommen werden könnte. Ein größeres Maß an Kontinuität zeigt sich auf der methodologischen Ebene. Solange Frauenforschung sich nicht separiert, sondern sich in einem historisch entstandenen Kontext als „Wissenschaft" begreift und legitimieren muß, bewegt sie sich im Rahmen der Regeln der „scientific community" und mit geringen Spielräumen nach deren Kriterien. Auch wenn sie sich kritisch und kreativ darauf bezieht, schöpft sie doch letztlich aus demselben Reservoir an Verfahrensweisen und holt sich damit alte Probleme auch in die feministischen Projekte. Eine tiefergehende Diskussion dieser heimlichen Erbschaften und ihres Stellenwerts in der Frauenforschung steht noch aus. Die Notwendigkeit einer solchen Diskussion möchte ich ansatzweise an drei Problemen verdeutlichen, die sich auf populäre Konstruktionen von „Weiblichkeit" in der feministischen Sozialwissenschaft beziehen. Es geht um Fragen „identifizierender" Begrifflichkeit, um die Möglichkeit von Generalisierung, um Probleme der Typenbildung und um den methodischen „Imperialismus" einzelwissenschaftlicher Zugangsweisen, der sich jenseits des Anspruchs auf Interdisziplinarität durchsetzt, der weitgehend Postulat geblieben ist.

– Frauenforschung bewegt sich in einem spezifischen Spannungsverhältnis von Wissenschaft und Politik. Als (zumindest dem Anspruch nach) Teil einer sozialen Bewegung will sie Gesellschaftsanalysen leisten, die der politischen Praxis, mit der sie nur selten unmittelbar zusammenfällt, Argumentationsmaterial, Anhalt und Orientierung geben. Umgekehrt empfängt die Forschung Impulse und Orientierungen aus den Problemen, die sich praktisch stellen. Als Wissenschaft ist sie genötigt, gesellschaftliche Wirklichkeit in all ihrer Komplexität auszuloten. Das heißt, gegebenenfalls auch solche Tatbestände sehen und als Realität anerkennen müssen, die nicht ins politische Konzept passen. Als *kritische* Gesellschaftswissenschaft ist sie auf die bedachte Aneignung von Erkenntnistraditionen angewiesen, die sich als Opposition zum bloß legitimatorischen Ordnungsdenken verstanden, das die Entwicklungsgeschichte der Gesellschaftswissenschaften begleitet (Negt 1974). Ein wichtiges Erbe, das sie hier angetreten hat, sind die ideologiekritischen und dekonstruktiven Verfahren, die in derartigen Traditionen ausgebildet wurden. Ihnen ist – bei aller Unterschiedlichkeit der bevorzugten Gegenstände und Zugangsweisen – das Moment des „Negativen", des „Nicht-Positivierens", des Offenhaltens gemeinsam.

Frauenforscherinnen in der Bundesrepublik beziehen sich inzwischen zum einen auf die feministischen Weiterentwicklungen strukturalistischer Ansätze, der Lacanschen Psychoanalyse und der Semiotik in Frankreich (etwa Irigaray, Kristeva, Cixous). In den Sozialwissenschaften spielt jedoch das Anknüpfen an die dialektische Tradition der „Kritischen Theorie" eine herausragende und zunehmend deutlicher werdende Rolle.

Das dialektische „Vermittlungsdenken", das nach dem Prinzip der bestimmten Negation verfährt, gilt (was immer bei Hegel daraus wird) als das
anti-ontologische Denken schlechthin. Als historisches und gesellschaftlich-
konkretes Denken ist es auf Tendenzen aus, auf die Bestimmung von „Kräften und Gegenkräften" (Horkheimer) in den gesellschaftlichen Verhältnissen
und den Subjekten.[2] Nach meiner Überzeugung kann feministische Gesellschaftstheorie auf die Sprengkraft solchen konflikttheoretisch orientierten
negativen Denkens nicht verzichten – dies gilt auch für die Konstruktionen
von Weiblichkeit, mit denen sie argumentiert. Als kritische *empirische*
Wissenschaft ist sie aufgefordert, in diesem Sinne „Kräfte und Gegenkräfte"
zu *konkretisieren*. Dabei wird sie in der Regel soziale Gegebenheiten mit
wissenschaftlichen Instrumentarien untersuchen, deren bornierte Logizität sie
kennt und kritisiert. Sie muß diese Spannung austragen, und dabei so weit es
geht vermeiden, die untersuchten „Sachverhalte" nach den Maßgaben der
Methode zu fixieren. Für dieses Kunststück eines dialektischen Verhältnisses
von Theorie und Empirie gibt es nicht viele Vorbilder.

Diese Erkenntnis-Konstellation wird zusätzlich kompliziert durch die *poli-
tisch-praktische* Verpflichtung der Frauenforschung. Ich gehe davon aus, daß
mit dem politischen Anspruch der Umsetzbarkeit ein „Positivierungsdruck"
verbunden ist, der sich bis auf die Ebene der Analyse durchsetzen kann. Er
nötigt dazu, die kritische Praxis des Negativen an bestimmten Punkten aufzugeben, Vermittlungen durchzuschneiden und sich „konstruktiv" zu betäti-
gen – mit entsprechenden theoretischen und methodischen Konsequenzen.
Diese Schwelle – die an der Kritik „konstruktiv" zu werden versucht, eigene
Utopien entwirft und sich auf politisches Handeln bezieht – halte ich zur Zeit
für die größte Herausforderung an die feministische Wissenschaft (und
Politik). An dieser Schwelle finden sich die zahlreichen Umschlagspunkte
von Wissenschaft in Ideologie, an ihr zeigt sich aber auch die Notwendigkeit
gesellschaftlich-historischer Konkretion.

Der Positivierungsdruck, von dem die Rede war, äußert sich in verkehrter
Form selbst noch in den Differenzierungstabus, auf die wir häufig stoßen,
wenn aus Gründen politischer Entschiedenheit klare Freund-Feind- oder
Täter-Opfer-Verhältnisse bezeichnet werden sollen.

Wieviel analytische Differenzierung verträgt politische Radikalität, wieviel Positivierung verträgt eine kritische Wissenschaft von Frauen für Frau-
en? Folgende Eindrücke möchte ich zur Diskussion stellen: in besonders
radikal erscheinenden und deshalb für viele Feministinnen attraktiven Konzepten wird tendenziell die Spannung zu Ungunsten der Differenzierung
gelöst. Dem kann – wenn es sich nicht blind, durch die Logik von Ansatz
und Methode hindurch vollzieht – nur eine politische Entscheidung zugrundeliegen, keine analytische Notwendigkeit. Wenn die Ebenen von Wissenschaft und Politik ineinander verschwimmen, können wir nicht mehr
erkennen, von welcher „Realität" in den Analysen die Rede ist. Damit wer-

den wir tendenziell in die Position von Gläubigen versetzt, die sich nur noch dogmatisch auf das beziehen können, was ihnen als Realität vorgehalten wird.

Bei den populär gewordenen Weiblichkeitskonzepten gibt es – so nehme ich an – eine Korrespondenz zwischen dem politischen Positivierungsdruck bzw. Identifikationsbedürfnissen und den wissenschaftlichen Ansätzen und Ableitungsverfahren, über die sie begründet werden. Beide bedingen einander zwar nicht, aber legen sich wechselseitig nahe. Eine (selbst-)kritische Untersuchung der Konstruktionsprinzipien solcher Konzepte müßte das jeweilige Zusammenspiel von politischer Perspektive, theoretischem Ansatz und methodischem Vorgehen im Detail beleuchten, um alte Fehler vermeiden zu lernen. Der konstitutive Zusammenhang von „Erkenntnis und Interesse" (Habermas) betrifft ja nicht nur die herrschende Wissenschaft, die ihn hinter Objektivitätspostulaten verbirgt; er gilt auch – und dies haben Feministinnen immer wieder thematisiert (u. a. Freeman 1974; beiträge zur feministischen Theorie und Praxis 11/1984) – in der Frauenforschung. Ich plädiere keinesfalls dafür, ihn aufzulösen – das käme entweder einer voluntaristischen Illusion oder dem Appell zur Selbstaufhebung von Frauenforschung gleich. Ich denke allerdings, daß wir die oben skizzierten Konfigurationen radikaler reflektieren müssen, wenn Frauenforschung an dem Anspruch festhält, emanzipatorische Wissenschaft zu werden und nicht Produktionsstätte „alternativer" Ideologien.

Aspekte der „Ikonisierung" des Weiblichen

In den Texten von Philosophen finden sich bis ins 19. Jahrhundert hinein immer wieder Notizen über eine gewisse Gleichförmigkeit von Frauen. Sie seien wenig voneinander unterschieden, undifferenziert – im Gegensatz zur entfalteten männlichen Individualität (Hinweise darauf: u. a. Bennent 1985; Loyd 1985; Klinger 1986). Solche Beobachtungen spiegeln den vielbeschworenen „männlichen Blick", der in Frauen nur „DIE FRAU" erfaßt als abstraktes Idol männlicher Wünsche und Ängste – sie enthalten darüber hinaus auch Reflexe einer objektiven Wirklichkeit, indem sie sich auf die Asymmetrien in der gesellschaftlichen Organisation des Geschlechterverhältnisses (legitimatorisch) beziehen.

Auch Feministinnen konstatieren heute fehlende Verschiedenheit von Frauen, meinen das aber strukturell.[3] Die „Ähnlichkeit" von Frauen ist eher die ihrer Lebenslage und der damit verbundenen Identitätszwänge[4], nicht Ausdruck ihrer Subjektivität oder ihrer persönlichen Potentiale. Sie verdankt sie Machtverhältnissen, die Frauen Gleichwertigkeit, Gleichrangigkeit und Gleichwirklichkeit verweigern:

„In diesen drei Dimensionen – Gleichwertigkeit, Gleichrangigkeit und Gleichwirklichkeit – vollzieht sich die Deklassierung des Weiblichen quer durch die gesamte gesellschaftliche Hierarchie. Innerhalb jeder sozialen Klasse gibt es noch einmal eine Unterschicht: die Frauen. Und neben den herrschenden Formen der Gewalt bedrängt eine ausschließlich sie: der Sexismus." (Becker-Schmidt 1987, S. 191)

Der Blick auf die topographische Karte unserer Gesellschaft läßt die Resultate dieser Deklassierung gut erkennen: unseren Ort in der Arbeitsteilungsstruktur, unser Segment im Spektrum gesellschaftlich nützlicher (und unnützer) Tätigkeiten, unseren Platz im Parkett unter den Rängen der Ökonomie und in den Hierarchien der symbolischen Ordnung. Der Status Quo zeigt von hier aus gesehen eine beeindruckende Logizität, seine Statik erscheint solide. Die Frau, die in diese Landschaft passen und sie unverändert lassen würde, trüge nichts als die stereotyp charmanten Züge liebenswerter Weiblichkeit, Einfühlsamkeit und Duldsamkeit; die anschmiegsame soziale Charaktermaske, die uns *zugedacht* ist und verpuppt.

Wenden wir uns, um die Unterschiede zu erkennen, von der Ideologie der Weiblichkeit und der auf sie verwiesenen Topographie des Geschlechterverhältnisses ab und einander zu. Wenn wir uns selber, unsere Schwestern, Mütter, Tanten, Großmütter, Freundinnen und Kolleginnen in Wirklichkeit ansehen und erleben, ist es recht bald aus mit dem schönen Frauenzimmer. Christina Thürmer-Rohr (1987) hat schon gewußt:

> „Einfach nur schön sind alle diese Eigenschaften nur als Abstrakta. Das schöne Mitgefühl z. B., die Sensibilität, die Aufmerksamkeit, die Liebes- und Opferfähigkeit sind keine beziehungsunabhängigen Konstanten. An welchem Ort werden sie präsent? Wem dienen sie, wem nutzen sie, wer mobilisiert sie? Wem gegenüber versagen sie, brechen sie? Wem gegenüber kehren sie sich in ihr Gegenteil? (1987, S. 118)

Die Reihe von Fragen verlockt zur Fortsetzung: was an uns ist denn eigentlich „weiblich", und: sind Frauen nichts als „weiblich"? Was ist „weibliche" Identität über das Bewußtsein der Geschlechtszugehörigkeit hinaus? Eignet jeder Frau die weibliche „Beziehungslogik" (Gisela Erler)? Wie weiblich ist der „Gegenstandsbezug" (Maria Mies) von Frauen? Gibt es „Gegenstandsbezüge" bei Frauen? Wie weiblich ist das „Arbeitsvermögen" (Elisabeth Beck-Gernsheim, Ilona Ostner u. a.) von Frauen – wieviel „Unweibliches" hat darin Platz? Wer bestimmt, was „unweiblich" ist? In welchem Interesse? Ist jede Frau „mütterlich"? Ist jede Mutter „weiblich"? Sind Mütter nichts als „mütterlich"? Wie „männlich" ist dann ein Vater, wie „väterlich" ein Mann? Offensichtlich gibt es in den Konstruktionen des Weiblichen und Männlichen Probleme mit der Verallgemeinerung von Besonderheiten. Schauen wir uns das näher an. Feministische Frauenforschung – jedenfalls die, um die es hier geht – bezieht sich in der einen oder anderen Weise auf die marxistische Theorie bzw. auf eine historisch-materialistisch orientierte Soziologie.

Dies wird in den Begriffen deutlich, die sie verwendet, aber auch in den Strukturanalysen unserer Gesellschaft, auf die sie sich beruft. Es gibt einen systematischen Punkt, an dem diese Herkunft aus der kritischen Gesellschaftstheorie ziemlich regelmäßig vergessen zu werden scheint: immer dann, wenn Aussagen über die *Frauen* gemacht werden, erscheint ein merkwürdig geschöntes, entsexualisiertes und lebloses Bild der „Frau/Mutter" (Luce Irigaray).

Diese „Ikonisierung" von Frauen kommt zustande durch drei (wie ich meine) methodische Fehler:

- durch den methodischen Imperialismus in der Universalisierung/Globalisierung der Kategorie „Frau", die zu weltumspannenden Aussagen über „die Frau" verleitet und mit ahistorischen Begründungen operiert;
- durch eine Idealisierung, die entsteht, wenn „die Frau" abgehoben, kontextunabhängig dargestellt wird. Das betrifft sowohl die Frage nach ihrem „Gewordensein", der Entwicklungs- und Verkümmerungsgeschichte ihrer subjektiven Potentiale, als auch ihr aktuelles Eingebundensein in eine doch ebenfalls weder konfliktfreie noch heile Lebenswelt;
- und durch einen Positivismus, der nur das für real hält, was sich realisiert und damit Träume, verhinderte Projekte, brachgelegte Fähigkeiten, verschwiegene Motive nicht zum Vermögen der Subjekte rechnet. Dem entspricht ein bloß „Tatsachen" registrierendes Denken, das dazu verführt, vom Wirklichen auf das Mögliche zu schließen, etwa von der Arbeit, die geleistet wird, auf das subjektive „Arbeits*vermögen*". Als sei das, was Menschen unter den Strukturbedingungen geschlechtlicher und kapitalistisch-industrieller Arbeitsteilung faktisch tun (z. B. die Hausarbeit der Hausfrau) identisch mit dem, was sie tun könnten (wenn man sie ließe).

In allen drei Sichtweisen (Universalisierung, Idealisierung, Positivierung) geschieht ein Gleiches: Entwirklichung durch Abstraktion. Abstraktion von Geschichtlichkeit, Abstraktion von konkreter gesellschaftlich-kultureller Einbindung und Abstraktion von Möglichkeit, das heißt auch: Abstraktion von Widerstandspotentialen und Veränderung.

Diese „Entwirklichung durch Abstraktion" ist ein Strukturprinzip von Generalisierungen und damit ein Problem, dem wir grundsätzlich nicht ausweichen können, solange wir raum- und zeitüberspannende Aussagen im „Mehrzahlbereich" machen wollen. Wir sollten uns aber die methodischen Implikationen solchen „Abhebens" bewußt machen, besonders wenn es um gesellschaftliche Sachverhalte geht.

Schon unsere feministischen Großmütter haben sich mit der politischen Logik der „Versämtlichung" (Hedwig Dohm) von Frauen auseinandergesetzt. Hedwig Dohm, indem sie Weiblichkeitsnormen als Medien der „gewalttätigen Gleichformung" untersucht; Rosa Mayreder (1905, S. 15), indem sie ihre methodologischen Prinzipien beschreibt. In ihrer „Kritik der Weiblichkeit" problematisiert sie die „generalisierende Methode", die mit Allgemeinbegriffen operiert, als ob man ein allgemeines „metaphysisches Realwesen" bestimmt hätte, „das in jedem Mann und jedem Weibe zur Erscheinung kommt".

Die inhaltlichen Bezugspunkte derartiger Verallgemeinerungen sind heute zum Teil andere, als die von Rosa Mayreder angesprochenen; ihre Konsequenzen für die Konstruktion des „Gegenstandes" – in unserem Falle die Bilder feministischer Wissenschaftlerinnen von „Frauen" – sind ähnlich.

An zwei in der Frauenforschung und Frauenbewegung besonders populär gewordenen Ansätzen will ich das illustrieren. Das Konzept vom „weiblichen Arbeitsvermögen", das Ende der siebziger Jahre von Ilona Ostner und Elisabeth Beck-Gernsheim formuliert wurde und Maria Mies' Entwurf eines „weiblichen Gegenstandsbezugs", den sie 1980 vorstellte.[5] Wenn auch unterschiedlich begründet, so heben doch beide ähnliche Spezifika eines „weiblichen" Umgangs mit Realität hervor. Stichworte, die das „weibliche Arbeitsvermögen" und den „weiblichen Gegenstandsbezug" charakterisieren sollen, sind: „Empathie", „Intuition", „Personenorientierung", „Kontextbezogenheit", „Kooperatives Verhältnis zu Natur" u. ä. (...)

Der Begriff „weibliches Arbeitsvermögen" suggeriert eine Aussage über das ganze Arbeitsvermögen von Frauen. Faktisch begrenzt er aber das, was er an Potentialen in den Blick nimmt, auf das, was als spezifisch weiblich gilt, weil es (so wird unterstellt) Frauen von Männern unterscheidet. Fähigkeiten, die in unserer Kultur als „männlich" gelten und solche, die außerhalb dieses Definitionsbereiches liegen, sind im Begriff „weibliches Arbeitsvermögen" nicht repräsentiert. Damit ist er *reduktionistisch*. Er reduziert Frauen auf etwas, was sie nicht oder nicht nur sind oder unter Umständen nicht (nur) sein wollen, bzw. unter den gegebenen Umständen nicht sein *können*. In diesem Vorgang des „Identifizierens" von „Weiblichem" ist eine Denkbewegung am Werk, die „Ordnung" im Geschlechterverhältnis schafft: durch Ausschluß des „Anderen" und Festlegung auf ein mit sich „Identisches".[6]

Diese Definition (de-finieren heißt auch: verendgültigen) geht einher mit der oben beschriebenen „Entwirklichung" durch Abtrennung von Kontexten, in denen sich Arbeitsvermögen konstituiert und praktisch wird. Die Kategorie erzeugt einen Schein von Widerspruchsfreiheit im Subjekt und in den gesellschaftlichen Verhältnissen und bekommt damit ideologischen Charakter.

Nun hat Ilona Ostner in ihrer Fassung des „weiblichen Arbeitsvermögens" darauf hingewiesen, daß es sich um eine idealtypische Konstruktion im Weberschen Sinne handelt. Max Weber erläutert den Idealtypus als „Gedankenbild", das bestimmte

„Beziehungen und Vorgänge des historischen Lebens zu einem in sich widerspruchslosen Kosmos gedachter Zusammenhänge (vereinigt). Inhaltlich trägt diese Konstruktion den Charakter einer Utopie an sich, die durch gedankliche Steigerung bestimmter Elemente der Wirklichkeit gewonnen ist ... Er ist nicht eine Darstellung des Wirklichen, aber er will der Darstellung eindeutige Ausdrucksmittel verleihen." (Weber 1973, S. 234)

Dies (ohnehin nicht unproblematische, aber von Weber sehr skrupulös begründete) methodische Prinzip ist von Ilona Ostner letztlich nicht ernstgenommen worden, jedenfalls nicht, was seine Grenzen betrifft: sie benutzt es aus Gründen der *Darstellungslogik,* argumentiert aber *konstitutionslogisch.* Das heißt: über historische und sozialisationstheoretische Argumente versucht sie, den „gedachten" widerspruchsfreien Typus zu einem „wirklichen" zu machen. Letztlich überträgt sie die Logizität des Modells auf die „Sache" selbst – und begeht damit den Fehler, den Adorno der positivistischen Wissenschaft ankreidet: „ ... eine Sache durch ein Forschungsinstrument zu untersuchen, das durch die eigene Formulierung darüber entscheidet, was die Sache sei" (1972, S. 201).[7]

In der Rezeptionsgeschichte des Konstrukts hat sich diese Unklarheit gerächt: das „weibliche Arbeitsvermögen" wurde und wird als Substanzaussage über Frauen und ihre Eigenschaften gelesen, nicht als Idealtypus, der per definitionem für Widersprüchliches und Widerspenstiges keinen Raum läßt. Sicherlich wäre es ungerecht, die Trivialisierung, die das Konzept in der Rezeption erfahren hat, der Autorin anzulasten, die damit einmal wichtige Impulse in die Frauenforschung und Berufssoziologie eingebracht hat. Ich denke jedoch, daß seine Konstruktion einer derartigen Rezeption entgegenkommt. Durch die Subsumtion des Arbeitsvermögens von Frauen unter die Bestimmung „weiblich" verdeckt der Begriff ein gesellschaftliches Skandalon und wird legitimatorisch. Am Begriff der „Ware Arbeitskraft" läßt sich das leichter verdeutlichen. Er verweist auf den Skandal, daß Menschen „wie Waren" behandelt werden; das ist etwas anderes, als würde behauptet, daß die Subjekte nichts als Ware *seien.* An der Differenz ist festzuhalten, in ihr liegt die Bedingung der Möglichkeit des Einspruchs.

Die subjektiven Potentiale oder das Arbeits*vermögen* von Frauen können mit der Bezeichnung „weiblich" nicht vollständig und angemessen erfaßt werden. Allerdings läßt sich im gesellschaftlichen Zugriff auf ihre Arbeitskraft (mit konjunkturellen Schwankungen) ein spezifisches „Interesse" identifizieren, Frauen über das Kriterium „Weiblichkeit" zu „definieren", um ihnen den entsprechenden Platz und Rang zuzuweisen. Dieses „Interesse" ist ein Zusammengesetztes, in ihm vermitteln sich betriebswirtschaftliches Kalkül und außerökonomische (patriarchale) Deutungsmuster in unterschiedlichen Legierungen. In der Analyse müssen die jeweiligen Ebenen unterschieden werden, da ihre „Einzugsbereiche", die *Realität,* die sie erfassen, nicht deckungsgleich sind.

Es geht also nicht darum, bestimmte Formen historischer „Spezialisierung" von Frauen und Männern zu leugnen, sondern darum, sie nicht aus dem realen Widerspruchszusammenhang zu reißen und Teilaspekte als isolierte zu positivieren. Wir haben es mit einem soziosymbolischen und materiellen *Zusammenhang* zu tun, der mit Festlegung und Ausgrenzung assoziiert ist: Besonderung und Vereinseitigung, Ausgrenzung und Diskriminierung bilden in der Realität von Frauen ein (noch) unaufgelöstes Ganzes. Das läßt niemanden ungeschoren. Frauen reagieren ambivalent auf die Wechselbäder, die ihnen die Gesellschaft beschert, indem sie in unterschiedlichen Erfahrungsbereichen mal als Besonderes, mal als Minderes, mal als Anderes „gespiegelt" und behandelt werden. Oft erleben sie diese leidige Dreifaltigkeit auch simultan, in changierenden Situationen. Und: in ihnen selbst, ihren subjektiven Potentialen, ihrer Selbstwahrnehmung und den Selbstbildern „als Frau" finden sich die nach innen genommenen Abdrücke dieser widerspruchsreichen Realität. Es ginge also eher darum, diese Vermittlungszusammenhänge auszuloten und zu begreifen, anstatt eine Gruppe von Eigenschaften für „das Ganze" auszugeben.

Begriffe wie „Weiblichkeit", „Mütterlichkeit" und „weibliches Arbeitsvermögen" können, wie deutlich geworden sein sollte, immer nur partikulare Aussagen über Frauen enthalten; sie suggerieren aber Allgemeingültigkeit („... alle Frauen sind ...") und Notwendigkeit („... jede Frau sollte ...") bestimmter Eigenschaften. Das macht ihren präskriptiven Charakter aus. Durch die Verkoppelung von Allgemeinheit und Notwendigkeit mit bestimmten Eigenschaften erzeugen sie jenen ontologischen Schein, mit dem schon immer die Widersprüche verschleiert wurden, in und mit denen Frauen leben müssen und die in ihnen leben.

Ein anderes Beispiel für „Entwirklichung" ist Maria Mies' Konzept vom „weiblichen" und vom „männlichen" Gegenstandsbezug. Spielt in Ilona Ostners Konstruktion die Logik der Typenbildung eine wichtige formative Rolle, so sind es hier andere Formen der Abstraktion, die zu einem vergleichbaren Resultat führen. Maria Mies hat ihre Überlegungen in guter Absicht gegen eine biologistische Sicht vor allem der Tätigkeit von Frauen geprägt. Sie sucht nach einem „materialistischen Begriff" von Frauen und Männern, nach einem Begriff von ihrer „menschlichen Natur", die „Resultat der Geschichte der Interaktion der Menschen mit der Natur und miteinander ist" (Mies 1980, S. 168). Sie will den Bezug der Geschlechter zur Natur in der Tradition von Marx über ihre „Praxis" bestimmen und unterscheidet dabei eine „materiell körperliche" und eine, wie sie sagt, „historische Dimension" (ebd., S. 173). Zusammenfassend charakterisiert sie den „Gegenstandsbezug der Frauen" wie folgt:

> „a) Ihre Interaktion mit der Natur ist ein reziproker Prozeß. Sie verstehen ihren eigenen Körper als produktiv, wie sie Natur auch als produktiv verstehen und nicht nur als Materie für ihre Produktion.

b) Obwohl sie sich die Natur aneignen, führt diese Aneignung doch nicht zu Eigentums- und Herrschaftsbeziehungen. Sie verstehen sich weder als Eigentümerinnen ihrer Körper noch der Natur, sondern kooperieren vielmehr mit den Produktivkräften ihrer Körper und der Natur zur Produktion des Lebens.

c) Als Produzentinnen neuen Lebens werden sie auch Erfinderinnen der ersten Produktionswirtschaft. Ihre Produktion ist von Anfang an soziale Produktion und beinhaltet die Schaffung sozialer Beziehungen, das heißt die Schaffung von Gesellschaft." (ebd.)

Frauen hätten danach aus der Erfahrung des weiblichen Körpers und seiner Produktivität sowie der Mutter-Kind-Beziehung als „Schaffung von Gesellschaft" ein kooperatives, soziales, mimetisches Verhältnis zur Natur.

Vorweg: Ich teile die Prämisse, daß es einen Unterschied macht, ob man in einem weiblichen oder einem männlichen Körper „in der Welt" und in Gesellschaft ist; wie sich allerdings dieser Unterschied kulturell konkretisiert, wie er im Bereich des Imaginären sich ausspinnt und welches Gewicht der Morphologie des Körpers in der Ausgestaltung von Selbst- und „Welt"-Erfahrung zukommt, das kann – wenn überhaupt – nur annäherungsweise und spekulativ ausgelotet werden. Dazu bedürfte es der Integration von Einsichten verschiedener Einzeldisziplinen von der Geschichtswissenschaft und der Kulturanthropologie bis zur Psychoanalyse – mit offenem Ausgang.

Die Substantialisierung von bestimmten Körpererfahrungen („Produktivität") und Interaktionserfahrungen in einem, „weiblichen Gegenstandsbezug", wie sie Maria Mies vornimmt, halte ich für problematisch: zum einen, weil sie implizit von einer Austauschbarkeit oder Beliebigkeit der Gegenstände ausgeht, auf die sich Frauen beziehen, zum anderen, weil sie trotz gegenteiliger Beteuerung eine übergeschichtliche Konstante im Verhältnis Körper-Natur zugrundelegt.

Das wird ausgerechnet an der Stelle deutlich, an der Maria Mies versucht, das Moment geschichtlicher Veränderung in ihr Modell zu integrieren:

„Der weibliche Gegenstandsbezug zur Natur, wie er sich im Verlauf der Geschichte herausgebildet hat und wie er materiell immer gegeben ist, wurde unter der Einwirkung des patriarchalen Zivilisationsprozesses verändert, so daß die meisten Frauen heute das Bewußtsein ihrer eigenen Produktivität, die nach wie vor besteht, verloren haben." (ebd.)

Die Argumentation ist verworren: Da ist einerseits die Rede von einem – durch spezifische Merkmale charakterisierten – „weiblichen" Bezug zur Natur, der sich im Laufe der Geschichte herausgebildet haben soll: weiblicher Gegenstandsbezug also als Resultat geschichtlicher Entwicklung. Gleichzeitig soll er aber „materiell immer gegeben sein". Wer – der weibliche Gegenstandsbezug, der sich geschichtlich doch erst konstituiert? Oder die Konstellation weiblicher Körper-Mutter-Kind, die (so abstrakt genommen) höchst immateriell erscheint. Die Veränderung des einerseits immer

Gegebenen und andererseits historisch sich Entwickelndem „unter der Einwirkung des patriarchalen Zivilisationsprozesses" führe zu einem Verlust des
Bewußtseins der eigenen Produktivität, die nach wie vor besteht. Ist der
„weibliche Gegenstandsbezug" mit dem Bewußtsein davon verschwunden,
obwohl er praktisch materiell immer gegeben ist? Ist die praktisch-materielle
Seite ungeschichtlich und die Geschichte nur die Frage des Bewußtseins von
einer Praxis? Die Widersprüchlichkeit der Argumentationsfigur, die einen
spezifisch weiblichen Gegenstandsbezug durch die Geschichte retten will, in
der er sich zugleich konstituiert und verlorengeht, ist offensichtlich.

Schon die Körpervorstellung, die Maria Mies implizit zugrundelegt, kann
infrage gestellt werden. Sie erscheint wie eine Rückprojektion des modernen
Körperbildes unserer Zeit in die ferne Vorgeschichte. (...)

Wie sollen wir epochenübergreifende Aussagen über „Produktivitätserfah-
rungen" von Frauen mit ihrem weiblichen Körper treffen können, wenn wir
kaum etwas darüber wissen, wie Frauen in lange vergangener Zeit *sich*
erfuhren; und zum anderen der „Körper" als etwas Eigenständiges, Indivi-
duelles, von kosmologischen Zusammenhängen abgetrenntes vielleicht
überhaupt noch nicht existierte? Die schlichte materielle Konstellation, in der
Frauen nach Maria Mies' Skizze in Stammesgesellschaften gearbeitet, Kinder
geboren und ernährt haben, reicht nicht hin, um Aufschluß über ihr Natur-
verhältnis und ihren „Gegenstandsbezug" zu geben.

Ohne Kenntnis der jeweiligen kulturellen und symbolischen Einbindung
dieser Praxis, ihre Bedeutung und Deutung, können wir über einen „Gegenstandsbezug" von Menschen nichts sagen – die Aussage bleibt im schlechten
Sinne abstrakt.

> „Alles wäre einfach, wenn das Denken sich darauf beschränkte, die Gesell-
> schaft wiederzuspiegeln, zu repräsentieren, aber alle Schwierigkeiten der
> wissenschaftlichen Analyse des ideellen Teils des Realen rühren daher, daß
> das Denken die Gesellschaft nicht nur repräsentiert, sondern selbst Gesell-
> schaft produziert. In eben dieser Perspektive muß man Ideen analysieren, die
> sich eine Gesellschaft vom Körper macht, sowie die Reden, die sie nicht nur
> über den Körper des Mannes und den der Frau, sondern mit Hilfe ihrer Kör-
> per hält." (Godelier 1987, S. 303)

Auch dieses Beispiel zeigt die Problematik zeit- und kulturübergreifender
Inhaltsaussagen über geschlechtsspezifische Gegenstandsbezüge, die zu
Verallgemeinerungen kommen, weil sie von enthistorisierten und entkontextualisierten Bezugspunkten ausgehen. Dieser Logik der Verallgemeinerung korrespondiert bei Maria Mies ein spezifischer theoretischer Zugang,
den sie „materialistisch" nennt. Nach meiner Auffassung ist er das nur in
einem sehr verkürzten Sinne und fällt letztlich hinter viele Diskussionen der
sechziger und siebziger Jahre zurück, die dem materiellen Gehalt soziosymbolischer Repräsentationssysteme, Imaginationen und Phantasmagorien
galten.

Es war Rosa Mayreder (1905, S. 199), die um die Jahrhundertwende den denkwürdigen Satz schrieb: „Man wird erst wissen, was die Frauen sind, wenn ihnen nicht mehr vorgeschrieben wird, was sie sein sollen."

Ich lese diesen Satz nicht als Aussage über eine Realität, die irgendwann einmal einträfe, sondern als heuristisches Prinzip, als Erkenntnisposition und Aufforderung zum Differenzieren: Seid zurückhaltender und bedachter mit definitorischen Verallgemeinerungen über Frauen; lernt stattdessen, Aussagen über Verhaltenserwartungen, Normen, Identitätszwänge und Verhaltensbeschränkungen zu unterscheiden von Aussagen darüber, was Frauen und Männer als Subjekte und Objekte unserer Realität, als Vergesellschaftete und Individuierte wirklich sind – oder sein könnten; und wählt eine Begrifflichkeit, die Differenzierungen auszudrücken erlaubt.[8] Die gängigen „Frauen sind"-Aussagen und auch die „Frauen sind nicht"-Aussagen erzählen – selbst wenn sie auf Momente von Empirie verweisen können – nicht einmal Halbwahrheiten; sie verbreiten affirmativ die Lüge von Identität in einer Gesellschaft, die wirkliche Identität dauernd verhindert.

Ich denke, daß wir uns im Zuge einer (notwendigen) Weiterentwicklung feministischer Theorie von einigen liebgewordenen Topoi werden trennen müssen, die die Diskussion in den ersten fünfzehn Jahren Frauenforschung bei uns bestimmt haben. Besonders ambivalent ist im Kontext feministischer Wissenschaft die Inanspruchnahme eines „Weiblichen" oder „Mütterlichen". Anstatt mögliche oder vermeintliche Unterschiede zwischen Frauen und Männern auf der Ebene von *Eigenschaften* hochzustilisieren und zu fixieren, plädiere ich für eine Frauenforschung, die die Differenz zwischen Frauen ebenso ernst nimmt wie ihre Ähnlichkeit, die beides zu unterscheiden weiß von der Uniformität, die Resultat von Deklassierung ist und die sich perspektivisch für die Vielfältigkeit von Frauen offenhält.

Das bedeutet: auf Konzepte zu verzichten, oder zumindest ihre problematischen Seiten stärker zu bedenken, die die Kategorien „Frau" und „Mann" *inhaltlich* fassen und universalisieren. Gegenüber den rassistischen Implikationen solcher Ansätze sind wir inzwischen etwas sensibler geworden; die Indifferenz gegenüber Klassenunterschieden zwischen Frauen ist nach wie vor verbreitet.

Um die Wirklichkeit von Frauen im Rahmen der gegenwärtigen gesellschaftlichen Form des Geschlechterverhältnisses auszuloten, bedarf es theoretischer Instrumente, die fein genug sind, die Unterschiede in der Ähnlichkeit und Umgekehrtes wahrzunehmen. Es bedarf solcher Konzepte, die nicht aus den Fugen geraten, wenn sie mit mehrdeutiger Realität konfrontiert sind; es bedarf einer Gesellschaftstheorie, die uns in die Lage versetzt, Ungleichzeitigkeiten und Widersprüche zu begreifen, die die objektive Situation von Frauen konstituieren. Das schließt den Blick über die Grenzen unserer Gesellschaft hinaus mit ein.

Und wir brauchen eine Theorie weiblicher Subjektivität, die es schafft, die Beziehung von Identischem und Nicht-Identischem „in uns" und zwischen uns in all ihrer Konflikthaftigkeit zu erhellen. Es geht ... um „eine Theorie des weiblichen Subjekts", „mit der nicht die Definition des weiblichen Wesens gemeint ist, sondern der Entwurf seiner Möglichkeit unter der Prämisse der Vielfalt, Heterogenität und Differenz sowie des Eigen-Sinns" (Feministische Studien 11/1985, S. 6).

Nach meiner Überzeugung könnte eine besondere Qualität feministischer Wissenschaft in der Kritik an einem bloß unter Allgemeinbegriffe subsumierenden, definitorischen, entkontextualisierenden Vorgehen bestehen. Gerade weil wir wissen *könnten,* was Abstraktion heißt (die an uns – etwa im Sexismus – immer wieder real vollzogen wird), weil wir wissen *könnten,* was ideelle und rohe Gewalt, was Trennung vom Kontext heißt, könnte sich hier im Anknüpfen an Erfahrung wirklich etwas Spezifisches entwickeln und weiterentwickeln.

Das Spezifische bestünde nicht in feministischen Neudefinitionen unserer Selbst, unserer Arbeit, unserer Eigenschaften usw., solange sie nur die überkommenen Vorzeichen und Wertungen durch uns genehmere ersetzen, sondern in der Anstrengung der Kritik, der Arbeit der „bestimmten Negation" (Hegel/Marx), im langen Atem des „Offenhaltens", des Aushaltens von noch Ungewissem und in der ausschweifenden und doch disziplinierten Erkenntnislust. Mir ist bewußt, daß das eine Gratwanderung ist: auch das Nichtfestlegen kann zur methodologischen Attitüde gerinnen, wie Sigrid Weigel (1984, S. 196ff.) mit Bezug auf Derrida zeigt, der das Weibliche als Metapher für das Nichtfestlegbare einsetzt.

In den Gesellschaftswissenschaften haben wir jedoch eine besondere Chance zur *Konkretisierung*; der „Gegenstand" unserer Analyse ist – und das bewegt uns – aufdringlich genug. Das „Offenhalten" von Aussagen über „Weiblichkeit" als methodische Maxime sollte sich inhaltlich verbinden mit dem Versuch zu radikaler Kontextualisierung und Differenzierung. Das brächte auch die Analysen in Bewegung.

Mit dem Plädoyer für mehr Rücksicht auf Komplexität möchte ich weder Bedürfnisse nach Eindeutigkeit abwerten, die zweifellos ihren Ort und ihre Zeit haben, noch die wichtigen Versuche der frühen Frauenforscherinnen in unseren Tagen, klare Schneisen der Orientierung in die Dickichte des Biologismus und der männerzentrierten Theorien zu schlagen. Gleichwohl meine ich: es ist an der Zeit, radikaler zu denken – auch im Sinne radikaler Selbstreflexion und Ideologiekritik.

Den Problemen, auf die wir dabei stoßen, will ich – zunächst am Beispiel des Begriffs vom Patriarchat – noch ein Stück weit nachgehen.

Zur Radikalität des Differenzierens

Die Notwendigkeit der Entwicklung historisch differenzierter Konzepte der Patriarchatskritik ist in der Frauenforschung immer wieder betont worden, einige Entwürfe dazu wurden vorgelegt.[9] Außerhalb des kleinen Kreises von Wissenschaftlerinnen, die in diesem Feld arbeiten und sich auskennen, ist dagegen ein Begriff vom „Patriarchat" populär, der unausgeführt und grob ist. Er verweist eher auf die Existenz eines Problems, anstatt ein Mittel zu seiner Analyse zu sein. Karin Hausen (1986) hat deshalb vor einiger Zeit im „Journal für Geschichte" den Begriff des „Patriarchats" noch einmal grundsätzlich diskutiert und dabei „Nutzen und Nachteile" dieses Konzepts untersucht. Als politischer Kampfbegriff ist die Rede vom „Patriarchat" unbestreitbar zentral gewesen bei der Mobilisierung von Frauen und der Verständigung über die Richtung ihrer Kämpfe. Der Begriff hat, so Karin Hausen, „die polemische und politische Kraft eines Schlagwortes" – als analytisches Konzept, das Aufschluß geben könnte über die Formen männlicher Dominanz und Gewalt gegen Frauen in der Geschichte, taugt er wenig.

> „Die konkrete Aussagekraft eines Begriffs oder Konzepts wird zwangsläufig umso geringer, je breiter damit die Palette der erfaßbaren historischen und aktuellen Wirklichkeiten ist. Als universalhistorische Kategorie ist Patriarchat schon deshalb von zweifelhaftem Nutzen." (Hausen 1986, S. 19)

Dies ist sicherlich richtig für die analytische Verwendung des Begriffs. Die praktisch engagierte Feministin wird im politischen Alltag dagegen schwer auf dieses plakative Etikett verzichten können. Sie sollte es auch nicht tun – immerhin trifft der Begriff das Politikum von Herrschaft im Geschlechterverhältnis, auch wenn er nichts *erklärt*. Unübersehbar ist darüber hinaus auch die politische Bindefunktion des Konzepts, die mit einer starken *affektiven* Besetzung verbunden ist. Auf die Aufforderung, zu differenzieren – so meine Erfahrung in der Lehre und in Diskussionen in autonomen Zusammenhängen – wird daher häufig mit Angst vor Orientierungsverlust und Abwehr von Theorie reagiert. Darin zeigt sich das Spannungsverhältnis von Wissenschaft und Politik als nahezu unauflöslicher Widerspruch, vor allem mit Blick auf die Ungleichzeitigkeiten in politischen Lernprozessen von Frauen.

Die politisch engagierte Forscherin wird sich in ihrer Arbeit dieser Spannung bewußt bleiben müssen, die sie auf der Ebene der Wissenschaft nicht aufheben kann.

Norbert Elias hat in seinem wissenssoziologischen Essay „Engagement und Distanzierung" genereller über dieses Verhältnis nachgedacht. Er verweist auf die besondere Schwierigkeit für Sozialwissenschaftler, „eine größere Autonomie ihrer wissenschaftlichen Theorien und Begriffe gegenüber gesellschaftlichen Glaubensaxiomen und Idealen (die sie vielleicht teilen) zu erlangen" (1983, S. 58).[10] Er unterscheidet dabei „autonome" und „heteronome" Wertungen, die in die Analysen eingehen: „autonome" Wertungen wären diejenigen, die sich eher „immanenten" Kriterien verdanken, „heteronome" diejenigen, die auf soziale und politische Überzeugungen zurückzuführen seien.

Die Unterscheidung sei dabei weder statisch noch absolut: „Es handelt sich immer um ein höheres oder geringeres Maß, also um verschiedene Balance- und Dominanzverhältnisse der Autonomie und Heteronomie von Erkenntnissen" (ebd., S. 60).

Ich halte Elias' Blick auf das Verhältnis von Engagement und Distanzierung und die Unterscheidung von „autonomen" und „heteronomen" Wertungen für hilfreich bei der Untersuchung der Erkenntnis-Konstellation der Frauenforschung. Seine Schlußfolgerung: „Je größer das Engagement, desto größer die Neigung zu heteronomen Wertungen" (ebd.), erscheint mir jedoch mechanisch und oberflächlich. Sie unterstellt pauschal ein Kausalverhältnis zwischen „Distanziertheit" und „Autonomie" von Erkenntnis. Diese Kongruenz aber hat es noch nicht einmal in den Naturwissenschaften gegeben, wie u. a. die feministische Kritik ihrer Erkenntnismodelle gezeigt hat (z. B. Fox-Keller 1986; Merchant 1980). „Distanz" kann zwanghaft sein, eine Form der Bewältigung ungelöster Konflikte ebenso wie Ausdruck von Herrschaftsinteressen; „radikale Distanzierung" (als einer der Pole, von denen Elias spricht) und ihre methodischen Abschirmsysteme wären dann Manifestationen von Angst und Befangenheit, jedenfalls alles andere als „autonom" im Sinne von „wissenschaftsimmanent" oder „gegenstandsadäquat" (Devereux 1978).

Umgekehrt schmuggelt auch radikales Engagement nicht zwangsläufig politische Konterbande in die reine Wissenschaft. Auch hier gibt es mehrere Möglichkeiten: radikales Engagement kann den Blick auch schärfen, kann sich in Beharrlichkeit des Weiterfragens umsetzen und auf diesem Wege zu einer anders verstandenen „Autonomie" von Einsichten führen.

Die Erkenntnisdynamik und politischen Tendenzen in diesen Konstellationen lassen sich nicht aus dem Grad des Engagements der Forschenden „ableiten". Auch hier gilt es, genauer hinzuschauen.

Was hat es vor diesem Hintergrund mit dem Postulat der „Parteilichkeit" feministischer Wissenschaft auf sich, das seit den Anfangstagen der Frauenforschung zu ihrem Selbstverständnis gehört? Nach meiner Auffassung muß sein Geltungsbereich noch genauer bestimmt werden. So kann sich Parteilichkeit z. B. äußern in der Gestaltung der Subjekt-Objekt-Verhältnisse in Forschungsprozessen, was nicht zu der Konsequenz führt, daß lediglich Aktionsforschungsprojekte das Postulat einlösen – wie im übrigen auch Maria Mies in späteren Anmerkungen zu der von ihr initiierten Diskussion hervorhob. Parteilichkeit kann sich auch in der Wahl des Erkenntnisgegenstandes (z. B. Gewalt im Geschlechterverhältnis) ausdrücken; darüber hinaus ist die Parteinahme für Frauen unverzichtbarer Bestandteil des Forschungs*motivs*, das mit dem Motiv der praktischen Veränderung dieser Verhältnisse einhergeht.

Im Forschungsprozeß selber muß sie allerdings – in einem Wechselspiel von Engagement und Zurücktreten, das sich je nach Forschungstypus unterschiedlich gestaltet – erst produktiv gemacht werden: das, was wir zur Kenntnis nehmen, darf nicht durch die politische Optik vorweg bestimmt sein. Dies tangiert auch den Zusammenhang von politischer Parteilichkeit und Radikalität in diesem Feld. Die Logik entschiedenen Handelns in allen möglichen Praxisfeldern, aber auch die Logik radikaler Strategieformulierung oder der Begründung von Kampagnen, scheint in der Tat eine andere zu sein, als die des Erforschens von Komplexität, die *dann* radikal ist, wenn sie den Zusammenhängen an die Wurzel geht. Wissenschaft darf sich nicht an der Entweder-Oder-Logik solcher Politik ausrichten, sondern muß beim „Einerseits/andererseits" bleiben *können,* wenn die Realität, die sie beschreibt, eben so verfaßt ist – aber sie soll dazu beitragen, reale Widersprüche aufzuheben, indem sie die Strukturen, derer sie sich verdanken, kritisiert.

Das *gängige* Verständnis von Radikalität bleibt dagegen Polarisierungen verhaftet: Ja – nein, für – gegen, entweder – oder. Vielleicht liegt darin einer der Gründe für die Attraktivität, die sowohl dualistisches als auch ontologisierendes, „positives" Denken in der Geschichte der Frauenbewegung hatte und hat.

Dies gilt vor allem für die schlicht dualistischen Patriarchats-Konzepte und für die positivierten Ikonen von „Weiblichkeit". Beide vermitteln den Eindruck „klarer Verhältnisse", geben Anhalt und bieten psychische Entlastung durch Reduktion von Komplexität (Luhmann). Dem entspricht eine „Mikropolitik" im affektiven Bereich; deren Kern ist eine spezifische Schwierigkeit, mit Ambivalenzen umzugehen (Becker-Schmidt/Knapp 1987). Probleme im Umgang mit widersprüchlichen Verhältnissen, in die wir als Personen mannigfach verwickelt sind, lassen auch die wissenschaftliche Praxis – so jedenfalls meine Erfahrung – nicht unberührt. Es würde an dieser Stelle zu weit führen, ausführlich darauf einzugehen. Einige hypothetische Überlegungen seien dennoch abschließend zur Diskussion gestellt:

Ich vermute, daß den Schwierigkeiten, ambivalente Realitäten „auszuhalten" und die Erfahrung von Widersprüchen im Geschlechterverhältnis nicht durch Aufspaltung und verteilte Projektion positiver und negativer Seiten „einer Sache" zu verarbeiten, die Prinzipien bestimmter Erkenntnisformen und Methoden entgegenkommen, die ihrerseits auf Widerspruchsfreiheit geeicht sind. Das heißt, daß es eine Korrespondenz gibt zwischen Erkenntnismitteln, derer wir uns als Frauenforscherinnen bedienen, einer bestimmten Struktur unseres emotionalen Involviertseins, unserer „Betroffenheit" vom „Gegenstand" der Analyse und dem politischen „Vereindeutigungsdruck", unter dem Frauenforschung steht. Wenn ich lediglich die in diesem Text angesprochenen Aspekte zusammentrage, die in dieselbe Richtung wirken, so kommt eine beeindruckende Kette sich wechselseitig verstärkender Glieder zustande: der Identitätslogik im Denken korrespondieren sowohl die Logik der gängigen wissenschaftlichen Methoden und Meßverfahren (z. B. Typenbildung), als auch die Entweder-Oder-Logik bestimmter Formen von Politik. Vom Subjekt her gesehen gibt es entsprechende Berührungspunkte: die auf Eindeutigkeit ausgerichteten emotionalen Orientierungs- und Autoritätsbedürfnisse, aber auch die Affektmodi der gängigen Abwehrmechanismen in der Verarbeitung von Ambivalenzkonflikten (Verdrängung, Isolierung, Projektion, Verkehrung ins Gegenteil, Objektspaltung) folgen derselben Logik.

Die Glieder dieser Verstärkerkette – die sicher ergänzungsbedürftig ist, auch um die Elemente, die entgegenwirken – können in unterschiedlichen Kombinationen ineinandergreifen. Ihre Affinität zueinander erzeugt auf der analytischen Ebene formal den Anschein von Plausibilität und emotional vermittelt sie Evidenzgefühle, den Eindruck von Gewißheit in dem, was wir zur Kenntnis nehmen. Die Frage solcher „Überdeterminiertheit" engagierter Frauenforschung sollte mit einbezogen werden in den Prozeß kritischer Selbstreflexion und Reflexion auf die komplexen inneren und äußeren Bedingungen, unter denen wir arbeiten. Ich setze darauf, daß produktive Diskussionen daraus folgen können, die uns – auch in der Auseinandersetzung miteinander – weiterbringen.

Anmerkungen

[1] Frauen sind intuitiv, anleitungs- und anlehnungsbedürftig, einfühlsam, geduldig, sorgend, anpassungsfähig, passiv, expressiv, weich und zärtlich etc. Frauen sind nicht: nüchtern, logisch, machtbetont, ehrgeizig, aggressiv, schöpferisch, durchsetzungsfähig, selbständig etc. In jüngster Zeit zeigen besonders die Berichte von Gleichstellungsbeauftragten, wie lebendig diese Quelle von Diskriminierungen noch sprudelt (vgl. auch Pross 1984; Metz-Göckel/Müller 1986).

[2] „Tatsächlich ist Dialektik weder Methode allein noch ein Reales im naiven Verstande. Keine Methode: denn die unversöhnte Sache, der genau jene Identität mangelt, die der Gedanke surrogiert ist widerspruchsvoll und sperrt sich gegen jeglichen Versuch ihrer einstimmigen Deutung. Sie, nicht der Organisationsdrang des Gedankens veranlaßt zur Dialektik. Kein schlicht Reales: denn Widersprüchlichkeit ist eine Reflexionskategorie, die denkende Konfrontation von Begriff und Sache. Dialektik als Verfahren heißt, um des einmal an der Sache erfahrenen Widerspruchs willen und gegen ihn in Widersprüchen zu denken" (Adorno 1970, S. 143).

[3] Pat Hynes kritisierte in der taz vom 7.6.86 die Uniformität der weiblichen Arbeitskraft: „ ... zum Beispiel gibt es für Frauen nur ganz wenige Berufe; es wurde ihnen keine Verschiedenartigkeit zugestanden und sie wurden dazu gebracht, weitgehend Gleichartiges zu tun. Diese Uniformität ist ein Zeichen dafür, daß Frauen unterdrückt werden."

4 Den Begriff „Identitätszwang" habe ich ausgeführt in Becker-Schmidt/Knapp (1987). Ich begreife „Identitätszwang" als Herrschaftskategorie. Sie bezieht sich auf die Mechanismen und Oktrois, über die sich die gesellschaftliche Normalkonstruktion von „Weiblichkeit" in unsere persönliche Identität hinein durchsetzen soll. Identitätszwänge gehen über Rollenzwänge weit hinaus, weil immer subjektive Tiefenschichten und Selbstbilder im Spiel sind.

5 Zur Kritik an Maria Mies vgl. Scheich (1988) und Landweer (1988).

6 Zur Kritik der Identitätslogik in diesem Zusammenhang vgl. Regina Becker-Schmidt (1987).

7 Wenn man dies Problem erkenntnistheoretisch zuspitzt, läßt sich natürlich sagen, daß jede Form des Erkennens von diesem nichtüberbrückbaren Graben zwischen Denken und Sein betroffen ist; jede Methode entscheidet in diesem Sinne durch die eigene Formulierung „was die Sache sei". Davon zeugen selbst noch die Aporien und Paradoxien in Adornos Kritik des „Identitätsdenkens", in der er die Bewegungen eines identifizierend gedachten Nicht-Identischen vorführt. Dennoch halte ich daran fest, daß es unterschiedliche „Grade" von Adäquanz zwischen Methode und Gegenstand gibt, die sich – wie ich am Beispiel des weiblichen Arbeitsvermögens zu begründen versuchte – nur inhaltlich ausweisen lassen.

8 Mit der Frage einer adäquaten Begrifflichkeit beschäftigt sich u. a. Elias (1983, S. 64). Er plädiert für die Verwendung komparativer anstelle polarer Begriffe, da sie einen offeneren Charakter hätten. Mit der Möglichkeit „dialektischer Generalisierungen" setzt sich Bachelard (1980, Kap. V) auseinander.

9 Vgl. die Beiträge von Ute Gerhard, Doris Janshen, Hiltraud Schmidt-Waldherr und Christine Woesler de Panafieu auf dem Bamberger Soziologentag 1982: Herrschaft und Widerstand: Entwurf zu einer historischen und theoretischen Kritik des Patriarchats in der bürgerlichen Gesellschaft (Beiträge zur Frauenforschung am 21. Deutschen Soziologentag, Bamberg 1982).

10 Der Vollständigkeit halber sei die wichtige Fortführung des Zitats wiedergegeben: „ ... so ist es für sie nicht weniger schwierig, eine größere Autonomie in der Entwicklung ihres wissenschaftlichen Modells gegenüber der älteren, erfolgreicheren und etablierten physikalischen Wissenschaften zu erreichen."

Literatur

Adorno, Theodor W.: Negative Dialektik. Frankfurt/Main 1970

Bachelard, Gaston: Die Philosophie des Nein. Versuch einer Philosophie des neuen wissenschaftlichen Geistes. Frankfurt/Main 1980

Becker-Schmidt, Regina u.a.: Arbeitsleben – Lebensarbeit. Bonn/Bad Godesberg 1983

Becker-Schmidt, Regina/Knapp, Gudrun-Axeli: Arbeiterkinder gestern – Arbeiterkinder heute. Bonn/Bad Godesberg 1985

Becker-Schmidt, Regina: Frauen und Deklassierung. Geschlecht und Klasse. In: Ursula Beer (Hg.), Klasse Geschlecht. Bielefeld 1987

Becker-Schmidt, Regina/Knapp, Gudrun-Axeli: Geschlechtertrennung – Geschlechterdifferenz. Suchbewegungen sozialen Lernens. Bonn/Bad Godesberg 1987 beiträge zur feministischen Theorie und Praxis. Frauenforschung oder feministische Forschung 11, 1984

Bennent, Heidemarie: Galanterie und Verachtung. Eine philosophiegeschichtliche Untersuchung zur Stellung der Frau in Gesellschaft und Kultur. Frankfurt a. Main/New York 1985

Devereux, Georges: Angst und Methode in den Verhaltenswissenschaften. München 1978

Elias, Norbert: Engagement und Distanzierung. Arbeiten zur Wissenssoziologie 1, Frankfurt/Main 1983

Feministische Studien 4/2, 1985

Fox-Keller, Evelyn: Liebe, Macht und Erkenntnis. Männliche oder weibliche Wissenschaft? München/Wien 1986

Freeman, Jo: The Feminist as Scholar. Keynote address at the Feminist Scholar Conference at Montclair State College, Upper Montclair. N.J., May 16, 1974; In: Renate Duelli-Klein/Maresi Nerad/Sigrid Metz-Göckel (Hg.), Feministische Wissenschaft und Frauenstudium. Blickpunkt Hochschuldidaktik 71. Hamburg 1982

Godelier, Maurice: Die Produktion der Großen Männer. Frankfurt a. Main/New York 1987

Hagemann-White, Carol/Rerrich, Maria S. (Hg.): FrauenMännerBilder. Männer und Männlichkeit in der feministischen Diskussion. Bielefeld 1988

Hausen, Karin: Patriarchat. Vom Nutzen und Nachteil eines Konzepts für Frauengeschichte und Frauenpolitik. In: Journal für Geschichte 09,10 1986

Keil, Annelie: „Weiblich" – „Männlich" – Soziale Gestaltungsprinzipien In: Leben und Technologie, Bremer Frauenwoche (Hg.), Bremen 1983

Klinger, Cornelia: Das Bild der Frau in der Philosophie und die Reflexion von Frauen auf die Philosophie. In: Karin Hausen/Helga Nowotny, Wie männlich ist die Wissenschaft? Frankfurt/Main 1986

Landweer, Hilge: Skylla und Charybdis frauenforscherischer Selbstmodelle: zwischen androzentrischen Egalitätsvorstellungen und weiblichen Omnipotenzphantasien. In: Carol Hagemann-White/Maria S. Rerrich (Hg.) 1988

Loyd, Genevieve: DasPatriarchat der Vernunft. „Männlich" und „weiblich" in der westlichen Philosophie. Bielefeld 1985

Mayreder, Rosa: Zur Kritik der Weiblichkeit. Jena 1905

Merchant, Carolyn: The Death of Nature. San Francisco 1980

Metz-Göckel, Sigrid/Müller, Ursula: Der Mann. Eine repräsentative Untersuchung über die Lebenssituation und das Frauenbild 20- bis 50jähriger Männer. Weinheim/Basel 1986

– Metz-Göckel, Sigrid: Die zwei (un)geliebten Schwestern. Zum Verhältnis von Frauenbewegung und Frauenforschung im Diskurs der neuen sozialen Bewegungen. In: Ursula Beer (Hg.), Klasse Geschlecht. Bielefeld 1987

– Mies, Maria: Gesellschaftliche Ursprünge der geschlechtlichen Arbeitsteilung. In: Claudia v. Werlhof u. a. (Hg.), Frauen, die letzte Kolonie. Reinbek bei Hamburg 1980

Negt, Oskar: Die Konstituierung der Soziologie zur Ordnungswissenschaft. Strukturbeziehungen zwischen den Gesellschaftslehren Comtes und Hegels. Frankfurt/Main 1974

Prokop, Ulrike: Weiblicher Lebenszusammenhang. Von der Beschränktheit der Strategien und der Unangemessenheit der Wünsche. Frankfurt/Main 1976

Pross, Helge: Die Männer. Eine repräsentative Untersuchung über die Selbstbilder von Männern und ihre Bilder von der Frau. Hamburg 1984

Rübsamen, Rosemarie: Patriarchat – der (un-)heimliche Inhalt der Naturwissenschaft und Technik. In: Weibliche Wissenschaft. Männliche Wissenschaft. Symposion an der Universität Oldenburg vom 15.-16. Juni 1983, BIS. Oldenburg 1983

Scheich, Elvira: Frauen Sicht. Zur politischen Theorie der Technik. In: Ursula Beer (Hg.), Klasse Geschlecht. Bielefeld 1987

Teubner, Ulrike: Zur Frage der Aneignung von Technik und Natur durch Frauen – oder der Versuch, gegen die Dichotomien zu denken. In: Verein Sozialwissenschaftliche Forschung und Bildung für Frauen (Hg.), Facetten feministischer Theoriebildung. Frankfurt/Main 1987

Thürmer-Rohr, Christina: Vagabundinnen. Feministische Essays. Berlin 1987

Weber, Max: Universalgeschichtliche Analysen. Stuttgart 1973

Weigel, Sigrid: Die Stimme der Medusa. Schreibweisen in der Gegenwartsliteratur von Frauen, Kap. VII. Dülmen-Hiddingsel 1987

Woesler de Panafieu, Christine: Zum Übergang von der instrumentellen zur digitalen Vernunft. In: Christine Kulke (Hg.), Rationalität und sinnliche Vernunft. Frauen in der patriarchalen Realität. Berlin 1985

Entschiedene Interventionen in der Unentscheidbarkeit. Von queerer Identitätskritik zur VerUneindeutigung als Methode. Entschiedene Interventionen in der Unentscheidbarkeit.

In: Harders, Cilia / Kahlert, Heike / Schindler, Delia (Hg.): Forschungsfeld Politik, Wiesbaden: VS Verlag 2005, 261-282 (stark gekürzte und überarbeitete Version)

Queer Theorie ist ein Theorie- und Forschungsfeld, das sich mit den kulturellen Vorstellungen, sozialen Praxen und gesellschaftlichen Institutionalisierungsformen von Geschlecht und Sexualität befasst. Geschlecht und Sexualität gelten hierbei weder als naturgegeben noch als anthropologische Konstanten. Vielmehr existieren diese nur in historisch und kulturell spezifischen Machtverhältnissen. Queer/feministische[1] Theoriebildung beharrt darauf, dass Hierarchisierungen und Normalisierungen gleichermaßen anzufechten sind, wenn es gilt, Geschlechterhierarchie und normative Heterosexualität sowohl in ihrem Ineinandergreifen als auch im Zusammenspiel mit weiteren Kategorien sozialer Differenzierung zu problematisieren.

Queer Theorie zeichnet sich darüber hinaus durch eine Kritik an Vereinheitlichungen und Verallgemeinerungen aus, weshalb Definitionen des eigenen Feldes vermieden, Vielfalt und Widersprüchlichkeit hingegen befürwortet werden. In diesem Sinne knüpft Queer Theorie an poststrukturalistisches Denken an, das ahistorische, universelle Wahrheiten und Normen ebenso wie die Vorstellung eines einheitlichen Subjekts zurückweist und die Bedeutung symbolisch-diskursiver Prozesse für die Hervorbringung gesellschaftlicher Verhältnisse betont. Doch was heißt es, Wissenschaft oder Politik zu betreiben, wenn die jeweiligen Erkenntnisse und Theorien keine Allgemeingültigkeit beanspruchen und die jeweiligen politischen Praxen sich weder einer gemeinsamen Grundlage noch einer einheitlichen Zielperspektive versichern? Anliegen dieses Textes ist es zu argumentieren, dass der Verzicht auf universelle erkenntnistheoretische oder normative Grundlagen dazu beiträgt, gesellschaftliche Verhältnisse und hier besonders geschlechtliche und sexuelle Ordnungen zu de-normalisieren und zu ent-hierarchisieren, so dass heterogene Selbst- und Weltverständnisse sowie Existenzweisen denkbar werden.

Was hat dies mit einer Reflexion auf Methoden der Queer Theorie zu tun? Versteht man Methoden sehr allgemein als Wege, um ein Ziel zu erreichen (griech.: *meta* entlang; *odos* Weg), so ist es im Hinblick auf das Ziel, hierarchische und normative Geschlechter- und Sexualitätsordnungen anzufechten, sicherlich nützlich, über Methoden zu verfügen. Ich möchte im Folgenden zeigen, wie und welche Methoden im Kontext der Queer Theorie zum Einsatz gebracht werden können – nicht zuletzt, um den Verzicht auf stabile Identitätskategorien, universelle Normen und allgemeingültige Wahrheiten gesellschaftspolitisch produktiv zu machen.

Im Folgenden gebe ich zunächst einen Einblick in Queer Theorie und suche plausibel zu machen, inwiefern deren theoretische Uneinheitlichkeit vereinbar ist mit ihren politischen Perspektiven (1.). Anschließend stelle ich drei poststrukturalistisch inspirierte Methoden vor, die für die Queer Theorie bedeutsam sind, um sie zum einen methodologisch zu reflektieren, und zum anderen zu zeigen, wie sie queere Auffassungen des Politischen beeinflussen (2.). Der Begriff der VerUneindeutigung, der sowohl als politische Strategie als auch als wissenschaftliche Methode gelesen werden kann, eröffnet ein methodologisches Raster, mit dem sich queere Theorie und Politik verbinden lassen (3.). Mit dem Vorschlag, relative normative Kriterien statt absolute normative Fundierungen einzusetzen, begründe ich meine poststrukturalistisch inspirierte Perspektive einer queer/feministischen Politik in der entschiedenen Unentscheidbarkeit (4.).

1. Von queerer Identitätskritik zur Anfechtung der Heteronorm

Provokativer noch, als das Monopol der Heterosexualität in Frage zu stellen, scheint die These, dass Geschlecht ein kulturelles Konstrukt ohne naturalen Grund ist. Beides sind entscheidende Einsätze der Queer Theorie in den 1990er Jahren. Zwar hatten etwa Gayle Rubin (1975; dt. 2006) oder Carol Hagemann-White (in diesem Band) die Notwendigkeit einer zweigeschlechtlichen Ordnung schon länger angefochten; und auch der herrschaftlich funktionale Zusammenhang von binärer Geschlechterdifferenz und der Institution Heterosexualität wurde bereits mehrfach herausgestellt,[2] doch erst Judith Butlers *Gender Trouble. Feminism and the Subversion of Identity* (1990; dt. 1991) entfachte jene öffentliche Debatte, die vermuten ließ, dass vertraute Selbstverständlichkeiten ihre Verlässlichkeit verloren hatten.[3] Diese Dimension öffentlicher Aufregung charakterisiert auch die Geburtsstunden der Queer Theorie, die eng mit dem lesbischwulen Aids-Aktivismus und dessen Interventionen in eine homophobe Gesundheits- und Medienpolitik verknüpft war (Berlant/Freeman 1993; Seidman 1995; Genschel 1996). Angesichts des Scheiterns einer um Anerkennung und Integration bemühten Minderheitenpolitik, verschob sich das queere politische Anliegen auf eine Entprivilegierung und Destabilisierung der heteronormativen Ordnung (Warner 1993.

Queer Theorie entsteht also aus der Suche der *LesbianGayBiTransgender* (LGBT)-Bewegung nach neuen Politikformen. Erwähnenswert ist jedoch auch, dass Gloria Anzaldúa im Kontext der *Radical Women of Color* schon früher darum gerungen hat, den Begriff *queer* seinem Schimpfwortdasein zu entreißen und ihn nutzt, um die Komplexität von Unterdrückungserfahrungen und widersprüchlichen, fragmentarischen, grenzgängerischen Identitäten sprechbar zu machen:

> „Wir sind die queeren Gruppen, die Leute, die nirgendwo dazugehören, weder zur dominanten Welt noch zu unseren jeweiligen eigenen Kulturen. [...] Wir haben nicht die gleichen Ideologien, noch kommen wir zu den gleichen Lösungen. [...] Aber zwischen diesen unterschiedlichen [politischen, ae] Neigungen bestehen keine Oppositionen" (Anzaldúa 1983, S. 209; Übersetzung ae).

Chela Sandoval (2002) verortet Anzaldùas Position im Kontext eines *U.S. third world feminism*, der politische Bündnisse über diverse, gegensätzliche Identitätskonstruktionen hinweg entwirft, ohne sie einer Vereinheitlichung zu unterziehen. Dieses bündnispolitische Anliegen greift Sandoval auf und verknüpft die antirassistische Perspektive mit dem Projekt *Queering Globalization*, indem sie eine übergreifende, aber nicht universalisierende ‚Methodologie der Emanzipation' ausarbeitet. Diese zeichnet sich dadurch aus, verschiedene Formen oppositioneller Politik als Taktiken oder Technologien der Macht ineinandergreifen zu lassen, statt sie einer politischen Wahrheit oder Teleologie zu unterwerfen. Mit dem Begriff der ‚Methodologie der Emanzipation' schlägt Sandoval also eine Verknüpfung methodischer und politischer Praxen vor, ohne das heterogene Feld der Queer Theorie zu vereinheitlichen. Für Sandoval verknüpft sich die ‚Methodologie der Emanzipation' unmittelbar mit queerer Identitätskritik, die danach strebt, auf Kategorisierungen zu verzichten und eine konflikthafte Pluralität offen zu halten. In eben diesem Sinne plädiert auch Butler (1994, dt. 2006) dafür, Identität als Feld fortwährender Auseinandersetzung zu verstehen und problematisiert die Suche nach eigentlichen Objekten (*proper objects*) der Theoriebildung, die Dominanzpositionen und Ausgrenzungen reproduzieren würden.

Die queere Kritik an Identitätskonstruktionen stellt einen entscheidenden Ausgangspunkt der Queer Theorie dar. Sie bezieht sich im Sinne einer *Kritik an Identitäts- und Minderheitenpolitiken* auf die Vereinnahmungs- und Ausschlussgesten politischer Gruppen, die in ihren Kämpfen um Selbstermächtigung, Anerkennung und Integration ihrerseits Zugehörigkeiten und Ausschlüsse verkünden sowie gesellschaftliche Dominanzrelationen und Hierarchien reproduzieren. Gleichermaßen bezieht sie sich im Sinne der *Subjektkritik* auf die Verwerfungen, die den privilegierten Status eines autonomen, rationalen Subjekts absichern, sowie auf die Zwänge und Zurichtungen, die mit der Anforderung an die Individuen einhergehen, eine stabile, stimmige und sozial verständliche Identität auszubilden (Butler 1990, Fuss 1991, Hark 1999). Im Fokus der Kritik stehen die kulturellen Vorstellungen und sozialen Normen, die (politische und personale) Identitäten hervorbringen und regulieren, indem sie Felder der Zugehörigkeit und des Ausschlusses, der Normalität und der Abweichung definieren.

Identitätskritisch wird dem gegenüber die Forderung erhoben, die Prozesse der Hervorbringung von Identität und Differenz als symbolisch-kulturelle und soziale Machtprozesse zu analysieren, wobei es vor allem die Komplexität sozialer Kategorien und Hierarchisierungen wahrzunehmen gelte. Feministische Rassismuskritik und die Debatte um ‚Unterschiede zwischen Frauen' hat zu der Erkenntnis geführt, dass soziale Differenzierungen nicht isoliert oder additiv betrachtet werden können. Ihre komplexen, produktiven Machtwirkungen zu erfassen, heißt zu untersuchen, wie sie gleichzeitig, widerstreitend und in gegenseitiger Einflussnahme zusammenwirken. Das Ineinandergreifen der Kategorien Geschlecht und Sexualität ist also im unhintergehbaren Zusammenspiel mit weiteren Kategorien sozialer Differenzierung zu verstehen.[4]

Als Konsequenz aus der Identitätskritik verändern sich politische Zielformulierungen: Weil mit den Forderungen nach rechtlicher Gleichstellung und sozialer Integration allzu oft eine stigmatisierende Markierung ‚sexueller Minderheiten', ‚ethnisierter Bevölkerungen' oder ‚devianter Geschlechter' einhergehen, wird der Fokus politischer Praxis stattdessen auf die Problematisierung hegemonialer Verhältnisse gelegt. Hinsichtlich der Untersuchung von Sexualität bedeutet dies die kritische Auseinandersetzung mit Heterosexualität. Hierbei wird nicht nur gefragt, wie Heterosexualität normalisiert wird, sondern auch, wie sie ihrerseits regulierend auf gesellschaftliche, staatliche oder auch transnationale Verhältnisse einwirkt:

> „Neben jenen Analysen, die die Rolle von gesellschaftlichen Institutionen für die soziale Regulierung und Herstellung von Sexualitäten fokussieren, haben manche lesbischen und schwulen Untersuchungen die Frage umgekehrt: Wie sind gesellschaftliche Institutionen und ihre Hervorbringung sowie unser Verständis von der ‚sozialen Welt' von Vorannahmen über Sexualität beeinflusst?" (Richardson / Seidman 2002, S. 7; Übersetzung ae).

Statt minderheitenpolitische Identitätspolitik zu betreiben, wird gefragt, wie dominante sozio-kulturelle Ordnungen durch übergreifende Herrschaftsverhältnisse wie Heteronormativität und Phallozentrismus, Rassismus und Eurozentrismus und nicht zuletzt durch kapitalistische Ausbeutung regiert sind (Hennessy 2000; Cruz-Malavé/Manalansan IV 2002). Im Unterschied jedoch zu Theorien, die universelle Prinzipien oder Strukturen in diesen Herrschaftsverhältnissen zu entdecken suchen, wird hier die geo-historische und sozio-kulturelle Spezifik von Macht- und Herrschaftsverhältnissen anerkannt. Das heißt, dass heteronormative oder phallozentristische, rassistische oder kapitalistische Herrschaft lokal, in konkreten kulturellen Vorstellungen, sozialen Praxen und gesellschaftlichen Institutionen zu situieren und anzufechten ist.

Zudem werden nicht nur Hierarchien oder Dominanzrelationen als zu analysierendes Problem bestimmt, sondern auch die Normativität, die soziale

Klassifizierungen und Identitäten mit sich bringen. Zwei unterschiedliche Machtformen geraten in den Blick: Hierarchisierungen und Normalitätsregime – die sich manchmal ergänzen, manchmal aber auch widersprüchliche Entwicklungen nehmen. Das theoretische Argument, das die Verbindung zwischen Normativität und Hierarchisierung herstellt, buchstabiert sich wie folgt aus: Moderne westliche Kultur und mit ihr die binäre Geschlechterordnung ist bestimmt vom Identitätsprinzip, das die Welt der Zeichen und Dinge in klar umgrenzten, stabilen (Bedeutungs-)Einheiten organisiert. Auf der Basis des Identitätsprinzips formiert sich die Binarität als eine spezifische Form, Differenz zu denken. Diese zeichnet sich nicht nur dadurch aus, Hierarchien zu bilden, sondern diese an einer monolithischen und damit normativen Figur auszurichten. Gemäß einem binären Differenzverständnis wird eine singuläre Einheit (zum Beispiel der Phallus oder die Heteronorm) als Zentrum gesetzt, demgegenüber jede Differenz nur als Abweichung, als das Andere, das Verworfene angesehen werden kann. In der logischen Figur A/Nicht-A vereinen sich normatives Identitätsprinzip und Hierarchie.

Hier setzt queer/feministische Politik und Theorie an. Deren pluralistisches Selbstverständnis ist als logische Konsequenz einer radikalen Identitätskritik zu verstehen, die als solche eine dezidierte theoretische Position darstellt, die sich ebenso dezidiert, nämlich als Zurückweisen jeglicher Vereinheitlichung und Verallgemeinerung, ins Politische übersetzt. Sie entlässt die daran Beteiligten nicht aus der Verantwortung, sich zu positionieren, Aussagen zu machen und Entscheidungen zu treffen. Tatsächlich stellt sich überhaupt nur darüber die proklamierte Offenheit, Veränderbarkeit und Konflikthaftigkeit her. Die Herausforderung besteht allerdings darin, die Positionierungen so vorzunehmen, dass eben diese Qualitäten erhalten bleiben und das Feld nicht definitionsmächtig oder herrschaftlich geschlossen wird. Das bedeutet, die Unvereinbarkeiten theoretischer, methodologischer oder politischer Positionen, die nicht zuletzt aus sozialen Differenzen und Machtverhältnissen innerhalb des queeren Feldes entstehen, als produktive Momente politischer Aushandlungen anzuerkennen.

2.   Bausteine queerer Methodik

Wenn Queer Theorie ein heterogenes, unabschließbares, konfliktuelles Theoriefeld ist, so spiegelt sich dies auch in einer Heterogenität der Methoden wieder. Was hieße es, wissenschaftstheoretisch betrachtet, auch methodologisch mit dieser Heterogenität umzugehen? Zum einen ließen sich die Methoden, die zum Einsatz kommen, systematisieren und auf ihre Brauchbarkeit hin analysieren, zum anderen könnte gefragt werden, ob es spezifisch queere Methoden gibt, die dem Anspruch der Identitätskritik und dem Verzicht auf Kategorisierungen und Verallgemeinerungen gerecht werden. Ich habe hier nicht vor, die qualitativen und quantitativen empirischen Methoden, die politik- und institutionentheoretischen, phänomenologischen oder analytisch-philosophischen, die diskursanalytischen, genealogischen, semiotischen oder linguistischen Methoden genauer zu bestimmen, die von der Queer Theorie aufgegriffen und auf queere Fragestellungen angewendet werden. Interessanter erscheint mir die Frage, wie durch Umarbeitung erprobter methodischer Herangehensweisen Verfahren entstehen, die die Momente der Identitäts- und Heteronormativitätskritik aufgreifen und zur Delegitimierung und Umarbeitung naturalisierter und hegemonial normalisierter Konzepte von Identität (nicht nur bezogen auf Geschlechtlichkeit und Sexualität) beitragen. Wenn ich im Folgenden drei methodische Ansätze im Feld der Queer Theorie herausgreife, so nicht, um einen umfassenden Überblick über queere Methoden zu leisten, sondern um Bausteine einer queeren Methodik bereitzustellen, von denen ich denke, dass sie hinsichtlich eines Verständnisses queerer Politik von Interesse sind. Ich orientiere mich bei diesem Unterfangen an zwei Aspekten: Zum einen möchte ich zeigen, wie sich die Verschiebung des Fokus queerer Politik von der Anerkennung und Integration so genannter geschlechtlicher und sexueller Minderheiten auf die Denormalisierung und Entprivilegierung der zweigeschlechtlichen, heterosexuellen Norm methodisch niederschlägt. Zum anderen greife ich den Anspruch auf, Politik ohne generalisierte normative Grundlegungen oder teleologische Perspektiven zu betreiben, um die Ausschlussmechanismen und Hierarchisierungen universalistischer Formulierungen zu umgehen. Beide Aspekte können anhand des Denkens von Michel Foucault verdeutlicht werden. Insofern dieses zudem entscheidende Bedeutung für queere Studien zur Sexualität gewonnen hat, möchte ich meine methodologischen Überlegungen mit Foucault beginnen.

2.1 Queer/feministische Analytik der Gegenwart

Foucault ist deshalb für die Queer Theorie so wichtig geworden, weil er ‚Subjekt‘ und ‚Sexualität‘ als Effekte sozio-historischer Diskurse und Praktiken analysiert. Mit dieser Historisierung, die eine Produktivität dezentrierter Machtdynamiken betont, holte er Sexualität ins gesellschaftliche Feld. Doch auch die Infragestellung der Zweigeschlechtlichkeit kann mit Foucault gedacht werden, ohne dies als ‚neue Geschlechterwahrheit‘ zu verkünden (Engel 2007).

Foucaultsche Genealogie fragt nicht nach Ursachen, sondern nach Entstehungsprozessen; die Analytik der Gegenwart nutzt diese genealogische Herangehensweise, um nicht nur Vergangenes, sondern auch Gegenwärtiges zu untersuchen, und mit einem antizipativen Blick in die Zukunft zu verbinden: „Wir müssen uns vorstellen und konstruieren, was wir sein könnten, wenn wir uns dem doppelten politischen Zwang entziehen wollen, der in der gleichzeitigen Individualisierung und Totalisierung der modernen Machtstrukturen liegt." (Foucault 2005a, S. 280). Dieser viel zitierte, programmatische Ausspruch Foucaults ist als Moment einer Analytik der Gegenwart formuliert. Deren Kraft liegt darin zu zeigen, wie – mittels welcher Macht/Wissen-Komplexe und sozialen Praxen – etwas geworden ist, um daraus die Möglichkeiten der Veränderung zu entwickeln. Statt einer Projektion des Gegebenen in die Zukunft werden die Brüche, Widerstände und Widersprüche des historischen Werdens zum Einstiegspunkt für Veränderung. Interessanterweise gewinnt bei Foucault in diesem Zusammenhang der Begriff der Kritik Bedeutung, ohne jedoch das rationale, kontrollierende, intentional-entwerfende Subjekt auf den Plan zu rufen (Foucault 1992).

Kritik im Sinne Foucaults geht davon aus, dass ein Unterschied zwischen Gedachtem und Gesagtem existiert. Diese nicht-diskursiven Gedanken sind keineswegs per se widerständig, sondern können durchaus die unreflektierten Selbstverständlichkeiten alltäglicher Praxis begleiten. Aber sie können widerständig werden und dank der Kritik, dem Werkzeug einer Analytik der Gegenwart, in die Veränderung getrieben werden: „Sobald man dagegen die Dinge nicht mehr in der hergebrachten Weise zu denken vermag, wird Veränderung zu einem dringenden, schwierigen, aber vollkommen lösbaren Problem." (2005b, S. 222). Heteronormative Konzepte, zum Beispiel die Familie, die Geschlechterbinarität oder die Forderung, ein (und nur ein) spezifisches sexuelles Begehren auszubilden, verlieren ihre Selbstverständlichkeit, wenn ihre Entstehungskontexte und Wirkungsweisen analysiert und Veränderungspotenziale im Zusammenspiel von Machteffekten und Widerständen sichtbar werden. Insofern sich die Genealogie an der Heterogenität und Kontingenz historischer Ereignisse orientiert, funktioniert sie unabhängig von Ursprungserzählungen und Teleologien. Damit bedarf Kritik keines universellen Wertehorizonts, sondern entfaltet sich immanent. Hier knüpft auch Butler an:

> „Die genealogische Kritik lehnt es ab, nach den Ursprüngen des Gender, nach der inneren Wahrheit weiblichen Begehrens oder einer genuinen, authentischen sexuellen Identität zu suchen, die durch Repression der Sicht entzogen wurden. Vielmehr erforscht die Genealogie die politischen Einsätze, die auf dem Spiel stehen, wenn Identitätskategorien als *Ursprung* oder *Ursache* bezeichnet werden, obgleich sie tatsächlich *Effekte* von Institutionen, Praktiken, Diskursen mit vielfältigen und diffusen Ursprungsorten sind. Das Anliegen der vorliegenden Untersuchung besteht darin, solche definierenden Institutionen: den Phallogozentrismus und die Zwangsheterosexualität ins Zentrum zu rücken – und sie zu dezentrieren." (Butler 1991, S. 9; Übersetzung geändert, ae)

2.2 Queere Lektüren heteronormativer Erzählungen

Auch Teresa de Lauretis beteiligt sich an einer Dezentrierung von Phallogozentrismus und Zwangsheterosexualität und macht sich diesbezüglich

Foucault zu Nutze. Für sie steht jedoch weniger die Genealogie als die Analytik von Machttechnologien im Vordergrund, die sie mit semiotischen Ansätzen sowie einer von Louis Althusser beeinflussten Verbindung materialistischen und psychoanalytischen Denkens verknüpft. In *Die andere Szene* (1996) fließt diese Kombination in eine Relektüre von Sigmund Freuds Sexualtheorie ein, anhand derer sich zeigen lässt, wie ‚Relektüren' dazu beitragen, Geschlecht und Sexualität zu denaturalisieren. De Lauretis Projekt zielt darauf ab, die sozio-historischen, psychosexuellen Prozesse zu rekonstruieren, die das Subjekt als ein Körper-Subjekt und ein Subjekt sexueller Strukturierung hervorbringen:

> „Es finden sich zwei zentrale theoretische Anliegen [des Projekts; ae]: Eines besteht in einer Neubewertung von Freuds Konzept der Perversion, insofern dieses dem Pathologischen enthoben wird, als eine Form des Begehrens, die im allgemeinen Sinne als fetischistisch und spezieller als homosexuell oder lesbisch gefasst wird. Das andere besteht in dem Bemühen zu theoretisieren, was Foucault die ‚Einpflanzung der Perversionen' in das Subjekt nennt: Es gilt die sozialen und psychischen Mechanismen zu analysieren, die das Subjekt als ein zugleich soziales und sexuelles Subjekt hervorbringen, indem es von diversen Diskursen, Repräsentationen und Praktiken der Sexualität umworben und an diesen aktiv beteiligt wird" (Lauretis 1994b, S. 298; Übersetzung ae).

Das aber heißt, Freuds Theorie sowohl von seinen naturalisierenden als auch seinen heteronormativ-androzentristischen Implikationen zu befreien; ein Projekt, das de Lauretis als Relektüre bezeichnet, die von einer ‚leidenschaftlichen Fiktion' getragen ist und darauf abzielt, „zu zeigen, wie die Signifikation und eine bestimmte Funktionsweise des Begehrens, die aus Freuds Sexualtheorie herauszulesen sind, in Bezug auf etwas neu gefasst werden können, was er sich nicht vorstellen konnte – eine lesbische Subjektivität" (Lauretis 1996, S. 14). Entscheidend ist hierbei, dass der Text Freuds als etwas angesehen wird, was sich der Kontrolle des Autors und dessen Intention entzieht. Relektüre-Praxen beruhen darauf, in einem Text immer wieder neue Bedeutungsdimensionen und Signifikationsprozesse zu entdecken und zu entschlüsseln. Sie entziehen damit der Suche nach ‚Wahrheiten' und dem Anspruch auf Letztgültigkeit den Grund.

De Lauretis Praxis der Relektüre ist dem vergleichbar, was Gayle Rubin in „Frauentausch. Zur ‚politischen Ökonomie' von Geschlecht" (2006) „exegetische Lektüre" bezeichnet. Hierunter versteht Rubin eine Technik der Auslegung oder Interpretation, die sich assoziativ „vom expliziten Inhalt zu dessen Voraussetzungen und Implikationen forttastet" (S. 71). Rubin nimmt sich Freuds Theorie des Kastrationskomplexes sowie *Die elementaren Strukturen der Verwandtschaft* (1949) von Claude Lévi-Strauss vor. Die beiden von feministischer Seite vielfach als androzentrisch kritisierten Ansätze lohnen aus Rubins Sicht dennoch die Auseinandersetzung, weil sie Geschlecht nicht als Naturgegebenheit ansehen, sondern als formiert in den sozialen Prozessen der Verwandtschaftsorganisation und der psychosozialen Familiendynamiken. Einer Relektüre müsse es jedoch gelingen, die Rechtfertigungen hierarchischer Geschlechterverhältnisse aus den Texten zu bannen:

> „Sie sehen weder die Implikationen dessen, was sie sagen, noch die implizite Kritik, die ihr Werk hervorbringen kann, wenn es einem feministischen Blick unterworfen wird. Trotzdem stellen sie ein konzeptuelles Werkzeug zur Verfügung, mit dem derjenige Teil des sozialen Lebens beschrieben werden kann, an dem die Unterdrückung von Frauen, sexuellen Minderheiten und an bestimmten Aspekten der individuellen menschlichen Persönlichkeit stattfindet. In Ermangelung eines besseren Begriffs nenne ich diesen Teil des sozialen Lebens das ‚Sex/Gender-System‘." (Rubin 2006, S. 70)

Rubin gelingt es mit Hilfe dieser exegetischen Lektüre, an die Texte der beiden Autoren anzuknüpfen, ohne deren androzentrische Affirmation der Differenz zu ignorieren oder sie unangefochten als ‚Widerspruch‘ stehen zu lassen. Vielmehr wendet sie Lévi-Strauss und Freud eigene Argumentation, die da lautet, kulturelle Praxen bringen die Unterscheidung der Geschlechter hervor, auf diese selbst an – und bringt sie damit implizit dazu, sich selbst zu widerlegen. Mit dieser Strategie, die dominante Ordnung gegen sich selber zu wenden, stellt Rubins Text sowohl inhaltliche als auch methodische Anknüpfungspunkte für queere Theoriebildung bereit. Inhaltlich verweist er auf die Prozesse der Herstellung binärer Geschlechterdifferenz und deren Bedeutung für das Funktionieren normativer Heterosexualität. Methodisch bietet Rubin ein Verfahren, um Texte von den unhinterfragten Prämissen hegemonial normalisierter Selbstverständlichkeiten zu befreien.

Auch Butlers Kritik der normativ-heterosexuellen Geschlechterordnung (1991; 1995) bedient sich eines Lektüreverfahrens, das allerdings an der ‚Dekonstruktion‘ von Jacques Derrida orientiert ist. Während exegetische und symptomale Lektüren darauf bauen, die herrschaftlichen Prämissen mittels einer ‚vernünftigen‘ Argumentation zu widerlegen und die Überzeugungskraft von de Lauretis‘ semiotischen Verfahren auf der ‚Leidenschaftlichkeit‘ ihrer Erzählung beruht, sind Butlers dekonstruktive Lektüren pessimistischer, aber auch impertinenter. Aus dekonstruktiver Sicht sind Herrschaftsdiskurse nicht einfach ideologisch, sondern wurzeln in der abendländischen symbolischen Ordnung, die das Denken in hierarchisierten Oppositionen organisiert. Da nicht jenseits dieser symbolischen Ordnung gedacht werden kann, stellt die Dekonstruktion ein Verfahren bereit, das die Oppositionspaare aufgreift und in Bewegung versetzt, so dass sich deren binäre Gegensätzlichkeit im Verlauf der Lektüre in eine dynamische Heterogenität von Differenzen übersetzt. Dekonstruktive Lektüren gründen in einem semiotischen Sprachverständnis, demgemäß Bedeutung ein fortdauernder differenzieller und kontextueller Prozess ist. Demgemäß haben Zeichen nicht von sich aus eine Bedeutung, sondern gewinnen diese in der Unterscheidung von anderen Zeichen, wobei die konkrete Unterscheidung durch den Kontext des jeweiligen Gebrauchs bestimmt ist und entsprechend variiert. Binäre Gegensatzpaare entstehen in Folge einer gewaltsamen Stillstellung dieser im Prinzip unabschließbaren *differánce* der Bedeutungen (vgl. Derrida 1999b), einer Stillstellung, die Butler expliziter noch als Derrida als Effekt von Machtkämpfen fasst. Butlers dekonstruktive Lektüren sind dementsprechend immer auch als Interventionen in die sozio-kulturellen Normen zu verstehen, die diese Machtprozesse organisieren. Explizit wirkt sich dies in ihrer Relektüre von Jacques Lacans psychoanalytischem Konzept des Begehrens aus. Dessen ahistorische Verabsolutierung einer binär-hierarchischen Geschlechterdifferenz bricht Butler durch die mobilisierende Figur eines ‚lesbischen Phallus' auf, der das maskuline Monopol auf den Phallus unterläuft:

> „Die gleichzeitig vollzogenen Handlungen, den Phallus zu entprivilegieren, ihn aus der normalen heterosexuellen Form des Austauschs abzuziehen, ihn unter Frauen erneut zirkulieren zu lassen und ihn damit zu reprivilegieren, setzen den Phallus ein, um die signifizierende Kette zu durchbrechen, in der er herkömmlicherweise wirksam ist" (Butler 1993, S. 123f.; Übersetzung geändert, ae).

Relektüren, so möchte ich schlussfolgern, sind Verfahren, die eine Denormalisierung und Entprivilegierung der zweigeschlechtlichen, heterosexuellen Norm bewirken können, indem sie den Kontext umarbeiten, der diese Norm absichert, und probeweise die dort verankerten Prämissen aussetzen.

2.3 Begehren als Methode

Während de Lauretis und Butlers Relektüren darauf setzen, innerhalb des psychoanalytischen Modells gegen dieses zu denken, hält es Elspeth Probyn (1996) aus einer Perspektive queerer Identitätskritik für notwendig, sich vom psychoanalytischen Modell zu verabschieden. Dennoch gibt sie das Konzept des Begehrens nicht auf, das laut Psychoanalyse ein entscheidendes Moment für die Ausbildung der Geschlechterdifferenz ist. Probyn problematisiert jedoch, dass Begehren in den Tiefen eines Selbst angesiedelt ist, dort als ein unaufhebbarer ‚Mangel' residiert und unweigerlich die identitäre Unterscheidung von Subjekt und Objekt des Begehrens reproduziert. Stattdessen sucht Probyn nach einem Begehrenskonzept, das Identitäten unterläuft und geeignet ist, normative Heterosexualität und rigide Zweigeschlechtlichkeit anzufechten. Um der Fixierung von Identitäten und der ahistorischen Verallgemeinerung sozialer Beziehungen zu entkommen, fasst sie Begehren im Anschluss an Gilles Deleuze und Felíx Guattari als ‚Produktivität' und ‚Bewegung'. Damit entwickelt sie ein gesellschaftstheoretisches Verständnis des Begehrens, das den bestehenden Machtverhältnissen jedoch nicht ausgeliefert ist, weil die sozial wirksame Dynamik von Signifikationsprozessen betont wird. Begehren stellt für Probyn eine Produktivkraft dar, die verschiedenartige Elemente – Körper, Dinge, Bilder, Begriffe – miteinander verknüpft und somit ein Netz dynamischer Verbindungen schafft, die das Gesellschaftliche (*the social*) bilden. Als eine ‚Oberfläche‘ gedacht, besteht das Gesellschaftliche aus ‚Verkettungen‘, die weder zufällig noch notwendig sind, weil jedes Begehren einen Ausgangspunkt und eine Richtung aufweist, aber weder Authentizität beansprucht noch vom Mangel bestimmt ist. Das Denken auf Oberflächen (*surfacing*) bedeutet für Probyn eine Alternative zur Suche nach inneren Wahrheiten und Gründen, insofern es, wie ihr Buchtitel *Outside Belongings* nahelegt, Zugehörigkeiten auf Außenseiten ansiedelt und sich außerhalb der Zugehörigkeiten bewegt:

> „Eines der zentralen Argumente dieses Buches besteht darin, dass die Außenseite eine angemessenere Figur ist, um über soziale Beziehungen und das Gesellschaftliche nachzudenken als entweder außen/innen- oder Zentrum/Rand-Modelle. Der Begriff der Außenseite schlägt vor, dass wir in ‚Näherelationen‘ denken oder uns eine Oberfläche vorstellen, ‚a network in which each point is distinct ... and has a position in relation to every other point in the space that simultaneously holds and separates them all‘ [Foucault 1997, S. 11]“ (Probyn 1996, S. 11; Übersetzung ae).

Somit wird die doppelte Privatisierung des Begehrens als das, was tunlichst im Privaten zu verbleiben habe, und das, was die tiefste Wahrheit des Selbst ausmache, von Probyn herausgefordert. Sie untersucht die Wirkungsweisen des Begehrens im und für die Konstituierung des Öffentlichen, befragt die Machtverhältnisse und Widerstände, die die Bewegungen des Begehrens antreiben und in bestimmte Richtungen leiten. Hierbei geht es aber gerade nicht darum, soziale Klassifizierungen zu bestätigen oder soziale Relationen zu verallgemeinern, sondern die Einzigartigkeit der jeweiligen Verkettungen hervorzuheben. Ihr Anliegen, „to put desire to work in lines of flight [Fluchtlinien; ae], lines that scramble the subjective, the sexual, the social“ (ebd., S. 62), zielt darauf ab, soziale Kategorien in Singularitäten zu übersetzen. Die je konkreten Relationen, die das Begehren auf der Oberfläche des Gesellschaftlichen herstellt, sind zwar nicht zufällig oder willkürlich, sondern bedingt durch soziale Machtverhältnisse, wie sie sich nicht zuletzt in Form von normalisierten und hierarchisierten sozialen Identitätskategorien ausprägen. Probyns Argument ist jedoch, dass keine dieser Kategorien jenseits ihrer konkreten Realisierungen in sozio-historischen Kontexten existiert. Wenn Probyn in diesem Zusammenhang davon spricht, dass sie Begehren nicht als Metapher, sondern als Methode verstanden wissen möchte, dann deshalb, weil sie nach Formen sucht, diese Singularitäten in anderer, unerwarteter, queerer Weise hervorzubringen, um bestehende Hierarchien und Normen zu unterlaufen.

3. VerUneindeutigung als Strategie mit Methode

Genealogie, Relektüren oder die Produktivität bewegten Begehrens stellen Methoden im Feld der Queer Theorie dar, die sich dadurch auszeichnen, ohne Rückgriff auf Ursprungs- oder Wahrheitsdiskurse auszukommen und die auf Allgemeingültigkeit verzichten. Die queere Verschiebung der Aufmerksamkeit von identitäts- oder minderheitenpolitischen Forderungen auf die Funktionsweisen der heteronormativen, Ordnung geht mit einer Verweigerung der Identitätsnorm einher. Da diese Hierarchisierungen, normative Ausschlüsse und normalisierende Einschlüsse stützt, ist es konsequent, wenn methodisch Klassifikationen aufgebrochen und die Norm kohärenter, selbstidentischer Subjektivitäten oder stabiler Bedeutungseinheiten unterlaufen werden. Die Strategie der VerUneindeutigung (Engel 2002) vereint die genannten Momente und bietet somit ein Raster, das es ermöglicht, die bislang womöglich unverbunden erscheinenden Bausteine queerer Methodik ins Verhältnis zueinander zu setzen. Im Folgenden möchte ich argumentieren, dass die Strategie der VerUneindeutigung nicht nur geeignet ist, dominante Ordnungen zu unterbrechen, ohne selbst normative Schließungen vorzunehmen, sondern auch poststrukturalistische Kritik im Kontext wissenschaftlicher Methodik und politischer Veränderungsperspektiven produktiv zu machen.

Wenn queer/feministische Theorie zwischen dem Regime normativer Heterosexualität und der hierarchisierten Geschlechterdifferenz ein Verhältnis gegenseitiger Hervorbringung und Absicherung erkennt, kommt der rigiden Binarität, der normativ verordneten Zweigeschlechtlichkeit, eine Scharnierfunktion zu. Denn sowohl die hierarchische Anordnung der Geschlechter als auch die Defnition von ,hetero-' bzw. ,homosexuell' bedürfen der klaren Unterscheidung zweier einander ausschließender Geschlechter. Umgekehrt verspricht die Destabilisierung der Binarität zum Einstieg für Interventionen in beide Regime zu werden.

Doch welche Konsequenzen ergeben sich aus der Denaturalisierung von Heterosexualität und Zweigeschlechtlichkeit im Hinblick auf neue Verständnisse von Geschlecht und Sexualität, aber auch im Hinblick auf gesellschaftspolitische Veränderungsperspektiven? Die beiden vielfach diskutierten Strategien einer Auflösung oder Vervielfältigung der Geschlechter und Sexualitäten erweisen sich als problematisch. Denn eine Vervielfältigung der Geschlechter und Sexualitäten schließt nicht aus, dass diese weiterhin als stabile, in sich stimmige Identitäten konstruiert werden. Diese Klassifikationen, auch wenn es mehr als zwei sind, verbinden sich widerstandslos mit Hierarchisierung. Auflösung der Geschlechter hingegen unterstützt die Idee neutraler Allgemeinheit, in der Differenz undenkbar wird. Mein eigener Vorschlag besteht im Unterschied dazu in der VerUneindeutigung von Geschlecht und Sexualität. Dies meint Repräsentationen und Praxen, die Geschlecht und Sexualität nicht rückbinden an die binäre Geschlechterdifferenz und die Norm der Heterosexualität, auch nicht im Sinne eines androgynen ‚Entweder/oder' oder ‚Sowohl/als auch' oder einer Bi- oder Polysexualität. Vielmehr geht es darum, Repräsentationen oder Praxen hervorzubringen, die sich einer Stillstellung von Bedeutung widersetzen, jedoch auf die Norm verweisen, die sie veruneindeutigen, beziehungsweise den Prozess der Infragestellung oder Verschiebung materialisieren.

Die Strategie der VerUneindeutigung setzt beim Identitätsprinzip an. Sie interveniert dort, wo Eindeutigkeit behauptet, eine Grenze gezogen, eine Einheit abgeschlossen wird – also grundsätzlich kontextspezifisch. Weder behauptet sie eine gegebene Vielfältigkeit oder Ambiguität der Geschlechter und Sexualitäten, noch sieht sie darin per se ein Ziel. Die VerUneindeutigung ist eine strategische Intervention, die jeweils im Verhältnis zu einer spezifischen Norm oder Normalität funktioniert. Sie trachtet diese zu unterlaufen, ohne jedoch in Opposition zu treten oder ihrerseits eine erneute normative Schließung vorzunehmen. Vielmehr liegt die in die Zukunft gerichtete Bewegung der VerUneindeutigung gerade darin, eine Perspektive der Veränderung zu eröffnen, ohne diese mit positiven Setzungen zu belegen – zum Beispiel bezüglich dessen, wie eine ‚ideale' oder ‚normale' Sexualität oder Geschlechtlichkeit auszusehen hätte.

Die Strategie der VerUneindeutigung ist als Teil einer queeren ‚Politik der Repräsentation' konzipiert, deren zentraler Gedanke darin liegt, Repräsentation als produktive Intervention zu verstehen (Engel 2002). Die Produktivität von Repräsentation bezieht sich sowohl auf dominante Wirklichkeiten als auch auf die Hervorbringung widerständigen Wissens, subkultureller oder marginalisierter Vorstellungsweisen und Darstellungsformen. Hinsichtlich der Intervention in die Machtregime normativ-heterosexueller und rigide-zweigeschlechtlicher Ordnung zeigt sich der Vorteil heterogener und tendenziell konfliktueller Repräsentationspolitiken darin, dass das unhintergehbare Zusammenspiel von Geschlecht und Sexualität mit weiteren Kategorien sozialer Differenzierung produktiv werden kann, indem deren gegenseitige Einflussnahme wie auch deren Widerstreit zur Verhandlung gestellt wird.

Als Teil einer queeren Politik der Repräsentation knüpft die Strategie der VerUneindeutigung an poststrukturalistische Politikverständnisse und die Konzepte der Unabschließbarkeit, Kontingenz und Kontextualität von Sprache und Bedeutung an. Es besteht jedoch die Gefahr, dass hierdurch neoliberale Individualisierungsdiskurse bestätigt werden, die die Überwindung sozialer Ungleichheit und Diskriminierung, so sie überhaupt noch benennbar sind, aus dem Politischen in die Verantwortung der Einzelnen verlagern. Wie lässt sich ‚VerUneindeutigung' abgrenzen von der medial popularisierten Vorstellung, dass Geschlecht und Sexualität Felder individueller Gestaltung und fortwährender Umgestaltung im Sinne eines konsumlogisch bestimmten Life-Styles sind? Da Subjektivität auch von hegemonialer Seite zunehmend weniger als ‚rigide Identität' verstanden wird und soziale Hierarchisierungen längst nicht mehr entlang ‚definierter Gruppenzugehörigkeiten' erfolgen, sind Flexibilisierung, Ambiguität oder Hybridität sozialer Existenzweisen keineswegs per se herrschaftskritisch (Ha 2004). In gewisser Hinsicht ist eine Identitätskritik, die sich auf Grenzziehungen und Ausschlüsse beschränkt, nicht mehr zeitgemäß, wenn die Regulierung von Geschlecht und Sexualität in spätmodernen westlichen Gesellschaften weniger über Verbot und Repression als über eine differenzierte und normalisierende Anerkennung und Integration unterschiedlicher Existenzweisen erfolgt. Es stellt sich somit die Frage, inwiefern eine Strategie der VerUneindeutigung in dieses komplexe Zusammenspiel pluralistischer Normalisierung und Hierarchisierung herrschaftskritisch eingreifen kann, um Dominanz- und Ungleichheitsverhältnissen abzubauen.

Um sich aus queer/feministischer Perspektive gegen die Herrschaftseffekte zu richten, die sich im neoliberalen Individualisierungsversprechen oder in Integrations- und Normalisierungsangeboten entfalten, schlage ich vor, die Strategie der VerUneindeutigung mit den Kriterien der Denormalisierung und der Enthierarchisierung zu verbinden. Diese Kriterien greifen die queer/feministische Forderung auf, dass es sowohl Normalitätsregime als auch Hierarchien anzufechten gilt. Sie sind bewusst so formuliert, dass sie keine positiven Setzungen beinhalten oder abstrakt-vereinheitlichte Ziele (egalitäre Partizipation, individuelle Freiheit, Verteilungsgerechtigkeit) festlegen, aber doch klare Urteilskriterien bereitstellen, um kontextspezifisch zu fragen, ob konkrete Hierarchien und konkrete Normalitätszwänge abgebaut oder verstärkt werden. Die prozessuale Formulierung greift ein Verständnis von Politik als fortwährender Auseinandersetzung auf. Die Frage, *welche* Hierarchien und *welche* Normalitäten als problematisch angesehen werden, wird hierbei bewusst offen gehalten und kann politisch umstritten bleiben. Somit ziehen die Kriterien der Denormalisierung und Enthierarchisierung in die Strategie der VerUneindeutigung einen relativen normativen Horizont ein, ohne ihrerseits normative Ausschlüsse zu produzieren.

4.   Politik in der entschiedenen Unentscheidbarkeit

Auch wenn sich politische Ansprüche nicht eins zu eins in politische Praxis übersetzen, sondern an inter- wie intrasubjektiven Widersprüchen und Konflikten sowie der Resistenz hegemonialer Verhältnisse gebrochen werden, so bleibt das prinzipielle Anliegen gesellschaftspolitischer Veränderung doch ein zentrales Moment queerer Theorie und Bewegung. Der Abbau von sozialen Hierarchien und Normalitätsregimen stellt diesbezüglich die allgemeinste Formulierung der Veränderungsperspektive dar. Somit kann also bei aller Heterogenität keineswegs alles unter der Überschrift ‚Queer' verhandelt werden; sehr wohl wäre es ein Widerspruch in sich, würde Queer Theorie als ein neutrales wissenschaftliches Forschungsfeld bezeichnet oder als eine konservative Bewegung, die bestehende Normen, Werte und Institutionen zu erhalten trachtet. Im Sinne einer komplex-verflochtenen Analytik heterogener Herrschaftsverhältnisse schließt dies aber keineswegs aus, dass ‚queer' auch affirmativ und herrschaftsstabilisierend wirkt, beispielsweise wenn neoliberale Individualisierungsdiskurse, ökonomische Ausbeutungsverhältnisse oder rassistische Ausgrenzungen gestützt werden. ‚Queer' konfiguriert gesellschaftliche Machtkämpfe um Sexualität, Geschlecht und Identität, indem es einen diskursiven Ort für denaturalisierte, nicht-substanzialistische, performative Praxen sexualisierter Subjektivität bietet. Es formiert eine strategische Situation, die auf die Veränderung hegemonialer Anordnungen zielt. Nichtsdestotrotz stellt das, was kontextspezifisch als queere Theorie und Politik anerkannt wird – indem es beispielsweise als publikationswürdig erscheint oder in die universitäre Lehre einfließt – auch eine Verfestigung von Machtverhältnissen dar, die nur durch Praxen fortwährender Kritik davor bewahrt werden können, ihrerseits Herrschaftseffekte zu produzieren.

Wird das Politische als ein Feld permanenter Auseinandersetzung verstanden, stellen Kritik und Argumentation wichtige und machtvolle Praxen dar. Jacques Derrida (1999a) weist entsprechend die Auffassung zurück, dass die poststrukturalistische Rationalitäts- und Subjektkritik entpolitisierend wirkt, indem er der ‚Argumentation' zentrale Bedeutung verleiht. Sie sei genau der Ort, wo Macht und Politik zur Verhandlung stünden. Denn eine Argumentation eröffnet unweigerlich die Frage nach ihrem Kontext, das heißt, nach den Regeln, Konventionen und Kompetenzen, die ihr Gelingen ermöglichen:

> „Ich denke [...], daß die Anklagen, die häufig gegen die Dekonstruktion erhoben werden, von dem Umstand herrühren, daß ihr Hinweis, was mit der Argumentation auf dem Spiel steht, nicht in Betracht gezogen wird. Die Tatsache, daß es immer eine Frage der Revision von Protokollen und dem Kontext der Argumentation ist, Fragen der Kompetenz, der Diskussionssprache und so weiter" (ebd., S. 173).

Um also die Plausibilität und Durchsetzungskraft einer Argumentation einzuschätzen, müssen ihr Kontext und ihre Bedingungen erwogen werden. Hierauf gründen politische Urteile und Entscheidungen, obwohl doch klar ist, dass diese Einschätzung niemals objektiv und nie endgültig abzuschließen ist. Die Entscheidung beruht letztendlich, wie Derrida formuliert, auf einer ‚Unentscheidbarkeit'. Doch gerade in dieser Unentscheidbarkeit liegt ihre politische Dimension. Denn somit kann keine Entscheidung, die getroffen wird, je aus einer (empirischen oder ethischen) Notwendigkeit begründet werden, sondern immer nur aus einer politischen Argumentation und ihren sozio-kulturellen Machtbedingungen heraus. Nichtsdestotrotz werden Entscheidungen getroffen, und zwar nicht nur auf dem Hintergrund politischer

Überzeugungen oder Interessen, sondern auch in der Verantwortung für andere:

> „Da ist Politisierung [...] weil die Unentscheidbarkeit nicht einfach ein Moment ist, der durch die Entscheidung überwunden wird. Fortwährend bewohnt die Unentscheidbarkeit die Entscheidung, und letztere verschließt sich nicht gegenüber ersterer. Die Beziehung zum Anderen verschließt sich nicht, und genau deshalb gibt es Geschichte und versucht man, politisch zu handeln" (ebd., S. 193; Übersetzung geändert, ae).

Unentscheidbarkeit und Verantwortung sind aus Derridas Perspektive also nicht nur kein Widerspruch, sondern Voraussetzung einer Demokratie, die die Form eines Versprechens annimmt (*la démocratie à venir*), insofern die Notwendigkeit politischer Argumentation und politischer Entscheidungen fortwährend aufrechterhalten wird. Ins Feld feministischer Theorie übertragen heißt es entsprechend bei Diane Elam:

> „Ein Verständnis des Politischen als ‚unentscheidbar' bedeutet somit nicht die Weigerung, Entscheidungen zu treffen; es bedeutet die Weigerung, Entscheidungen auf einem universellen Gesetz zu gründen. Wir könnten sogar so weit gehen zu sagen, dass die Politik der Unentscheidbarkeit darin besteht zu insistieren, dass wir Entscheidungen *zu treffen haben*, jedes Mal, in jedem Fall – dass wir es nicht vermeiden können, Entscheidungen zu treffen, indem wir einfach ein vorgegebenes universelles Gesetz anwenden." (Elam 1994, S. 87; Übersetzung ae)

Beziehen wir diese Unumgänglichkeit, Entscheidungen in der Unentscheidbarkeit zu treffen, im engeren Sinne auf geschlechtliche und sexuelle Praxen, so ließe sich argumentieren, dass wir auch Geschlecht und Sexualität nicht einfach als Anwendung oder Einsetzung eines universellen ‚Gesetzes' heteronormativer Zweigeschlechtlichkeit leben, sondern die Zweigeschlechtlichkeit auch, womöglich unbewusst oder gewohnheitsmäßig, aber ‚entschieden' herstellen. Im Hinblick auf queere Politiken eröffnet dies einerseits Entscheidungsmöglichkeiten und -notwendigkeiten, die aber zugleich als unentscheidbare anzuerkennen sind, so dass die Fragen des Geschlechts und der Sexualität unweigerlich offen bleiben. In eben diesem Sinne formuliert Judith Butler unter Bezugnahme auf Luce Irigarays Begriff einer undefinierbaren Geschlechterdifferenz:

> „Geschlechterdifferenz ist keine Gegebenheit, keine Basis, keine Prämisse [...] sie ist nicht etwas, das wir schon kennen; nein, sie ist eine *Frage* [...] etwas, das nicht ausgesagt werden kann, das die Grammatik der Aussage verwirrt und das mehr oder weniger dauerhaft zu befragen bleibt" (Butler 1997, S. 27), „eine Frage, die eine Zeit der Unentschiedenheit eröffnet" (ebd., S. 26).

Hieran anschließend möchte ich bezüglich der methodologischen Überlegungen folgern, dass im Kontext queerer Bewegungen poststrukturalistische Theorie in politische Praxis übersetzbar wird und sich umgekehrt zeigt, dass politische Praxis in poststrukturalistisches Denken münden kann. Poststrukturalistische Theorie und queere politische Praxis zeigen, dass gesellschaftspolitische Veränderung ohne Rückgriff auf absolute, generalisierte normative Grundlegungen erfolgen kann. Nicht nur werden in radikaler Weise sozio-kulturelle Normalitäten und Selbstverständlichkeiten in Frage gestellt, ohne selbst eine bestimmte Zielperspektive zur Norm zu erheben. Vielmehr zeigt sich auch, dass der Verzicht auf normative Grundlegungen keineswegs in Relativismus enden muss, wenn stattdessen relative normative Perspektiven – der Enthierarchisierung und der Denormalisierung – einen Bewertungshorizont einführen, der Heterogenität, Kontextualität und Konfliktualität stärkt. Enthierarchisierung und Denormalisierung mögen als schwache Kriterien erscheinen, aber sie ermöglichen es, Ausbeutung, Unterdrückung und Gewalt ebenso zurückzuweisen wie subtile Formen der Entwertung oder Ignoranz. So können, um im Kontext der Sexualität zu bleiben, mittels dieser Kriterien sehr wohl homo- oder transphobe Morde, Vergewaltigungen, sexuelle Misshandlung von Kindern oder die medizinische Zurichtung von Intersexuellen zum Problem erhoben werden, weil sie soziale Hierarchiebildungen forcieren sowie Formen von Geschlecht und Sexualität normalisieren, die an Dominanz- und Unterwerfungspraxen gebunden sind. Im Rahmen einer normativitätskritischen, denormalisierenden Perspektive werden aber auch die unhinterfragten Formen der Gewalt, die keine soziale Ächtung erfahren, sondern legitimiert oder sogar positiv sanktioniert sind, zum Problem erhoben. Heteronormativitätskritik besteht nicht zuletzt darin, die subtile Gewaltförmigkeit zweigeschlechtlich heteronormativen Alltags sichtbar zu machen. Ein Erfolg queerer politischer Kämpfe lässt sich dann verzeichnen, wenn die eigenen Praxen keine neuen Hierarchien, Ausschlüsse oder Gewaltförmigkeiten schaffen und sich gesellschaftliche Veränderungen einstellen, die im Vergleich zu einem konkret benennbaren Vorher einen Abbau sozialer Hierarchien und Normalitätsregime darstellen.

Mit dieser wiederum sehr allgemeinen Formulierung eröffnen sich dem jungen Theorie- und Forschungsfeld vielfältige Perspektiven und Einsatzorte. Fragt eine einzig und allein nach den im engeren Sinne sozial- und politikwissenschaftlichen Anknüpfungen queerer Theorie und empirischer Forschung, so lassen sich schon hier mindestens drei Felder benennen: Bezüglich makro-politischer Prozesse wären demokratietheoretische Debatten um *sexual citizenship* und Bedingungen politischer Partizipation weiter zu treiben (quaestio 2000), queere Globalisierungskritik fortzusetzen (Cruz-Malavé 2002) oder das Verhältnis von kapitalistischer Ökonomie und Sexualität genauer zu untersuchen (Butler 1997; Hennessy 2000). Werden gesellschaftliche Institutionen fokussiert, so bleibt die Auseinandersetzung mit Familie und Verwandtschaft (Phelan 2001; Weeks 2001; Engel 2003), mit Medizin und Recht, insbesondere auch im Hinblick auf den Umgang mit Trans- und Intersexualität (Genschel 2001; polymorph 2002) und nicht zuletzt mit der

Rolle der Medien für die Reproduktion und Umarbeitung heteronormativer Geschlechterverhältnisse weiterhin interessant (vgl. Hamer 1996). All diese Problemstellungen beinhalten die Frage nach politischer Handlungsmächtigkeit (*agency*), die sich sowohl bezogen auf die Konstituierung von Subjektivität im Ringen mit den Verwerfungen heteronormativer Verhältnisse (Butler 1993; Genschel 2001) als auch auf die Konzepte des Politischen (Butler 1990, 1993; Engel 2002) stellt. Mit dem hier vorliegenden Text habe ich plausibel zu machen versucht, dass sich poststrukturalistische und queere Theorie nicht zuletzt im Hinblick auf ein Verständnis des Politischen in einer Weise verknüpfen, die ein Ineinandergreifen unterschiedlicher Machtverhältnisse denk- und handhabbar macht, um Hierarchisierungen und Normalisierungen anzufechten. Gerade was die Erforschung dieser Simultanität soziokultureller Differenzachsen betrifft, stehen weitere Anstrengungen an (Dhariam 1996; Gutiérrez Rodríguez 1999). So bleibt als entscheidende Herausforderung die Frage: Welchen besonderen Einsatz kann und will die Queer Theorie erbringen, wenn es darum geht, eine Komplexität von Herrschaftsverhältnissen zu denken – und kritisch zu unterlaufen?

Anmerkungen

[1]   Der Ausdruck ‚queer/feministisch' ordnet die beiden Terme gleichberechtigt an, ohne sie miteinander zu verschmelzen (vgl. Engel 2002, S. 10). Dies verdeutlicht, dass eine Problematisierung der Geschlechterhierarchie im Kontext der Queer Theorie keineswegs selbstverständlich ist, sondern explizit gefordert und markiert werden muss. Zugleich schreibt sich die feministische Perspektive direkt ins queere Feld ein und unterordnende Formen (queer-feministisch oder feministisch-queer) werden vermieden.

[2]   Vgl. auch Teresa de Lauretis (1987) sowie die Essays von Monique Wittig aus den 1970er und 1980er Jahren (in: Wittig 1992).

[3]   Vgl. hierzu Hark 2005, S. 269-333.

[4]   Vgl. Butler (1990, 1993), Rattansi (1995), Phelan (1997), Gutiérrez Rodríguez (1999), Sandoval (2002).

Literatur

Anzaldúa, Gloria: La Prieta. In: Moraga, Cherríe/Anzaldúa, Gloria (Hg.): This Bridge Called my Back. Writings by Radical Women of Color. New York 1983, S. 198-209

Berlant, Lauren/Freeman, Elizabeth: Queer Nationality. In: Warner, Michel (Hg.): Fear of a Queer Planet. Queer Politics and Social Theory. Minneapolis 1993, S. 193-229

Butler, Judith: Gender Trouble. Feminism and the Subversion of Identity. New York und London 1990; dt. Das Unbehagen der Geschlechter. Frankfurt/Main 1991

–: Bodies that Matter. On the Discursive Limits of "Sex". New York/London 1993; dt. Körper von Gewicht. Die diskursiven Grenzen des Geschlechts. Berlin 1995

–: Against Proper Objects. In: differences 6, 1994, 2/3, S. 1-26; dt. Uneigentliche Objekte. In: Dietze, Gabriele/Hark, Sabine (Hg.): Gender kontrovers. Genealogien und Grenzen einer Kategorie, Königstein, S. 181-213

–: Das Ende der Geschlechterdifferenz? In: Huber, Jörg/Heller, Martin (Hg.): Konturen des Unentschiedenen. Basel und Frankfurt/M. 1997, S. 25-43

–: Merely Cultural. In: Social Text, No. 52/53, Queer Transexions of Race, Nation, and Gender, Autumn – Winter 1997, S. 265-277

Cruz-Malavé, Arnaldo/Manalansan IV, Martin F. (Hg.) 2002: Queer Globalizations. Citizenship and the Afterlife of Colonialism. New York/London 2002

Derrida, Jacques: Bemerkungen zu Dekonstruktion und Pragmatismus. In: Mouffe, Chantal (Hg.): Dekonstruktion und Pragmatismus. Demokratie, Wahrheit und Vernunft. Wien 1999a [1996], S. 171-195,

–: Die différance. In: Ders.: Randgänge der Philosophie. Wien 1999b [1968], S. 31-56

Elam, Diane: Feminism and Deconstruction. Ms. en Abyme. New York/London 1994

Engel, Antke: Wider die Eindeutigkeit. Sexualität und Geschlecht im Fokus queerer Politik der Repräsentation. Frankfurt/M. 2002

–: Sandkastenträume. Queer/feministische Überlegungen zu Verwandtschaft und Familie, in: femina politica 12/1 2003, S. 36-45

–: Unter Verzicht auf Autorisierung. Foucaults Begriff der Akzeptanz und der Status des Wissens in queerer Theorie und Bewegung, In: Langner, Ronald/Luks, Timo/ Schlimm, Anette/Straube, Gregor/Thomaschke, Dirk (Hg.): Ordnungen des Denkens. Debatten um Wissenschaftstheorie und Erkenntniskritik, Münster 2007 (i. E.)

Foucault, Michel: Der Wille zum Wissen. Sexualität und Wahrheit. Band I. Frankfurt/M. 1983 [1976]

–: Was ist Kritik? Berlin 1992 [1978]

–: Das Subjekt und die Macht. In: Ders.: Dits et Ecrits. Schriften 4, Frankfurt/Main 2005a [1982], S. 269-293

–: Ist es also wichtig, zu denken? In: Ders.: Dits et Ecrits. Schriften 4, Frankfurt/Main 2005b [1981], S. 219-223

Fuss, Diana: Inside/Out. In: Dies. (Hg.): Inside/Out. Lesbian Theories, Gay Theories. London/New York 1991, S. 1-10

Genschel, Corinna: Fear of a Queer Planet. Dimensionen lesbisch-schwuler Gesellschaftskritik. In: Das Argument 216, 1996, #4, S. 525-537

–: Erstrittene Subjektivität. Diskurse der Transsexualität. In: Das Argument 243/6, 2001, S. 821-833

Gutiérrez Rodríguez, Encarnación: Intellektuelle Migrantinnen – Subjektivitäten im Zeitalter von Globalisierung. Eine postkoloniale dekonstruktive Analyse von Biographien im Spannungsverhältnis von Ethnisierung und Vergeschlechtlichung. Opladen 1999

Hagemann-White, Carol: Sozialisation: weiblich – männlich? Opladen 1984

Hamer, Diane/Budge, Belinda (Hg.): Von Madonna bis Martina. Die Romanze der Massenkultur mit den Lesben. Berlin 1996

Hark, Sabine: deviante Subjekte. Die paradoxe Politik der Identität. Opladen 1999

–: Dissidente Partizipation. Eine Diskursgeschichte des Feminismus. Frankfurt/Main 2005

Hennessy, Rosemary: Profit and Pleasure. Sexual Identities in Late Capitalism. New York/London 2000

Lauretis, Teresa de: Technologies of Gender: Essays in Theory, Film, and Fiction. Bloomington/Indiana 1987

–: The Practice of Love. Lesbian Sexuality and Perverse Desire. Bloomington/ Indianapolis 1994a; dt. Die andere Szene. Psychoanalyse und lesbische Sexualität. Berlin 1996

–: Habit Changes. In: differences 6, 2+3, 1994b, S. 296-313

Phelan, Shane: Lesbians and Mestizas. Appropiation and Equivalence. In: Dies. (Hg.): Playing with Fire. Queer Politics, Queer Theories. New York/London 1997, S. 75-98

Phelan, Shane: Structures of Strangeness: Citizenship and Kinship, In: dies.: Sexual Strangers. Gays, Lesbians, and Dilemmas of Citizenship. Philadelphia 2001

– polymorph (Hg): (K)ein Geschlecht oder viele? Transgender in politischer Perspektive. Berlin 2002

Probyn, Elspeth: Outside Belongings. London/New York 1996

quaestio (Hg.): Queering Demokratie. [sexuelle politiken]. Berlin 2000

Rattansi, Ali: Just Framing. Ethnicities and Racisms in a "Postmodern" Framework. In: Nicholson, Linda/Seidman, Steven (Hg.): Social Postmodernism. Beyond Identity Politics. Cambridge 1995, S. 250-286

Richardson, Diane/Seidman, Steven: Introduction. In: Dies. (Hg.): Handbook of Lesbian and Gay Studies. London/Thousand Oaks/New Dehli 2002, S. 1-12

Rubin, Gayle: The Traffic in Women. Notes on the ‚Political Economy' of Sex. In: Reiter, Rayna R. (Hg.): Toward an Anthropology of Women. New York 1975, dt. Der Frauentausch. Zur ‚politischen Ökonomie' von Geschlecht. In: Dietze, Gabriele/Hark, Sabine (Hg.): Gender kontrovers. Genealogien und Grenzen einer Kategorie, Königstein, S. 69-122

Sandoval, Chela: Dissident Globalizations, Emancipatory Methods, Social-Erotics. In: Cruz-Malavé, Arnaldo/Manalansan IV, Martin F. (Hg.): Queer Globalizations. Citizenship and the Afterlife of Colonialism. New York/London 2002, S. 20-32

Seidman, Steven: Identity and Politics in a "Postmodern" Gay Culture. In: Warner, Michael (Hg.): Fear of a Queer Planet. Queer Politics and Social Theory. Minneapolis 1993, S. 105-142

Warner, Michel: Introduction. In: Ders. (Hg.): Fear of a Queer Planet. Queer Politics and Social Theory. Minneapolis 1993, S. vii-xxxi

Wittig, Monique: The Straight Mind and Other Essays. Boston 1992

Weeks, Jeffrey/Heaphy, Brian/Donovan, Catherine (Hg.): Same Sex Intimicies. Families of Choice and other Life Experiments. London/New York 2001

Situiertes Wissen. Die Wissenschaftsfrage im Feminismus und das Privileg einer partialen Perspektive. In: Vermittelte Weiblichkeit: feministische Wissenschafts- und Gesellschaftstheorie. Elvira Scheich (Hg.), Hamburg: Hamburger Edition 1996 (i. O. 1988), S. 217-248 (mit Auslassungen*)

Die akademische und politisch engagierte feministische Forschung hat wiederholt versucht, mit der Frage zurechtzukommen, was *wir* mit dem seltsamen und unumgehbaren Begriff „Objektivität" meinen könnten. Wir haben eine Menge giftige Tinte und zu Papier verarbeitete Bäume verbraucht, um zu verwerfen, was *sie* damit gemeint haben, und um deutlich zu machen, wie sehr es *uns* verletzt. Das imaginierte „sie" konstituiert eine Art unsichtbare Verschwörung von den mit Geldern und Laboratorien großzügig ausgestatteten Wissenschaftlern und Philosophen. Das imaginierte „wir" sind die verkörperten Anderen, denen es nicht erlaubt ist *keinen* Körper zu haben, *keine* begrenzte Perspektive und damit auch *keinen* unausweichlich disqualifizierenden und belastenden Bias in ernstzunehmenden Diskussionen außerhalb unserer eigenen kleinen Zirkel, in denen eine „Massenzeitschrift" bestenfalls ein Publikum von einigen tausend Leserinnen erreicht, das sich zudem hauptsächlich aus Wissenschaftshasserinnen zusammensetzt. Zumindest ich bekenne mich dazu, daß diese paranoiden Phantasien und akademischen Ressentiments unter einigen zusammengetragenen Reflexionen lauern, die unter meinem Namen in der feministischen Literatur zur Wissenschaftsgeschichte und -philosophie veröffentlicht wurden. (...)

Ich habe den Eindruck, daß Feministinnen in der Frage der Objektivität einer verführerischen Dichotomie in die Falle gegangen sind, deren Pole sie sich selektiv und flexibel bedient haben. Selbstverständlich spreche ich hier für mich selbst, äußere jedoch die Vermutung, daß es einen kollektiven Diskurs über diese Belange gibt. Auf der einen Seite haben neuere sozialwissenschaftliche Studien über Wissenschaft und Technologie ein sehr starkes Argument für die soziale Konstruiertheit *aller* Arten von Erkenntnisansprüchen zur Verfügung gestellt, und dies besonders und mit großer Gewißheit für solche in den Naturwissenschaften.[1] Für diese verlockenden Sichtweisen gibt es keine privilegierte Binnenperspektive, weil innerhalb des Wissens alle Grenzziehungen zwischen innen und außen als Machtstrategien und nicht als Annäherung an die Wahrheit theoretisiert werden. Aus der Perspektive des radikalen Sozialkonstruktivismus[2] haben wir also keinen Grund, uns von Wissenschaftlerinnen durch Beschreibungen ihrer Aktivitäten und Errungenschaften einschüchtern zu lassen. Sie und ihre Gönnerinnen haben ein Interesse daran, uns Sand in die Augen zu streuen. Studierenden im ersten Jahr ihrer Initiation erzählen sie Parabeln über Objektivität und wissenschaftliche Methoden, aber kein Praktiker der hohen Schule der Wissenschaft ließe sich dabei erwischen, tatsächlich nach diesen Lehrbuchversionen zu *handeln*. Sozialkonstruktivistinnen machen deutlich, daß die offiziellen Ideologien über Objektivität und wissenschaftliche Methoden ausgesprochen schlechte Wegweiser dafür sind, wie wissenschaftliches Wissen tatsächlich *hergestellt* wird. Wie bei jedem und jeder von uns auch steht das, was Wissenschaftlerinnen zu tun glauben oder von ihrer Tätigkeit erzählen, mit dem, was sie wirklich tun, nur in einem recht losen Zusammenhang. (...)

Auf jeden Fall könnten Sozialkonstruktivistinnen behaupten, die ideologischen Lehren der wissenschaftlichen Methode und der ganze philosophische Wortschwall über Epistemologie seien zusammengebraut worden, um unsere Aufmerksamkeit davon abzulenken, durch das Ausüben von Wissenschaft eine *wirkungsvolle* Kenntnis der Weit zu erlangen. Aus diesem Blickwinkel ist Wissenschaft – das Spiel, auf das es ankommt und das wir spielen müssen – Rhetorik und die Kunst, die maßgeblichen sozialen Akteurinnen glauben zu machen, daß das fabrizierte Wissen ein Weg zu einer begehrten Form sehr objektiver Macht sei. Solche Überredungsstrategien müssen die Strukturen von Fakten und Artefakten wie auch von sprachvermittelten Akteurinnen im Spiel des Wissens berücksichtigen. Artefakte und Fakten sind hier Bestandteile der machtvollen Kunst der Rhetorik. Praxis heißt Überreden, und um Praxis dreht sich eine ganze Menge. Jedes Wissen ist ein verdichteter Knoten in einem agonistischen Machtfeld. In seinem Bestehen auf der rhetorischen Natur von Wahrheit, einschließlich derjenigen der Wissenschaften, verbündet sich das *Strong Program* der Wissenssoziologie mit den reizenden und garstigen Instrumenten von Semiologie und Dekonstruktion. Geschichte ist eine Erzählung, die sich die Fans westlicher Kultur gegenseitig erzählen, Wissenschaft ist ein anfechtbarer Text und ein Machtfeld, der Inhalt ist die Form.[3] (...)

Je weiter ich also fortfahre in der Beschreibung des mit den ätzenden Werkzeugen des kritischen Diskurses in den Humanwissenschaften gepaarten radikalen sozialkonstruktivistischen Programms und einer speziellen Version des Postmodernismus, desto nervöser werde ich. Wie alle Neurosen wurzelt auch meine im Problem der Metapher, das heißt dem Problem der Beziehung von Körpern und Sprache. Zum Beispiel ist die Kraftfeldmetapher von Bewegungen in einer vollständig textualisierten und kodierten Welt die Matrix für viele Auseinandersetzungen über die sozial ausgehandelte Wirklichkeit des postmodernen Subjekts. Diese Welt-als-Kode – um es noch einmal für Anfängerinnen zu sagen – ist ein hochtechnisiertes militärisches Feld, eine Art automatisiertes akademisches Schlachtfeld, in dem Leuchtpunkte, sogenannte Spieler, sich gegenseitig auflösen (was für eine Metapher!), um im Spiel um Wissen und Macht zu bleiben. (...)

Wir Feministinnen begannen unsere Arbeit mit dem Wunsch nach einem starken Instrument zur Dekonstruktion der Wahrheitsansprüche einer feindlichen Wissenschaft, indem wir die radikale historische Spezifizität und damit die Anfechtbarkeit *jeder* Schicht der zwiebelförmig angeordneten wissenschaftlichen und technologischen Konstruktionen zeigten. Und wir sind schließlich bei einer Art epistemologischer Elektroschocktherapie angelangt, die uns mit selbstinduzierten multiplen Persönlichkeitsstörungen außer Gefecht setzt, anstatt uns an die Spieltische zu bringen, wo mit hohen Einsätzen um allgemein anerkannte Wahrheiten gespielt wird. Wir wollten hinausgelangen über das bloße Aufweisen von Vorurteilen in der Wissenschaft (was sich irgendwie als zu einfach erwies) und nicht ewig das gute wissenschaftliche Schaf von den vorurteilsgeladenen und Mißbrauch treibenden Böcken absondern. Für diesen Versuch erschien die radikalste konstruktivistische Argumentation vielversprechend, die einer Reduktion der Fragestellung auf Voreingenommenheit versus Objektivität, Gebrauch versus Mißbrauch, Wissenschaft versus Pseudowissenschaft den Weg versperrt. Wir demaskierten die Objektivitätslehren, weil sie unseren erwachenden Sinn für kollektive historische Subjektivität und Handlungsfähigkeit und unsere „verkörperten" Darstellungen der Wahrheit bedrohten (…).

Manche von uns versuchten, in diesen Zeiten der Auflösung und der Verstellung einen klaren Kopf zu bewahren, indem sie auf einer feministischen Version von Objektivität bestanden. Damit sind wir bei dem anderen verlockenden und größtenteils durch dieselben politischen Wünsche motivierten Pol des zwiespältigen Objektivitätsproblems. Der humanistische Marxismus ist von Grund auf korrumpiert durch seine die Selbstkonstruktion des Menschen strukturierende ontologische Theorie der Naturbeherrschung und durch das eng damit einhergehende Unvermögen, diejenigen Tätigkeiten von Frauen zu historisieren, die nicht für Lohnarbeit in Frage kommen. Dennoch blieb der Marxismus weiterhin eine vielversprechende Ressource für die Suche nach den Grundsätzen unserer eigenen objektiven Sichtweise in Form einer epistemologischen, feministischen, mentalen Hygiene. Marxistische Voraussetzungen lieferten die Instrumente für die Entwicklung unserer eigenen Versionen einer Standpunkttheorie, für das Insistieren auf Verkörperung, für eine vielfältige herrschaftskritische Tradition ohne Rückgriff auf schwächende Positivismen und Relativismen und für differenzierte Vermittlungstheorien. Einige Versionen der Psychoanalyse trugen erheblich zu diesem Ansatz bei, insbesondere die anglophone Objektbeziehungstheorie (…).

Der „feministische Empirismus" ist ein weiterer Ansatz, der sich ebenfalls an die feministische Nutzbarmachung marxistischer Ressourcen anlehnt in der Hervorbringung einer Wissenschaftstheorie, die weiterhin auf den legitimen Bedeutungen von Objektivität besteht und gegenüber einem radikalen, mit Semiologie und Narratologie verbundenen Konstruktivismus mißtrauisch bleibt (Harding 1986, S. 24ff., S. 161f.). Feministinnen müssen auf einer besseren Darstellung der Welt beharren: Es reicht nicht aus, auf die grundlegende historische Kontingenz zu verweisen und zu zeigen, wie alles konstruiert ist. An dieser Stelle finden wir uns als Feministinnen paradoxerweise mit dem Diskurs vieler praktizierender Wissenschaftlerinnen verbunden, die, wenn alles gesagt und getan ist, größtenteils davon überzeugt sind, daß sie die Dinge *mittels* ihres Konstruierens und Argumentierens beschreiben und entdecken. Besonders Evelyn Fox Keller hat diese grundsätzliche Frage betont, und Harding nennt das Ziel dieser Ansätze eine „Nachfolgewissenschaft" *(successor science)*. Feministinnen setzen sich für das Projekt einer Nachfolgewissenschaft ein, das eine adäquatere, reichere und bessere Darstellung einer Welt, in der ein gutes Leben möglich sein soll, anbietet, und das ein kritisch-reflexives Verhältnis zu unseren eigenen wie auch zu fremden Herrschaftspraktiken und dem für jede Position konstitutiven, unterschiedlichen Maß an Privilegiertheit und Unterdrückung ermöglicht. In traditionellen philosophischen Kategorien formuliert, heißt das, daß es möglicherweise stärker um Ethik und Politik geht als um Epistemologie.

Daher glaube ich, daß mein und *unser* Problem darin besteht, wie wir *zugleich* die grundlegende historische Kontingenz aller Wissensansprüche und Wissenssubjekte in Rechnung stellen, eine kritische Praxis zur Wahrnehmung unserer eigenen bedeutungserzeugenden, „semiotischen Technologien" entwickeln *und* einem nicht-sinnlosen Engagement für Darstellungen verpflichtet sein können, die einer „wirklichen" Welt die Treue halten, einer Welt, die teilweise miteinander geteilt werden kann und unterstützend wirkt auf erdumgreifende Projekte mit einem begrenzten Maß an Freiheit, angemessenem materiellem Überfluß, einer Verminderung der Bedeutung von Leiden und einem begrenzten Maß an Glück. Harding nennt dieses notwendigerweise vielfältige Begehren ein Bedürfnis nach dem Projekt einer Nachfolgewissenschaft und ein postmodernes Beharren auf irreduzibler Differenz und radikaler Vielfalt lokalen Wissens. *Alle* Bestandteile dieses Begehrens sind paradox und gefährlich, und ihre Kombination ist sowohl widersprüchlich als auch notwendig. Feministinnen brauchen keine Objektivitätslehre, die Transzendenz verspricht, weder als Geschichte, die die Spur ihrer Vermittlungen immer dann verliert, wenn jemand für etwas verantwortlich gemacht werden könnte, noch als unbegrenzte instrumentelle Macht. Wir wollen keine Repräsentation der Welt durch eine Theorie unschuldiger Mächte, in der Sprache wie Körper der Glückseligkeit organischer Symbiose verfallen. Ebensowenig wollen wir die Welt als globales System theoretisieren, geschweige denn in einer solchen Welt handeln. Was wir aber dringend brauchen, ist ein Netzwerk erdumspannender Verbindungen, das die Fähigkeit einschließt, zwischen sehr verschiedenen – und nach Macht differenzierten – Gemeinschaften Wissen zumindest teilweise zu übersetzen. Wir brauchen die Erklärungskraft moderner kritischer Theorien in der Frage,

wie Bedeutungen und Körper hergestellt werden, nicht um Bedeutungen und
Körper zu leugnen, sondern um in Bedeutungen und Körpern zu leben, die
eine Chance auf eine Zukunft haben.
  Natur-, Sozial- und Humanwissenschaften spielten zu allen Zeiten in solchen Hoffnungen eine Rolle. Wissenschaft war immer eine Suche nach
Übersetzung, Verwandlung und Beweglichkeit von Bedeutungen und nach
Universalität – die ich Reduktionismus nenne, wenn eine Sprache (wessen
wohl) als Maßstab allen Übersetzungen und Verwandlungen aufgezwungen
werden muß. Reduktionismus besitzt in den machtvollen geistigen Ordnungen globaler Wissenschaften die gleiche Wirkung wie das Geld im Rahmen
der kapitalistischen Tauschordnungen: letztlich gibt es nur eine Gleichung.
Diese tödliche Phantasie haben Feministinnen und andere in einigen Versionen von Objektivitätslehren erkannt, die im Dienste hierarchischer und
positivistischer Ordnungen begründen, was als Wissen gelten darf. Dies ist
einer der Gründe, warum die Debatten über Objektivität in mehr als nur
metaphorischer Hinsicht von Bedeutung sind. Unsterblichkeit und Allmacht
sind nicht unsere Ziele. Aber wir könnten durchsetzbare, zuverlässige Darstellungen von Dingen gebrauchen, bei denen diese weder auf Machtstrategien und agonistische, elitäre Rhetorikspiele noch auf wissenschaftliche, positivistische Arroganz reduzierbar wären. Dies gilt ganz gleich, ob wir
über Gene, soziale Klassen, Elementarteilchen, Geschlecht, Ethnien oder
Texte sprechen, und es betrifft die exakten Wissenschaften gleichermaßen
wie Natur-, Sozial- und Humanwissenschaften, trotz der schlüpfrigen Mehr-
deutigkeiten der Termini *Objektivität* und *Wissenschaft*, die sich einstellen,
wenn wir im diskursiven Terrain hin und her gleiten. In unseren Bemühungen, den rutschigen Grat zu erklimmen, der zu einem brauchbaren Objektivi-
tätsbegriff führen soll, haben wir Feministinnen uns in den Objek-
tivitätsdebatten abwechselnd oder sogar gleichzeitig an beide Enden der
Dichotomie geklammert, die Harding mit den Begriffen Nachfolgewissenschaft versus postmoderne Differenzansätze beschreibt und die ich in diesem
Essay als radikalen Konstruktivismus versus feministisch-kritischen Empirismus skizziere. Klettern ist natürlich schwierig, wenn man sich, egal ob
gleichzeitig oder abwechselnd, an zwei gegenüberliegenden Enden festhält.
Zeit also, die Metaphern zu wechseln.

Die Beharrlichkeit der Vision(...)

Ich möchte einem im feministischen Diskurs vielgescholtenen sensorischen
System metaphorisches Vertrauen schenken: der Vision.[4] Vision kann dazu
dienen, binäre Oppositionen zu vermeiden. Ich möchte die Körperlichkeit
aller Visionen hervorheben und auf diese Weise das sensorische System
reformulieren, das zur Bezeichnung des Sprungs aus dem markierten Körper
hinein in den erobernden Blick von nirgendwo benutzt worden ist. Dieser

Blick schreibt sich auf mythische Weise in alle markierten Körper ein und verleiht der unmarkierten Kategorie die Macht zu sehen, ohne gesehen zu werden, sowie zu repräsentieren und zugleich der Repräsentation zu entgehen. Dieser Blick bezeichnet die unmarkierte Position des Mannes und des Weißen, in feministischen Ohren ist dies einer der vielen häßlichen Anklänge an die Welt-*Objektivität* in wissenschaftlichen und technologischen, spätindustriellen, militarisierten, rassistischen und von Männern dominierten Gesellschaften …. Mir würde eine Lehre verkörperter Objektivität zusagen, die paradoxen und kritisch-feministischen Wissenschaftsprojekten Raum böte: Feministische Objektivität bedeutete dann ganz einfach *situiertes Wissen*. (…)

Ich möchte zeigen, wie unser metaphorisches Beharren auf der Partikularität und Verkörperung aller Vision (die nicht notwendig organische Verkörperung sein muß und auch technologische Vermittlung einschließt) und unser Standhalten gegenüber den verführerischen Mythen von Vision als einem Weg zu Entkörperung und zweiter Geburt uns die Konstruktion eines brauchbaren, allerdings nicht unschuldigen Objektivitätsbegriffs erlauben. Ich wünsche mir ein feministisches Schreiben des Körpers, dessen Metaphorik Vision wieder hervorhebt, weil wir nicht darum herumkommen, diesen Sinn zu beanspruchen, wenn wir einen Weg durch die zahllosen Visualisierungstricks und -möglichkeiten der modernen Wissenschaften und Technologien finden wollen, die die Debatten um Objektivität transformiert haben. Wir müssen lernen, wie wir in unseren mit der Farbwahrnehmung von Primaten und einem stereoskopischen Blick ausgestatteten Körpern das/die Objektiv(e) mit unseren theoretischen und politischen „Bildabtastern" verbinden können, um in Dimensionen des geistigen und physischen Raumes, die wir kaum zu bezeichnen wissen, zu benennen, wo wir sind und wo nicht. Auf eine weniger verkehrte Weise erweist sich Objektivität so als etwas, das mit partikularer und spezifischer Verkörperung zu tun hat und definitiv nichts mit der falschen Vision eines Versprechens der Transzendenz aller Grenzen und Verantwortlichkeiten. Die Moral ist einfach: Nur eine partiale Perspektive verspricht einen objektiven Blick. Dieser objektive Blick stellt sich dem Problem der Verantwortlichkeit für die Generativität aller visuellen Praktiken, anstatt es auszuklammern. Eine partiale Perspektive kann sowohl für ihre vielversprechenden als auch für ihre destruktiven Monster zur Rechenschaft gezogen werden. In der westlichen Kultur ist jede Erzählung über Objektivität eine Allegorie auf die Ideologien sowohl der Beziehungen dessen, was wir Körper und Geist nennen, als auch des Verhältnisses von Distanz und Verantwortlichkeit, die in die Wissenschaftsfrage im Feminismus eingebettet sind. Feministische Objektivität handelt von begrenzter Verortung und situiertem Wissen und nicht von Transzendenz und der Spaltung in Subjekt und Objekt. Vielleicht gelingt es uns so, eine Verantwortlichkeit dafür zu entwickeln, zu welchem Zweck wir zu sehen lernen. (…)

Viele Strömungen der feministischen Theoriebildung versuchen Grundlagen dafür auszuarbeiten, den Standpunkten der Unterworfenen ein besonderes Vertrauen zu schenken. Es gibt gute Gründe für die Überzeugung, daß die Sicht von unten besser ist als die von den strahlenden Weltraumplattformen der Mächtigen herab (Hartsock 1983a; Sandoval o. J.; Harding 1986; Anzaldúa 1987). Dieser Essay teilt diese Annahme und argumentiert für die Verortung und Verkörperung von Wissen und gegen verschiedene Formen nicht lokalisierbarer und damit verantwortungsloser Erkenntnisansprüche, wobei verantwortungslos hier heißt, nicht zur Rechenschaft gezogen werden zu können. Die Etablierung der Fähigkeit, von den Peripherien und den Tiefen heraus zu sehen, hat Priorität. Im Anspruch, eine Perspektive aus der Position der weniger Mächtigen einzunehmen, liegt allerdings auch die ernst zu nehmende Gefahr einer Romantisierung und/oder Aneignung dieser Sichtweise. Das Sehen von unten ist weder einfach zu lernen noch unproblematisch, auch wenn wir „von Natur aus" das ausgedehnte, unterirdische Gebiet des unterworfenen Wissens bewohnen. Die Positionierungen der Unterworfenen sind von einer kritischen Überprüfung, Dekodierung, Dekonstruktion und Interpretation keineswegs ausgenommen, das heißt, sie entziehen sich weder den semiologischen noch den hermeneutischen Ansätzen einer kritischen Forschung. Die Standpunkte der Unterworfenen sind keine „unschuldigen" Positionen. Sie werden im Gegenteil gerade deshalb bevorzugt, weil sie prinzipiell weniger anfällig sind für eine Leugnung des kritischen und interpretativen Kerns allen Wissens. Sie haben die Techniken des Leugnens durch Unterdrückung, Vergessen und Verschwindenlassen kapiert und mit ihnen die Mittel, nirgendwo zu sein und zugleich den Anspruch auf umfassende Sicht aufrechtzuerhalten. Die Unterworfenen haben eine passable Chance, dem göttlichen Trick mit seinen blendenden – und deshalb blindmachenden – Illuminationen auf die Schliche zu kommen. „Unterworfene" Standpunkte werden bevorzugt, weil sie angemessenere, nachhaltigere, objektivere, transformierendere Darstellungen der Welt zu versprechen scheinen. Aber das Problem, *wie* von unten aus zu sehen sei, erfordert mindestens ebensoviel Geschick im Umgang mit Körpern und Sprache und mit den Vermittlungen der Vision wie die hochentwickeltsten technowissenschaftlichen Visualisierungen.

Diese bevorzugte Positionierung ist mit verschiedenen Formen des Relativismus ebensowenig vereinbar wie mit den am explizitesten totalisierenden Ansprüchen auf wissenschaftliche Autorität. Die Alternative zum Relativismus ist allerdings nicht Totalisierung und eine einzige Sicht, die letztlich immer die unmarkierte Kategorie bezeichnet, deren Stärke von einer systematischen Beschränkung und Verdunkelung abhängt. Die Alternative zum Relativismus ist eine Vielfalt partialen, verortbaren, kritischen Wissens, das die Möglichkeit von Netzwerken aufrechterhält, die in der Politik Solidarität und in der Epistemologie Diskussionszusammenhänge genannt werden.

Relativismus ist ein Mittel, nirgendwo zu sein, während man beansprucht, überall in gleicher Weise zu sein. Die „Gleichheit" der Positionierung leugnet Verantwortlichkeit und verhindert eine kritische Überprüfung. In den Objektivitätsideologien ist der Relativismus das perfekte Spiegelbild der Totalisierung: Beide leugnen die Relevanz von Verortung, Verkörperung und partialer Perspektive, beide verhindern eine gute Sicht. Relativismus und Totalisierung sind „göttliche Tricks". Als Versprechen der Möglichkeit einer gleichen und vollständigen Sicht von überall und nirgends sind sie verbreitete Mythen einer die Wissenschaft begleitenden Rhetorik. Die Möglichkeit nachhaltiger, rationaler, objektiver Forschung überlebt jedoch gerade in der Politik und Epistemologie einer partialen Perspektive.

Zusammen mit vielen anderen Feministinnen möchte ich also für eine Theorie und Praxis der Objektivität eintreten, die Anfechtung, Dekonstruktion, leidenschaftlicher Konstruktion, verwobenen Verbindungen und der Hoffnung auf Veränderung von Wissenssystemen und Sichtweisen den Vorrang gibt. Aber nicht jede partiale Perspektive ist brauchbar. Wir müssen argwöhnisch sein gegenüber einfachen Relativismen und Holismen, die sich aus summierenden und subsumierenden Teilen zusammensetzen. „Leidenschaftliche Unvoreingenommenheit" (Kuhn 1982) erfordert mehr als anerkannte und selbstkritische Partialität. Wir sind auch gefordert, die Perspektive solcher Blickwinkel anzustreben, die niemals im voraus bekannt sein können und die etwas sehr Ungewöhnliches versprechen, nämlich ein Wissen, das die Konstruktion von Welten ermöglicht, die in geringerem Maße durch Achsen der Herrschaft organisiert sind. Aus diesem Blickwinkel verschwände die unmarkierte Kategorie *wirklich* – was doch etwas anderes ist als die bloße Wiederholung eines Akts des Verschwindens. Imaginäres und Rationales – visionäre und objektive Vision – liegen dicht beieinander. (…)

Ein Engagement für bewegliche Positionierung und leidenschaftliche Unvoreingenommenheit ist eine Folge davon, daß unschuldige „Identitätspolitiken" und Epistemologien unmögliche Strategien für eine klare Sicht von den Standpunkten der Unterworfenen aus sind. Man kann nicht Zelle oder Molekül „sein" – oder Frau, kolonisierte, Person, Arbeiterin und so weiter –, wenn man beabsichtigt zu sehen und von diesen Positionen aus kritisch zu sehen. „Sein" ist weitaus problematischer und kontingenter. Ebensowenig kann man den eigenen Standpunkt an einen anderen Ort verlegen, ohne für diese Bewegung verantwortlich zu sein. Vision ist *immer* eine Frage der Fähigkeit zu sehen – und vielleicht eine Frage der unseren Visualisierungspraktiken impliziten Gewalt. Wessen Blut wurde vergossen, damit meine Augen sehen können? Dies gilt ebenso für Aussagen aus der Position des „Selbst". Wir sind uns selbst nicht unmittelbar präsent. Selbsterkenntnis erfordert eine semiotisch-materielle Technologie, die Bedeutungen mit Körpern verknüpft. Selbstidentität ist ein schlechtes visuelles System, Verschmelzung eine schlechte Strategie der Positionierung. (...)

Das gespaltene und widersprüchliche Selbst kann Positionierungen in Frage stellen und zur Rechenschaft gezogen werden. Es ist in der Lage, auf eine geschichtsverändernde Weise rationale Debatten und Imaginationen zu konstruieren und zu verbinden.[5] Aufspaltung, nicht Sein, ist das bevorzugte Bild für feministische Epistemologien wissenschaftlichen Wissens. Aufspaltung meint in diesem Kontext heterogene Vielheiten, die gleichermaßen notwendig sind und nicht in gleichförmige Raster gepreßt oder in kumulative Listen zerschlagen werden können. Diese Geometrie gilt in und zwischen Subjekten. Da die Topographie der Subjektivität multidimensional ist, ist es auch die Vision. Das erkennende Selbst ist in all seinen Gestalten partial und niemals abgeschlossen, ganz, einfach da oder ursprünglich, es ist immer konstruiert und unvollständig zusammengeflickt, und *deshalb* fähig zur Verbindung mit anderen und zu einer gemeinsamen Sichtweise ohne den Anspruch, jemand anderes zu sein. Das Versprechen der Objektivität liegt darin, daß wissenschaftlich Erkennende nicht die Subjektposition der Identität suchen, sondern die der Objektivität, das heißt der partialen Verbindung. Es gibt keine Möglichkeit, an allen Positionen zugleich oder zur Gänze an einer einzigen, privilegierten (unterdrückten) Position zu „sein", die durch Geschlecht, ethnische und nationale Zugehörigkeit und Klasse strukturiert wird. Und dies ist nur eine kurze Aufzählung entscheidender Positionen. Die Suche nach einer solchen vollständigen und absoluten Position ist die Suche nach dem fetischisierten, vollkommenen Subjekt einer oppositionellen Geschichte, das in der feministischen Theorie mitunter als die essentialisierte Dritte-Welt-Frau erscheint (Mohanty 1984). Unterwerfung ist keine Grundlage für eine Ontologie, sie kann allenfalls ein sichtbarer Anhaltspunkt sein. Vision erfordert visuelle Instrumente. Optik ist eine Politik der Positionierung. Visuelle Instrumente vermitteln Standpunkte, es gibt keine unvermittelte Sicht vom Standpunkt der Unterworfenen aus. Identität, einschließlich Selbstidentität, produziert keine Wissenschaft, kritische Positionierung produziert – ist – Objektivität. Nur diejenigen, die die Positionen der Herrschenden einnehmen, sind selbstidentisch, unmarkiert, entkörpert, unvermittelt, transzendent und wiedergeboren. Bedauerlicherweise können Unterworfene diese Subjektposition begehren und sogar zu ihr aufsteigen – um dann außer Sicht zu geraten. Wissen vom Standpunkt des Unmarkierten ist wahrhaft phantastisch, verzerrt, und deshalb irrational. Die einzige Position, von der aus Objektivität unmöglich praktiziert und gewürdigt werden kann, ist der Standpunkt des Herrn, des Mannes, des Einen Gottes, dessen Auge alle Differenz produziert, aneignet und lenkt. Niemand hat den monotheistischen Gott je der Objektivität beschuldigt, allenfalls der Indifferenz. Der göttliche Trick ist selbstidentisch, und wir haben dies fälschlicherweise für Kreativität und Wissen, sogar für Allwissenheit gehalten.

Positionierung ist daher die entscheidende wissenbegründende Praktik, die wie
so viele wissenschaftliche und philosophische Diskurse des Westens auch um
die Metaphorik der Vision herum organisiert ist. Positionierung impliziert
Verantwortlichkeit für die Praktiken. die uns Macht verleihen. Politik und Ethik
sind folglich die Grundlage für Auseinandersetzungen darüber, was als rationales Wissen gelten darf. Das heißt, ob eingestanden oder nicht, daß Politik die
Grundlage von Auseinandersetzungen über Forschungsprojekte in den exakten
und in den Natur-, Sozial- und Humanwissenschaften darstellt. Andernfalls ist
Rationalität einfach unmöglich und nichts als eine aus dem Nirgendwo überall-
hin projizierte optische Täuschung. Geschichten über Wissenschaft können auf
überzeugende Weise als Geschichten von Technologien erzählt werden. Diese
Technologien sind Lebensweisen, soziale Ordnungen und Visualisierungspraktiken. Technologien sind spezifisch ausgebildete Praktiken. Wie können wir
sehen? Von wo aus können wir sehen? Welche Grenzen hat die Sicht? Wofür
sollen wir sehen? Mit wem kann man sehen? Wer hat mehr als einen Standpunkt? Wer wird borniert? Wer trägt Scheuklappen? Wer interpretiert das
visuelle Feld? Welche anderen sensorischen Fähigkeiten wollen wir neben der
Vision kultivieren?

Der moralische und politische Diskurs wollte das Paradigma für einen rationalen Diskurs über die Metaphorik und die Technologien der Vision sein.
Sandra Hardings Behauptung oder Beobachtung, sozialrevolutionäre Bewegungen hätten den größten Beitrag zu einer Verbesserung von Wissenschaft
geleistet, kann als Behauptung über die Folgen neuer Positionierungs-
technologien für das Wissen gelesen werden. Aber ich wünschte, Harding
hätte mehr Zeit darauf verwendet, sich zu erinnern, daß soziale und wissenschaftliche Revolutionen nicht immer eine befreiende Wirkung gehabt haben,
auch wenn sie immer visionär gewesen sind. Dies läßt sich vielleicht auch
anders formulieren: als Wissenschaftsfrage im Militarismus. Kämpfe darüber, was als rationale Darstellung der Welt gelten darf, sind Kämpfe über
das *Wie* des Sehens. Bedingungen der Vision wären dann: die Wissenschaftsfrage im Kolonialismus, die Wissenschaftsfrage im Exterminismus (Sofoulis
1988), die Wissenschaftsfrage im Feminismus zu stellen.

Politisch engagierte Attacken gegen verschiedene Empirismen, Reduktio-
nismen oder andere Versionen wissenschaftlicher Autorität sollten nicht
Relativismus, sondern Lokalisierung thematisieren. Eine dichotome Tabelle,
die diesen Punkt ausdrückt, könnte wie folgt aussehen:

Universelle Rationalität	Ethnophilosophien
Gemeinsame Sprache	Vielsprachigkeit
Neues Organon	Dekonstruktion
Einheitliche Feldtheorie	Oppositionelle Positionierung
Weltsystem	Lokales Wissen
Meistertheorie	Verwobene Darstellungen

Aber eine dichotome Tabelle verfehlt die Darstellung von Positionen einer
verkörperten Objektivität, die ich zu skizzieren versuche, auf entscheidende
Weise. Die grundlegende Verzerrung liegt in der illusorischen Symmetrie
beider Tabellenhälften, die beide Positionen erstens als einfache Alternative
und zweitens als wechselseitige Ausschließung erscheinen läßt. Eine Skizze
der Spannungen und Resonanzen zwischen den fixierten Enden einer aufge-
ladenen Dichotomie wäre zur Repräsentation der möglichen Politiken und
Epistemologien einer verkörperten – und daher verantwortlichen – Objektivität besser geeignet. Auch lokales Wissen muß beispielsweise in Spannung
stehen zu den produktiven Strukturierungen, die zu ungleichen Übersetzungen und – materiellem wie semiotischem – Austausch in den Netzwerken
von Wissen und Macht zwingen. Netzwerke *können* die Eigenschaft der
Systematizität haben, sie können sogar wie ein zentral strukturiertes, globales
System über tiefgehende Fasern und hartnäckige Ranken verfügen, die weit
in die weltgeschichtlichen Dimensionen von Zeit, Raum und Bewußtsein
hineinreichen. Feministische Verantwortlichkeit erfordert ein Wissen, das auf
Resonanz und nicht auf Dichotomie eingestellt ist. Geschlecht ist ein Feld
strukturierter und strukturierender Differenz, in dem die extrem lokalisierten
Klänge zutiefst persönlicher und individualisierter Körper im gleichen Feld
ertönen wie globale Hochspannungsemissionen. Feministische Verkörperung
handelt also nicht von einer fixierten Lokalisierung in einem verdinglichten
Körper, ob dieser nun weiblich oder etwas anderes ist, sondern von Knoten-
punkten in Feldern, Wendepunkten von Ausrichtungen und der Verantwortlichkeit für Differenz in materiell-semiotischen Bedeutungsfeldern.
Verkörperung ist signifikante Prothetik: Objektivität kann keine festgelegte
Vision sein, wenn das, was als Objekt gilt, sich als Dreh- und Angelpunkt
der Weltgeschichte herausstellt.

Welche Positionierungen sind geeignet, um in dieser von Spannungen,
Resonanzen, Transformationen, Widerständen und Komplizenschaft geprägten Situation zu sehen? Das Sehvermögen von Primaten stellt in diesem
Zusammenhang nicht unmittelbar eine besonders mächtige Metapher oder
Technologie für eine feministische, politisch-epistemologische Klarstellung
dar, da es dem Bewußtsein bereits verarbeitete und objektivierte Felder zu
präsentieren scheint. Die Dinge scheinen bereits fixiert und distanziert zu
sein. Dennoch erlaubt uns die Visionsmetapher, über die Endprodukte der
festgelegten Erscheinungen hinauszugelangen. Die Metapher lädt uns zur
Erforschung der verschiedenen Apparate der visuellen Produktion ein, zu
denen auch die prothetischen Technologien an der Schnittstelle zu unseren
biologischen Augen und Gehirnen gehören. Hier finden wir hochspezifische
Instrumentarien, die Bereiche des elektromagnetischen Spektrums zu unseren
Bildern von der Welt aufbereiten. Und gerade hier, in den Feinheiten dieser
Visualisierungstechnologien, in die wir eingebettet sind, werden wir Meta-
phern und Mittel für das Verständnis von und die Intervention in die vorhan-

denen Objektivierungsmuster finden, also für diejenigen Realitätsmuster, für die wir die Verantwortung übernehmen müssen. Mit Hilfe dieser Metaphern kann das, was wir wissenschaftliches Wissen nennen, auf eine *zweifache* Weise gewürdigt werden, einmal unter dem Aspekt des Konkreten, „Realen", zum anderen unter dem Aspekt von Semiosis und Produktion.

Ich argumentiere für Politiken und Epistemologien der Lokalisierung, Positionierung und Situierung, bei denen Partialität und nicht Universalität die Bedingung dafür ist, rationale Ansprüche auf Wissen vernehmbar anzumelden. Dies sind Ansprüche auf Aussagen über das Leben von Menschen: entweder die Sicht von einem strukturierten Körper aus, der immer ein komplexer, widersprüchlicher, strukturierender Körper ist, oder der einfache und einfältige Blick von oben, von nirgendwo. Nur der göttliche Trick ist verboten. Damit haben wir ein Kriterium für die Entscheidung der Wissenschaftsfrage im Militarismus, der eine Wissenschaft/Technologie der vollkommenen Sprache, vollkommenen Kommunikation und endgültigen Ordnung erträumt.

Die neuen Wissenschaften, die der Feminismus begehrt, sind Wissenschaften und Politiken der Interpretation, der Übersetzung, des Stotterns und des partiell Verstandenen. Dem Feminismus geht es um die Wissenschaften des multiplen Subjekts mit (mindestens) doppelter Vision. Feminismus handelt von einer kritischen Vision, die sich aus der kritischen Positionierung in einem nichthomogenen, geschlechtsspezifisch differenzierten sozialen Raum ergibt. Übersetzung ist immer interpretativ, kritisch und partiell. Dies ist eine Basis für Konversation, Rationalität und Objektivität, die eine machtempfindliche und keine pluralistische „Konversation" ist. Nicht etwa die mythischen Karikaturen von Physik und Mathematik, die fälschlicherweise in antiwissenschaftlichen Ideologien als exaktes, hypereinfaches Wissen dargestellt werden, repräsentieren für feministische Modelle wissenschaftlichen Wissens das feindliche Andere, sondern die hochtechnologischen Träume des vollkommen Bekannten, die fortgesetzt militarisierten, wissenschaftlichen Produktionen und Positionierungen und der göttliche Trick des *Krieg der Sterne*-Paradigmas des rationalen Wissens. Verortung hat also etwas mit Verwundbarkeit zu tun. Verortung widersteht einer Politik der Abgeschlossenheit, der Endgültigkeit oder, um einen Begriff von Althusser zu variieren, feministische Objektivität widersteht der „Vereinfachung in letzter Instanz". Denn feministische Verkörperung widersteht einer Fixierung und hegt eine unstillbare Neugier auf Netzwerke unterschiedlicher Positionierungen. Es gibt keinen singulären feministischen Standpunkt, weil die Kartierungen dieser Metapher, auf denen unsere Visionen basieren, zu vieldimensional sind. Doch bleibt das feministische Ziel der Standpunkttheoretikerinnen, eine Epistemologie und Politik engagierter, verantwortlicher Positionierung, ausgesprochen wichtig. Das Ziel sind bessere Darstellungen der Welt, das heißt „Wissenschaft".

Vor allem beansprucht rationales Wissen nicht, frei von Engagement zu sein, etwa von überall und folglich von nirgendwo herzukommen, frei von Interpretation zu sein und davon, repräsentiert zu werden, vollkommen distanziert oder vollständig formalisierbar zu sein. Rationales Wissen ist ein Prozeß fortlaufender kritischer Interpretation zwischen Feldern von Interpretierenden und Dekodierenden. Rationales Wissen ist machtempfindliche Konversation (King 1994) (...).

Dekodierung und Transkodierung plus Übersetzung und Kritik – alle zusammen sind erforderlich. Auf diese Weise wird Wissenschaft zum paradigmatischen Modell nicht für Abgeschlossenheit, sondern für das, was bestreitbar ist und bestritten wird. Wissenschaft wird nicht mehr der Mythos für etwas sein, das sich der menschlichen Handlungsfähigkeit und Verantwortlichkeit im Bereich alltäglicher profaner Auseinandersetzungen entzieht, sondern für die Zurechenbarkeit und Verantwortlichkeit für Übersetzungen und Solidaritäten, die die kakophonen Visionen und visionären Stimmen verbinden, die das Wissen der Unterworfenen charakterisieren. Eine Brechung der Sinne, eine Vermischung von Stimme und Sicht, eignet sich eher als Metapher für die Grundlage des Rationalen als klare und abgegrenzte Ideen. Wir suchen nach Wissen, das nicht vom Phallogozentrismus (jener Wehmut nach der Präsenz des einen wahren Wortes) und von entkörperter Vision beherrscht wird, sondern von partialer Sicht und einer begrenzten Stimme. Unsere Suche nach Partialität ist kein Selbstzweck, sondern handelt von Verbindungen und unerwarteten Eröffnungen, die durch situiertes Wissen möglich werden. Einen spezifischen Ort einzunehmen ist der einzige Weg zu einer umfangreicheren Vision. Die Wissenschaftsfrage im Feminismus zielt auf Objektivität als positionierter Rationalität. Ihre Bilder sind kein Produkt einer Flucht vor und der Transzendenz von Grenzen, das heißt eines Blicks von oben herab, sondern der Verknüpfung partialer Sichtweisen und innehaltender Stimmen zu einer kollektiven Subjektposition, die eine Vision der Möglichkeiten einer fortgesetzten, endlichen Verkörperung und von einem Leben in Grenzen und in Widersprüchen verspricht, das heißt von Sichtweisen, die einen Ort haben. (...)

Es scheint klar zu sein, daß feministische Darstellungen von Objektivität und Verkörperung – das heißt von einer Welt –, wie sie in diesem Essay skizziert werden, ein vermeintlich einfaches Manöver innerhalb der westlichen analytischen Traditionen erfordern, das mit der Dialektik begann, aber kurz vor den nötigen Revisionen innehielt. Situiertes Wissen erfordert, daß das Wissensobjekt als Akteur und Agent vorgestellt wird und nicht als Leinwand oder Grundlage oder Ressource und schließlich niemals als Knecht eines Herrn, der durch seine einzigartige Handlungsfähigkeit und Urheberschaft von „objektivem" Wissen die Dialektik abschließt. Kritische Ansätze der Sozial- und Humanwissenschaften, in denen die Handlungsfähigkeit der untersuchten Menschen selbst das gesamte Projekt der Produktion sozialer

Theorie transformiert, stellen dies auf eine paradigmatische Weise klar. Die Anerkennung der Handlungsfähigkeit der untersuchten „Objekte" ist in diesen Wissenschaften tatsächlich der einzige Weg, um grobe Irrtümer und ein in vielerlei Hinsicht falsches „Wissen" zu vermeiden. Aber dasselbe gilt auch für die anderen als Wissenschaften bezeichneten Wissensprojekte. Die logische Folgerung aus der Behauptung, daß Ethik und Politik verdeckt oder offen die Basis für Objektivität nicht nur in den Sozialwissenschaften, sondern auch in den Wissenschaften als heterogenem Ganzen bereitstellen, ist, den „Objekten" der Welt den Status eines Agents/Akteurs zuzugestehen. Akteure gibt es in vielen und wundervollen Formen. Darstellungen einer „wirklichen" Welt hängen folglich nicht von einer Logik der „Entdeckung" ab, sondern von einer machtgeladenen sozialen Beziehung der Konversation. Die Welt spricht weder selbst, noch verschwindet sie zugunsten eines Meister-Dekodierers. Die Kodierungen der Welt stehen nicht still, sie warten nicht etwa darauf, gelesen zu werden. Die Welt ist kein Rohmaterial der Humanisierung, wie die grundlegenden Angriffe gegen den Humanismus als ein weiterer Zweig des Diskurses über den „Tod des Subjekts" klargestellt haben. In einem kritischen Sinn, auf den die unbeholfene Kategorie des Sozialen oder der Handlungsfähigkeit grob hinweist, ist die in den Wissensprojekten erforschte Welt eine aktive Entität. Insofern eine wissenschaftliche Darstellung in der Lage ist, sich auf diese Dimension der Welt als Wissensobjekt einzulassen, kann zuverlässiges Wissen vorgestellt werden und uns in Anspruch nehmen. Aber keine spezifische Repräsentations- oder Dekodierungs- oder Entdeckungslehre liefert irgendwelche Garantien. Der Ansatz, den ich vertrete, hat nichts mit Realismus zu tun, der sich als ein sehr armseliger Weg für ein Einlassen auf die Handlungsfähigkeit der Welt entpuppt hat.

Selbstverständlich ist mein einfaches, vielleicht auch einfältiges Manöver in der westlichen Philosophie nicht neu, es besitzt aber eine besondere feministische Pointe in Verbindung mit der Wissenschaftsfrage im Feminismus und den damit zusammenhängenden Fragen von Geschlecht als situierter Differenz und Verkörperung von Frauen. Ökofeministinnen haben vielleicht am stärksten auf der Vorstellung bestanden, daß die Welt ein aktives Subjekt ist und keine Ressource, die in bürgerlichen, marxistischen oder männlichen Projekten kartiert und angeeignet wird. Die Anerkennung der Handlungsfähigkeit der Welt im Wissensprozeß schafft Platz für irritierende Möglichkeiten, zu denen auch ein Gespür für den unabhängigen Sinn der Welt für Humor gehört. So ein Sinn für Humor ist ungemütlich für Humanistinnen und andere, die sich der Idee der Welt als Ressource verschrieben haben. Für feministische Visualisierungen der Welt als gewitzter Agentin gibt es eine Vielzahl evokativer Figuren. Wir brauchen nicht wieder auf die Anrufung der Urmutter zu verfallen, um der Ressourcenwerdung zu widerstehen. Die in den Erzählungen von südwestamerikanischen Indianerinnen verkörperten

Figuren des Kojoten oder Gauklers vermitteln uns eine Vorstellung von unserer Situation, wenn wir die Herrschaft aufgeben, aber weiter nach Genauigkeit suchen, wohl wissend, daß wir reingelegt werden. Ich denke, dies sind nützliche Mythen für Wissenschaftler, die unsere Verbündeten sein könnten. Feministische Objektivität schafft Raum für Überraschungen und Ironien im Herzen jeglicher Produktion von Wissen. Wir sind nicht für die Welt verantwortlich. Wir leben hier einfach und versuchen, mittels unserer prothetischen Werkzeuge, einschließlich unser Visualisierungstechnologien, nicht-unschuldige Konversationen zu beginnen. (...) Ich wünsche mir feministische Theorie als einen neu erfundenen Kojote-Diskurs, der den Quellen, die ihn ermöglichen, in einer heterogenen Vielfalt von Darstellungen der Welt verpflichtet ist.

Die „Aktivierung" zuvor passiver Kategorien von Wissensobjekten läßt sich anhand einer weiteren reichhaltigen feministischen Wissenschaftspraxis der letzten beiden Jahrzehnte besonders gut illustrieren. Diese Aktivierung problematisiert unablässig binäre Unterscheidungen wie *sex* und *gender*, ohne jedoch deren strategische Nützlichkeit zu eliminieren. Ich beziehe mich darauf, wie in der Primatologie – vor allem, aber nicht ausschließlich – durch die Praxis von Primatologinnen, Evolutionsbiologinnen und Verhaltensökologinnen rekonstruiert worden ist, was in wissenschaftlichen Darstellungen als *sex*, und zwar in erster Linie als *sex* der Frauen, angesehen werden kann (Haraway 1989b). Der *Körper*, das Objekt des biologischen Diskurses, wird selbst ein höchst engagiertes Wesen. Behauptungen über einen biologischen Determinismus werden nie wieder so sein können wie zuvor. Wenn *sex* der Frauen so gründlich retheoretisiert und revisualisiert wird, daß es von „Geist" praktisch nicht mehr unterschieden werden kann, muß mit den Kategorien der Biologie etwas Grundsätzliches passiert sein. Die biologische Konzeption des Weiblichen, die die gegenwärtigen biologischen Arbeiten über Verhalten bevölkert, hat fast keine passiven Eigenschaften mehr. „Sie" ist strukturierend und in jeder Hinsicht aktiv, der „Körper" ist ein Agent und keine Ressource. Auf jeder Stufe vom Gen bis zu den Mustern der Nahrungssuche wird Differenz biologisch als situationell und nicht als intrinsisch theoretisiert, wobei sich die biologischen Körperpolitiken fundamental verändern. Die Beziehungen zwischen *sex* und *gender* müssen im Rahmen dieses Wissens kategorial neu gefaßt werden. Ich möchte diesen Trend innerhalb der biologischen Erklärungsstrategien als Allegorie für Interventionen vorschlagen, die Projekten feministischer Objektivität die Treue halten. Es geht nicht darum, daß diese neuen biologischen Konzeptionen des Weiblichen einfach wahr oder nicht offen für Streit und Auseinandersetzung sind. Gerade das Gegenteil ist der Fall. Aber diese Bilder heben hervor, daß Wissen auf jeder Ebene seiner Artikulation eine situierte Auseinandersetzung ist. In dieser Allegorie steht die Grenze zwischen Tier und Mensch genauso auf dem Spiel wie die zwischen Maschine und Organismus. (...)

[S]o sind auch Körper als Wissensobjekte materiell-semiotische Erzeugungsknoten. Ihre *Grenzen* materialisieren sich in sozialer Interaktion. Grenzen werden durch Kartierungspraktiken gezogen, „Objekte" sind nicht als solche präexistent. Objekte sind Grenzobjekte. Aber Grenzen verschieben sich von selbst, Grenzen sind äußerst durchtrieben. Was Grenzen provisorisch beinhalten, bleibt generativ und fruchtbar in bezug auf Bedeutungen und Körper. Grenzen ziehen (sichten) ist eine riskante Praktik. Objektivität zielt nicht auf Desengagement, sondern auf wechselseitige und normalerweise ungleiche Strukturierung, auf die Übernahme von Risiken in einer Welt, in der „wir" immer vom Tod bedroht sind, das heißt keine „endgültige" Kontrolle haben. Wir haben schließlich keine klaren und abgegrenzten Ideen. Die verschiedenen konkurrierenden biologischen Körper entstehen an einem Schnittpunkt, wo sich biologisches Forschen und Schreiben, medizinische und andere kommerzielle Praktiken und Technologien, wie etwa Visualisierungstechnologien, überlagern, die dieser Essay als Metaphern aufführt. Aber außerdem kommt im Schnittpunkt dieser Verknüpfungen etwas ins Spiel, was den lebendigen Sprachen entspricht, die aktiv in die Produktion von literarischem Wert verflochten sind: die kojotenhaften und vielgestaltigen Verkörperungen einer Welt als gewitzter Agentin und Akteurin. Vielleicht widersteht die Welt der Reduktion auf eine reine Ressource, nicht als Mutter/Material/Gemurmel, sondern als Kojote, dem Bild für das stets problematische und machtvolle Band zwischen Bedeutungen und Körpern. Feministische Verkörperung, feministische Hoffnungen auf Partialität, Objektivität und situiertes Wissen beruhen auf Auseinandersetzungen und Kodes an diesem entscheidenden Knotenpunkt in Feldern möglicher Körper und Bedeutungen. An diesem Punkt konvergieren Wissenschaft, Wissenschaftsphantasien und Science-fiction zur Wissenschaftsfrage im Feminismus. Möglicherweise beruhen unsere Hoffnungen auf Verantwortlichkeit, Politik und Ökofeminismus auf einer Revision der Welt als kodierende Gauklerin, mit der uns auszutauschen wir lernen müssen.

Aus dem Englischen von Helga Kelle

Anmerkungen

*   Gestrichene Anmerkungen sind mit (...) gekennzeichnet.

1   Siehe z. B. Knorr/Cetina/Mulkay (1983); Bilker u. a. (1987), v. a. Latour (1984; 1988). In Anlehnung an Michel Tourniers *Vendredi* (1967) benennt Latours brillante und aphoristische Polemik gegen alle Formen von Reduktionismus den für Feministinnen essentiellen Punkt: „Méfiez-vous de la pureté; c'est le vitriol de l'âme" (Latour 1984, S. 171) („Hüten Sie sich vor der Reinheit; sie ist der Fusel der Seele"). Latour ist an anderen Stellen nicht gerade ein bemerkenswerter feministischer Theoretiker, aber er könnte durch Lesarten zu einem gemacht wer-

den, die so „verrückt" wie die sind, die er auf das Labor anwendet; diese große Maschine, die signifikante Fehler schneller begeht, als irgend jemand sonst es kann, um auf diese Weise weltverändernde Macht zu erlangen. Das Labor ist für Latour die Eisenbahnindustrie der Epistemologie, wo Fakten lediglich dazu gebracht werden können, auf von außen festgelegten Schienen zu laufen. Diejenigen, die das Schienennetz kontrollieren, kontrollieren auch das es umgebende Territorium. Wie konnten wir das vergessen? Aber heute brauchen wir weniger die bankrotten Eisenbahnlinien, als vielmehr das Netzwerk der Satelliten. Heutzutage bewegen sich Fakten auf Lichtstrahlen.

[2] Im Englischen ist sowohl *social constructivism* als auch *social constructionism* gebräuchlich, wobei der zweite Begriff eher für den radikalen Sozialkonstruktivismus Anwendung findet, auf den sich Haraway hier und im weiteren bezieht. In der deutschen Diskussion gibt es bisher keinen durchgängigen Gebrauch des Begriffs „Konstruktionismus", und er soll auch hier nicht eingeführt werden (A. d. Ü.).

[3] Für eine elegante uns sehr hilfreiche Erläuterung einer nicht karikierenden Version dieses Arguments siehe White (1987). (...)

[4] In der englischen Sprache ist das Bedeutungsfeld von *vision* weitaus umfangreicher als im Deutschen. Es umfaßt Sehvermögen, das Gesehene, Vorstellung ebenso wie Weitblick und Erscheinung und bezieht sich somit gleichermaßen auf Akte und Gegenstände der Wahrnehmung wie der Einbildung. Dagegen ist „Vision" im Deutschen als Traumgesicht, Trugbild, Erscheinung weitgehend auf den Bereich der Einbildung beschränkt. Gerade anhand der Doppeldeutigkeit von *vision* arbeitet Donna Haraway den „visionären" Anteil jeder noch so „realistischen" *vision* heraus (A. d. Hg.).

[5] Joan Scott erinnerte mich, daß Teresa de Lauretis dies so ausdrückt: „Unterschiede zwischen Frauen lassen sich besser als Unterschiede innerhalb von Frauen verstehen. (...) Aber haben wir einmal deren konstitutive Macht erkannt – haben wir einmal verstanden, daß diese Differenzen nicht nur das Bewußtsein und die subjektiven Grenzen jeder Frau konstituieren, sondern daß sie zusammengenommen das weibliche Subjekt des Feminismus in seiner Spezifität definieren, seine inhärente oder zumindest heute noch unüberwindliche Widersprüchlichkeit –, dann können wir diese Differenzen nicht wieder zu einer feststehenden Identität zusammenfassen, zu einer Gleichheit aller Frauen als ‚Frau', oder zu einer Repräsentation des Feminismus als kohärentem und verfügbarem Bild" (1986, S. 14f.).

Literatur

Bijker, Wiebe E./Hughes, P. Thomas/Pinch, Trevor (Hg.): The Social Construction of Systems. Cambridge MA. 1987

Flax, Jane: Politcal philosophy and the patriarchal unconscious. A psychoanalytic perspective on epistemology and metaphysics. In: Sandra Harding, Sandra/Merill Hintikka (Hg.), Discovering Reality: Feminist Perspective on Epistemology, Metaphysics, Methodology and Philosophy of Science. Dordrecht 1983, S. 245-282

Flax, Jane: Postmodernism and gender relations in feminist theory. In: SIGNS 12, 1987, S. 621-643

Haraway, Donna: Ein Manifest für Cyborgs. In: Dies., Die Neuerfindung der Natur, Carmen Hammer/Immanuel Stieß (Hg.), Frankfurt a.Main/New York 1995, S. 33-72

Harding, Sandra: Feministische Wissenschaftstheorie. Hamburg 1990

Hartsock, Nancy: Money, Sex and Power. New York 1983

Keller, Evelyn Fox: Liebe, Macht und Erkenntnis. München/Wien 1986

Keller, Eyelyn Fox: The gender/science System: or, Is Sex to Gender as Nature to Science? In: Hypathia 3, 1987, S. 37-49

Keller, Evelyn Fox/Christine Grontkowski: The Mind's Eye. In: Sandra Harding/ Merill Hintikka (Hg.), Discovering Reality. Feminist Perspective on Episte- mology, Metaphysics, Methodology and Philosophy of Science. Dordrecht 1983, S. 207-224

King, Katie: Theory in its Feminist Travels. Conversations in U.S. Women's Move- ments. Bloomington/Indiapolis: Indiana UP 1994

Knorr-Cetina, Karin/Mulka, Michael (Hg.): Science Observed. Perspectives on the Social Study of Science. Beverly Hills 1983

Latour, Bruno: Les microbes, guerre et paix, suivi des irréductions. Paris 1984

–: The Pasteurization of France, followed by Irreductions: A Politico-Scientific Essay. Cambridge, Ma. 1988

Lauretis, Teresa de: Feminist Studies/Critical Studies: Issues, Terms and Contexts. In: Dies. (Hg.), Feminist Studies/Critical Studies, Bloomington 1986, S. 1-19

Petchesky, Rosalind Pollack: Fetal Images. The Power of Visual Culture in the Politics of Reproduction. In: Feminist Studies 2, 1987, S. 263-292

Rose, Hilary: Women's work: women's knowledge. In: Juliet Mitchell/Ann Oakley (Hg.), What is Feminism? A Re-examination. New York 1986, S. 163-183

Sofoulis, Zoe: Through the Lumen: Frankenstein and the Optics of Reorigination. University of California, Santa Cruz 1988 (Diss.)

Strathern, Marilyn: Out of the Context. The Persuasive Fictions of Anthropology. In: Current Anthropology 3, 1987, S. 251-281

Tournier, Michael: Freitag oder im Schoß des Pazifik. Frankfurt/Main 1982

Varley, John: The Persistence of Vision. In: ders., The Persistence of Vision. New York 1987, S. 263-316

White, Hayden: Die Bedeutung der Form. Frankfurt/Main 1990

Geschlechterforschung

Ruth Becker / Beate Kortendiek (Hrsg.)
**Handbuch Frauen- und
Geschlechterforschung**
Theorie, Methoden, Empirie
2004. 736 S. Br. EUR 34,90
ISBN 978-3-8100-3926-2

2004. 736 S. Geb. EUR 49,90
ISBN 978-3-531-14278-4

Robert W. Connell
Der gemachte Mann
Konstruktion und Krise
von Männlichkeiten
3. Aufl. 2006. 304 S. Br. EUR 24,90
ISBN 978-3-531-14627-0

Sabine Grenz
(Un)heimliche Lust
Über den Konsum sexueller
Dienstleistungen
2. Aufl. 2007. 257 S. Br. EUR 29,90
ISBN 978-3-531-34776-9

Martina Löw / Bettina Mathes (Hrsg.)
**Schlüsselwerke
der Geschlechterforschung**
2005. 324 S. Geb. EUR 34,90
ISBN 978-3-531-13886-2

Annette Treibel / Maja S. Maier / Sven
Kommer / Manuela Welzel (Hrsg.)
Gender medienkompetent
2006. 349 S. Br. EUR 34,90
ISBN 978-3-531-14931-8

Arlie Hochschild
Keine Zeit
Wenn die Firma zum Zuhause wird
und zu Hause nur Arbeit wartet
2. Aufl. 2006. XXXVIII, 305 S. Br. EUR 19,90
ISBN 978-3-531-14468-9

Uta Klein
**Geschlechterverhältnisse
und Gleichstellungspolitik
in der Europäischen Union**
Akteure – Themen – Ergebnisse
2006. 277 S. Br. EUR 24,90
ISBN 978-3-531-14384-2

Paula-Irene Villa
Sexy Bodies
Eine soziologische Reise durch den
Geschlechtskörper
3., überarb. Aufl. 2006. 319 S.
Br. EUR 24,90
ISBN 978-3-531-14481-8

Ulrike Vogel (Hrsg.)
**Wege in die Soziologie
und die Frauen- und
Geschlechterforschung**
Autobiographische Notizen der
ersten Generation von Professorinnen
an der Universität
2006. 320 S. Geb. EUR 24,90
ISBN 978-3-531-14966-0

Erhältlich im Buchhandel oder beim Verlag.
Änderungen vorbehalten. Stand: Januar 2007.

www.vs-verlag.de

VS VERLAG FÜR SOZIALWISSENSCHAFTEN

Abraham-Lincoln-Straße 46
65189 Wiesbaden
Tel. 0611.7878-722
Fax 0611.7878-400

Lehrbücher

Heinz Abels
Einführung in die Soziologie
Band 1: Der Blick auf die Gesellschaft
3. Aufl. 2007. 402 S. Br. EUR 24,90
ISBN 978-3-531-43610-4

Band 2: Die Individuen in ihrer Gesellschaft
3. Aufl. 2007. 434 S. Br. EUR 24,90
ISBN 978-3-531-43611-1

Andrea Belliger / David J. Krieger (Hrsg.)
Ritualtheorien
Ein einführendes Handbuch
3. Aufl. 2006. 483 S. Br. EUR 34,90
ISBN 978-3-531-43238-0

Nicole Burzan
Soziale Ungleichheit
Eine Einführung in die zentralen Theorien
2. Aufl. 2005. 210 S. Br. EUR 17,90
ISBN 978-3-531-34145-3

Paul B. Hill / Johannes Kopp
Familiensoziologie
Grundlagen und theoretische Perspektiven
4., überarb. Aufl. 2006. 372 S.
Br. EUR 28,90
ISBN 978-3-531-53734-4

Wieland Jäger / Uwe Schimank (Hrsg.)
Organisationsgesellschaft
Facetten und Perspektiven
2005. 591 S. Br. EUR 26,90
ISBN 978-3-531-14336-1

Hermann Korte
Einführung in die Geschichte der Soziologie
8., überarb. Aufl. 2006. 235 S.
Br. EUR 16,90
ISBN 978-3-531-14774-1

Stefan Moebius / Dirk Quadflieg (Hrsg.)
Kultur. Theorien der Gegenwart
2006. 590 S. Br. EUR 26,90
ISBN 978-3-531-14519-8

Bernhard Schäfers /
Johannes Kopp (Hrsg.)
Grundbegriffe der Soziologie
9., grundl. überarb. und akt. Aufl. 2006.
373 S. Br. EUR 16,90
ISBN 978-3-531-14686-7

Erhältlich im Buchhandel oder beim Verlag.
Änderungen vorbehalten. Stand: Januar 2007.

www.vs-verlag.de

VS VERLAG FÜR SOZIALWISSENSCHAFTEN

Abraham-Lincoln-Straße 46
65189 Wiesbaden
Tel. 0611.7878-722
Fax 0611.7878-400